本成果获国家社科基金一般项目支持，项目名称"历史终结论新形式判断"，项目批准号：18BKS050。

"历史终结论"新形态判断

新时代背景下的思考

刘仁营　著

中国社会科学出版社

图书在版编目（CIP）数据

"历史终结论"新形态判断：新时代背景下的思考 /
刘仁营著. -- 北京：中国社会科学出版社，2024. 7.
ISBN 978 - 7 - 5227 - 4196 - 3

Ⅰ. A811. 64

中国国家版本馆 CIP 数据核字第 2024VN0050 号

出 版 人	赵剑英	
责任编辑	孔继萍	
责任校对	刘　娟	
责任印制	郝美娜	

出　　版	中国社会科学出版社	
社　　址	北京鼓楼西大街甲 158 号	
邮　　编	100720	
网　　址	http：//www. csspw. cn	
发 行 部	010 - 84083685	
门 市 部	010 - 84029450	
经　　销	新华书店及其他书店	

印　　刷	北京君升印刷有限公司	
装　　订	廊坊市广阳区广增装订厂	
版　　次	2024 年 7 月第 1 版	
印　　次	2024 年 7 月第 1 次印刷	

开　　本	710 × 1000　1/16	
印　　张	23. 75	
字　　数	366 千字	
定　　价	138. 00 元	

前　言

　　本书是笔者主持的国家社科基金项目"历史终结论新形式判断"的最终成果，是此前的"金融危机背景下的历史终结论研究"项目的研究成果——《历史终结论批评：金融危机背景下的思考》的姊妹篇。

　　《历史终结论批评：金融危机背景下的思考》是国内第一部系统研究国际重大政治思潮"历史终结论"的专著。该著作的研究主要针对的是福山历史终结论的原生形态，即20世纪90年代前后提出并系统论述的历史终结论基本观点。这一基本观点直到2000年前后，虽然经历了10年左右的自我完善和自我变化，但并没有发生多大变化。在这个阶段，福山对自己的思想充满了乐观主义，并未想到自己的理论会遭到重大现实挑战。

　　从2001年"9·11"事件的爆发开始，西方资本主义先后经历了伊拉克战争、阿富汗战争、2008年国际金融危机、欧洲债务危机、英国脱欧运动、特朗普"民粹民族主义"崛起、新冠疫情大流行等重大挑战。在应对这些挑战的过程中，西方资本主义国家越来越呈现出软弱无力、疲于奔命的状态。与之形成鲜明对照，社会主义中国在应对国际金融危机、中美贸易摩擦、新冠疫情大流行过程中，呈现出强有力的国家治理能力和制度优越性。资本主义国家与社会主义国家截然不同的表现，构成了对历史终结论的合理性的重大挑战。福山作为当代的历史终结论的始作俑者，自然对这些事件充满了关切。他把对历史终结论首要的两个重大挑战称作"中国模式"与美国的"政治衰败"。除了这两个挑战，福山还提到西方国家"中产阶级"的衰落和特朗普煽动的"民粹民族主义"

也从根本上影响着资本主义自由民主的生命力。

资本主义国家为何会出现"政治衰败"？福山认为，这是因为过度强调了民主而忽视了国家治理能力建设。"中国模式"的未来发展是否代表一种新的历史方向，并构成对历史终结论的否定？作为资本主义自由民主社会基础的"中产阶级"如果继续衰落，资本主义自由民主是否还能存活下去？福山寄予希望的"民粹主义"不仅没有冲破对资本主义民主的僵化认识，反而右转为"民粹民族主义"，发起了"破坏"民主的占领国会大厦等暴力运动，这对资本主义自由民主的命运到底意味着什么？依靠什么措施才能重构中产阶级政治？福山对此不知所措。这一系列的现实挑战，逐步迫使福山从对历史终结论的盲目自信中走出来，下定决心"重构"历史终结论。

历史终结论的重构形态，就在这样的历史背景下诞生了。所谓历史终结论重构形态，是福山从2000年前后到2020年立足新挑战、新思考，通过对历史终结论原生形态的哲学前提、论证方法、理论内核等问题的"重构""重写"，所形成的基本观点与呈现的理论样态。

如何看待福山历史终结论的"重构"形态呢？对此，有人称为"自我修正"，有人称为"2.0版本"，有人称为"第二季征程"，各种观点众说纷纭。关于其中的"变"与"不变"，也是看法不一。有人坚持"完全改变论"，认为福山已经彻底放弃了"历史终结论"的核心观点，改为"承认"西方自由民主可能并非人类历史进化的终点；有人坚持"基本不变论"，认为福山并没有放弃历史终结论，只是面对新事实作出了"自我修正"，变的只是论述的"方式、对象和态度"；有人坚持"变与不变并存论"，认为福山思想有变有不变。特别是因为福山在"重构"形态中大书特书国家治理的重要性，并把中国看作是世界上第一个建立现代国家制度的国家，这在学界引起了较大范围的误解，有人甚至认为福山已经彻底摒弃了历史终结论。

历史发展呈现的新挑战，福山历史终结论的重构，国内外学界对这一问题的争论，特别是百年未有大变局下世界科学社会主义伟大复兴，都要求我们继续关注和研究历史终结论的这一新变化，对其做出新研究、新思考、新判断。在系统研究福山不同时期相关理论作品基础上，本书从源流、方法、理论、历史与未来五个方面对"历史终结论"新形态进行了系统研究。与之对应，本书的内容区分为源流篇、方法篇、理论篇、历史篇和未来篇五个部分。

　　源流篇　主要追溯、梳理了历史终结论从起源到原生形态形成，到重构形态创作的过程，提出：第一，从理论渊源上看，历史终结论不过是黑格尔、科耶夫等人的历史终结论的直接发挥；从政治实践上看，历史终结论不过是撒切尔 TINA 思想和布热津斯基资本主义胜利论的哲学论证，实质是苏东剧变后资本主义最终胜利幻觉在意识形态上的反映。第二，历史终结论的原生形态经历了从带问号的演讲论文《历史的终结？》，到系统论证的《历史的终结及最后之人》的发展过程，二者虽有所差别，但都体现出政治的冷战特征、哲学的唯心特征、立场的资产阶级性特征，以及逻辑的矛盾性特征等。第三，历史终结论重构形态经历了一个从初步思考到正式创作，再到自我确认的过程，这对福山而言充满了纠结、痛苦与繁重劳动。这个重构工作，从逻辑变化上看，是在六个逻辑变量的推动基础上得以实现的。这六个变量包括国家再发现、政治衰败、政治目标重构、中产阶级地位突出、"升格马克思主义"以及人性论重设等。

　　方法篇　主要概括、批评了历史终结论重构形态采用的新的研究和论证方法，提出：第一，历史终结论重构形态在方法论上的第一个重大变化是"降格"黑格尔、"升格"马克思，肯定"马克思—摩尔"框架的重要指导意义。这实际告诉我们，福山的整个理论重心放在当今时代，放在世界范围扩展资本主义自由民主上，因此应该把阅读的出发点放在他的第二卷即《政治秩序与政治衰败》上，不应被其第一卷繁杂的历史堆砌所误导。当然，福山对马克思的这种"升格"，不仅与他的原生形态的方法论严重自相矛盾，而且以中产阶级理论"修正"马克思的逻辑，让马克思服务于资本主义自由民主，是对马克思观点的严重曲解。第二，福山坚持了"辉格史观"的方法论。为了避免陷入旧"辉格史观"的目的先行的主观唯心主义，福山对"辉格史观"进行了反思和补救。这种反思和补救无法改变"辉格史观"方法论的主观唯心主义本质，也不能改变福山历史终结论重构形态的主观唯心主义本质。第三，福山一改原生形态中坚持的"跨历史"方法，重新肯定利用"历史学"方法。但福山并没有完全抛弃"跨历史"方法，而是试图在二者之间来一个折中，走某种中间路线。这种做法一方面表明，历史终结论原生形态坚持的"跨历史"方法已经无法维持历史终结论的理论需要；另一方面也与第二点一样，让自己再次陷入了自我否定、自相矛盾的窘境，他并没有给出重新肯定"历史学方法"的因由和依据。第四，福山的"跨历史"方法让他借鉴了"人类生物学"的方法，把黑猩猩的"人性"作为人的"人性"的依据；他的"历史学"方法则让他采用了比较政治分析法。福山运用"人类生物学"方法与比较政治分析法，给人一种貌似已经不再坚持"跨历史"的抽象人性论的分析法，而采用科学的实证分析法的印象，但如同我们前面指出的，这种比较分析法仍然无法与"跨历史"抽象人性法相协调，也无法与"辉格史观"的主观唯心主义方法相协调。被他纳入作为比较样本的国家，仍然是以他所先行确定的英国、丹麦等模范国家为标准而选取的，因此，无法掩盖其抽象人性论和主观唯心主义的本质。

理论篇　主要总结和评价了历史终结论重构形态的理论内核及其基本维度，提出：第一，福山用国家、法治、民主三位一体的政治制度理想目标替换了原先片面重视民主制度的一元论观点，并围绕这个新理论内核，从政治制度起源、发展动力、政治衰败和政治终结等几个维度给出了论述。第二，对这四个维度进行了总结概括，并在与原生形态比较中给出了批评性分析：新的人性论虽然更加全面了，但其地位也"降格"了，因为首先要坚持"马克思—摩尔"框架，以黑猩猩政治论证所谓共享人性，混淆了人与动物的根本区别；以进化论为直接动力，以"底下无数龟"为根本动力，以暴力为马尔萨斯世界动力，以经济为后马尔萨斯世界动力，不仅具有实用化、庸俗化倾向和多元主义、烦琐主义色彩，而且在很多场合又陷入唯心主义泥沼；福山对政治衰败的批判乃至呈现出的绝望，实际上并没有改变他对资本主义自由民主的信念，他的这种批判并不影响他坚信资本主义文明的历史终结地位，因此说到底，他的批评还是一种辩护，是在根本立场不变前提下的自我矫正。他关于政治制度的终结即"达到丹麦"，实质上再次"重申"了历史终结论的基本结论。

历史篇　主要阐述与批评了历史终结论重构形态在阐述政治历史中对马克思的社会形态理论及一些重大史实的错误理解。这包括：福山对马克思社会形态理论的曲解以及笔者的批评；福山关于"母系社会"和"部落社会"的错误观点以及笔者的批评；福山关于"亚细亚生产方式"与"封建主义"问题的错误观点以及笔者的批评；福山关于"资产阶级"与资本主义形成问题的错误理解以及笔者的批评。

未来篇　总结了福山历史终结论面临的主要挑战，分析了它在应对这些挑战过程中的软弱无力，展望了历史终结论的未来命运。这些主要挑战包括：中国道路模式的发展状况；陷入政治衰败的资本主义自由民主的发展状况；处于不断破产而萎缩的中产阶级的发展状况；福山及其族裔在美国的地位与发展状况等。福山为资本主义政治衰败的辩护陷入了方法论上的双重标准，甚至走向了依靠民主党专政这种民主的反面；对中国道路模式世界意义的否定，把资产阶级（福山所谓"中产阶级"）推翻封建专制那一套政治逻辑套用到已经经历了民主革命和新民主革命的中国，充分体现出福山的政治立场偏见和教条主义；对挽救处于不断破产中的中产阶级采取措施的无法兑现，以及中产阶级在右翼政客诱导下走向反自由民主的"民粹民族主义"，这让福山一改往日的温文尔雅而变得歇斯底里，这说明福山在应对中产阶级破产及其右转的挑战中已经无计可施、黔驴技穷了；福山身处的美籍日裔种族追求美国政治承认的历史和文化心理，影响着福山的政治观，他们在美国继续遭受严重种族歧视的现状，从正面或负面两种可能性上影响着福山对历史终结论的态度。福山的历史终结论的提出借鉴了亨廷顿的"第三波"理论的研究成果，但亨廷顿明确论证了"第三波"民主化浪潮走向回潮的必然性，后来的"阿拉伯之春"不仅没有发展成为"第四波"，反而走向"阿拉伯之冬"，以强硬的事实回击了福山对历史终结论的盲目自信。"呼吸机上的资本主义"让中国道路模式的优越性与资本主义自由民主的局限性，通过鲜明对比充分呈现了出来。这一切都预示着：大变局下的21世纪科学社会主义，正在冲破资本霸权挑战，积蓄力量，逐步走出低谷，走向新的伟大复兴。

通过对历史终结论的重构形态进行系统研究，笔者得出了以下基本结论：

第一，历史终结论由原生形态发展为重构形态，其论证的哲学依据、方法论以及追求的模型构成发生了重大变化，但这种变化并没有改变福山的资产阶级政治立场和为历史终结论辩解的理论目的。

第二，历史终结论重构形态在哲学依据上，由追求承认的一元人性论发展为追求承认、社会性、情感能力、理性能力、暴力性等多元一体的人性论。这种多元人性论是适应除了民主制度之外的国家制度、法治制度论证的理论需要而采用的，在理论目的上是实用主义的，在逻辑上是杂乱无章、缺乏科学依据的。

第三，历史终结论重构形态在方法论上"降格"跨历史方法，重新肯定和突出历史学方法，试图在二者之间采取结合路线，但并没有为这种改变提出任何有说服力的理由，福山原先全盘否定历史学方法的那些重要依据，仍然存在。他明确承认坚持修正过的"辉格史观"方法论，本质上走不出目的先行的主观唯心主义窠臼。

第四，历史终结论重构形态在理论内核上放弃了民主制度一元论，提出了国家制度、法治、民主三位一体的新理论内核，以此来纠正片面强调民主、忽视国家能力，致使民主走向反面，出现政治衰败的错误，这具有某种意义上的合理性。但这并没有弥补其重大理论缺陷，挽救其解释力和生命力危机。

第五，历史终结论重构形态在中国道路模式、西方政治衰败、中产阶级衰落、"民粹民族主义"泛滥等方面面临重大现实挑战，福山虽然贬低中国道路模式和辩解西方政治衰败，但在中产阶级和"民粹民族主义"方面，除了重炒"追求承认"的冷饭，没有任何有力的化解措施提出来，表明历史终结论面对新的挑战已经无计可施、黔驴技穷。

第六，历史终结论重构形态在母系氏族、亚细亚生产方式、封建主义内涵、资本主义产生等很多重大历史问题上存在错误理解。

第七，"第三波"民主化浪潮的回潮、"阿拉伯之春"变成"阿拉伯之冬"，证明了历史终结论的独断绝非福山所谓的"福音"，它在世界上越来越遭到人们的抵制，并为越来越多的事实所否定。

第八，中国道路模式与伟大抗疫精神，再次印证了科学社会主义的优越性与生命力，她必将经过伟大斗争，走出低谷，走向新的伟大复兴。

在《历史终结论批评：金融危机背景下的思考》的前言中，笔者曾经引用马克思的话为历史终结论做结论，笔者认为，再也没有比这话更加合适的了。在此，笔者继续引用此话作为结论：

"断言自由竞争等于生产力发展的终极形式，因而也是人类自由的终极形式，这无非是说资产阶级的统治就是世界历史的终结——对前天的暴发户们来说这当然是一个愉快的想法。"

目　　录

第二部分　方法篇

第一部分

源　流　篇

第 一 章

福山之前的历史终结论：
思想史考察

作为一种主张历史有终点的历史观，历史终结论并不是福山首创的。实际上，福山的历史终结论思想直接来源于黑格尔与亚历山大·科耶夫，而它的理论源头至少可以追溯到基督教的末世论思想那里去。为了完整深入理解福山的历史终结论，我们首先对福山之前（包括与其同时的）的历史终结论做一思想史回溯。

第一节　古代和中世纪的历史终结论

反观人类思想发展的宏大历史，追溯历史终结论的华丽现身，我们发现这是一个难以完全讲清楚的问题。据有的学者研究，人类思想史上最早的历史终结思想，很可能出现在基督教《新约》当中。但作为一种理论体系、一种历史观，历史终结论最早形成于何时何地，一直是学界一个有争议的话题。笔者以为，历史终结论最早出现在于中国东汉经学家何休的"三世说"当中。

一　最早的历史终结思想："末日说"

人类古代思想史中的历史观呈现出一种比较明显的循环论特征，这无论在中国还是在西方都是如此。古希腊思想家柏拉图的《理想国》中的政治制度，亚里士多德《政治学》中的政治制度更迭，都带有自然循环论的特点。而中国思想家邹衍"五德终始说"认为，历史变化和王朝更替是土德、木德、金德、火德、水德的相继更替，周而复始、循环往复的结果。福山在《历史的终结及最后之人》中似乎表达了这样一种观点：最早的普遍史思想和最早的历史终结论思想，都来自基督教《圣经》中的创世和救赎逻辑。"基督教含有时间有限的历史概念，即随着神的创造人类而开始，随着神的最后救赎而结束。对基督徒而言，地上历史的终结应该记载在天国之门打开的审判日，那天此世或此世的事件都会确实消失不见。从这种基督教历史观而言，撰写普遍史一定会包含'历史的终结'。"① 人类历史从上帝创造人开始，到末日审判结束，既有历史过程，又有历史的终结。因此，在福山看来，最早的历史终结思想存在于基督教思想当中。

福山的观点遭到了中国学者刘小枫先生的反对。刘小枫认为，《旧约》的创世纪只讲"创世"，没有讲历史的终结。《新约》中明显出现了一种强烈的"终末"期待，但这种期待注重的仍然是现世的悔改，并没有明确提出一种有开端和终结的"历史"观念，凸显的仅是现世与上帝国之间的紧张。

笔者以为，应该肯定刘小枫先生对《圣经》中《旧约》和《新约》中相关内容的区分，对《圣经》中关于历史发展达到的概念化、逻辑化程度非常有限的观点也是完全客观的，但对其应有的理论地位却不应该完全否定。应该说，基督教思想的确没有形成一种系统的历史终结论体系，但已经具有了一种"历史终结"的思想。正如刘小枫先生所言，在《旧约》中历史的概念和历史终结的观念都非常含混，根本无法判断其有无。《旧约》比较模糊地提到了"审判之日"（"The Great Day of the Lord"），然后讲"我必临近你们，施行审判。我必速速作见证，警戒行邪术的、犯奸淫的、起假誓的、亏负人之工价的、欺压寡妇孤儿的、屈枉寄居的和不敬畏我的"。只是强调在末日要进行道德审判，至于审判之后将要怎样几无关涉。在《新约》中，这种时间维度比《旧约》清晰化

---

① ［美］弗朗西斯·福山：《历史的终结及最后之人》，翻译组译，远方出版社1998年版，第76页。

了一些，提到了"初始"和"终点"的概念，在"清算审判"（"The Dead Are Judged"）之时，神不仅强调了审判一切罪恶，还提到了他对时间的绝对权力——"我就是起点，我就是终点。"（"I am the beginning and the end."）这告诉我们，从上帝创世到清算审判，就是一个从起点到终点的过程。尽管对此还需要做一些发挥，还没有在直接意义上将这个观念说清楚，但这里实际上已经具备了一种主张历史终结的思想。福山将这种思想看作是一种历史终结论，笔者认为，比较牵强。这种思想只是具备了一种思想的基本要素，但并没有十分清晰地表达出来，也没有形成一种理论体系。但因此而全盘否定也似乎不妥，应该把"思想"和"理论体系"区别开来，肯定这种思想的意义。

二　最早的历史终结论："三世说"

那么最早的历史终结论来自何处？刘小枫先生认为，根据奥地利思想家沃格林（Eric Voegelin）的研究，有开端和终结并且系统展开的"历史"观念来源于 12 世纪的一位宗教学者约阿希姆（Joachim da Fiore，1135—1202）。他的历史终结论思想体现在他的著作《论三位一体的本质和统一性》之中。这是他生前刊印的唯一著作，死后不久就被列为禁书，在文艺复兴之后才得以开始传播。按照沃格林或刘小枫的理解，福山所讲的那种始末逻辑，在《圣经》中其实并不明显存在，它的清晰表达首次出现在约阿希姆的遗世作品当中。[①]

如何看待沃格林的这一研究成果呢？最早的历史终结论是否就是来自约阿希姆呢？经过考察，笔者以为，不是如此。世界思想史上最早的历史终结论思想，不是西欧中世纪的宗教学者约阿希姆的"新三一论"，而是中国东汉时期的儒家学者何休（129—182）的"三世太平说"。

何休，字邵公，任城樊（今山东济宁市）人，东汉著名经学家。从理论渊源的角度看，何休的思想来自孔子。孔子既信而好古，又主张追求"小康""大同"，带有一种所谓"循环进化论"特征。他的"三世太平说"认为，人类社会是沿着据乱世、升平世、太平世三个历史时代顺

---

① 刘小枫：《历史终结了？——从约阿希姆到柯耶夫》，《浙江学刊》2002 年第 3 期。

次进化的过程，达到太平世，人类历史到达最高层次和最后阶段，历史就终结了。与约阿希姆巧合的是，何休的这一思想也体现在他唯一的遗世著作《春秋公羊解诂》中，这一著作是对《春秋公羊传》中相关思想的解释和发挥。《春秋公羊传》是孔子编纂《春秋》的解释本之一，它的作者据传是战国时齐国思想家公羊高。此书在解释孔子《春秋》的"书法"，即历史书籍对历史人物事件的书写方法时，将历史由古到今区分为三个阶段："所传闻"阶段、"所闻"阶段、"所见"阶段。但对这三个阶段讲得比较笼统，并没有给出具体的时间界定。后来西汉学者董仲舒发挥了这一学说，认为"《春秋》分十二世以为三等，有见有闻有传闻"（《春秋繁露·楚庄王第一》），给出了具体的时间划分。但由于董仲舒的历史观更多体现出历史循环论的色彩，他在这里的发挥更多的具有历史学而不是历史哲学的意义，也就是并没有将这种划分发展为一种历史进化阶段论思想。何休尽管也继承了董仲舒的历史划分方法，但他并没有局限在历史学的理解上，而是将这三个阶段上升到了历史哲学的高度，赋予其一一对应的三种含义："所传闻"阶段是据乱世、"所闻"阶段是升平世、"所见"阶段是太平世。这一观点贯穿在《春秋公羊解诂》全书，集中体现在隐公元年对《公羊传》义例"所见异词，所闻异词，所传闻异词"的解释中："于所传闻之世，见治起于衰乱之中……；于所闻之世，见治升平……至所见之世，见治太平。"[①] 此处第一次系统而明确地用"衰乱世—升平世—太平世"的历史框架揭示历史进化脉络和历史终极阶段。应该承认，何休出于强调历史进步的目的，将更多笔墨放到了对整个过程的描述上，而对终结本身和终结之后的状况并没有给予太多笔墨。但作为一种体系化的理论，主张历史朝向太平盛世这一终点前进，这已经具备了作为一种历史终结论的理论要素了。尽管何休的历史进化论仍带有历史复古论的遗迹，在一些具体历史事件，如井田制的态度上偶有回到古代，但这毕竟是少数残留，并不影响"三世进化"理论范式在全书中的主导地位和解释作用。

何休的历史进化和终结论思想，在经过了很长一段时间的消沉之后，

---

① 参见黄朴民《何休评传》，南京大学出版社1998年版，第171页。

突然爆发出强大的生命力和影响力，深深影响了清朝以来的一些思想家，如刘逢禄、龚自珍、康有为等，并与西学中的达尔文进化论思想汇流，成为早期资产阶级革命的哲学武器。特别是康有为，他甚至将三世太平说与孔子的"大同说"结合起来进行解释，将"大同"放在"小康"后面讲，认为"太平"世界也就是"大同"世界，是孔子和人类追求的终极世界。在孔子那里还有浓厚的历史循环论色彩，所以他的大同说在《礼记·礼运》中是放在最前面讲的。从历史前提的角度看，追求大同具有历史复古的含义；但作为逻辑前提，作为"大道既隐"后创立礼制，进而追求的社会理想来看，又具有历史进化的意蕴。但即使如此，我们也不能将孔子说成是一个完全的历史进化论者，所以康有为将小康与大同颠倒过来讲，并说成是孔子本人的思想，的确有不实之处。但康有为强调和肯定何休思想的重要历史地位则是完全正确的，孔子只是他托古改制的旗号，何休的三世太平说才是他真正的理论武器。

将何休的三世说作为最早的历史终结论思想，在刘小枫先生的文章中也得到了印证，他认为，"约阿希姆与灵知主义的鼻祖之一马克安有关系。如果用儒教思想史上的人物来比拟，马克安与约阿希姆的思想关系，有如公羊子与何邵公"①。他还认为，从思想和理论地位上看，约阿希姆和中国的何休十分类似，约阿希姆其实就是中国的何休。何休是 2 世纪的人，而约阿希姆是 12 世纪的人，前者要远远早于后者。何休此一思想的命运比约阿希姆要多舛，一直到清代才重新被发掘。

三　中世纪的历史终结论："新三一说"

虽然约阿希姆的历史终结论并不是最早的，但仍然有着重要理论地位。约阿希姆提出了一种不同于前人的新三位一体学说，这一学说的独特之处在于：将讨论上帝、基督和圣灵之间关系的三一论问题变成了一种三阶段式的历史神学。《旧约》中的圣父之国、《新约》中的圣子之国，以及随后的圣灵之国，由原先的共时态互动关系变成一种历时态的前后承接更替关系，三者的更替展现为一个历史过程、人类行进的三个阶段。

① 刘小枫：《历史终结了？——从约阿希姆到柯耶夫》，《浙江学刊》2002 年第 3 期。

而即将来临的圣灵阶段，就是人类历史的终结阶段。埃里克·沃格林（Eric Voegelin）在《新政治学》中描述了上述历史逻辑："约阿希姆打破了奥古斯丁的基督教社会概念，当他将三位一体符号运用于历史过程当中之时。在他关于人类历史的推测中，人类历史有三个阶段，与三位一体的神一一对应。世界的第一个阶段是圣父时期，紧接着第二个阶段，圣子基督的诞生。但圣子阶段不是历史的最后的一个阶段，它将紧接着第三个阶段，即圣灵的阶段。这三个阶段都以灵魂的不断完善作为标志。第一个阶段开启了一般信徒的生活；第二个阶段带来了现代神父的活跃生活；第三个阶段将带来僧侣的完美精神生活。而且这个阶段有可比较的内部结构和可计算的长度。从这些结构的比较中可以看到，每个阶段都以一个领导人作为开端，也就是说，有两个先驱者，跟随着这个阶段的领导人，通过时间计算，圣子阶段将在 1260 年到达终点。第一个阶段的领导者是亚伯拉罕，第二个阶段的领导者是基督，约阿希姆预测到1260 年将会出现一个叫作达克斯的孤儿，他将是第三个阶段的领导者。在这一三位一体的末世论中，约阿希姆创造了一个一直到今天在政治社会起主导作用的基本框架。"① 沃格林的思想直接影响了德国学者洛维特，他在《世界历史与救赎历史》一书中对约阿希姆的上述思想也做了一个概括。

第二节　近代和现代的历史终结论

　　黑格尔的哲学，在某种意义上，就是一种理性化的基督教哲学。基督教思想中那种历史通往末日终点的思想必然要反映到他的哲学当中去。由于何休、约阿希姆的思想并没有引起太多人的关注，这决定了像福山这样后来的知识分子必然更多从黑格尔这里寻找思想支撑。福山高高举起黑格尔的大旗，以一个叫作"黑格尔—科耶夫"的哲学家的思想作为理论依据就成为一种必然。

---

① 参见刘小枫《历史终结了？——从约阿希姆到柯耶夫》，《浙江学刊》2002 年第 3 期。

一　近代的历史终结论：黑格尔"历史哲学"

黑格尔的历史终结论被福山作为直接思想来源之一。对于黑格尔，福山最感兴趣的是他的《精神现象学》中自我意识向自由意识发展的主奴辩证法思想，这显然是受到了科耶夫的影响。但实际上，黑格尔的历史终结论思想并没有明确地体现在《精神现象学》当中，而是主要体现在他的《历史哲学》当中。据笔者考察，黑格尔唯一一次使用"历史的终结"这个术语也是在这本书中。在此书中，他认为，"整个世界的最后的目的，我们都当做是'精神'方面对于它自己的自由的意识，而事实上，也就是当做那种自由的现实"①。世界历史无非是"自由"意识的进展过程。基于这一观点，黑格尔把世界历史划分为四个阶段或四个王国，即东方王国、希腊王国、罗马王国和日耳曼王国。

他说，"世界历史从'东方'到'西方'，因为欧洲绝对地是历史的终点（也译作'终结'），亚洲是起点。世界的历史有一个东方（'东方'这个名称本身是一个完全相对的东西）；因为地球虽然是圆的，历史并不围绕着它转动，相反地，历史是有一个决定的'东方'，就是亚细亚。那个外界的物质的太阳便在这里升起，而在西方沉没那个自觉的太阳也是在这里升起，散播一种更为高贵的光明。世界历史就是使未经管束的天然的意志服从普遍的原则，并且达到主观的自由的训练。东方从古到今知道只有'一个'是自由的；希腊和罗马世界知道'有些'是自由的；日耳曼世界知道'全体'是自由的。所以我们从历史上看到的第一种形式是专制政体，第二种是民主政体和贵族政体，第三种是君主政体。"②"这个形式上绝对的原则把我们带到了历史的最后的阶段，就是我们的世界、我们的时代。"③

---

① ［德］黑格尔：《历史哲学》，王造时译，上海世纪出版集团、上海书店出版社2001年版，绪论第19页。

② ［德］黑格尔：《历史哲学》，王造时译，上海世纪出版集团、上海书店出版社2001年版，第106—107页。

③ ［德］黑格尔：《历史哲学》，王造时译，上海世纪出版集团、上海书店出版社2001年版，第436页。

　　黑格尔的历史终结论，就是以欧洲，特别是普鲁士的那种政治制度作为人类历史的最终的完满的社会制度，以亚洲特别是中国那种封建专制制度作为发展的起点。人类历史从起点到终点的发展过程，就是自由由"一个人的自由"到"一些人的自由"，再到"所有人的自由"的发展过程。历史的发展就是自由制度的发展，历史的终结就是自由制度的实现，而普鲁士的制度就是这种自由制度。尽管有许多学者认为这种理解不正确，黑格尔并不是历史终结论者，但笔者认为，如果不做过度解释而客观地评价，应该说黑格尔的确是一个历史终结论者。黑格尔的历史终结论与他的政治立场息息相关，他的政治立场在《法哲学原理》中讲得很清楚：主张"人民（即资产阶级——笔者注）与贵族阶级的联合"。对此，恩格斯指出，"当黑格尔在他的《法哲学》一书中宣称立宪君主制是最终的、最完善的政体时，德国哲学这个表明德国思想发展的最复杂同时也是最准确的温度计，就表示支持资产阶级。换句话说，黑格尔宣布了德国资产阶级取得政权的时刻即将到来"①。这表明他在德国当时"半封建半官僚的专制政治"的条件下，借鉴了英国君主立宪制度的一些内容来"赞助中等阶级"，赞助当时德国新兴的、比较软弱的资产阶级发展。

　　关于黑格尔的历史观和历史终结论思想，福山是这样说的："黑格尔把历史定义为人走向更高的理性和自由的基本过程，而且这种过程在绝对自我意识实现方面有一个逻辑的终点，他认为这种自我意识物化在他自己的哲学体系中，就像人的自由物化在法国大革命后的欧洲以及美国革命后的北美洲所出现的现在自由国家中一样。当黑格尔宣告历史在1806 年的普法耶拿之战后就结束……""世界普遍史的形成可以被理解为人人获得自由的过程。黑格尔将其归纳成一句名言，即'东方国家发现只有一个人是自由的，希腊和罗马发现有一些人是自由的，而我们发现所有人都是自由的。'"②从福山引述的黑格尔的语句出处来看，福山既注

---

　　① 《马克思恩格斯文集》第 2 卷，人民出版社 2009 年版，第 361 页。
　　② ［美］弗朗西斯·福山：《历史的终结及最后之人》，黄胜强等译，中国社会科学出版社 2003 年版，第 69 页。

意到了《精神现象学》，也注意到了《历史哲学》。他对前者的理解主要来源于科耶夫的解读，而他对后者的理解也仅仅涉及历史面向自由的目的和结论，而完全忽视或有意回避了这个目的和结论是如何实现的这个途径问题。如果这个目的和结论即自由的实现方式恰恰不是所谓超越利己主义利益动机的尊贵的精神力量，恰恰就是利己主义利益动机，那么福山历史终结论的逻辑支柱就少了一条腿，就退回到了他所批评的霍布斯、洛克的自由主义逻辑那里去，而这恰恰是他的老师施特劳斯对他的精神导师科耶夫的批判之一。

二　两次大战时期的历史终结论：科耶夫的"主奴辩证法"

黑格尔的历史哲学对后来的俄国解读者亚历山大·科耶夫影响非常大。在黑格尔与后来的许多学者包括福山之间，科耶夫起到了一个"二传手"和再诠释的作用。这种再诠释，首先体现在他 1933—1939 年间在法国讲解黑格尔哲学的讲稿——后来出版的《黑格尔导读》当中。十分明显，福山为其历史终结论安排的哲学前提，在直接意义上主要来自科耶夫的这本书。这里必须指出的是，科耶夫的历史终结论尽管首先体现在《黑格尔导读》之中，但如果仅仅依据这本书来解释他的思想，则与他本人思想的真实状况会差距甚大，因为科耶夫的思想真迹在这本书中并没有完整地或真实地显现出来。能够真正贴近他本人心迹的文献资料，除了 1959 年日本之旅后加入《黑格尔导读》中的新注解，还应该包括后来才发表或还没有发表的大量笔记。而这些恰恰没有引起福山的重视，他的理解除了科耶夫关于日本的理解，基本上没有超出《黑格尔导读》。但无论如何，作为科耶夫历史终结论思想的最初的部分，仍然有必要稍作介绍。

在科耶夫看来，黑格尔的《精神现象学》可以区分成两大部分：前五章为一部分，主要讲述人的意识的发展；后三章为一部分，主要讲述真实的走向终结的历史。在讲述人的意识的发展过程时，他将这个过程区分成意识、自我意识、理性三个阶段。他同时又认为，这是人的广义意识的三个组成部分。在讲解人的自我意识的形成时，他特别发挥了黑格尔的主人—奴隶的辩证法思想。他认为，人的自我意识的形成经过了生死斗争、主人的辩证法（主人统治的阶段）、奴隶的辩证法（劳动和宗教思想）三个小阶段，并且指出："为了从苦恼中解放出来，为了达到满足，即达到其存在的完整，人必须首先放弃彼世的观念。人必须认识到，他的真正的和唯一的实在性是他自由地在此世和为了此世完成的行动……当人理解这一点的时候，人就不再是在苦恼的意识中到达顶点的自我意识的人；他认为理性的人，在黑格尔看来，'没有宗教'的人。"①如果将理性的人作为第四个阶段，那么科耶夫就将人的发展区分成最初的斗争、主人时期、奴隶的宗教时期和理性时期四个阶段。这就构成了一个"欲望—斗争—相互承认"的过程。当人的自我意识达到"相互承认"的阶段，历史也就终结了。

按照科耶夫的理解，人的动物欲望使人第一次喊出了"我"这个词汇，这就开始有了自我意识，但这种自我意识实际上是对一种动物欲望的意识，因此并不是真正人的自我意识。这种欲望和动物的欲望相同，都是对自然客体的欲望。因此，要超越动物的自我意识，就必须超越对自然客体的欲望，发展为对欲望的欲望。这就进入到自我意识发展的第二个阶段了，也是最关键的阶段。由于对欲望的欲望，或者对别人的欲望必然带来压迫与反抗，而又必须使得人的自我意识的发展延续下去，就需要假设一个结果：战胜的一方成为主人，战败的一方因为畏惧死亡而成为奴隶，奴隶接受和承认主人的统治。这样，主人的自我意识得到了承认，而奴隶依然是动物的自我意识。这时，为了人的自我意识继续发展，就必须按照意识先验设想好的"自我意识的概念"来对其进行改造。真正的自我意识必须建立在平等和相互承认的基础上，而主人获得的承认不是平等的人的承认，而是动物的承认，所以就要发展为第三个阶段，即相互承认的自由平等阶段。这样，就从动物般的原始的自我意识，发展为主人的自我意识和自由平等，进而发展为所有人的自我意识和自由平等。

在讲述历史的第二部分中，特别是第六章的内容中，与上述内容对

---

① ［法］亚历山大·科耶夫：《黑格尔导读》，姜志辉译，译林出版社2005年版，导论第83页。

应，科耶夫正式将人类历史的发展划分为三个历史阶段：主人阶段（希腊时代）、意识形态阶段（包括怀疑主义、斯多葛主义、基督教）和历史终结阶段（借助国家，即拿破仑帝国）。显然，科耶夫的历史发展的三阶段论与黑格尔在《历史哲学》中的四阶段论不完全相同，但他企图将两者调和起来的痕迹仍然是存在的，例如他将主人阶段又称为"希腊时代"。而对于历史的终结阶段，他说："人的理想只有通过终有一死和知道自己终有一死的人才能实现，换句话说，基督教的综合必定不是在彼世，在死后完成的，而是在此世，在人活着的时候完成的。这意味着承认特殊的超验普遍（上帝）必然要被内在于世界的一种普遍代替。在黑格尔看来，这种内在的普遍只能是国家。被认为上帝在天国实现的东西，只能在国家中和通过国家在人间的王国中实现。这就是为什么黑格尔说，他看到国家，在人间的王国中实现。这就是为什么黑格尔说，他看到的'绝对'国家（拿破仑帝国）就是基督教天国的这种实现。"① 这种终结历史的国家，只有通过"斗争、社会战争"等暴力恐怖手段，即法国大革命和耶拿战争才能最终实现。

科耶夫的历史终结论思想是福山历史终结论思想的直接思想来源。但福山所看重的主要是科耶夫《黑格尔导读》中的思想，而对科耶夫的其他相关思想和思想的变化轨迹并不是很了解，这决定了福山对科耶夫的了解也带有很强的片面性和肤浅性。

第三节　冷战期间与之后的历史终结论

如果说黑格尔的历史哲学更多带有哲学思辨的味道，那么科耶夫的哲学则开始兼有哲学与政治学的特征，开始将历史终结论与现实对象和现实对策结合起来。科耶夫哲学的这一特点显然是 20 世纪以来不同政治制度和意识形态之间竞争的必然反映，这种基于不同政治制度竞争而对历史终结论内涵的具体阐发在冷战期间和之后得到了继续。

---

① ［法］亚历山大·科耶夫：《黑格尔导读》，姜志辉译，译林出版社 2005 年版，第 227 页。

一　冷战时期的历史终结论：贝尔的"意识形态终结论"

冷战期间，社会主义阵营和资本主义阵营意识形态斗争更加激烈。后来，资本主义与社会主义社会在某种程度上出现了趋同现象，两种社会制度的阶级结构、职业结构、社会流动都发生了深刻变化。在这种背景下，20 世纪 50 年代在西方兴起了主张"意识形态终结"的社会思潮。这一思潮的最早发起者是法国哲学家雷蒙·阿隆（Raymond Aron），他1954 年在《社会学》杂志上发表《意识形态的终结》一文，最早提出了意识形态终结的问题和概念，引发了西方学界长期的意识形态问题讨论。而美国学者丹尼尔·贝尔（Daniel Bell）1960 年出版的《意识形态的终结——五十年代政治观念衰微之考察》（以下简称《意识形态的终结》）一书，对这一思潮作了集中分析和概括。

在《意识形态的终结》一书的第三部分第十四章，贝尔指出："从其整个历史中，产生了一个简单的事实：对于激进的知识分子来说，旧的意识形态已经丧失了它们的'真理性'，丧失了它们的说服力……因此，在西方世界里，在今天的知识分子中间，对如下政治问题形成了一个笼统的共识：接受福利国家、希望分权、混合经济体系和多元政治体系。从这个意义上讲，意识形态的时代也已经走向了终结。"① 在贝尔看来，由于社会主义知识分子已经开始放弃马列主义信念，同时西方社会结构和制度自身又在发生深刻变化，这就在知识分子中形成了一种意识形态终结的"共识"，认为两种社会正在日益趋同，都在接受福利国家、分权、混合经济体系、多元政治体系这些相似的追求，因此意识形态终结了。对于这一结论，贝尔在 1988 年为纪念阿隆而给《意识形态的终结》写作的跋中，做了重申："也许关于意识形态终结的最强有力的提法是著名的瑞典政治评论家赫尔佰特·廷格斯顿的见解，1955 年他在总结斯堪的纳维亚的经验之后写道：'重大的［意识形态］争论，已经在各种事例中得到清算，无论是在保守党中间，还是在自由党内部，古老意义上的

---

① ［美］丹尼尔·贝尔：《意识形态的终结——五十年代政治观念衰微之考察》，张国清译，江苏人民出版社 2001 年版，第 462 页。

自由主义已经死亡；社会民主思想几乎已经丧失了纯粹马克思主义的所有特征，社会主义或自由主义，这些实际的词汇正在蜕变为仅仅是一个空洞的称谓而已。'"①

尽管贝尔似乎要追求一种超意识形态（超越左右、新左新右）的东西，但他并不主张人类放弃对"乌托邦"的追求，他说："意识形态的终结并不是——也不应该是——乌托邦的终结……人们需要——像他们一直需要的那样——得到关于其可能性的前景，关于把激情和理智结合起来的方式。在此意义上，今天比以前任何时候都更加需要乌托邦。不过，通往上帝之城的阶梯再也不可能是'信仰之梯'，只能是一把经验之梯。"② 那么他要追求一种什么样的乌托邦呢？此处虽然没有涉及，但前面实际上已经讲出来了，他的超越左右、新左新右的"乌托邦"，就是"福利国家、分权、混合经济体系和多元政治体系"。这种超越了 19 世纪的"普世性的、人道主义"的意识形态，仍然是一种新的普世价值。这种新的普世价值其实就是欧洲的福利资本主义模式——一种吸收了社会主义平等福利精神的资本主义模式。所以，贝尔这里所谓的超越左右其实是虚假的，走向新的右才是真的；这里所谓意识形态的终结也不真实，提出新的资本主义意识形态才是真的。因此，他所谓意识形态的终结，不过是一种虚假的折中主义。他对社会主义的批判和对新的资本主义的强调，为后来福山先生直接将这种虚假折中主义幕布扯掉，直接宣扬资本主义自由民主提供了理论基础。

二　冷战结束后的历史终结论：布热津斯基的"共产主义失败论"

冷战结束后，意识形态终结论获得了一个千载难逢的发展机遇，形形色色的历史终结论思想开始涌现。例如英国的撒切尔夫人有一个著名的"别无选择"理论。撒切尔喜欢说你别无选择（There Is No Alternative），这甚至成了她的一句口头禅，以至于被人冠以 TINA 的绰号。所谓

---

① ［美］丹尼尔·贝尔：《意识形态的终结——五十年代政治观念衰微之考察》，张国清译，江苏人民出版社 2001 年版，第 481—482 页。

② ［美］丹尼尔·贝尔：《意识形态的终结——五十年代政治观念衰微之考察》，张国清译，江苏人民出版社 2001 年版，第 465 页。

"别无选择"，就是说除了实行西方自由民主主义，世界已别无选择，或者说历史已经终结了。除此之外，福山的历史终结论自不必说，此处我们专门分析一下美国的兹·布热津斯基的历史终结论。

布热津斯基的历史终结论又可以叫作"共产主义失败论"，他的代表作是 1989 年出版的《大失败——二十世纪共产主义的兴亡》。布热津斯基在"前言"中以一种惊人坦率的口气告诉读者："这是一本论述共产主义的最后危机的书。书中描述和分析了共产主义制度及其信条的逐渐衰败的过程和日益加深的困境。书中断言，到下个世纪，共产主义将不可逆转地在历史上衰亡，它的实践和信条将不再与人类的状况有什么关系。共产主义只有抛弃其内在的实质（即使还保留某些外在的标志）才能兴旺发达，它将作为 20 世纪最反常的政治与理性畸形物载入史册。"① 可见，《大失败——二十世纪共产主义的兴亡》的核心观点就是共产主义已经陷入无法解决的困境了，到下个世纪必然从地球上灭亡，除非自我阉割，抛弃实质性内容。

为了论证共产主义必然灭亡的观点，布热津斯基做了两个方面的分析：一个是共产主义国家政治事实方面的分析，一个是共产主义理论方面的分析。而关于共产主义国家政治事实方面的分析，主要讲了五点：第一，共产主义失败的"关键问题"是苏联的政治、经济和社会制度遭到了失败，共产主义没有"带头大哥"了；第二，苏联当时所进行的复兴社会主义的改革不可能成功；第三，以波兰蜕变为第一块骨牌，开始了整个东欧谴责苏联和放弃苏联"强加"的社会制度的运动；第四，中国的改革已经放弃了社会主义根本制度；第五，国际共产主义运动的衰退。

但布热津斯基认为，政治事实方面的失败不是共产主义失败的根本原因，根本原因在于哲学理论上的失败。他说："共产主义失败的根本原因是在哲学思想方面。马列主义的政策归根结底源于对历史的根本错误的判断和对人性的严重误解。因此，共产主义最终的失败也表现在思想

---

① ［美］兹·布热津斯基：《大失败——二十世纪共产主义的兴亡》，军事科学院外国军事研究部译，军事科学出版社 1989 年版，前言第 1 页。

领域。它没有考虑人对个人自由的基本追求……没有考虑……人们会进
而要求政治上的选择权利……这样，共产主义宣称自己是最有创造力和
富有革新精神的社会制度，但事实上却窒息了社会的创造性。思想上的
失败还使共产主义在世界范围内的发展步履艰难。"①

在从现实和理论两个方面论证共产主义的失败之后，布热津斯基还
展望了"后共产主义时期"可能出现的景象。他认为，当时正在出现一
种"后共产主义"新现象，而"后共产主义将是这样一种制度：在这种
制度上，共产主义的消亡已经进展到如此程度，无论是马克思主义理论，
还是过去共产党人的实践，都不再对那时的国家政策具有重大影
响。……都不再认真地将共产主义的理论作为指导社会政策的方针""而
支配 21 世纪的将可能是民主政体，而不是共产主义。"② 也就是说，布热
津斯基在宣布了共产主义的灭亡之后，肯定了资本主义自由民主制度将
成为人类历史唯一合理的社会制度，因而也是最终的社会制度。作为福
山的同行，布热津斯基的理论更多侧重于政治学分析，而福山则把这种
政治学逻辑建立在具体的历史哲学基础之上。

综上所述，从理论承继的关系角度看，福山历史终结论不过是黑格
尔、科耶夫历史终结论的直接发挥。科耶夫的历史终结论显然直接来自
黑格尔，而黑格尔的历史终结论则是基督教思想中末日逻辑的必然反映。
在黑格尔看来，中国封建社会和中世纪都不过是历史走向终结的一个阶
段而已。基督教的价值观只是一种虚幻的自由平等，只有通过路德改革、
法国革命和拿破仑帝国之后，才能转向现实的自由平等。从现实背景角
度看，福山历史终结论不过是撒切尔 TINA 思想和布热津斯基政治上资本
主义胜利论的哲学补充，一个是从政治学上分析，一个是从哲学上论证，
其实质都是苏东剧变后资本主义取得最终胜利的短暂幻觉在意识形态上
的反映而已。

---

① ［美］兹·布热津斯基：《大失败——二十世纪共产主义的兴亡》，军事科学院外国军事
研究部译，军事科学出版社 1989 年版，第 285 页。

② ［美］兹·布热津斯基：《大失败——二十世纪共产主义的兴亡》，军事科学院外国军事
研究部译，军事科学出版社 1989 年版，第 298—305 页。

第 二 章

福山历史终结论的原生形态

从理论渊源上看，福山的历史终结论是对其之前的历史终结论思想，特别是黑格尔和亚历山大·科耶夫的历史终结论的继承发展。在追溯了福山之前的历史终结论后，本章与下面两章拟对福山本人的历史终结论进行思想史概述和形态学厘定。所谓思想史概述，是说福山的历史终结论的问世具有一个初步形成、不断完善并最终走向成熟的过程。所谓形态学厘定，是说福山的历史终结论从一开始形成到后来完善发展，虽然没有发生根本质变，却存在范式上的重大重构，形成了不同的理论形态。整体上看，福山的历史终结论的基本内涵可以区分为"原生形态"和"重构形态"两种基本形态。福山历史终结论的"重构形态"是在"原生形态"的理论内核遭到重大挑战之后，为了挽救历史终结论的生命力，增强对重大历史现实的解释力，不断进行自我反思、自我学习、自我重构而形成的新理论体系。本章首先分析福山历史终结论的"原生形态"的形成与内涵。

第一节　福山历史终结论原生形态的形成背景

在苏东剧变前两年，福山就提出了历史终结论的观点，这给人一种福山极具政治预见性的感觉。与福山形成鲜明对照的是，美国的其他普通民众和学者们不仅没有发现这个新阶段的到来，反而长期陷入对资本主义制度的悲观而不能自拔。除了苏东社会主义自身陷入新的困境之外，这种令福山窒息的悲观气氛也是促使福山形成并宣传历史终结论的重要背景因素。

一　对西方自由民主制度的深沉悲观

在《历史的终结及最后之人》中，有这样两段话最能反映福山创作"历史终结论"时的原初心境。一段话是："在西方，我们已经完全成为悲观主义者，不相信民主制度会全面进步。这种深情的悲观绝非是一时心血来潮，而是源于20世纪上半叶发生的真实可怕的政治事件——两次毁灭性的世界大战、极权主义的兴起以及以核武器和环境破坏为形式的科学反人类趋势。"① 另一段话是："我们这些生活在稳定的、长期的自由民主制度下的人，其处境与往日已不可同日而语。在我们的祖父母时代里，许多理智的人竟然可以预见出一种辉煌的社会主义前景。"② 在两次世界大战背景下，资本主义国家的群众存在怀疑甚至不信任资本主义自由民主，向往社会主义制度的情绪，这原本完全是可以理解的，但这却让福山非常不能接受。看得出，与别人不同，福山是一个对资本主义自由民主比一般人更加忠诚和坚定的学者，他已经在这种悲观气氛中压抑很久了。

然而，风水轮流转，现在处境不同了，社会主义的最大国家苏联以及东欧国家正在走向失败。福山认为，历史的风向标已经转向了另一边，现在到了反思批评悲观主义，重新为资本主义自由民主"正名"的时刻了，资本主义必须发起一场对马克思主义和共产主义的反攻，打一场翻身仗。正因为如此，福山把反思批判漫延美国和西方的普遍政治悲观主义，作为开启历史终结论工作的首要起点。在《历史的终结及最后之人》中，福山开篇第一章就把矛头指向了反思批评悲观主义，把标题设定为"我们的悲观"。

福山一方面指出，20世纪的人们陷入了对资本主义自由民主普遍的悲观主义；一方面又认为，这种悲观主义不是与生俱来的，它只是20世

---

① ［美］弗朗西斯·福山：《历史的终结及最后之人》，黄胜强等译，中国社会科学出版社2003年版，代序第3页。

② ［美］弗朗西斯·福山：《历史的终结及最后之人》，黄胜强等译，中国社会科学出版社2003年版，第53页。

纪的产物，与此前的 19 世纪形成了鲜明对照。福山认为，19 世纪人们对资本主义充满了乐观主义，这种乐观主要来自"现代科学"发展带来的生产力大发展，以及美国和法国革命前后资产阶级意识形态的创立。而 20 世纪的普遍悲观主义之所以产生，主要与两次世界大战导致的道德和技术危机有关。关于第一次世界大战，福山认为，它"从根本上动摇了欧洲人的自信"，因为它将忠诚、勤奋、爱国等美德用于"毫无意义的杀戮他人的残暴"，从而使资产阶级世界"名誉扫地"。① 关于第二次世界大战，福山认为，它将"现代科技和现代政治制度服务于邪恶"，即希特勒纳粹主义和所谓斯大林极权主义。②

福山把两次世界大战带来的对资本主义的挑战归结为道德危机和技术危机，却没有提到第一次世界大战背景下爆发的十月革命和第一个社会主义国家苏联，也没有提到第二次世界大战中东欧和东亚一批社会主义国家的出现，这些事件比世界大战本身更大地引发了资本主义世界的高度紧张。众所周知，20 世纪的历史正是社会主义由理论走向实践、由一国走向多国的发展过程。在社会主义历史的上升过程中，人们对资本主义及其自由民主产生悲观、丧失信心是完全正常的现象。

福山为何要将社会主义的胜利和发展这个关键原因遮蔽起来，单纯强调两次世界大战中的道德因素和科技因素呢？难道人们对道德和科技进步信念的动摇，归根结底是来自道德和科技自身的局限性，而不是来自产生它们的制度基础吗？与福山的观点不同，笔者认为，从根本上看，不仅是两次大战中的社会主义因素导致很多民众对资本主义信心丧失，而且很多民众对资本主义信心的丧失，也反过来促进了社会主义因素的发展。

福山的这种理解也与他的另一个观点自相矛盾，福山承认真正对资本主义自由民主构成挑战的不是法西斯主义，而是共产主义。这在他批评悲观主义的另一处表述中充分体现出来："在我们这个时代，悲观主义

---

① ［美］弗朗西斯·福山：《历史的终结及最后之人》，黄胜强等译，中国社会科学出版社 2003 年版，第 5—6 页。
② ［美］弗朗西斯·福山：《历史的终结及最后之人》，黄胜强等译，中国社会科学出版社 2003 年版，第 7 页。

最明显的体现就是几乎完全相信有一种永恒的、严厉的共产主义制度能取代西方的自由民主制度。"福山专门批评了以美国现实主义政治家亨利·基辛格为代表的"专业研究政治和对外政策的人"，认为这些政府高官在与共产主义竞争中陷入悲观主义，相信共产主义会"长期存在"，资本主义只能接受与共产主义进行妥协并存，因此他们"完全未曾预料"后来苏联发生解体的事件。① 福山在批评对资本主义的悲观主义时，有意淡化共产主义因素的作用，只能说明他对自己的历史终结论并不非常自信。还有，他明明承认"我们所有人"都陷入悲观主义，却把批评的矛头仅仅指向他的同行、同胞和祖父母辈，而丝毫没有对自己曾经的悲观主义作出剖析，这也是非常不公平的。

二　自由民主"福音"的到来

既然归根结底是共产主义导致西方自由民主陷入悲观主义，那么共产主义在实践上出现"失败"迹象，也就必然成为帮助西方走出这种悲观主义、重获制度自信和历史自信的重要推动力。福山极早就预感到了这种迹象，这除了与他具有较高专业水平有关，也与他曾经在美国外交部门工作，从而可以获得更多关键信息有关。在1989年6月前后发表的文章中，福山就预先觉察到"世界历史上一些带有根本不同性质的事件发生了"，指出世界历史上两大社会制度的竞争已见分晓，社会主义的生命力已经"枯竭"，资本主义自由民主正在取得"彻底胜利"。② 福山甚至从政治哲学和历史哲学的角度指出，这即将到来的结局不是一种偶然事故，而是"过去10年"或者"20世纪最后25年"的历史发展的产物，是"明显的历史规律"的产物。当时的事实是，最大社会主义国家苏联的最高领导人戈尔巴乔夫已经否定了苏联社会主义制度的必然性与合理性，准备将苏联导向民主社会主义制度。据美国前国家安全事务助理兹·布热津斯基在1989年出版的《大失败——二十世纪共产主义的兴

---

① ［美］弗朗西斯·福山：《历史的终结及最后之人》，黄胜强等译，中国社会科学出版社2003年版，第9页。

② Francis Fukuyama，"The End of History?"，*The National Interest*，Summer 1989，pp. 3 - 18.

亡》一书披露：戈尔巴乔夫在 1987 年 5 月与匈牙利共产党最高领导人进行了一次私人会谈，袒露了他对苏联社会主义制度和道路的否定性看法，并且于会谈第二天把谈话内容告诉了布热津斯基。戈尔巴乔夫认为，苏联自 1929 年以来的经验全都是错误的，苏联的经验有四分之三以上是令人怀疑的，应该予以否定或纠正。① 戈尔巴乔夫的这种思想上的蜕变，很大程度上已经注定了苏联东欧社会主义国家即将到来的失败命运。福山后来也回忆说："我们在本世纪上半叶所经历的，有充分的理由让我们满腹悲观；但尽管如此，下半叶发生的那些重大事件却具有一种非常不同而且出乎意料的方向性。……在世界范围内最近发生的重大事件中，最使人惊愕的当属 80 年代后期共产主义世界出人意料的大面积塌方。"②

　　然而，当时西方国家的人们已经"完全"成为悲观主义者，不相信资本主义自由民主制度还具有历史进步性，因此当资本主义自由民主制度的"胜利"即将到来时，人们完全认识不到这是一个"胜利"，福山发现"我们竟很难认为它是一个好消息"。但是，福山毕竟不同于很多普通人，他很快认识到了这个事件的重大历史价值。他不再保持沉默，迅速转变了态度和角色，以传教士布道的口吻向世人宣示：我的孩子们，"福音（good news）到来了"！③ 关于福音一词，福山原文用的是"good news"而不是"gospel"。那么将"good news"翻译成"福音"是否准确？通读上下文可知，这种翻译完全符合福山的原意，因为福山在此处还多次使用了"乐土（Paradise）"这个典型的基督教术语。人们即将进入"乐土"，当然就是最大的福音。可以讲，"乐土"一词具体注释了福山讲的"good news"的准确含义。据有人统计，在《新约》一书中，"福音"一词总共出现 129 次，其中当作名词使用有 75 次，当动词使用有 54 次。"福音"一词有两重含义：一重含义是表示耶稣基督所宣传的

① ［美］兹·布热津斯基：《大失败——二十世纪共产主义的兴亡》，军事科学院外国军事研究部译，军事科学出版社 1989 年版，第 54—55 页。
② ［美］弗朗西斯·福山：《历史的终结及最后之人》，黄胜强等译，中国社会科学出版社 2003 年版，第 14 页。
③ ［美］弗朗西斯·福山：《历史的终结及最后之人》，黄胜强等译，中国社会科学出版社 2003 年版，代序第 4 页。

好消息，再一重含义是耶稣降生本身以及他的布道活动。而福山的工作与之十分类似，是以自由民主传教士的角色和口吻，向西方人和世人宣布自由民主福音的到来，告诉世人他们已经进入资本主义的自由民主"乐土"之中，应该知足和自信，别身在福中不知福，甚至不知好歹地沉浸在悲观之中不能自拔了。福山将资本主义自由民主的最终胜利称为"福音"，可谓意味深远，说明福山对资本主义自由民主的信仰，绝不仅仅是一般理论层面的信仰，而是达到了宗教信仰的程度。福山认为，他的工作是在重申和传布"福音"，重树人们对于自由民主"福音"的信心，这无异于认为他的工作就是耶稣基督的工作，他的使命就是耶稣基督拯救人类的使命。

第二节　福山历史终结论原生形态的形成历程

根据福山的回忆，他最早提出历史终结论基本观点是在 1988 年芝加哥大学的一次讲座中。那时，苏东剧变的端倪还没完全显露出来，大多数世人对接下来历史的新动向并未完全看清楚。但这次讲座对于历史终结论的形成，具有至关重要的意义。对此，福山曾说："没有这个机会，《历史的终结?》无论是作为一篇文章还是作为一本书也许就不会诞生。"[①] 根据福山这个总结，我们可以得出：第一，历史终结论的原生逻辑或原生形态的形成，经历了从"一次讲座"到"一篇文章"，再到"一本书"三个阶段；第二，"一次讲座"是历史终结论的最初本源，具有思想史的源头意义。因为时间或地域原因，笔者无法获得这次讲座的具体内容，这着实令人遗憾。但这不会从根本上影响我们对这个过程的追溯，因为在该讲座主要内容修改的基础上，福山于 1989 年 6 月在《国家利益》杂志夏季号上发表了《历史的终结?》（"The End of History"?）一文，让我们基本上可以了解这次讲座的主要内容。《历史的终结?》一文虽然有一个问号，但并不意味着福山对于历史的终结还存在疑问。福

---

① ［美］弗朗西斯·福山：《历史的终结及最后之人》，黄胜强等译，中国社会科学出版社2003 年版，致谢部分第 1 页。

山后来多次拿这个问号为自己辩护，但通读该文后就会发现，它对福山而言仅仅意味着提出问题的一种方式，即以提问的方式提出问题，并且其论述还可以继续完善。

一　福山历史终结论原生形态的问世：《历史的终结?》

如果说 1988 年芝加哥大学的那次演讲，还只是历史终结论的一次交流或思想表露，因为它并没有通过媒体给予正式报道，那么 1989 年《历史的终结?》一文的发表，则标志着福山历史终结论原生形态的正式问世，因为它以正规发表的方式向世人宣布了这种思想的出场。在经过修改润色而发表的该文中，福山从基本结论、理论依据、事实本质和现实影响等几方面阐释了历史已经终结这个宏大主题：

第一，开门见山提出历史作为一种意识形态和客观现实已经终结的基本结论。福山说："我们正在目击的可能不仅仅是冷战的结束，也不是战后历史的特殊阶段，而是人类历史的终结。这是人类意识形态进化的终点，是西方自由主义民主作为人类治理制度的最后形式而普世化。"福山得出这样的宏大结论，首先依据的是对当下历史事实的认知。他认为，世界上最大的两个社会主义国家（中国和苏联）已经在与西方的竞争中完全失败，它们的生命力已经"枯竭"了。这表现在这些国家知识分子思想立场转变、这些国家走上自我改革道路，以及它们的文化为西方消费主义所取代，等等。福山得出这样的结论，决不仅仅是对当下事件认知的结果。他认为，冷战结束决不是一个毫无根据的偶然事件，而是"过去约十年一连串历史事件"不断积累的必然结果，有"比较明显的历史规律"在整个过程中起支配作用。关于这个历史过程，福山后来又称之为 20 世纪的"最后 25 年"。这个新表述显然是受到了他的老师塞缪尔·亨廷顿的影响。亨廷顿在 1991 年出版了《第三波——20 世纪后期民主化浪潮》一书，提出了世界民主发展的三次波浪即三大历史阶段的思想，认为第三次波浪开始于 1974 年西班牙的康乃馨革命。从这个角度看，亨廷顿的研究实质上是从政治制度发展史的角度支持了福山的结论。但是，福山认为，仅仅从现实和历史事实角度论证历史终结仍然是不够的。要真正为资本主义自由民主打一个"翻身仗"，重树人们对资本主义自由民主的信心，需要从历史哲学和政治哲学的逻辑上重新论证资本主义自由民主的生命力和历史地位，从而为其合理性提供坚实的理论根据。福山《历史的终结?》一文的主要篇幅主要放在这个方面。

第二，回到黑格尔—科耶夫的唯心主义历史哲学为历史终结论树立理论根据。福山谦虚地承认"历史的终结"这个概念不是他原创的，因为马克思就使用了这个概念，并提出了以共产主义为终点的历史终结论思想。但福山又认为，马克思的"历史的终结"概念也不是原创的，它来自黑格尔的历史哲学，认为黑格尔是最早提出"历史的终结"概念和历史终结论思想的"第一个现代社会科学家"。[①] 黑格尔是如何证明历史已经终结的呢? 福山认为，他坚持的是一种唯心主义历史观逻辑。福山将其概括为：思想是现实的原因，而不是结果。驱动历史发展的矛盾存在于"人类观念"当中，存在于"理念"当中，存在于"使世界统一的意识形态"当中。思想上发展的不同阶段，决定了社会组织形式发展的不同阶段，这些不同阶段包括"部落制、奴隶占有制、神权政治制度和最后民主平等主义社会"。

福山并不是简单转述黑格尔的唯心主义逻辑，他还直接为论证这一逻辑作出了自己的努力。一方面，福山从理论上求助于马克斯·韦伯的《新教伦理与资本主义精神》，指出与马克思的逻辑相反，"韦伯的著作是要证明物质生产方式决不是社会的基础，它自身也是一个上层建筑，这个上层建筑植根于宗教和文化"[②]；另一方面，也是最关键的方面，福山以苏联和中国等社会主义国家走向改革为例为唯心主义逻辑做论证。中国和苏联为什么走上了改革道路（福山认为这是共产主义失败的标志之一）呢? 福山认为，这是由其领导人思想意识的变化决定的，是"思想对思想"的"胜利"，而不是"物质对思想的胜利"。他说："为什么这些国家恰恰在 20 世纪 80 年代抛弃了中央计划经济? 答案只有在处于统治地位的精英和领导者的思想意识中才能找到……这种变化决不是由物质条件不可避免地带来的，决不是物质条件将某一国家带到了改革的前夕。

① Francis Fukuyama, "The End of History?", *The National Interest*, Summer 1989, pp. 3 – 18.

② Francis Fukuyama, "The End of History?", *The National Interest*, Summer 1989, pp. 3 – 18.

相反，是由思想对思想的胜利结果带来的。"①

　　福山认为，马克思的唯物主义历史观思想是错误的，黑格尔的唯心主义历史观才是正确的，但人们对黑格尔的了解更多是通过马克思的"歪曲镜"得来，人们并不真正了解黑格尔的思想，因此福山认为，对于黑格尔存在一个重新解读的问题，即应该"拯救黑格尔，使他作为正确预见当今时代的哲学家而重新复苏"。② 然而，十分令人不解的是，福山自己却只说不做，并没有真正去解读黑格尔著作，而是找到了另一个黑格尔解读者——法国新黑格尔主义者科耶夫，从他那里获取对黑格尔思想的相关知识。福山在没有亲自阅读黑格尔著作的前提下，指出科耶夫是复活黑格尔思想的"杰出代表"。科耶夫是如何论述黑格尔的历史终结的过程与原因的呢？福山作了这样的概括："对于人类历史及其冲突而言，它的存在是建立在矛盾：原始人相互承认的需要、主奴辩证法、对自然的转化和统治、为争取广泛承认的权力而进行的斗争、劳资对立等之上的。但是，在普遍的均质状态中，所有先前的矛盾都被解决了，所有的人类需要都得到了满足。"③ 这里最重要的两个关键词就是"主奴辩证法"和"普遍均质状态"。"主奴辩证法"基于"最初之人"的追求对方承认，经过一番血腥拼死战斗进入主奴压迫阶段，又经过进一步的斗争进入主奴和解阶段，即普遍均质阶段或历史终结阶段。显然，科耶夫主要发挥了黑格尔的"精神现象学"中的思想，具有主观唯心主义特征，与黑格尔的客观唯心主义逻辑之间存在较大的差别。与其说福山是以黑格尔的思想作为指导思想，不如说他是以科耶夫"过滤"过的黑格尔作为自己的指导思想。关于黑格尔与科耶夫思想之间的差别，笔者在《历史终结论批评：金融危机背景下的思考》一书中有详细分析，此处不再赘述。

　　第三，论述历史终结的实质，即资本主义意识形态战胜其他意识形态取得了最后的胜利。福山已经得出历史终结的结论，他进而指出：既

① Francis Fukuyama, "The End of History?", *The National Interest*, Summer 1989, pp. 3–18.
② Francis Fukuyama, "The End of History?", *The National Interest*, Summer 1989, pp. 3–18.
③ Francis Fukuyama, "The End of History?", *The National Interest*, Summer 1989, pp. 3–18.

然我们赞同唯心主义历史观，即历史是由观念决定的历史，那么历史的终结在本质上不是历史事实的终结，而是历史观念的终结。因为历史观念终结了，所以由其决定的历史现实在主要方面和基本方向上也就终结了。而决定历史现实的历史观念就是意识形态，因此，历史的终结就体现为意识形态斗争的终结，或者说资本主义意识形态战胜了其他意识形态，取得了最后的胜利。福山说："如果我们接受上面提出的唯心主义前提，我们必须在意识形态和思想领域为这个问题找出一个答案。""在过去的世纪里，对自由主义的较大挑战主要是两个方面，即法西斯主义和共产主义。"① 因此，如果要证明历史已经终结，就必须证明法西斯主义和共产主义这两种意识形态，在与资本主义意识形态的斗争中已经完全失败，丧失了生命力。

对于法西斯主义的挑战，福山认为，它虽然与第一次世界大战一样，曾经导致人们长时间对自由民主的悲观失望，但它已经在第二次世界大战中毁灭，"完全丧失了吸引力"，因此，共产主义或者马克思主义才是对资本主义意识形态"更为严肃"的挑战。马克思主义是如何挑战资本主义意识形态的呢？福山认为，马克思主义的最基本批判逻辑就是分析资本主义的"基本矛盾"，这个"基本矛盾""存在于劳资之间"。福山认为，马克思主义的这个批判已经不成立了，因为"这个阶级问题的确已经在西方得到了成功的解决"。暂且先不说资本主义的阶级矛盾是否已经解决，这里首先需要纠正一下福山对马克思批判逻辑的错误理解。马克思的确认为资本主义的"基本矛盾"决定了它必然要灭亡。但是，这个"基本矛盾"不是阶级矛盾，而是生产力与生产关系、经济基础与上层建筑之间的社会基本矛盾，劳资阶级矛盾只是由这一矛盾决定的矛盾。社会基本矛盾是决定社会历史发展的根本动力，阶级矛盾和革命是社会历史发展的直接动力。接下来，我们再看福山所谓的资本主义基本矛盾是否已经成功解决。福山首先说到美国，他说美国的阶级矛盾已经解决，"并不是说在美国没有富人和穷人的分野，也不是说二者之间的鸿沟在近几年没有拉大"，而是说美国"社会保留了平等主义和现代福利主义，拥

---

① Francis Fukuyama, "The End of History?", *The National Interest*, Summer 1989, pp. 3 – 18.

有构成这些社会的文化和特征，它们反过来构成前现代化条件的历史合法性"。① 也就是说，这只是因为美国在意识形态上已经战胜了阶级矛盾和阶级分化。事实上的经济不平等并不能得出美国社会制度合法性丧失的结论。福山说："导致经济不平等的根源，与我们社会的内在合法性和社会结构没有必然相关性。我们的社会保留了平等主义和现代福利主义，拥有构成这些社会的文化和特征，它们反过来构成前现代化条件的历史合法性。"② 这种赤裸裸的唯心主义逻辑，不知道福山如此表达之时有没有感觉到百般别扭。福山认为，我们在意识形态上战胜了阶级矛盾和阶级分化，我们就在事实上战胜了它们；即使美国存在严重的社会两极分化，也不能否定它是一个坚持"平等主义"和"福利主义"意识形态的国家。只要存在这种平等和福利的意识形态，事实上是否平等和具有福利是无关紧要的，这是多么可笑的逻辑。

从唯心主义逻辑出发，对资本主义最关键的挑战自然就成了社会主义意识形态的挑战。但福山认为，只有中国"提供了一种具有意识形态吸引力的替代性角色"，构成"对自由主义的威胁"。③ 即使如此，他认为，中国已经不再信任马克思列宁主义的经济体制。随着改革开放的深入，它将受到自由民主思想的更大"牵引"。中国虽然还没有走上西方自由民主的道路，但最关键的是它已经不再是"世界自由力量的灯塔"。关于最大的社会主义国家苏联，福山则非常自信地认为，它已经正在走上灭亡的道路之中。他说："苏联——这个原始的无产阶级大本营——的发展，已经给马克思列宁主义这个自由民主的挑战者的棺材钉上了最后一颗钉子。"④ 这让我们再次想起了布热津斯基在《大失败——二十世纪共产主义的兴亡》中披露的苏联最高领导人戈尔巴乔夫 1987 年的那次谈话。戈尔巴乔夫当时已经认为，苏联的主要道路和历史经验都是错误的，他已经准备彻底放弃苏联社会主义制度和道路。福山认为，社会主义苏联的这种精英人物的自我蜕变将不可避免地导致苏联的失败，这是正确

---

① Francis Fukuyama, "The End of History?", *The National Interest*, Summer 1989, pp. 3 – 18.

② Francis Fukuyama, "The End of History?", *The National Interest*, Summer 1989, pp. 3 – 18.

③ Francis Fukuyama, "The End of History?", *The National Interest*, Summer 1989, pp. 3 – 18.

④ Francis Fukuyama, "The End of History?", *The National Interest*, Summer 1989, pp. 3 – 18.

的，已经为后来的历史事实所证实。但福山认为，这是给共产主义棺材板钉上的"最后一颗钉子"，显然是夸大了戈尔巴乔夫的历史作用，低估了社会主义的生命力。

第四，福山论述了历史的终结对国际关系和人类生活方式的影响。福山认为，决定世界历史走向的主要不是不同制度国家之间的力量对比关系，而是不同意识形态之间斗争的结果。他认为，既然以苏联和中国为代表的共产主义世界在意识形态上已经完全失败，那么世界历史就已经终结了，处理国际关系就不能按照不同国家势力对比，即新现实主义思维来决策。福山的这一批判显然是针对以基辛格为代表的政治家的历史哲学和外交路线的。福山把新现实主义的外交路线看作是对资本主义自由民主制度丧失信心的悲观主义思维的重要体现。因此，对新现实主义的批评，是福山反思西方悲观主义工作的继续。它们之间的分歧是资本主义意识形态内部不同历史观和政治观的分歧，我们对此不做更多分析。值得人们关注的是福山对历史终结之后的人类特征和人类生活方式的预测。后历史世界是一个什么样的世界呢？福山在《历史的终结？》一文里相对简单地讲了几点：一方面，后历史世界是一个追求承认的欲望已经完全实现了的世界，由此引发的世界大战那样的大的历史冲突"将会消失"，人类将进入一个稳定的世界；另一方面，后历史世界因为"理想主义"已经丧失，人们会陷入"既没有艺术也没有哲学"，完全被"经济算计"和消费主义统治的令人悲伤的世界。在这样一个世界，人们可能陷入长期的"无聊"。为了摆脱这种"无聊"，人们甚至可能为斗争而斗争。

二 历史终结论原生形态的系统论述：《历史的终结及最后之人》

《历史的终结？》一文发表后，引起了学界广泛的关注和争论。在吸取了学界大量合理质疑，并进行新的完善润色基础上，福山的历史终结论由"一篇文章"变成了"一本书"，这本书就是大名鼎鼎的《历史的终结及最后之人》。该书的出版，标志着福山历史终结论原生形态实现了问世后的完善与系统化论述。该书先后被翻译成了20多种文字，在世界范围产生了广泛影响。福山作为历史终结论的提出者而闻名，以及人们对福山历史终结论的了解，主要是借助于该书在世界不同国家的传播。因此该书作为福山"最具代表性的著作"，也被看作是系统论述历史终结论原生形态的标志性文献。

福山一方面重申了《历史的终结？》一文中提出的历史已经终结的基本观点，指出"自由民主制度也许是'人类意识形态发展的终点'和'人类最后一种统治方式'，并因此构成'历史的终结'"①；另一方面又在吸取他人批评质疑、为自己辩护的基础上，从历史概念的内涵、历史终结的基本逻辑、一系列挑战性基本问题、后历史时代的基本特征等几个方面完善和系统论述了历史终结论。其中第二个方面，既是自我辩护的需要，也是自身逻辑完善的必要内容。福山给出了一个尝试性分析基础上的概括性的论述："谈论一个连续的、朝着更多人有更大的自由民主制度这一方向不断发展的人类历史，对我们来说……其理由有二：一个涉及经济学，另一个涉及'获得认可（也译作承认——笔者注）的斗争'这个用语。"② 这两个理由构成了福山整个理论体系的核心。

第一，关于世界普遍史概念的重新提出与辨析。福山要论述历史的终结问题，必须首先证明存在一种定向的、连续的、普遍的历史。正是这个定向历史的不断延伸导致资本主义自由民主的产生，而这一结果的产生最后终结了这一普遍历史的发展。所以，论证这个普遍历史的存在就成为福山回应学界以具体历史事件挑战历史终结论，证明历史已经终结的关键的前提性问题。福山在《历史的终结及最后之人》的第一部分中，从所谓极权主义和资本主义自由民主两种制度发展的历史趋势着手，提出了世界普遍历史是否存在的问题。为了证明共产主义制度必然走向灭亡，福山将其放到一个外延更为广泛、历史更加久远的概念即独裁主义当中去加以分析。他说："独裁主义现在所面临的危机并不是从戈尔巴乔夫的改革或者从柏林墙的倒塌才开始的，它的起源可以追溯到15年前

---

① ［美］弗朗西斯·福山：《历史的终结及最后之人》，黄胜强等译，中国社会科学出版社2003年版，代序第1页。

② ［美］弗朗西斯·福山：《历史的终结及最后之人》，黄胜强等译，中国社会科学出版社2003年版，代序第3页。

南欧的一系列独裁右翼政府的倒台。"① 这样，共产主义的倒台就不仅是当下的问题，而且是从封建专制、军人独裁开始就存在的历史性问题，具有不可避免的历史必然性。

在分析了右翼独裁政权因为缺乏政治合法性而倒台之后，福山将分析的对象转向了所谓左翼独裁主义即共产主义。在概述了从20世纪80年代初直到1991年苏联解体的大事年表之后，他得出这样的结论：在这个法国革命和美国立宪200周年的1989年，"共产主义制度决定性地衰落了"②，而1991年"八一九事件"后任总统的叶利钦宣布苏共为非法组织之时，"共产主义的最后一幕已经演完了"③。苏联所代表的共产主义的失败和前述历史上独裁主义政权的失败一样，都是因为丧失了政治合法性所致。

福山认为，共产主义失败不是一个单纯的偶然事件，而是一个长期的必然的历史性事件。那么资本主义自由民主的胜利呢？为什么说它不是一个单纯的偶然事件，而也是一种历史的必然现象呢？接下来，福山借助亨廷顿《第三波——20世纪后期民主化浪潮》的相关研究阐释了这个问题。福山考察作为一种历史趋势的资本主义自由民主的时间跨度，甚至要比追溯所谓独裁主义的范围更加久远。他纵观"人类历史长河"，通过列表方式分析了从1790年到1990年的200年里的62个国家走向西方自由民主的状况。他以一种坚定的自信，轻轻拂去那些短暂的"倒退和失望"的干扰，肯定地指出："只有自由民主这种制度才维系到20世纪的终点""目前还没有任何一种自称为放之四海而皆准的意识形态能与自由民主相抗衡"。④ 我们已经无法为自己找到一个"更美好的世界"，这是"苦苦寻觅之后"得出的最后结论。⑤ 当然，这个结论要最终成立，

　　① ［美］弗朗西斯·福山：《历史的终结及最后之人》，黄胜强等译，中国社会科学出版社2003年版，第16页。

　　② ［美］弗朗西斯·福山：《历史的终结及最后之人》，黄胜强等译，中国社会科学出版社2003年版，第31页。

　　③ ［美］弗朗西斯·福山：《历史的终结及最后之人》，黄胜强等译，中国社会科学出版社2003年版，第33页。

　　④ ［美］弗朗西斯·福山：《历史的终结及最后之人》，黄胜强等译，中国社会科学出版社2003年版，第51页。

　　⑤ ［美］弗朗西斯·福山：《历史的终结及最后之人》，黄胜强等译，中国社会科学出版社2003年版，第53页。

还需要一种能够涵盖并超越上述 200 年历史的"适用所有时期和所有人的世界普遍史"的逻辑，对走向这一结局的必然性进行系统阐释。这样，福山就提出了构建定向的普遍史的问题。福山是在事先确定了历史发展结局，即走向资本主义自由民主的基础上，来探索这样一种世界普遍史的。福山这种目标先行的做法，正是早在 1950 年就遭到英国历史学家赫伯特·巴特尔非德批评过的"历史的辉格解释"。但这属于方法论的问题，我们将放在第三部分中专门分析。

在肯定了研究世界普遍史的必要性之后，福山就开始了漫长而细致的常识性"试错"过程。贯通这个过程的是前后两种逻辑：一个是对现代科技引领的经济逻辑的再尝试和再思考，一个是在部分肯定和整体否定经济逻辑基础上，借助"黑格尔—科耶夫"的思想资源，从"追求承认"的人性论逻辑角度对普遍历史的再阐释，这是《历史的终结及最后之人》最核心的内容。

第二，对构建通往资本主义自由民主普遍历史的现代科学、经济学逻辑尝试。福山认为，这个逻辑实际上就是马克思唯物史观的基本逻辑。在福山眼里，对于构建以资本主义自由民主为终点的普遍史而言，这是一个半路"夭折"的逻辑，无法达到预先设想的目的，即把历史推进到以资本主义自由民主为终点的阶段。虽然它在推动历史达到终点之前具有一定意义，但毕竟不能达到最终要追求的目标。因此，福山说："对民主这一现象，我们如果只从经济学上来理解，显然无法作出充分的解释。对历史的所有经济学诠释把我们带到了自由民主乐土的门口，但它却没有把我们一直送进里面去。"① 一方面，福山肯定了现代自然科学和经济发展对世界普遍历史的重大贡献，认为它提供了历史发展前期的方向性和不可逆性；另一方面，福山否定了现代自然科学所确立的历史的方向性和普遍性必然带来资本主义自由民主的最后胜利或历史的终结。福山认为，这个问题是该研究"最难的部分"②。福山并不否认现代自然科学

---

① ［美］弗朗西斯·福山：《历史的终结及最后之人》，黄胜强等译，中国社会科学出版社 2003 年版，第 153 页。

② ［美］弗朗西斯·福山：《历史的终结及最后之人》，黄胜强等译，中国社会科学出版社 2003 年版，第 125 页。

（或资本主义经济的工业化、后工业化）与资本主义自由民主制度的发展之间有着非常紧密的联动关系，他把这种联动关系又概括为经济发展、教育水平和民主之间的紧密关系。但是，福山认为，二者之间并不存在可以从理论上说清楚的必然因果关系，因为"隐藏在选择民主这一决策之后的动机从根本上讲则与经济无关"①。正因为这样，美国在工业化之前就实现了民主。

针对主张工业化与资本主义自由民主存在必然联系的三类观点，福山一一给予了驳斥。在这三类观点中，"最有说服力"的一种观点主张"成功的工业化会创造中产阶级社会，而中产阶级社会需要政治参与和权利平等"②。这里的关键是中产阶级的产生及其政治立场的转变。福山认为，中产阶级的产生是"普及教育"的结果，中产阶级的态度问题也就是由其受到的教育决定的。福山虽然承认教育对于民主是一种"非常需要的氛围"，但"如果认为教育必然会带来对民主规范的信仰，则是另外一个问题"③。不仅如此，工业化的逻辑甚至"会导向完全相反"的方向，即"市场导向的极权主义"④。这样，就可能出现上面提到的那一幕，历史被推进到了民主天堂的门口，就再也无法走进去了。

这里，需要稍微交代一下的是，福山将现代自然科学与工业化混为一谈，把社会历史发展看作是现代自然科学发展的结果，这样做忽视了一个时间问题：现代自然科学仅是现代的产物，在前现代时期是不存在现代自然科学的，因此，由现代自然科学的逻辑所能够推动或解释的仅仅是现代以来的历史，而不是整个人类历史。

第三，对通往资本主义自由民主普遍历史的"追求承认"的人性论逻辑重释。在部分肯定而整体否定了世界普遍史的科学—经济逻辑之后，

---

① ［美］弗朗西斯·福山：《历史的终结及最后之人》，黄胜强等译，中国社会科学出版社2003年版，第126页。

② ［美］弗朗西斯·福山：《历史的终结及最后之人》，黄胜强等译，中国社会科学出版社2003年版，第133页。

③ ［美］弗朗西斯·福山：《历史的终结及最后之人》，黄胜强等译，中国社会科学出版社2003年版，第139页。

④ ［美］弗朗西斯·福山：《历史的终结及最后之人》，黄胜强等译，中国社会科学出版社2003年版，第140页。

福山转向了另一种逻辑的探讨。这一逻辑就是马克思唯物史观的对立面——黑格尔的唯心史观。但黑格尔本人的唯心史观在世界观上是客观唯心主义，在政治上支持的是君主立宪制度，所以福山虽然打出"回到黑格尔"的旗号，实际上搬出来的是黑格尔的后来阐释者亚历山大·科耶夫的新黑格尔主义。这样，"回到黑格尔"就变成了回到"一个叫作黑格尔—科耶夫的人"。福山说："我们的兴趣不在黑格尔本身，而在科耶夫所解释的那个黑格尔身上，或者在一个名叫黑格尔—科耶夫的、可能是全新的、综合的哲学家身上。"①

福山从黑格尔"最初之人"的人性出发，推论出世界历史逐步走向终结的整个过程。福山认为，"最初之人"的人性既包括追求物欲的属性，也包括追求别人认可或承认的属性，但只有后者才是人的本质属性。因为为了追求别人的认可或承认，真正的人甚至不怕死亡，"拿生命冒险"，这种不畏惧死亡的属性把人与动物从根本上区分开来。福山说："'最初之人'有别于动物，这个人不仅想要获得别人的认可，而且想作为人来获得别人认可。人这一身份是由人拿生命冒险的能力构成的，这是他最根本、最独特的特征。"② 可见，在福山看来，拿生命冒险获得别人的承认，就是人的本质特征。在《历史终结论批评：金融危机背景下的思考》一书中，笔者已经考察了这种人性论与日本武士道思想之间的密切关系。在福山的逻辑推演中，人的这一本质属性决定了"最初之人"的最初相遇是一场殊死暴力战斗。为了让整个逻辑可以演绎下去，搏斗的结果不能是双方或者单方的毁灭，因为这样的结果无法实现预先设置的对寻求承认欲望的满足。理想的结果必须是一方战胜另一方，而又没有杀死另一方，"胜者王侯败者寇"，胜者成为败者的主人，败者成为胜者的奴隶。于是，人类历史就由"最初之人"的战斗发展到第一个阶段——"原始社会"或者奴隶社会（福山认为，人类社会的原始形态是

---

① ［美］弗朗西斯·福山：《历史的终结及最后之人》，黄胜强等译，中国社会科学出版社2003年版，第165页。
② ［美］弗朗西斯·福山：《历史的终结及最后之人》，黄胜强等译，中国社会科学出版社2003年版，第168页。

奴隶社会)。① 在这个社会，最初的阶级关系形成了，但这个阶级不是按照生产关系而是按照"对暴力死亡的态度"来划分的。这样，马克思的原始共产社会被否定了，依据生产关系划分阶级关系的逻辑也被否定了。

这样，以主人压迫剥削奴隶为轴心关系，作为人类普遍历史第一个阶段的"原始社会"就开始了。这个阶段一开始是相对和谐的，因为奴隶还没形成主人那种"拿生命冒险"的能力，畏惧死亡的动物欲望战胜了追求承认的人性。但是，主人与奴隶之间的相对和谐"并不能保持长期稳定"，因为他们"都需要满足自己获得认可的欲望"②。这里，福山的逻辑出现了明显的混乱，因为主人实际上已经获得了奴隶的认可或承认，只有奴隶需要获得主人的承认。沿着奴隶追求主人承认的思路推下去，二者的矛盾势必导致二者第二次暴力战斗，整个过程像第一次战斗一样，不过是重演一遍。这样很可能变成无休止的恶性循环，通往资本主义自由民主的终结之路就中断了。于是，福山就须增加新的假设：假设主人已经不满意于原先的那种地位的单向承认了，他良心发现了，想与奴隶进行平等交往了，他的"优越意识"转化为"平等意识"了。可是，这里自相矛盾之处就暴露出来了，福山一面指出"平等意识"是"优越意识"的"反面"，一面又指出"平等意识"和"优越意识""两者共同构成获得认可的欲望的两种表露"③。如果说"平等意识"是"优越意识"的反面，而"优越意识"又是贴上了"新标签"的"获得认可的欲望"④，那么"平等意识"也不过是"获得认可欲望"的反面，而不是它的"表露"或派生物。福山在这里企图用复杂的理论思辨遮盖问题的实质，把主人对奴隶地位的承认说成是他的"获得认可欲望"的主动生成物。这样，他把普遍历史的发展说成是"优越意识""萌生、成长和

① ［美］弗朗西斯·福山：《历史的终结及最后之人》，黄胜强等译，中国社会科学出版社2003年版，第168页。
② ［美］弗朗西斯·福山：《历史的终结及最后之人》，黄胜强等译，中国社会科学出版社2003年版，第220页。
③ ［美］弗朗西斯·福山：《历史的终结及最后之人》，黄胜强等译，中国社会科学出版社2003年版，第209页。
④ ［美］弗朗西斯·福山：《历史的终结及最后之人》，黄胜强等译，中国社会科学出版社2003年版，第209页。

消失"的结果。① 而事实上，这一切不过是奴隶不断觉悟和斗争带来的主人不得不被迫接受的结果。奴隶们先是长期在思想中构思自由，最终又将这种思想转化为改造现存状况的现实运动。于是主奴第二次战斗便开始了，人类普遍史的第二阶段随之到来了。在第二次战斗中，福山的逻辑是主人放弃了原先那种优越意识，愿意与强大起来的奴隶平等相处了，而不是因为同样畏惧奴隶将自己杀死，而不得不与之妥协或者投降。但即使如此，历史上被奴隶起义杀死的统治者也比比皆是。奴隶主投降之后的问题，可能是奴隶对主人的统治，而福山为了得出历史的终结，强行杜撰了一场主人放弃"优越意识"而追求"平等意识"的主奴言和的大结局。② 这样，原先由经济逻辑没有完成的任务，借助主奴之间"普遍且平等意识"而最终得以完成了，被推进到自由民主"门口"的世界普遍史被进一步推进到自由民主的"乐土"之中了。可见，获得普遍承认的人性正是将经济发展与自由民主连接起来的那"短缺的一环"③。

第四，用新逻辑（"追求承认"的人性论逻辑）对挑战性社会现象的补充性阐释。福山建构了通往资本主义自由民主的普遍历史理论模型，这个模型解决了历史发展的方向和终点问题，但仍然存在很多社会现象构成挑战。为了让这一理论模型更加周延，福山还需要对这些挑战性的外围现象专门作出应对。福山认为，产生这些挑战性现象的原因主要包括两个方面：一个是某些国家政权的阻碍作用；一个是某些价值观或地域性文化的阻碍作用，例如洛克的利己主义、"四小龙"的东亚文化、亨廷顿的现实主义、伊斯兰教和民族主义、联合国的超意识形态组织文化，等等。为了解决这些挑战，福山分别批判了国家对自由民主的阻碍作用，批判了霍布斯、洛克式的利己主义（作为一种展开，还分析了"工作精神"及其重要性），批判了民族主义以及基辛格代表的国际政治实用主

① ［美］弗朗西斯·福山：《历史的终结及最后之人》，黄胜强等译，中国社会科学出版社2003年版，第218页。

② ［美］弗朗西斯·福山：《历史的终结及最后之人》，黄胜强等译，中国社会科学出版社2003年版，第237页。

③ ［美］弗朗西斯·福山：《历史的终结及最后之人》，黄胜强等译，中国社会科学出版社2003年版，第236页。

义。对挑战性现象的解释和挑战性理论的批评，是对理论内核的进一步维护和完善。

第五，对"最后之人"及其令人悲观的生活方式的展望，以及对自由民主尚未解决的矛盾及其解决方式的分析。关于历史终结之后的"最后之人"是什么样，它们过着什么样的生活，福山有一段十分令人惊愕的描述："他们将重新回到动物，就像血腥战斗没有发生前的历史起点一样。只要给它吃的，它可以整天躺在太阳下睡觉，原因是它对目前的现状十分满足。它不关心其他狗是否过得比它好，或者它作为狗事业是否有成就，或者在世界上遥远的地方还有狗正遭受虐待。假使人可以进入一个成功地消灭不公正的社会，他的生活就会与那条狗完全没有不同。"① 历史终结之后的人，因为包括追求承认的各种欲望都满足了，因此都变成了"狗"，过着"狗"一样满足的生活。

当然，福山同时认为，事情并不那么绝对，因为人的"优越意识"并不甘心于完全被压抑，它还会时不时与"平等意识"做斗争。关于二者发生冲突的起因，福山认为，要么是"优越意识"发展过度，要么是"平等意识"发展过度。但后者比前者对"自由民主"的"威胁"更大。福山的逻辑在此处又开始陷入二律背反：一方面，"平等意识"是超越"优越意识"走向"自由民主"的决定性一环；另一方面，"平等意识"又成了"优越意识"或"自由民主"的最严重的威胁。一方面，"平等意识"是奴隶主追求完整认可的产物；另一方面，"平等意识"又是奴隶们不断觉悟和斗争的结果。一方面，"平等意识"的产生是主奴矛盾的产物，是历史发展的结果；另一方面，"平等意识"的理论基础是"马列主义"，资产阶级学者花了一个半世纪才完成对它的"回应"。

不管怎么说，既然话说到这里，这个"优越意识"与"平等意识"的矛盾还是要解决的。重新求助历史上那种血腥战斗肯定是不行的，于是，福山强调了其他一系列"优越意识"的"发泄"出口，例如企业家精神、民主竞选、体育赛事、日本茶艺等。但这些途径未必能保证"优

---

① ［美］弗朗西斯·福山：《历史的终结及最后之人》，黄胜强等译，中国社会科学出版社2003年版，第356页。

越意识"的破坏性得到完全化解，于是，福山认为，人们仍然可能仅仅为摆脱无聊而进行斗争，为斗争而斗争，甚至出现一种"反噬"，与资本主义自由民主进行斗争。当然，福山认为，这种现象只是短暂的"返祖"，不可能危及资本主义自由民主本身。因此，历史就这样终结了，带着悲观主义的余悸和"福音"到来的欣喜，带着对历史终结之后"无聊"生活的无奈和某种心有不甘的惺惺作态。

第三节　两个阶段的比较分析与原生形态的基本特征

在概述和评价了历史终结论原生形态从形成、问世到系统化的整个历程与各阶段的主要内容之后，接下来，我们从历史终结论形成的两个主要阶段进行比较性分析，并在此基础上对历史终结论原生形态的整体特征进行概括和总结。

一　对两个阶段的比较分析

从芝加哥大学的演讲、《历史的终结?》发表，到《历史的终结及最后之人》一书的出版，构成了福山历史终结论原生形态从形成、问世到成熟的整个过程。如果说《历史的终结?》是最初问世，那么《历史的终结及最后之人》是完善成熟和系统化。对这两个阶段的异同点进行比较分析，有利于我们深入具体把握整个过程的发展方向和进展程度。整体上看，这两个阶段的共同点包括三个方面：

第一，两个阶段都提出并坚持了历史已经终结的基本结论。这里所说的历史，福山虽然强调它是一种意识形态或思想发展的历史，但福山也多次指认它也是一种作为客观事实发展的历史。在福山的逻辑中，前者决定后者，后者证明前者。

第二，对于历史终结的结论，两个阶段都从黑格尔—科耶夫的历史唯心主义逻辑角度给予了论证。黑格尔—科耶夫的历史唯心主义是福山历史终结论得以论证的核心逻辑。与黑格尔客观唯心主义的不同之处是，福山的这个逻辑主要是一种主观唯心主义。

第三，两个阶段都对历史终结之后的"最后之人"的生活状态和出路做了展望和分析。

这两个阶段也存在较为明显的差异。这个差异，如果一言以蔽之，那就是第二个阶段要比第一个阶段更加系统、更加周全、更加彻底。这具体体现在以下几个方面：

第一，两个阶段展开理论分析的切入点不同。在第二个阶段，福山从对西方悲观主义的历史反思着手，而不是从当下的世界政治发展态势切入。福山专门拿出开头的一章分析检视了西方在整个20世纪，特别是在两次世界大战背景下自上而下弥漫的悲观主义思想氛围。在这种悲观主义影响下，很多人成了社会主义意识形态的"俘虏"，认为社会主义代替资本主义是一种历史必然。第一个阶段中虽然也涉及了西方悲观主义的一些事实，但并没有给予系统总结反思，也没有作为历史终结论论述的出发点。由此可见，在第二个阶段，福山的态度变得更加从容、周延和自信，他并不着急从现实变化中得出自己喜欢的结论，而是对这一结论已经胸有成竹，敢于在正视自身的问题和反思整个历史的基础上，从容地、一步步地展开整个论证。

第二，两个阶段应对马克思逻辑的方式不同。在第二个阶段，福山没有将资本主义自由民主的最大竞争对手马克思唯物史观的逻辑（科技与经济发展逻辑）简单抛到一边而自说自话，而是在亮出自己的黑格尔主义逻辑武器之前，专门用一个部分包括八章的篇幅对其进行了系统分析和批评，既肯定和吸取了其中一些对历史终结论有利的因素，又从整体上否定和抛弃了这个逻辑。用马克思主义的术语说，福山不是将马克思主义"当作一条死狗"丢在一边，而是"扬弃"了或者说"辩证地否定"了马克思主义的逻辑。福山承认这部分工作对他来说是最难做的工作，但他还是做了，虽然是站在资本主义立场上来做的。这再一次证明了我们上面提到的，福山变得更加成熟和自信了。这个方面的差异是两个阶段的最大差异。但也正是这个差异，被福山后来"重构"历史终结论时所部分否定。或者说，福山后来一定程度上否定了这种差异，在一定历史时期和一定程度上重新肯定了马克思的经济逻辑。

第三，两个阶段核心逻辑的系统程度不同。在第二阶段，福山继续把黑格尔—科耶夫逻辑作为自己的主要理论武器，但与第一阶段不同，他还更加系统地论述了这个理论武器。这主要体现在：一是分析了黑格尔与科耶夫二人之间的关系，承认自己讲的黑格尔主义主要是科耶夫解读过的黑格尔主义，不是黑格尔本人的思想。二是将黑格尔—科耶夫的思想转化为哲学人性论的方法，即"跨历史标准的人性"的方法论。① 福山认为，研究历史主要有两种基本方法，一种是基于历史事实的"历史学"方法，一种是超越于历史事实之上而基于不变人性的"跨历史"方法。福山认为，前者难以摆脱"不完全归纳"困境，因此，只有后者才能成为判断普遍历史发展的主要坐标。福山正是把追求承认人性的满足程度作为判断历史进步与否的依据。三是福山从理论上认识到并试图解决黑格尔—科耶夫逻辑自身隐含的一个要害问题——"优越意识"如何转化为"平等意识"。没有这个转化，人类历史就永远只能处于主人奴役奴隶的阶段，无法达到资本主义自由民主阶段，也就谈不上历史的终结。正如上面已经指出的，福山在这个问题上充满了各种矛盾。

第四，两个阶段对挑战性问题的应对不同。在第二阶段，福山对不利于资本主义自由民主或历史终结论的反面现象、反面观点给予了系统的"清算"，这在第一阶段还是"来不及"做的工作。第一阶段的相关内容，仅仅涉及福山对亨廷顿的新现实主义政治思想的批评。在第二阶段，福山仍然把亨廷顿思想作为主要批判对象之一，他不仅将新现实主义作为悲观主义的右翼代表进行批判，而且还将其作为历史终结论的主要竞争对象和挑战者来进行重点批判。他认为，既然共产主义的挑战已经走向彻底失败，那么新现实主义那种对资本主义的不信任就是高估了共产主义的生命力。可见，福山是把新现实主义作为历史终结论在国内的首要"论敌"，他不仅不会放过"清算"共产主义这一左翼思想的机会，也不会放过"清算"新现实主义这一右翼思想的机会。当然，如同前面已经指出的，福山第二阶段的"清算"行为远远超出了亨廷顿的新现实主义，把曾经威胁到资本主义自由民主和历史终结论的一切主要思想和主要事实都列出来专门进行审查。这些虽然属于核心逻辑之外的辅助性论

---

① ［美］弗朗西斯·福山：《历史的终结及最后之人》，黄胜强等译，中国社会科学出版社2003年版，第159页。

证，但对于增强历史终结论的周延性和说服力仍然具有重要意义。

第五，两个阶段对"最后之人"的理解程度不同。关于"最后之人"的荣光，福山在前后两个阶段都认识到他们将存在两种危险：一种危险是"好"得变成"狗"。因为他们追求承认的欲望已经完全得到满足，因此丧失了对"优越意识"的追求，沉浸在消费主义之中不能自拔。另一种危险是"好"得走向反面，重新追求"优越意识"，甚至走向破坏资本主义自由民主。但在第二个阶段，福山从两个方面完善了对"最后之人"的理解：一个方面是通过尼采唯意志主义实现的对走向"优越意识"返祖现象的理论强化。之所以求助于尼采，因为这已经超出了马克思、黑格尔、科耶夫的逻辑所能实现的功能。另一个方面是通过企业经营、政治选举、艺术体悟和共同体建设等途径对化解上述返祖风险的实践强化。也就是说，福山既从理论上论证了返祖风险产生的可能性，也从实践上强化了返祖风险化解的必然性。

二 历史终结论原生形态的基本特征

在把握了福山历史终结论原生形态的形成历程、阶段异同后，接下来我们从整体上概括一下它的基本特征。

第一，福山历史终结论原生形态具有政治的冷战特征。以美苏两国为代表的世界两大阵营之间的冷战，从 1947 年杜鲁门主义出台开始到 1991 年苏联解体结束，总共 44 年。冷战的斗争方式，除了政治、经济、军事等，更重要的是意识形态斗争。福山《历史的终结？》一文发表于 1989 年夏，这正是美国对苏联"冷战"取得最后成功的关键时期。从这个重要背景看，福山《历史的终结？》实质上是美苏意识形态冷战的重要构成部分之一，是美国试图在意识形态上给苏联最后一击采取的重要措施。当然，《历史的终结及最后之人》出版于 1992 年，此时的美苏冷战基本上结束了。福山此时更加系统地论述历史总结论，带有总结意识形态冷战，最后"清算"共产主义，宣布资本主义自由民主取得最终胜利的目的，因此仍然是"冷战"的继续，当然也是对中国等继续坚持社会主义道路国家发起的新理论冷战。现在看，福山这个新理论冷战从 1989 年到 2021 年，已经经过了 30 多年，系统总结福山历史终结论的整个理论发展和演变过程，认真回应它的理论和现实挑战，应该提上日程了。

第二，福山历史终结论原生形态具有哲学的唯心特征。从形式上看，福山的历史终结论原生形态坚持了两种逻辑：一种是科技—经济逻辑，一种是追求承认的人性论逻辑。关于前者，福山认为，它有两个根本局限，一个是它假设人都是经济人，再一个是它不能将历史完全推进到资本主义自由民主阶段。因此，在经过一番复杂的理论探索和试错之后，这个逻辑被福山"扬弃"了。福山认为，经济逻辑可取之处，仅仅在于它可以保证人类普遍史不退回到原始状态去。福山把主要逻辑放在了追求承认的人性论逻辑上。这个逻辑来自科耶夫的黑格尔主义思想，带有科耶夫的主观唯心主义特征，而不是黑格尔本人的客观唯心主义特征。当然，福山也时常用黑格尔的客观唯心主义来解释历史何以终结，例如他认为，历史的终结主要是社会意识形态竞争的终结，事实层面的终结是由思想层面的终结决定的。整体上看，福山历史终结论原生形态的经济逻辑只是一种辅助性点缀，实用主义的利用的主观唯心主义才是他的主要逻辑。

第三，福山历史终结论原生形态具有立场的资产阶级性。福山虽然经常把自己信仰的自由民主说成是中产阶级的意识形态，但他讲的实质上是资产阶级的意识形态。以中产阶级代替资产阶级起码具有两个好处：一个是摆脱资产阶级仅仅代表少数的局限，增强其社会基础的代表性；再一个是摆脱资产阶级的自私贪婪的坏名声，用中产阶级的某些优秀品质美化其社会基础。福山显然也认识到资产阶级在马克思主义的批判下名誉已经越来越坏。他说："实际上，生活在洛克的自由主义时代的人，对由这种自由主义带来的社会及其'原型产品'——资产阶级一直感到不安。这种不安，其根本原因是一个道德问题，即……资产阶级就是利己主义，而且个人利己主义已经成为马克思左派和贵族共和主义右派攻击自由社会时共同的批判靶子。"但是，中产阶级之所以能够在理论上代替资产阶级，归根结底是因为二者在意识形态上实质等同，中产阶级中的小资产阶级部分甚至有着比资产阶级更加狂热的资产阶级信仰。为了为资产阶级"正名"，福山甚至主张对作为美国和法国民主理论基础的洛克思想进行"外科"手术，将其理性人基础割除，换上黑格尔—科耶夫的超经济人性论。他这样做，是因为"黑格尔与霍布斯和洛克截然相反，他为我们提供了一种本身就能说明问题的自由社会，这种自由社会建立在人性的非利己主义部分之上并寻求把这部分作为现代政治的核心"①。福山这种理论操作，无异于掩耳盗铃，他试图在不改变一个阶级产生的经济关系基础前提下，改变这个阶级的阶级属性。

第四，福山历史终结论原生形态充满了逻辑的矛盾性。福山历史终结论原生形态逻辑上包含着无法融洽的自相矛盾：第一个矛盾是"优越意识"与"平等意识"之间的矛盾。"优越意识"其实就是"追求承认"意识的另一叫法，而"平等意识"是"优越意识"的对立面。那么"优越意识"如何转化为它的反面呢？这种转化难道不是对"优越意识"的否定吗？无论是奴隶主的良心发现，还是他在奴隶的斗争下作出了妥协，这不都是对原有的"自我意识"的全部或部分限制吗？但这种赤裸裸的二律背反，在福山那里竟然都成了"优越意识"的新体现。第二个矛盾是所谓"最后之人"的"狗"生活方式与"人"生活方式的矛盾。在福山那里，"人"的生活方式就是要追求"优越意识"，如果人沉迷于"平等意识"，人就没有了"优越意识"。那么如何调和这种矛盾呢？福山设想了一些和平而非暴力的竞争方式，例如做企业家、日本的茶道，等等。貌似这种方式就可以真正调和"狗"与"人"之间的矛盾了。但福山忽视了一个基本常识，"优越"与"平庸"之间在数量上难以调和，"优越"的只能是少数，这个少数与"平庸"的多数之间永远存在一种无法调和的矛盾。第三个矛盾是作为"意识形态"的历史终结与作为政治事实的历史终结之间的矛盾。没有政治事实支撑的纯粹的意识形态（思想）的终结与现实的人类生活有什么实质性关系呢？自我臆想构造得再完美，也只能是臆想，永远不会变成事实。福山当然经常拿出美国、法国、英国、瑞士、丹麦等国家来作为榜样，但这些国家一出问题，福山就更换别的榜样，从而实际上否定了它们的榜样地位，这样最终还是摆脱不了脱离现实的乌托邦境地。

---

① ［美］弗朗西斯·福山：《历史的终结及最后之人》，黄胜强等译，中国社会科学出版社2003年版，第165页。

第 三 章

福山历史终结论的重构形态：
从初步思考到确认

福山历史终结论包括原生形态和重构形态两大构成部分和两大阶段。前面我们从形成历程和基本特征方面分析了福山历史终结论的原生形态，本章和下一章从思想史与逻辑两个方面继续分析福山历史终结论的重构形态。福山历史终结论重构形态的思想史，经历了一个从构思到创作，到创作中的预想，再到确认创作完成的过程。整个创作过程的推进，客观上是由当代世界历史发展的现实契机决定的，而主观上是由其背后核心逻辑的自我否定和自我完善决定的。

第一节　历史终结论重构的现实契机：
国家问题地位上升

在 1989 年正式提出、1992 年系统论述历史终结论之后的一段时间里，福山把主要精力都用在了对这个宏论的论证和宣传上面。这种思想战线的战斗，就像他们的祖先美籍日裔第二代在第二次世界大战中踊跃参加美军，向敌人发起毫不畏惧的"万岁冲锋"一样。这种武士道式的自杀冲锋最终让美国政府承认了日本移民对新祖国的忠诚和臣服。但历史形势的发展并不像福山历史终结论设想的那样乐观和美妙，用习近平总书记的话讲：历史不可能"被终结"。历史终结论提出后不到十年，两件事情的发生从根本上逆转了福山的乐观主义：一件事情是 2001 年

"9·11"事件发生之后美国入侵阿富汗和伊拉克带来的政治和人道灾难，再一件事情是2008年美国爆发国际金融危机暴露出的美国政府治理无能。福山后来把从美国国外到美国国内的这两件大事分别称为"政治焦虑"和"政治衰败"，认为这两件大事严重影响了世人对资本主义自由民主的看法，让资本主义自由民主"蒙羞"。但他并不认为这是资本主义自由民主本身存在问题，他认为，这主要是资本主义国家治理能力不足导致的问题。这些新的重大事件的陆续发生，让极具理论敏感性的福山认识到：历史终结论的原有结论虽然没有问题，但它单纯强调资本主义自由民主的理论模型已经过于简单，无法解释和应对新出现的挑战，必须予以完善与"重构"。

一 开始重视国家问题："国家构建"

美国在伊拉克和阿富汗战争中的政治失败，让福山认识到只讲自由民主，不讲国家建设，老百姓必然陷入生存灾难，自由民主只能是"竹篮打水一场空"。他坦承道："美国对阿富汗和伊拉克采取军事行动之后，立即背上了国家构建这个新的大包袱。"于是，他开始转向重视和研究国家建设问题。福山最早提出和探讨国家构建问题，是在2004年出版的《国家构建：21世纪的国家治理与世界秩序》一书中。在该书中，福山反思道：国家构建问题绝不是一个原先理解的"局部"问题，而是一个带有规律性的普遍的国际性问题。因此，"一时间，支持或者在一片空白上新建正在失去国家能力和制度的本领，被提上全球议事日程的首位"①，"如何改善弱国家的治理能力、增进这些国家的民主合法性并强化其可自我维持的制度成为当代国际政治的第一要务。"② 当然，福山此时讲的国家能力不足主要是针对"贫困国家"而言的，他还把发达国家作为落后国家的国家建设的榜样，没有"认识到"发达国家治理能力不足的问题。

应该如何进行国家构建呢？福山将其区分为三个阶段：第一个阶段

---

① ［美］弗朗西斯·福山：《国家构建：21世纪的国家治理与世界秩序》，黄胜强等译，中国社会科学出版社2007年版，序言第2页。

② ［美］弗朗西斯·福山：《国家构建：21世纪的国家治理与世界秩序》，黄胜强等译，中国社会科学出版社2007年版，第96页。

是战后基础设施重建，包括派驻部队警察、恢复电力、供水、金融等；第二个阶段是创立能自我维持的国家制度；第三个阶段是增强国家制度的力量。这三个阶段中，最关键的是第二个阶段。福山虽然把小布什治下的美国称为"新帝国"，认为它入侵中东具有"帝国野心"，但他对中东重建问题给出的药方同样无法避免地包含着一种意识形态帝国主义野心。在该书中，福山虽然没有提出中东国家应该"学习美国"，但他十分精明地提出了"学习丹麦"的问题。他以北欧资本主义小国丹麦作为中东国家构建的榜样，提出要从"制度供给"角度创立一种"普遍适应的制度理论"，为其提供国家建设的思想和政策指导。福山说："丹麦是一个什么样的国家我们是了解的，而且也或多或少地了解丹麦在历史上是如何发展成现在这种状况的。但是，这样的认知在多大程度上能移植到其他国家……在多大程度上会有一个能够普遍适用的制度理论以及这一理论能在多大程度上为贫困国家的政策指导提供基础？让我们回到'制度'这个词汇现在应当如何定义这一首要问题上来。""如果制度能力是问题的核心，我们便可以从制度的供给方面入手……"① 这正是福山后来反复讲的政治发展中如何"达到丹麦"的问题。

可见，福山此时的一个重大思想转变，是他突出地认识到了国家能力建设问题的重要性，甚至将其放在国际政治建设的首要地位。但相对于其后来的理论重构而言，其存在的缺陷在于对国家构建问题更多是从"制度供给"角度进行思考，没有从政治发展的历史规律与总体政治结构重构角度给予反思总结。福山此时更多把现代国家制度看作是一种现成药方，只需要"设计"和"移植"，而没有从国家政治制度历史生成角度对它的发展规律进行分析。这是因为福山此时对国家制度构建还抱有比较乐观的态度，没有深刻认识到历史因素对政治制度建设的深远影响。他甚至认为学习丹麦问题的关键，主要不是各个民族自身历史的制约问题，而是是否愿意学习的意愿问题。他说："它们所遇到的障碍并不是认识方面的：对这些国家与丹麦有什么差异以及如何学习，我们还是比较

---

① ［美］弗朗西斯·福山：《国家构建：21世纪的国家治理与世界秩序》，黄胜强等译，中国社会科学出版社2007年版，第23—24页。

清楚的，但问题在于由于当地国家没有足够的愿望，我们没有实现改革目标的政治手段。"①

　　值得肯定的是，此时福山的政治制度思想正在发生新的变化，他不再像以往那样单纯依靠资本主义自由制度"包打天下"，而是主张将自由民主制度与国家制度建设结合起来，以国家能力建设问题为"首要"问题，以自由民主制度为国家制度合法性的基础。这里已经隐含着他后来的国家、法治、民主负责制三位一体政治目标的萌芽。他说："从三十多年的经验看，国家能力能否容易地与合法性完全分开，似乎还不能断定。20 世纪 90 年代初，苏联开始解体，国家能力大大弱化，其原因正是其专制性质使其政体在公民眼中丧失了合法性。……尽管历史上有许多形式的合法性，但在当今世界，合法性唯一真正的来源则是民主。"②

二　国家与民主的排序："国家第一"

　　如果说在《国家构建》中，福山的国家建设还缺少一种历史纵深，他主要是从不同性质国家之间相互作用这一共时态视角看问题，把发达资本主义的国家制度作为落后国家的既定目标，从外部输出给前者，那么从 2005 年在《民主》杂志发表《国家第一》（"Stateness" First）一文开始，福山的国家建设理论不再是单纯外因和共时态的，而是更加强调内因的和历时态的，目标国家自身的国家建设历史及其与民主之间的关系成为新的关注点。在该文中，令人印象非常深刻的是福山独创了一个新词：stateness。国内的翻译虽然仍然将其翻译成"国家"，但很明显这种译法并没有将福山的本意完全翻译出来。stateness 这个概念与此前使用的 state，有着内涵上的重大差异。福山将 ness 这个词缀放在 state 后面，试图表达这样一种意思：国家不是一个永恒不变的静止实体，而是一个由传统走向现代的不断进展的一个动态实体。stateness 与此前使用的 state – building 属于近义词，但它更多突出了发展的动态过程，而非平面化描

---

　　① ［美］弗朗西斯・福山：《国家构建：21 世纪的国家治理与世界秩序》，黄胜强等译，中国社会科学出版社 2007 年版，第 40 页。
　　② ［美］弗朗西斯・福山：《国家构建：21 世纪的国家治理与世界秩序》，黄胜强等译，中国社会科学出版社 2007 年版，第 26 页。

述。这种动态性质，如果用该文中的一个中心观点来体现，那就是："在你能有一个民主之前，你必须有一个国家。"① 这个命题第一次将国家作为民主形成的必要条件，放在民主建设的前面。国家建设的这种历史发展顺序上的突出，与《国家构建：21 世纪的国家治理与世界秩序》中把国家建设置于"首要地位"的观点显然具有某种继承关系，但更加是一种时态转换，即由共时态互动向历时态更替的转化。

当然，福山并不认为任何性质的国家都可以作为民主政治的前提，他还强调了另一方面："要有一个合法的因而持久的国家，你最终必须有民主。"② 也就是说，国家作为先行因素，为民主制度的形成创造前提条件，但如果没有民主制度为先行的国家提供合法性，这种国家制度也是无法持久的。民主制度的发展，可以反过来强化国家的合法性，从而巩固国家制度。这样，这里的国家和民主之间既有历时态派生关系，也有共时态互动关系，而且历时态派生关系是共时态互动关系的前提和先决因素。

在国家与民主的这种历时态派生关系和共时态互动关系中，福山反对两个极端错误，即没有规范约束的强制国家和没有国家准备的"过早的民主化"。在这两个错误中，"过早的民主化"是更为严重的错误。因为没有规范约束的国家虽然是不合理状态，却必须是先行的条件。按照福山的逻辑，国家建设在开始自然是没有合法性的、专制的。即使后来应该有合法性而没有实现，也并不意味着它的先行和先行的专制就是错误的。况且民主的发展最终可以赋予它合法性。但是，如果发展顺序颠倒过来，民主先行，则往往导致国家能力的先天不足，这种能力不足的"课程"不仅无法完全弥补，而且必将影响深远、遗祸无穷。

必须指出，福山这种关注重心和思维方式的变化，一方面为日后历史终结论的重构提供了方法论准备；另一方面距离历史终结论的重构还有很远的心路历程。福山也认识到了，他对"从国家到民主"的历时态

---

① Francis Fukuyama, "Buiding Democracy After Conflict: 'Stateness' First", *Journal of Democracy*, Vol. 16, No. 1, January 2005, pp. 84 – 88.

② Francis Fukuyama, "Buiding Democracy After Conflict: 'Stateness' First", *Journal of Democracy*, Vol. 16, No. 1, January 2005, pp. 84 – 88.

发展的历史，尚缺乏翔实史料的具体论证和哲学逻辑的纵深拓展。他说："两者相互交织，但如何以及何时确立这些不同但相互关联的机构的精确排序需要非常仔细的思考。"①

第二节　历史终结论重构形态的初步思考

如果说在《国家第一》中福山已经具备了从历时态角度思考问题的政治发展思维，那么在 2006 年出版的《美国处在十字路口：民主、权力与新保守主义的遗产》（以下简称《美国处在十字路口》）一书中，福山已经正式提出了"政治发展"的概念，并初步论述了政治发展的内涵、目标、动力等几个方面。政治发展问题，是福山历史终结论重构形态的四个主题之一，其他三个主题分别是政治起源、政治衰败和政治终结，政治发展在四个主题中处于主体与核心地位。这说明，福山此时的认识不仅从思维方法上，而且从研究主题上已经开始接近历史终结论的重构形态了。

在《美国处在十字路口》一书中，福山专辟"社会工程与发展"一章"政治发展"一节，将此前关注的国家与民主的排序问题上升到"政治发展"的高度进行分析，并且从政治发展与经济发展互动以及国家与民主互动的角度，初步分析了政治发展的内涵、目标和动力问题。这实际上重新回归了历史终结论所关注的核心论域。

关于政治发展的内涵，福山主要强调了两点：第一点是从国家建设角度，指出"政治发展被理解为是一个正式的、具有日益增长的复杂性和范围日益扩大的国家体制的建立"②；第二点是从民主发展角度，指出"政治发展是促进民主的一个重要组成部分"。③ 也就是说，政治发

---

① Francis Fukuyama, "Buiding Democracy After Conflict: 'Stateness' First", *Journal of Democracy*, Vol. 16, No. 1, January 2005, pp. 84 – 88.

② ［美］弗朗西斯·福山：《美国处在十字路口：民主、权力与新保守主义的遗产》，周琪译，中国社会科学出版社 2008 年版，第 111 页。

③ ［美］弗朗西斯·福山：《美国处在十字路口：民主、权力与新保守主义的遗产》，周琪译，中国社会科学出版社 2008 年版，第 111 页。

展既包括国家建设，也包括民主制度建设。这样的政治发展概念是否具有二元论的倾向呢？不是的。值得我们特别注意的是，在政治发展的这两个方面中，虽然国家建设是先行的必要条件，但它仅仅具有相对独立的意义。国家建设是政治发展的一个方面，而政治发展是推进民主发展的一个方面，因此国家建设实质上是从属于民主建设这样一个更为根本目标的。或者也可以这样说，在形式上政治发展包括国家建设和民主建设，但在实质上，政治发展就是资本主义自由民主的发展，国家建设只是为了自由民主这一更大目标的更好实现，才被纳入政治发展的论域之中。

福山关于政治发展的内涵，已经蕴含着他对政治发展目标的理解。这个目标可以从直接目标与根本目标两个角度来看，其直接目标是国家制度和自由民主制度的建设，其根本目标是资本主义自由民主政治。福山认为在伊拉克战争之前，西方国家更重视民主合法性目标，忽视了国家治理能力的目标。福山此时的一个值得注意的变化是，虽然美国还没有爆发 2008 年国际金融危机，但他已经不再把美国完全看作国家治理的榜样。他说："在政治发展方面，美国应当把促进良好的管理而不仅仅是民主确定为自己的目标。"尽管如此，国家建设不是矛盾的主要方面，因为"政治发展是促进民主的一个重要部分。它包含国家建设和创建有效的体制这类工作，有效的体制是建立民主政府的条件，但其本身不一定是民主的"[①]。

福山还较为深入地分析了政治发展的动力问题。他首先总结了现有理论对这个问题的三种思路：第一种思路以亚当·普睿泽沃克斯基和费尔南多·利蒙奇为代表，认为经济发展是政治民主发展的主要动力；经济发展到一定人均规模后，政治民主就会开始产生。第二种思路以历史学家查尔斯·梯利为代表，认为某种形式的社会竞争及其引起的效仿是政治发展的主要动力。第三种思路以吉亚·诺迪亚为代表，认为自由民主思想作为全世界唯一被普遍接受的思想，是驱动政治发展的主要

[①] ［美］弗朗西斯·福山：《美国处在十字路口：民主、权力与新保守主义的遗产》，周琪译，中国社会科学出版社 2008 年版，第 125 页。

动力。① 对于前两种思路，福山指出，它们都存在不能完全解释的相反的案例。对于第三种思路，福山并没有直接作出评论，但他在肯定前两种思路的部分合理性之中，包含着对第三种思路的片面性的批评。

那么，福山本人对政治发展的动力问题持什么观点？虽然我们知道，他在历史终结论重构形态中的做法是将这些观点来了个"卷包烩"，"综合"起来作为特定历史事件、特定历史阶段的政治发展的答案，但在这里他还没有思考清楚如何回答这个问题，而只是貌似话中有话地告诉读者：现有的观点只是将政治发展动力"建立在三个驱动器之中的一个"之上，"至今不存在关于政治发展的强有力的重大理论"，只存在"大量积累起来的关于政治发展战略的政治经验"。② 言外之意，这里只是提出问题和初步思考，要真正解决这个问题，还需要后期继续努力。

福山重新回到"政治发展"主题，实际上就是回到了历史终结论的原有主题。有人把"政治发展"问题看作是历史终结论重构形态的主题，认为"政治发展"研究的是政治科学，而历史终结论研究的是政治哲学，从而把历史终结论的原生形态与重构形态对立了起来，笔者并不赞同这一做法。在笔者看来，无论是历史终结论的原生形态还是重构形态，本质上都是一种政治哲学或者政治历史哲学。只不过这两种形态研究这一哲学所倚重的主要方法论具有一定程度的差异。历史终结论原生形态在方法论上侧重"超历史"的哲学方法论，而其重构形态在方法论上侧重"历史学"的实证方法论，但这不等于说前者没有采用"历史学"的方法，后者没有采用"超历史"的哲学方法。实际上，历史终结论的重构形态是在继续采用"超历史"哲学方法，对原有人性论基础进行了重构的前提下，再借助拼凑的各种繁杂历史资料来描述政治发展过程的。可以说，"政治发展"问题是历史终结论原生与重构形态的共同主题，福山在不同阶段对这一主题的研究所采用的主要方法论

---

① ［美］弗朗西斯·福山：《美国处在十字路口：民主、权力与新保守主义的遗产》，周琪译，中国社会科学出版社 2008 年版，第 114—116 页。

② ［美］弗朗西斯·福山：《美国处在十字路口：民主、权力与新保守主义的遗产》，周琪译，中国社会科学出版社 2008 年版，第 116 页。

存在某种程度上的差异，不存在有人讲的福山由政治哲学转向了政治科学这回事。

第三节　历史终结论重构形态的正式创作与预告

2006 年提出"政治发展"问题的研究任务之后，特别是 2008 年国际金融危机爆发之后，福山加快了重构历史终结论的步伐。但整个过程在当时显得有些神秘，具体从什么时间正式开始重构创作，我们很难确知。但根据福山后来发表的著作，以及历史发展的重要线索，笔者可以确定，这个工作是在 2008 年国际金融危机爆发之后正式开始的。

一　历史终结论重构形态的正式创作

经过五年左右的工作，福山历史终结论重构形态的著作陆续出版了，这就是作为姊妹篇的两本厚厚的著作——2011 年出版的《政治秩序的起源：从前人类时代到法国大革命》（以下简称《政治秩序的起源》）和 2013 年出版的《政治秩序与政治衰败：从工业革命到民主全球化》（以下简称《政治秩序与政治衰败》）。从 2006 年提出研究任务，到 2011 年第一个姊妹篇正式问世，至少经历了五年左右反复琢磨、构思和写作的过程。对于这个重构工作的进展状况，福山在这五年里并没有在公开场合讲过，只是在第一个姊妹篇问世后一年的一篇文章中，以"一个神秘的无名作者"的身份原则性地介绍过其基本思想。这到底是因为福山在有意制造一种"神秘"气氛，还是因为整个再创作过程过于难产我们不得而知。关于这个重构形态的主要内容，我们将另辟一部分专门进行研究。

二　历史终结论重构形态的预告："未来意识形态大纲"

这篇神秘的预告性文章的标题是"历史的未来"，它发表于 2012 年 1 月的美国《外交》杂志。它有一个引人注目的副标题：自由民主制能否在中产衰微中幸存。这个副标题透露了这个重构工作的一个重要背景，就是发达资本主义国家的中产阶级在危机后处于严重衰落之中，这对福山的理论目标——资本主义自由民主的实现产生了根本性挑战。发达国家中产阶级的兴起，是罗斯福新政之后的事情，而它的逆转则从20世纪70年代新自由主义的复兴开始。但福山之所以于2012年才提出这个问题，其中的一个关键变量就是2008年国际金融危机的爆发。福山也认识到，金融危机的爆发正是美国贫富两极分化和中产阶级衰落所致，它反过来又加剧了两极分化和中产阶级衰落。

之所以密切关注中产阶级的重大变化，是因为与其他把资产阶级作为资本主义自由民主的社会基础的学者不同，福山主要是把中产阶级看作是资本主义自由民主的社会基础。福山认为，正是中产阶级社会的形成才使资本主义自由民主制度最终巩固下来，如果没有中产阶级，就没有资本主义自由民主的产生与发展。现在中产阶级出现了严重衰败迹象，就意味着资本主义自由民主的社会基础可能被瓦解。为了应对这一现实挑战，维护历史终结论的合理性，福山认为必须重构"未来的意识形态"。

福山用一种调侃口气设想这一重构过程："此刻，试想一个神秘的无名作者，正在某个房子的顶阁，为一个面向未来的意识形态大纲奋笔疾书，这个大纲行之有效地引导我们走向一个具备健全的中产阶级社会和稳固的民主体制的世界。这样的一个意识形态将如何名状呢？……"① 设想一位"神秘的无名作者"在"某个房子的顶阁"为"未来的意识形态大纲""奋笔疾书"，这个作者是谁呢？他又能是谁呢？毫无疑问，当然只能是福山本人。理由有二：一个是福山本人就是历史终结论原生形态的提出者，他是维护和发展这一思想的第一责任人，有责任对重大挑战作出新的回应；再一个是福山即使不是历史终结论原生形态的创立者，他也必然会参与对这一理论的重构，因为他是一个少有的具有极强政治信念和理论自觉的学者。而这里所谓"未来意识形态大纲"，自然就是我们前面讲的历史终结论重构形态，福山将其称为"未来意识形态大纲"，充分证明他对意识形态工作的高度政治敏感和理论自觉。

---

① ［美］弗朗西斯·福山：《历史的未来》，2013年5月20日，http://history.sina.cn/his/hs/2013-05-20/101342332_2.shtml，2022年3月13日。

关于"未来意识形态大纲"的主要内容，福山认为，它至少由政治和经济两个基本方面构成。政治上，它"重申民主政治凌驾于经济事务之上的至上地位，并且再度确立政府作为一种公众利益表述的正当地位""遏止各种利益集团对政治事务的主宰"。经济上，它"不应以贸然谴责资本主义本身为起点……毋宁是资本主义的纷繁样式，以及政府插手帮助社会调节以适应变革的适宜程度"①。福山提出的这两个方面并没有什么新意，不过是新凯恩斯主义话语的另一翻版。但值得注意的是，福山提出的这些政治经济目标的实现，要求重新审视和重视国家建设在政治建设中的地位。还应该注意的是，面对中产阶级遭受到破产危机，福山此处突出了中产阶级对资本主义自由民主的决定性地位，要求强化中产阶级力量。正是这些不同关注所引起的逻辑变化的积累，最终促成了历史终结论的"重构"。

第四节　历史终结论重构形态的自我确认

把《政治秩序的起源》和《政治秩序与政治衰败》两部著作看作历史终结论重构形态的文本标志，并非笔者进行逻辑推论的产物，而是福山本人自我确认的结果。福山第一次公开这一理论重构工作并对其成果进行确认，是在2018年出版的《身份政治：对尊严与认同的渴求》一书中。在该书的序言中，福山讲到了两个方面的重要信息。

一方面，福山指出了历史终结论重构开始的大体时间，以及重构的主题，证实了上述分析对这个"神秘"过程的推测。在回顾了自2008年国际金融危机爆发以来的20年后，福山指出："在过去的两个10年里，我花了很多时间思考现代政治制度的发展：国家、法治和民主问责制是如何产生的，它们是如何演变和相互作用的，最后它们是如何衰败的。"②沿着这里给出的线索，我们把时间从2018年回溯两个20年可以得出，这

---

① ［美］弗朗西斯·福山：《历史的未来》，2013年5月20日，http://history.sina.com.cn/his/hs/2013-05-20/101342332_2.shtml，2022年3月13日。

② ［美］弗朗西斯·福山：《身份政治：对尊严与认同的渴求》，刘芳译，中译出版社2021年版，序言第1页。

个时间起点正是 1998 年。福山告诉我们，在这两个 20 年里，他的主要工作就是研究国家、法治、民主等政治制度的起源、发展、衰败等问题。

另一方面，福山指认了历史终结论重构形成的主要文本，以及它与历史终结论原生形态之间的关系。福山说："自从我在 1989 年年中发表论文《历史的终结？》，以及 1992 年出版《历史的终结与最后一个人》一书，我经常被问到某事件是否使我的论文无效。……我所能提供的最充分的反思包含在我的两卷书《政治秩序的起源》和《政治秩序与政治衰败》中，这两卷书一起可以被理解为在我对世界政治的理解的现有基础上，重写《历史的终结及最后一个人》的努力。"[1] 可见，福山在此明确承认以《历史的终结及最后之人》为标志的历史终结论原生形态，遭受了来自理论和现实两个方面的广泛质疑和挑战；对此，他进行了"充分反思"和理论上的"重写"，其主要成果"包含在"在《政治秩序的起源》和《政治秩序与政治衰败》两卷书中。

福山此处的确认信息并非孤证，4 年后的 2020 年 6 月 29 日，在他回答《新京报》记者的采访中又一次给出了类似的确认。当《新京报》记者问他："在最近的文章中，您很少提及'历史的终结'。但在 2014 年的序言中，您说您仍然相信它。如果是这样的话，您觉得需要做出一些修正吗？"他回答说："我最近的新书《身份政治：对尊严与认同的渴求》，其实花了相当长的篇幅在讨论这个问题。事实上，我前面的两本书《政治秩序的起源》和《政治秩序和政治衰败》，都在意图重写《历史的终结及最后之人》。所以，简单地回答你的问题，是的，这里需要一系列复杂的重新建构。"[2]

这两次自我确认，都明确将《政治秩序的起源：从前人类时代到法国大革命》和《政治秩序与政治衰败：从工业革命到民主全球化》二著作为对历史终结论进行"重写"或"重新建构"的结果。但值得玩味的

---

① ［美］弗朗西斯·福山：《身份政治：对尊严与认同的渴求》，刘芳译，中译出版社 2021 年版，序言第 3 页。

② ［美］弗朗西斯·福山：《独家专访福山：特朗普政府一直试图妖魔化中国，这很愚蠢》，2020 年 6 月 29 日，https：//baijiahao.baidu.com/s？id = 1670848973050767512&wfr = spider&for = pc，2022 年 3 月 13 日。

是，即使福山的指认从最早一次算，也是在两部著作出版之后五年的事情。这是为什么呢？在这两部著作中，我们并没有发现福山对这个重要问题作出解释。我们只看到福山将这一"重构"说成是对他的老师亨廷顿《变化社会中的政治秩序》一书进行"更新"的产物。他说："这个项目最初只是为了重写和更新亨廷顿1968年的经典著作《变化社会中的政治秩序》。"① 除此之外，他还提到了写作的另一个动机，即对"现实世界中国家过于薄弱和最终失败的问题"的担忧②，但他并没有指出这一问题与他的历史终结论有什么关系，意味着什么。福山这样做，不知是在掩饰什么。

笔者需要专门指出，福山仅仅以《政治秩序的起源》和《政治秩序与政治衰败》二书为历史终结论重构形态的文本代表，可能是不够的。因为《身份政治：对尊严与认同的渴求》一书的出版，突出了福山历史终结论重构形态的另一面——优越意识在解释当下影响世界的新政治事件如美国民粹主义兴起上的重要意义。福山在突出国家制度的重要意义的同时，也比较重视优越意识和身份政治的重要性。在福山那里，政治发展的人性论基础，除了人的社会性、理性、情感、暴力等，还包括追求承认的优越意识。针对方兴未艾的形形色色的所谓民粹主义和身份政治，福山认为，只有依靠人性中追求承认的优越意识，才能给予解释。因此，笔者认为，《身份政治：对尊严与认同的渴求》一书对应的是不同人性元素基础上的不同政治问题，应该成为历史终结论重构形态的第三个文本代表。如果把福山《身份政治：对尊严与认同的渴求》一书所突出的人性论元素及其指向的政治问题作为一种独立的思考，也可以将其看作是福山历史终结论"重构"后的"再构"，或者说第三个阶段。这取决于这一问题地位的凸显程度。

---

① ［美］弗朗西斯·福山：《政治秩序与政治衰败：从工业革命到民主全球化》，毛俊杰译，广西师范大学出版社2015年版，引言第5页。

② ［美］弗朗西斯·福山：《政治秩序的起源：从前人类时代到法国大革命》，毛俊杰译，广西师范大学出版社2012年版，序言第2页。

第四章

福山历史终结论的重构形态：
内在逻辑演绎

福山历史终结论的重构过程是一个历史进展与逻辑演绎相统一的过程，历史进展中包含着逻辑演绎，逻辑演绎推动着历史进展。上一章我们分析了这一过程的历史进展，本章我们分析历史进展中包含的内在逻辑演绎。只有进一步揭示这个内在逻辑变化，我们才能更深入地理解这种历史进展，把握历史终结论由原生形态向重构形态转变的内在逻辑根据。

第一节　历史终结论"重构"的逻辑线索

事实证明，对于福山而言，21世纪以来的20多年并非一段愉悦的经历。这短短的20年，接二连三地发生了一系列具有深远历史影响的大事：先是2001年震惊世界、打破美国本土永远安全神话的"9·11"事件，紧接着是同年10月的阿富汗战争和2003年借口"一袋洗衣粉"发起的伊拉克战争，后是2008年席卷全球的国际金融危机和2009年欧洲债务危机，再后来是2013年英国开启脱欧议程，2016年特朗普当选和2019年年底新冠疫病大流行，等等。这一件件大事的发生和叠加，就像一箱箱压在骆驼身上的沉重货物，对福山的历史终结论无不构成难以附加的沉重压力和负担。

对于这些大事及其带来的挑战，福山无法置若罔闻、单纯醉心于原先的理论模型而无动于衷。相反，他一边小心翼翼地呵护他的基本结论和核心逻辑，一边对重大现实问题作出专门关照和及时回应。这种理论与现实之间的不断互动，推动福山不断自我反思，导致其思想在不断量变基础上发生了"阶段性"或"局部性"部分质变。对于这些变化，福山将其概括为两个方面：一个是在坚持资本主义自由民主前提下，对国家政治功能的再发现；再一个是对资本主义发达国家出现的政治衰败问题的突出重视。在《身份政治：对尊严与认同的渴求》一书序言中，他专门指出了这种变化："这并不意味着这些年来我的观点没有改变。……我思想中最重要的两个变化包括：一个是形成一个现代的、非人格化的国家的困难，即我所说的'去丹麦'的问题，再一个是现代自由民主衰败或倒退的可能性。"[①]

但是，如果从历史终结论原生形态与重构形态的整体比较来看，笔者认为，导致福山思想重构的逻辑因素并不仅仅是上述两个方面。应该承认，这两个方面是导致福山思想重构很重要的两个方面，但不是其全部因素，甚至不是其逻辑变化的最深层因素。让我们顺着福山的这种自我反思，将其逻辑变化的所有因素完整准确地揭示出来。

首先需要指出，国家再发现与政治衰败这两个方面之间，与其说是并列关系，不如说是派生关系。因为政治衰败问题的关注，是以国家再发现为前提的，政治衰败的核心内容就是国家治理能力的衰败和倒退。但国家再发现不仅派生出了对政治衰败的重视，改变了原本唯民主的片面论域，而且从根本目标上改变了福山的政治理想，促使福山放弃了原先那种片面的民主一元论政治结构，转而用包含国家、法治、民主在内的三位一体的政治结构取而代之。因此，国家再发现不仅引发了对政治衰败的关注，而且也与政治衰败关注一起，进而引发了政治目标重构。政治目标重构是福山逻辑变化的第三方面。

在这三个方面当中，政治目标重构是一个带有整体性影响的根本变化，虽然它由国家再发现和政治衰败关注推动，但对于历史终结论重构而言，具有战略性意义。它作为一种逻辑的"普照光"，反过来迫使福山

---

① ［美］弗朗西斯·福山：《身份政治：对尊严与认同的渴求》，刘芳译，中译出版社2021年版，序言第3页。

对政治发展的人性论基础、政治发展的过程以及最终结局等一系列问题，进行整体性再思和重构。

福山另一个逻辑变量是对"中产阶级"历史地位的再肯定，这个事件与2008年国际金融危机后中产阶级的衰落对资本主义自由民主构成严重挑战有关。在重新肯定中产阶级以及它背后的经济逻辑基础上，福山对历史终结论重构的哲学依据进行了重要调整，修正了原先片面强调"回到"黑格尔的做法，在"降格"黑格尔影响基础上"升格"马克思的作用。这里所谓的"降格"与"升格"仅仅意味着一种部分调整，并非方向性逆转。

在国际金融危机冲击之下，资本主义发达国家的中产阶级正在大规模衰落，这强硬的客观事实让福山切身感受到了资本主义自由民主遭到了切实挑战。福山再次深刻认识到，没有中产阶级就没有资本主义自由民主存在的社会基础和在世界范围扩展的主体力量。与历史终结论原生形态中的阶级概念从追求承认和不畏惧死亡的人性出发不同，福山对中产阶级的理解坚持了从经济关系出发的逻辑。这种经济逻辑显然与主观唯心主义的精神逻辑相矛盾，但在这种矛盾面前，福山阶段性地选择了经济逻辑。正是这种选择，让福山不得不重新审视马克思，借助马克思的经济逻辑提升理论解释力和化解理论危机。

国家再发现让福山高度重视政治衰败，重塑政治目标；中产阶级再认识促使福山重新肯定经济逻辑，重新认识和更多肯定马克思的逻辑，这是两条比较明显的逻辑变化线索。这两条线索都指向现实政治问题的解决，如果要在理论上更加坚实，需要重新回过头去重新审视整个理论的人性论基础。国家制度建设，要求挖掘和重视人的社会合作属性和理性建构属性；阶级背后的经济逻辑，也要求重新承认原先被坚决否定的追求物质利益的物质欲望。

概括地说，福山思想的逻辑变化包括三条基本线索：第一条是从国家再发现开始的，第二条是从中产阶级及其经济逻辑再肯定开始的，第三条是对前两条线索的人性论基础重构。第一条线索催生了"政治退却"和"政治目标"的研究论域，第二条线索催生了"政治动力"的研究论域，第三条线索催生了"政治起源"的研究论域。这四个论域刚好是福山历史终结论重构的四大基本论域。

在这三条线索之间，第一条线索处于首要地位，第二条线索虽然具有现实的原因，但在逻辑上也与第一条线索具有因果关系。政治目标的重构只是理论的第一步，它需要得力的实践路径来保障。第二条线索对中产阶级的重视和重塑，就为这一目标的实现提供了重要保障。而要实现国家重新发现和化解政治衰败，要实现中产阶级重塑，这两个方面都需要在理论上重构历史终结论的人性论基础，这就产生了第三条线索。也就是说，第一条线索在三条线索中处于首要地位，它先是衍生出了第二条线索，又与第二条线索一起衍生出了第三条线索。

值得我们关注的是，福山的历史终结论原本是坚持唯心主义逻辑的，为何在中产阶级问题上坚持了从经济出发的唯物主义逻辑呢？福山的重构的确体现出了实用主义的多元论色彩，但不能说福山的逻辑变化是由其实用主义多元论决定的。笔者认为，这样做貌似令人难以理解，但如果抓住福山理论重构的根本目的寻找答案，并非很难理解。笔者认为，福山这样做是由其坚决维护资本主义自由民主的立场决定的。福山准确地抓住了中产阶级衰败对资本主义自由民主重大挑战这一问题，这个挑战不仅是意识形态的、理论的挑战，而且是实实在在的、客观存在的挑战。如果要真正维护资产阶级自由民主，就不能仅仅在意识形态领域做文章，而要实实在在地来应对和化解各种具体挑战。如果仍然坚持原先那种阶级概念，把阶级看作是一种追求承认的精神实体，那么中产阶级的衰败也可以通过精神承认或一种和解仪式来化解，这无异于痴人说梦。这样做不仅不能化解现实挑战，反而会让历史终结论陷入可笑的空谈境地。简单地说，正是这种无法回避的强硬事实和客观逻辑，逼迫福山不得不承认中产阶级衰退的经济逻辑，并从借助马克思的经济逻辑寻找维护中产阶级的途径。这对福山而言，是一个真正的自我否定，是一件痛苦的事情。

综上所述，在笔者看来，对国家政治功能的再发现，以及由其派生出来的对资本主义政治衰败的关注和对包含国家建构的政治目标的重构，对中产阶级历史功能的肯定，以及由其派生出的"升格"马克思，由前述这些因素共同决定的对整个理论人性论基础的重构，作为六个关键变量，一起撬动了福山理论体系由原生形态向重构形态转变的过程。如果我们要深入把握历史终结论重构形态的逻辑依据，以及它与原生形态的主要差别，就有必要具体梳理这六个逻辑变量的具体变化和发展过程。

第二节　历史终结论"重构"的逻辑变量

下面我们对国家再发现、政治衰败、政治目标重构、中产阶级地位突出、"升格马克思主义"五个方面的逻辑变量进行具体分析。第六个逻辑变量人性论基础重构涉及政治起源问题，是历史终结论重构形态的重大基础性问题，我们留到第三部分中分析。

变量一：国家再发现

历史终结论重构的首要变量，是重新肯定了国家建设对政治发展的作用，把国家建设放在政治发展的优先位置。福山历史终结论重构的第一个着眼点，就是放弃原先否定国家的错误观点，重新审视和理解国家的政治合理性和必要性。这种对国家功能的重新审视，带来了福山政治目标理想上的重大变化。

在历史终结论原生形态中，福山有一种对资本主义自由民主的乌托邦情结，认为资本主义自由民主不仅是唯一值得追求的政治制度，而且它的实现必须借助国家等其他政治制度，仅仅依靠自身的不断发展就可以达到。因此，对国家等其他政治制度，福山原先不仅没有给予应有重视，反而走向了反面，把它看作资本主义自由民主实现的障碍，给出了整体否定性看法。在《历史的终结及最后之人》一书中，福山借用尼采的术语把国家称为"最冷血的动物"，认为国家完全是一个反面政治角色，而不是资本主义自由民主的必要前提。福山系统分析了从拉美殖民地独立国家，到传统封建独裁国家（俄罗斯），再到现代民主国家（德国和法国）等国家的自由民主发展状况，得出一个结论：自由民主之所以没有在世界范围内得到普及，或者虽有普及但没有稳定下来的"原因主要在于人与国家之间还没有达到完全的和谐"①。在福山看来，国家是一

---

① ［美］弗朗西斯·福山：《历史的终结及最后之人》，黄胜强等译，中国社会科学出版社2003年版，第243页。

个"政治范畴",是"对适当的统治方式进行有意识的选择的领域",它把自己的意志"强置于人民之上"。国家有时会"造就"人民,例如美国为新移民灌输自由平等的民主意识,但经常"与人民的关系处于紧张状态",甚至在许多情况卜"处于战争边缘"。国家会从意识形态灌输和人的行为能力两个方面妨碍自由民主的发展。福山虽然也承认国家可能在造就人民观念和生活方面发挥作用①,但归根结底他不认为国家是政治制度的核心构成要素,是通往自由民主的必要先决条件。他甚至说:"我们常常听到过一种观点,认为不具备民主的先决条件的国家不能实现民主。如果民主的先决条件是必需的,那么,没有一个国家能实现民主,因为没有一个国家的人民或一种文化(包括西欧人民和文化)不是从极端的极权主义体系中走过来的。"②此时的福山大概无论如何也想不到,这里被他作为自由民主阻碍因素予以否定批判的德国和中国的国家建设,在他20年后的理论体系中变成了论证自由民主发展必要先决条件的正面案例。尤其是中国,被福山看作是世界上"第一个"建立了"现代国家制度"的模范代表。

前面已经指出,福山重新发现国家的政治价值的起点,可以追溯到2004年的《国家构建:21世纪的国家治理与世界秩序》一书。该书所论述的主题表明,在战后建设中走向自由民主反面的阿富汗、伊拉克等国家的深刻教训,引起了福山的高度重视。但该书仅仅意味着:福山由原先主要否定国家的作用,转向了开始重视国家的作用。这种重视,一方面是新生历史事实逼迫的结果;另一方面还只是实用主义意义上的,带有就问题谈问题的性质,还没有从政治发展逻辑高度予以总结。

把《国家构建:21世纪的国家治理与世界秩序》中呈现出来的现实问题升华为政治逻辑问题的最早标志,是2005年发表的《国家第一》一文。在该文中,福山从国家与民主的生成关系角度指出:国家发展先于自由民主建设,在自由民主建设之前,必须先有国家的建设,哪怕这种

① 〔美〕弗朗西斯·福山:《历史的终结及最后之人》,黄胜强等译,中国社会科学出版社2003年版,第253页。
② 〔美〕弗朗西斯·福山:《历史的终结及最后之人》,黄胜强等译,中国社会科学出版社2003年版,第253页。

国家是非自由民主的专制国家。进而福山批评了在国家与民主关系上的两种极端观点和做法：一种极端观点和做法是为国家而国家，没有把国家建立在必要规则即法治约束的基础上；再一种极端观点和做法是"过早的民主化"，即在拥有具有强大治理能力国家生成之前，就开始进行普遍的政党竞选。应该指出，福山所批评的第二种极端做法，实质上正是福山本人在《历史的终结及最后之人》一书中所坚持的观点。与其说福山是在批评他人的极端观点，不如说福山是在做思想上的自我否定、自我革命。当然，仅仅是部分质变意义上的革命。先要有国家，后要有民主；国家先于民主，民主巩固国家，历史终结论重构形态的核心逻辑在这里已经跃然纸上了。

变量二：国家再发现引发的政治目标重构

既然政治发展离不开国家建设，自由民主的实现无法在国家建设取得成功的前提下独立进行，那么政治发展的目标就不能为追求民主而单独谈论民主，需要将国家、法治、民主等作为政治制度发展的一个整体性目标予以考量。这就是福山政治目标的重构。这种重构的最大变化是增加了国家这个新因素，突出了原先附属于民主的法治即自由因素的独立意义，由一元结构转向三元结构。

福山在《国家构建：21世纪的国家治理与世界秩序》和《国家第一》中提出了国家再发现的理论任务，这个理论任务的彻底实施，必然发展为对历史终结论本身的理论重构。国家再发现，对于福山的历史终结论所带来的变化，绝不是一个简单补充和完善的问题，它促使福山重新思考政治结构和政治目标，进而重新思考政治起源的人性论基础。这个政治目标虽然仍然以资本主义自由民主为终极目标，但这里讲的资本主义自由民主，已经不再是原先那种单纯的民主要素，国家和法治因素也被作为其必要构成部分而纳入进去了。整体而言，福山的这个政治目标重构经历了三个阶段。

第一阶段，将《国家第一》中提出的"国家先行"的思想升华为"政治发展"的思想，即从政治的历史发展角度总结"国家先行"思想。这主要体现在《美国处在十字路口：民主、权力与新保守主义的遗产》一书中。在该书中，福山正式提出了"政治发展"概念，把国家与民主关系问题看作"政治发展"问题。福山虽然还没有系统论述政治发展从起源到现代的详细过程，但已经凝练出了历史终结论重构形式的理论主题：政治发展。政治发展是这个系统结构机体的形成和发展规律，而不仅是自由民主单一元素的形成和发展规律。当然，福山在强调国家的相对独立性的同时，还不忘强调政治发展是"促进民主"的重要组成部分。这说明，福山并没有放弃历史终结论的基本立场，追求资本主义自由民主仍然是其理论重构的理论主旨和终极目标。

第二阶段，到亨廷顿思想中寻找解决政治发展问题的思想资源。亨廷顿于 20 世纪 60 年代出版的《变化社会的政治秩序》一书，其主题也是政治发展问题。在该书中，亨廷顿反对西方现代化思想中的"经济决定论"。该观点认为，经济发展必然带来社会动员，而社会动员必然会带来自由民主发展，由此，现代化的经济目标与政治民主目标可以"一同出现"。与之不同，亨廷顿主张：政治秩序的发展具有与经济发展无关的独立逻辑；特别是对于落后国家，政治秩序发展应该先于社会动员，因为如果社会动员先行并且超越政治秩序发展，其后果必然是冲突、混乱和政治衰败（政治无序状态）；一个国家政治秩序是否强大，与这个国家是否坚持自由民主制度无关，例如苏联。福山显然非常重视并且充分吸收了亨廷顿这一基本观点，在《政治秩序与政治衰败》一书中将其称为"好事并不总是扎堆"。

福山虽然肯定了亨廷顿关于国家、政治秩序先行思想，却坚决否定了国家、政治秩序的强大可以脱离资本主义自由民主而单独发展的思想。福山认为，穷国和富国在政治发展逻辑上并非完全不同：英国政治发展所体现出的逻辑，即经济发展带来社会动员，社会动员带来民主发展的规律，主要适应于人均生产总值较高的国家。而对于穷国，"政治秩序和有力的机构是经济发展的前提"，不能过早推进社会动员和民主发展，那样会导致社会不稳甚至冲突和革命，不仅经济发展会受到影响，政治民主也不能实现。[①] 福山认为，强化国家机构建设虽然重要，但要将其纳入

---

① ［美］弗朗西斯·福山：《变化社会中的政治秩序》序言，王冠华等译，上海世纪出版集团，序言第 7 页。

自由民主建设的框架中去强调。这样，福山就既可以充分利用亨廷顿思想的有用因素，又否定它对资本主义自由民主不利的一面，最终达到维护历史终结论的目的。福山对亨廷顿的肯定，实际上是对此前福山自己观点的否定；福山对亨廷顿的否定，实际上是对此前福山自己观点的再肯定。

第三阶段，创作"姊妹篇"对政治目标具体重构。福山通过创作前后相继的"姊妹篇"，分别从政治起源、政治发展、政治衰败、政治终结等几个方面来重构三位一体的政治目标。"姊妹篇"的第一篇《政治秩序的起源》，主要从政治起源角度论证了这个政治目标。国家制度的起源、法治制度的起源以及民主制度的起源，依次成为该书第二、三、四部分的研究主题。第五部分"迈向政治发展理论"是一个理论总结与升华。这个部分涉及政治发展的一般理论（人性基础、思想动力、竞争机制、政治衰败等），以及政治发展与其他社会因素发展的关系，但尚未涉及政治发展目标的实现问题。但在该书第 29 章中，出于逻辑需要福山提到了这个问题："本卷提供的政治发展史是从前人类时代到法国和美国革命前夕，直到这时，真正的现代政治方才问世。此后，众多政治体出现，囊括现代政治制度的三大重要组件：国家、法治、负责制政府。"①

福山第一次系统论述三位一体政治目标，是在其"姊妹篇"第二卷《政治秩序与政治衰败》中。在该书第一章"何为政治发展"中，福山系统分析了国家、法治和政治负责制的内涵和现实状况，并把三者的同时存在和相互平衡作为政治发展的根本目标。福山认为，在当下不同政治体中，国家、法治和民主负责制并非一定都发展到位，很多国家存在"彼此独立"或"不同组合"的情况。这说明这些国家的政治制度是不完备的，其"现代化"还没有完成，还需要继续发展。与之不同，"政治上发达的自由民主国家享有三大制度——国家、法治和程序性负责制——并使之处在某种平衡状态中"②。发达国家的国家制度强大，同时还受到

---

① ［美］弗朗西斯·福山：《政治秩序的起源：从前人类时代到法国大革命》，毛俊杰译，广西师范大学出版社 2012 年版，第 429 页。

② ［美］弗朗西斯·福山：《政治秩序与政治衰败：从工业革命到民主全球化》，毛俊杰译，广西师范大学出版社 2015 年版，第 21 页。

法治和民主的制衡；自由民主得到充分保障，但没有因此削弱国家执政能力，反而以强大的国家能力为基础。由此，处于"某种平衡状态"的国家、法治和政治负责制，成为福山历史终结论追求的新的政治目标。原先那种单一的自由民主政治目标，虽然逻辑地包含着法治思想，但并没有把法治单列出来，更没有把国家作为正面因素和首要前提罗列出来。现在，这种单一的政治目标被内在平衡的三位一体的政治目标所代替了。

福山把这个新政治目标的实现专称为"达到丹麦"。他说："这个'丹麦'享有完全平衡的三个政治制度：称职的国家、强有力的法治和民主的负责制。"[①] 然而，这个"丹麦"与其说是丹麦，不如说是英国。福山明确讲："英国是第一个工业化国家，自马克思起的许多社会理论家都把它视作现代化的典范。英国走过一条因果链条非常清晰的道路，先是经济增长，再是社会动员、价值观改变和政治参与的诉求，最终抵达自由民主。"[②] 英国不仅是许多理论家的典范，也是福山本人重构的政治目标的典范。这与历史终结论原生形态突出美国的地位不同。

变量三：重视政治衰败

国家功能的再发现，不仅促使福山就原先的政治目标进行重构，也带来了他对这一政治目标实现过程的新认知。福山认识到，政治发展并非像原先认识的那样，只有前进或"按下暂停键"两种状态，它还包括向相反方向运动即退却的状态。福山将这种退却状态称为政治衰败。政治衰败这个概念是福山借用了亨廷顿的概念，但他扩充了这一概念的时空适用范围。由侧重于历史发展的前进方向，转向重视前进中经常发生的退却或政治衰败现象，是福山历史终结论重构中的第三个变量。

历史终结论原生形态中的单向逻辑，主要体现在两个方面：一个是主奴斗争辩证法的单向性，另一个是历史"终结"之后资本主义自由民主的不可逆性。

---

① ［美］弗朗西斯·福山：《政治秩序与政治衰败：从工业革命到民主全球化》，毛俊杰译，广西师范大学出版社2015年版，第21页。
② ［美］弗朗西斯·福山：《政治秩序与政治衰败：从工业革命到民主全球化》，毛俊杰译，广西师范大学出版社2015年版，第41—42页。

　　福山的主奴辩证法是一个从最初之人战争到主奴关系形成，再到主人统治奴隶和奴隶酝酿反抗主人，最后主奴和解和自由民主的最终形成的过程。这个主奴斗争辩证法，之所以可以称为一种辩证法，是因为在这个过程中至少有两次斗争（最初的斗争和奴隶觉悟后的斗争）和两次妥协（最初的妥协和最终的妥协）。但是，我们之所以仍然认为这种逻辑是一种单向逻辑，是因为其包含的两次妥协都是对主奴力量"现状"的维护和巩固，并没有向相反方向的"退却"。也就是说，妥协仅仅是停止发展，而不包括向相反方向的运动。

　　从历史"终结"之后的状态看，因为追求承认的人性已经得到完全满足，涉及社会发展的一切"大问题"都已解决了，所以历史就不可能继续前进了，也不可能向相反的方向"倒退"了。福山说："历史终结并不是说生老病死这一自然循环会终结，也不是说重大事件不会再发生了或者报道重大事件的报纸从此销声匿迹了，确切地讲，它是指构成历史的最基本的原则和制度可能不再进步了，原因在于所有真正的大问题都已经得到解决。"[1]

　　福山对政治衰败的重视，显然是他国家再发现的必然结果。但在他的两篇代表作和其他许多文章当中，都将政治衰败看作是一个旧理论即亨廷顿政治秩序理论"更新"的结果。在《政治秩序的起源》序言中，福山明白指出：本书的"第一个起源"是"我的恩师哈佛大学的塞缪尔·亨廷顿请我为他1968年的经典之作《变化社会中的政治秩序》的再版撰写新序"[2]。"纪念塞缪尔·亨廷顿"也赫然印在该书的扉页上。这样就给人带来一种错觉：好像这是因为受到了亨廷顿思想的影响并且继续创新这一思想的结果。值得注意的是，亨廷顿所谓的政治衰败，主要是指第三世界发展中国家在政治现代化过程中出现的暴乱和动荡等无序现象。导致政治衰败的原因主要是忽视国家建设的优先性，在国家治理能力没有形成之前就推进选举等民主制度的发展，导致社会动员过早，

---

　　[1]　[美]弗朗西斯·福山：《历史的终结及最后之人》，黄胜强等译，中国社会科学出版社2003年版，代序第3页。
　　[2]　[美]弗朗西斯·福山：《政治秩序的起源：从前人类时代到法国大革命》，毛俊杰译，广西师范大学出版社2012年版，序言第1页。

社会秩序混乱。① 而福山所谓的政治衰败的内涵，显然不是或主要不是这个意义上的。福山虽然在《变化社会中的政治秩序》"序言"中说亨廷顿的政治衰败内涵"有待扩展"，但他并没有完全坚持亨廷顿的观点。

在《政治秩序的起源》中，福山指出，政治衰败是与政治发展"对应"的概念，或者说政治衰败是政治发展的反面。进而福山还指出政治衰败有两种基本形式：一种是制度僵化，另一种是家族制复辟。福山不仅扩充了政治衰败的一般含义，把第三世界国家的政治衰败现象扩大为全世界所有国家和整个人类历史发展的一般现象，即反向制度化现象，而且分析了其一般原因和特殊原因。其一般原因是人类情感和价值观的保守性带来的制度固守，其特殊原因是由人性决定的家族化倾向所带来的用人规则复辟。

在《政治秩序与政治衰败》中，福山具体分析了美国这个资本主义国家的政治衰败问题，进一步将政治衰败的内涵从历史发展过程中的存在，扩展到历史"终结"之后的存在。对于民主如何带来政治衰败的一般原因，福山给予了难能可贵的分析，指出这不是对资本主义自由民主的彻底否定。福山把美国的这种政治衰败现象归结为其政治制度三要素发展顺序的特殊性。与欧洲的法国、丹麦、英国、德国不同的是，美国的政治制度是沿着法律、民主、国家的顺序演进的，不同于欧洲国家的法律、国家、民主的演进顺序。②

变量四：中产阶级历史功能再认识

福山在《身份政治：对尊严与认同的渴求》中承认自己的思想发生了两个重大变化，即重新审视国家功能和关注政治衰败研究。在国家再发现和政治衰败研究的基础上，福山进一步重构了自己的政治目标。毫无疑问，福山的上述自我评述是符合他新思想的特点的。但是，笔者认为，这只是福山思想变化的线索之一，福山忽视了自己思想变化的另一重要线索——中产阶级政治功能再认识。国家能力建设，只是为自由民

① ［美］塞缪尔·P. 亨廷顿：《变化社会中的政治秩序》，王冠华等译，上海世纪出版集团 2008 年版，第 36—37 页。
② ［美］弗朗西斯·福山：《政治秩序与政治衰败：从工业革命到民主全球化》，毛俊杰译，广西师范大学出版社 2015 年版，第 430 页。

主建设提供了必要前提，不等于国家建设好了自由民主就会自然而然产生。那么，具体如何通达自由民主？福山回到了被他否定过的中产阶级社会动员的作用，把中产阶级作为决定资本主义自由民主生成的主体力量。中产阶级政治功能再认识，是继国家功能再认识后的又一本源性逻辑更新。

　　资本主义的自由民主为什么会产生？它又为什么倾向于扩展？在《历史的终结及最后之人》中，福山是立足于"追求承认"的人性来论述这一问题的。福山并没有完全否定马克思的经济逻辑，但他认为，经济逻辑只能将资本主义自由民主推进到"门口"，而不能将其推进里面去。因此，经济逻辑对于解释资本主义自由民主的形成有一定作用，但并非决定性作用。具体而言，经济逻辑之所以担此重任，是因为经济发展虽然会造出中产阶级，但中产阶级并不一定就会赞同和追求资本主义自由民主，相反，它甚至可能反对资本主义自由民主。与其他观点比较，福山认为，这种以中产阶级为中介的经济逻辑虽然"最有说服力"，但它最终也没有证明经济发展、中产阶级动员与资本主义自由民主之间存在"必然的因果关系"。[①] 福山说："第三类观点，即先进的工业化能创造有文化的、能自然地选择自由权利和民主参与的中产阶级社会，只有在一个意义上可以站得住脚，……教育对民主即使不是绝对必要的前提条件，至少也是一种非常需要的氛围。……但是如果认为教育必然会带来对民主规范的信仰则是另外一个问题。"[②]

　　福山是出于反对马克思而否定"经济发展—中产阶级动员—自由民主"逻辑的，但他的这一做法，在资本主义自由民主发展现实特别是2008年国际金融危机之后的现实中，受到了严重挑战。福山敏锐地感受到西方发达国家中产阶级出现萎缩，这种萎缩对自由民主制度生命力产生了釜底抽薪式的影响，这迫使福山重新审视和发现中产阶级的政治功能。对中产阶级的这种由基本否定向基本肯定的转变，最早出现在福山

---

　　① ［美］弗朗西斯·福山：《历史的终结及最后之人》，黄胜强等译，中国社会科学出版社2003年版，第133—134页。

　　② ［美］弗朗西斯·福山：《历史的终结及最后之人》，黄胜强等译，中国社会科学出版社2003年版，第139—140页。

2012 年《历史的未来》一文中。该文是在重构历史终结论过程中写的，可以看作是这一重构形态的广义内容之一。后来发表的《政治秩序与政治衰败》基本上照搬了《历史的未来》一文关于中产阶级的观点。

在《历史的未来》和《政治秩序与政治衰败》中，福山不再把和解后的主奴即"最后之人"视作资本主义自由民主的社会基础，而是把资本主义社会群体中的某一部分即所谓中产阶级作为其社会基础。在《历史的未来》中，福山重申中产阶级是自由民主制的基础。这里主要强调了中产阶级的数量萎缩和现实原因。而在《政治秩序与政治衰败》中，福山的思考更加成熟，他区分了"中产阶级社会"和"拥有中产阶级的社会"，认为"民主的基石是中产阶级社会，而不是拥有中产阶级的社会"。所谓"中产阶级社会"，是指中产阶级在总人口中处于"最大群体"的社会。在这样的社会，中产阶级不再"担心低下的大批穷人"的民粹主义倾向，可以坚决地追求和支持民主政治。[1] 通过区分这两个概念，福山重新回答了在《历史的终结及最后之人》中提出的问题——中产阶级是否会赞同资本主义自由民主，重新肯定了中产阶级对资本主义自由民主的必要性和决定地位。

如同强调国家政治功能，是因为忽视国家会影响资本主义自由民主的最终实现一样，福山强调中产阶级政治功能，是因为中产阶级弱化已经影响到资本主义自由民主的生命力。在《历史的未来》中，福山坦率地指出："现在急需严肃的思想大辩论，因为，当前的全球资本主义体制正在侵蚀中产阶级，而中产阶级乃是自由民主制的基础""如果技术和全球化的发展破坏了中产阶级的基础，使得发达社会中只有少数人能获得中产地位，那将怎样呢？现在……某些令人不安的经济和社会动向，如果持续下去，将会威胁当今的自由民主，并颠覆民主的意识形态。"福山重申政府对"公众利益"的维护和对全球化的管控，主张重塑"通往拥有敦实的中产阶级和强健的民主政体的坚实道路"[2]。这条道路不正是历

---

① ［美］弗朗西斯·福山：《政治秩序与政治衰败：从工业革命到民主全球化》，毛俊杰译，广西师范大学出版社 2015 年版，第 403 页。

② ［美］弗朗西斯·福山：《历史的未来》，2012 年 1 月 5 日，https：//www.guancha.cn/Ethics/2012_01_05_63889.shtml，2022 年 4 月 1 日。

史终结论重构形态的理想目标吗？

变量五："降格"黑格尔与"升格"马克思

重新肯定中产阶级的政治功能，必然要求重新肯定经济发展特别是工业革命的政治功能，因为中产阶级是现代经济发展的产物，没有现代经济发展就没有中产阶级的产生。顺着这个思路演绎下去，福山自然而然地转向重新（部分）肯定马克思和（部分）否定黑格尔。笔者将这种部分肯定称为"升格"、部分否定称为"降格"。这里讲的马克思和黑格尔，是指经过福山重新理解过的马克思和黑格尔。

阶级逻辑及其背后的经济逻辑，是马克思主义的核心逻辑。以宣扬资本主义自由民主为使命，批判马克思主义根本目的的福山，理应不会允许经济逻辑和阶级逻辑出现在自己的核心逻辑之中。福山转向对经济逻辑和阶级逻辑的重新肯定，基于两个方面的原因：一个是强硬的客观事实对他的启发：中产阶级的发展未必能引起他的重视和肯定，但中产阶级的衰退即无产阶级化，直接威胁到资本主义自由民主的生命力，让福山"不得不"重新思考经济逻辑和阶级逻辑的合理性问题。再一个是他虽然恢复了经济逻辑和阶级逻辑的地位，但并不是完全照搬马克思的经济逻辑和阶级逻辑。因为这里所谓的经济，主要是工业革命以来的现代经济发展，并不包括工业革命之前的经济；这里所谓的阶级，不是马克思的无产阶级，而是倾向于资产阶级意识形态的中产阶级。

那么，在"升格"了的马克思和"降格"了的黑格尔之间，何者地位更高一些，或者何者是"主导"性逻辑呢？这是一个很难说清楚的问题，非常明确将政治发展历史区分为工业革命之前和之后两大阶段，认为工业革命之后的政治发展遵循了经济发展—中产阶级社会动员—资本主义民主的发展逻辑。而在工业革命之前，这一逻辑并不成立，政治发展受暴力与社会制度竞争的影响更大。因此，所谓"升格马克思"，只能是特定历史时期和整体意义上的。

福山历史终结论原生形态是从否定马克思而肯定黑格尔的逻辑开始的。在《历史的终结及最后之人》中，福山说："我们最好不要相信马克思和受其经济历史观影响的社会科学体系，而应相信黑格尔，……黑格尔对历史进程中存在的'历史发展机制'的理解深度是马克思主义或所有当代社会科学所无法比拟的。"①"我们有必要回到黑格尔这位伟大的哲学家……'获得认可'为我们再现了一种完全的非唯物主义的历史辩证法，它对人类动机的理解比马克思的辩证唯物主义或从马克思派生的社会学要丰富得多。"② 福山此时虽然也选择性"利用"马克思的经济逻辑，但整体上是否定马克思、肯定黑格尔的。

在《历史的未来》中，福山已经显示出"降格"黑格尔的逻辑倾向。他虽然没有直接重新评价黑格尔思想，但重新肯定了马克思的社会存在决定社会意识的逻辑。此外，福山还重提了阶级和经济逻辑，用阶级和经济逻辑解释资本主义自由民主扩展问题。

在《政治秩序与政治衰败》中，福山"降格"黑格尔和"升格"马克思的态度已然完全明确。福山对黑格尔唯心主义逻辑采取了明确否定的态度，他说："民主为什么会扩展的问题有一个曾以不同形式出现的答案。那就是民主之所以站稳脚跟，是因为民主思想本身的力量。……在黑格尔看来，要求平等承认的原则源于人类理性的内在逻辑。……思想确实非常强大，可用来解释政治制度，但这个解释所引起的疑问，与它所解决的疑问一样多。……我在第二章中提出过一条替代的因果途径，即经济增长可通过社会动员来影响民主政治。这里的关键是劳动分工……分工意味着，将会创造出新的社会群体……。换句话说，经济增长造成社会动员，后者又导致对政治参与的要求，而且愈演愈烈。……首先是卡尔·马克思，他把劳动分工转化成社会阶级的理论，使之成为自己学说中不可或缺的组件。"③ 这里对马克思的肯定态度和对黑格尔的否定态度非常清晰。不仅如此，福山还明确提出，要用"马克思—摩尔框架"代替原先的"黑格尔—科耶夫"思想的地位。福山说："马克思—

---

① ［美］弗朗西斯·福山：《历史的终结及最后之人》，黄胜强等译，中国社会科学出版社2003年版，第154页。

② ［美］弗朗西斯·福山：《历史的终结及最后之人》，黄胜强等译，中国社会科学出版社2003年版，第164页。

③ ［美］弗朗西斯·福山：《政治秩序与政治衰败：从工业革命到民主全球化》，毛俊杰译，广西师范大学出版社2015年版，第364—366页。

摩尔的框架，经过几点修正，基本上是合理的，我将……详细阐述这个故事。"① 那么"马克思—摩尔框架"是一种什么逻辑呢？简单地说，就是用马克思的经济、阶级逻辑加上摩尔的中产阶级逻辑，实际上就是前面讲的"经济增长、社会动员、自由民主扩展"逻辑。

---

① ［美］弗朗西斯·福山：《政治秩序与政治衰败：从工业革命到民主全球化》，毛俊杰译，广西师范大学出版社2015年版，第374页。

第二部分

方　法　篇

第 五 章

历史终结论重构形态的指导思想

在第四章阐述历史终结论重构的逻辑线索和逻辑变量时，我们提出了一个没有完全解决的问题："降格"黑格尔与"升格"马克思，何种处于主导地位。这其实涉及历史终结论重构的指导思想问题。这种指导思想的变化，不仅作为一个逻辑变量引起历史终结论某些内容上的修正，而且作为一种根本方法论，引起重构中论证方法整体的转变。也就是说，指导思想问题不仅是理论内容问题，而且是方法论问题，是首要的方法论。本章，笔者将首先分析历史终结论重构形态的指导思想。

第一节 历史终结论重构形态的指导思想的确认

福山所采用的论证方法并不总是前后一致，在涉及不同历史阶段、不同主题的问题时，经常出现严重的自相矛盾。在这些矛盾中，最为突出的一个是：一方面，在分析政治制度起源、政治制度衰败、政治制度终结等问题时，他坚持"黑格尔—科耶夫"的解释框架或指导思想；另一方面，在分析政治发展特别是现代政治发展动力问题时，他又坚持"马克思—摩尔"的解释框架或指导思想。那么，"黑格尔—科耶夫"框架与"马克思—摩尔"框架，何者才是福山真正的解释框架或指导思想呢？这是一个不好回答却无法回避的问题，因为它关系到福山历史终结论重构形态的指导思想。

首先，可以从福山理论重构的主要任务理解其指导思想。

实际上，上述两个解释框架之间的矛盾是由福山面临的两个理论任务之间的矛盾决定的。从苏东剧变的那一刻起，福山就把论证、解释和宣扬历史终结论即政治制度终结论作为自己的使命担当。他的历史终结论原生形态是这样，重构形态也是如此，这一点没有改变。问题在于历史是否终结并不是某种理论所能决定的。前面已经指出，2008年国际金融危机之后，资本主义发达国家在国家管理能力和中产阶级发展规模上都出现了严重衰退，这从根本上挑战了历史终结论的解释力与合理性。这对福山的初心使命产生了重大挑战，要求福山必须给以正面应对。为此，福山必须重新解释历史或政治制度发展的动力问题。因此，相对于政治制度终结，政治制度发展动力问题是一个生死攸关的具有决定意义的问题。福山必须在政治制度发展动力这个要害或短板问题上重新下功夫、做功课。既要维护原先的理论结论，又要应对新出现的现实挑战。只有更好地应对新出现的现实挑战，才能更好地维护原先的理论结论。于是，福山不得不在坚持原先的理论结论的同时，把更多精力和笔墨运用到应对现实挑战上。把主要任务用到对现实挑战的回应这一短板问题上，决定了在上述两个解释框架中，福山必须把重心放在"马克思—摩尔"框架上。这样做，当然会与"黑格尔—科耶夫"框架产生严重冲突，但现实挑战的严峻性，已经迫使福山顾不上这些了，他不得不通过制造更深刻的矛盾来挽救历史终结论的生命。

那福山为何又要研究政治制度起源与政治制度衰败问题呢？这是因为这两个方面都涉及资本主义政治制度的另一内容——国家制度建设的重要性。只有重新重视国家制度建设，资本主义自由民主制度才能获得存在的前提条件。如果没有稳定有力的国家，资本主义自由民主只能变为制造无政府混乱的反面力量。除此之外，要深入揭示政治制度发展动力的依据，也需要从政治制度起源即人性论前提问题上寻找答案。

其次，可以从福山理论重构的主要目标理解其指导思想。

福山是在历史终结论重构形态完成五年后公开这一事件的，这导致很多人对此事件并不了解，他们在研究批评福山历史终结论之时，还仅仅以《历史的终结及最后之人》为主要文本依据。福山这样做，显然是在有意掩饰这一目的。在其著作中，他把自己的工作说成是一种从亨廷顿政治秩序理论、落后国家的"政治焦虑"和美国代表的"政治衰败"

现象出发，客观讲述整个政治制度发展的历史过程的活动。在《政治秩序的起源》中，他说："本书的目的是分析制度性的深层根源。我们今天所面临的，可能在政策上没有特别好的解决方案。同样，我也不愿花时间去猜测那些不同类型政治制度的前景，我只想讲述我们是如何走到今天的。"[1] 此处说得很明白：对于今天面临的"政治制度的前景"问题，没有"政策上特别好的解决方案"，福山本人也丝毫不感兴趣。而在《政治秩序与政治衰败》中，他说："本书第一卷（《政治秩序的起源》）结束时，三大制度的基础已经到位，但还没有充分发展成现代形式。……所以本卷（《政治秩序与政治衰败》）接着讲述第一卷遗留的故事，所涵盖的是：国家、法治和民主在过去两个世纪的发展，三者之间的互动，与经济和社会发展的交叉影响，以及它们在美国和其他发达国家显现出来的衰败。"[2] 这给人一种错觉：貌似他的重构工作主要是一种单纯的历史叙述，与政治实践无关。

福山之所以掩饰自己的真实研究目的，一定意义上与这一目的的实现存在极大难度、能否真正实现尚不能确定有关。但这并不等于说福山的研究不存在实践意义上的目的。在分析前殖民地国家如何实现政治发展的问题时，他一不小心泄露了自己的秘密。他说："不管是好是坏，现代发展中国家在先后次序上并无现实可行的选择，必须（应译为'不得不'——笔者注）像美国一样，在民主政治体制的背景下建设强大国家。这就是为何进步时代的美国经验异常重要。今天没有一个国家能切实模仿，经一个半世纪军事斗争建成强大国家的普鲁士。"[3] 这段话在翻译上虽然稍有出入，但其主要意思基本符合福山原意。福山认为，发达国家中的德国经验无法复制，前殖民地国家只能以美国为榜样，学习美国那种先建立民主体制，后在这个基础上建设强大国家的历史经验。可见，

---

① ［美］弗朗西斯·福山：《政治秩序的起源：从前人类时代到法国大革命》，毛俊杰译，广西师范大学出版社 2012 年版，第 31 页。

② ［美］弗朗西斯·福山：《政治秩序与政治衰败：从工业革命到民主全球化》，毛俊杰译，广西师范大学出版社 2015 年版，第 16 页。

③ ［美］弗朗西斯·福山：《政治秩序与政治衰败：从工业革命到民主全球化》，毛俊杰译，广西师范大学出版社 2015 年版，第 192—193 页。

无论是最初提出还是后来重构历史终结论的目的，都不仅是要告诉人们一种理论和事实，而且是要在当代实践中推进资本主义自由民主在世界范围内的拓展。这才是福山历史终结论的主要目标。

在福山看来，要在世界范围实现拓展资本主义自由民主的目标，就必须借助所谓中产阶级社会动员的力量。而中产阶级是工业革命发展的产物，背后是由经济逻辑决定的，要突出它的历史功能，就要求福山必须突出"马克思—摩尔"的经济逻辑。

最后，可以从福山《政治秩序的起源》的理论地位来判断其指导思想。

以研究政治起源的人性论基础为主要任务的《政治秩序的起源》，在历史终结论的重构中地位并不重要。虽然从历史和逻辑进展的顺序上看，它处于最初地位，但在其要解决的所有主题中，不过是一种具有"启发"意义的理论"作料"。这样说，绝无贬低《政治秩序的起源》一书的意思。这是因为在福山本人看来，他的《政治秩序的起源》得出的结论就是政治的人性起源虽然对现代政治有直接或间接影响，但不能决定现代政治发展的根本方向，因为政治制度起源和政治发展的相关因素，大多都是具体的或偶然的。福山说："国家、法治、负责制政府的组合一旦出现，证明是高度强大和极富吸引力的，之后传播到世界各个角落。我们必须记住，这一现象仅是历史上的偶然。……人类社会不囿于自己的过去，可自由借用彼此的思想和制度。它们过去长得如何，帮助塑造它们今天的面貌，但过去与现在之间不是只有单一的路径。"① 福山明确承认："历史上政治和经济变革的启动，的确有运气和意外的成分，这可能对第一个建立新制度的社会尤为重要，而对后续社会就不那么重要。"②

为了避免《政治秩序的起源》误导读者，福山建议人们在阅读它之前，先读《政治秩序与政治衰败》。他说："阅读本卷时需要预先掂量第二卷的内容"，因为"现代世界的政治发展所遇到的条件，与18世纪晚

① ［美］弗朗西斯·福山：《政治秩序的起源：从前人类时代到法国大革命》，毛俊杰译，广西师范大学出版社2012年版，第22页。
② ［美］弗朗西斯·福山：《政治秩序与政治衰败：从工业革命到民主全球化》，毛俊杰译，广西师范大学出版社2015年版，第497页。

期之前的截然不同。……本卷读者可能觉得，这里叙述的漫长历史进程意味着社会会受困于自己的历史；但实际上，我们今天生活在非常不同且动力多样的环境下。"① 福山之所以在《政治秩序的起源》序言和最后一章反复强调，要大家先看《政治秩序与政治衰败》，就是怕给读者带来一种政治发展是由政治制度起源的逻辑决定的错觉。或者说，他怕读者被他的《政治秩序的起源》误导，冲断他《政治秩序与政治衰败》中的主要思想。由此可见，福山的主要理论目的不在于阐释政治历史，而在于解决当今政治制度的发展或扩展问题。福山真正关心并希望读者关心的是政治发展特别是当代政治制度发展问题。

福山为什么并不十分重视政治起源的人性论问题呢？这是因为人性问题并不必然决定人的政治行为，政治起源问题并不必然决定政治发展问题，政治衰败也只是文明表层而非实质内容的衰败。福山说："人类在社会中组织自己行为时，不是完全自由，因为他们共享一种生物本性。……共享的本性不能决定政治行为，但可限定可能的制度本性。"② "有些读者可能会断定我对政治发展的解读是历史决定论的。通过介绍各种政治制度复杂且背景独特的起源，我似乎在主张，类似的制度要在今日出现必须要有类似条件，各国因独特的历史背景已被锁定在各自单一的发展路径上。这肯定是误解。"③

在福山看来，政治制度的传播除了受到人性影响之外，还受到社会竞争、思想交流等因素的影响。特别是工业革命的发生"大大改变了政治发展的条件"④。这一切决定了福山不得不把"马克思—摩尔"框架置于整个理论体系的首要地位。

---

① ［美］弗朗西斯·福山：《政治秩序的起源：从前人类时代到法国大革命》，毛俊杰译，广西师范大学出版社 2012 年版，序言第 5—6 页。

② ［美］弗朗西斯·福山：《政治秩序的起源：从前人类时代到法国大革命》，毛俊杰译，广西师范大学出版社 2012 年版，第 430 页。

③ ［美］弗朗西斯·福山：《政治秩序的起源：从前人类时代到法国大革命》，毛俊杰译，广西师范大学出版社 2012 年版，第 429 页。

④ ［美］弗朗西斯·福山：《政治秩序的起源：从前人类时代到法国大革命》，毛俊杰译，广西师范大学出版社 2012 年版，第 429 页。

第二节　历史终结论重构形态的指导思想的形成

福山理论重构的根本目的是，在理论上继续论证资本主义自由民主是人类历史的终点，在实践上继续探索资本主义自由民主在世界范围内的推进和扩展问题。虽然他把国家建设作为资本主义自由民主建立和巩固的前提条件，但这个条件仍然从属于他的根本目的。虽然福山的重构形态涉猎范围极其广泛、内容极其繁杂，但只要我们抓住他的根本目的这个主要矛盾，就能准确确定他的指导思想。

这个指导思想的形成主要包括三个阶段：《历史的终结及最后之人》中的高扬黑格尔、否定马克思阶段；《历史的未来》中开始重新肯定马克思的唯物主义和经济逻辑阶段；《政治秩序与政治衰败》中"降格黑格尔""升格马克思"阶段。下面我们着重探讨一下第三个阶段，即福山是如何转向"降格黑格尔""升格马克思"的。

福山的政治发展史，涵盖了从类人猿政治一直到现代政治的漫长过程。除去类人猿政治阶段，福山把人类政治发展区分为两大阶段，这两大阶段的分水岭是工业革命。工业革命之前是传统政治或马尔萨斯世界，工业革命之后是现代政治或后马尔萨斯世界。关于现代政治或后马尔萨斯世界政治的基本逻辑，福山在《政治秩序的起源》的第 30 章和《政治秩序和政治衰败》的第 27 章中都给予了专门分析。前者主要从政治制度史角度总结了马尔萨斯世界政治发展的基本逻辑，并从比较政治学角度分析了它与后马尔萨斯世界的重大差异；后者则在前者的基础上，从历史哲学角度对前者的结论进行了哲学逻辑的总结和升华，形成了全部理论的哲学指导思想。

福山关于马尔萨斯世界的政治发展逻辑，可以概括为"一个中心、两条途径"。所谓一个中心，就是整个传统社会政治发展，是以国家形成与建设为中心，经济发展、社会动员、法治建设等其他政治构成因素，都围绕国家形成与建设这个核心开展。所谓两条途径，就是马尔萨斯世界政治的发展通过两种方式来实现：一是通过经济粗放发展的需要促进国家建设来实现，二是通过宗教等中介组织反作用（促进或限制）于国家来实现。

第一条途径涉及传统社会的经济发展方式及其对国家建设的促进。传统社会的经济发展主要是一种低效率粗放式发展，与人口需求之间时常存在尖锐矛盾。如何才能解决这一矛盾呢？福山认为，马尔萨斯指出的基于弱肉强食的社会达尔文主义丛林法则是解决这一矛盾的主要途径。具体而言，这主要包括饥荒、疾病甚至屠杀等方式。但福山认为，马尔萨斯的途径并不完整，他只强调了资源供求调控，而忽视了资源掠夺这个最关键因素。在传统社会，要想增加生存资源，除了控制人口，最好的途径是政治途径或者掠夺手段。一种掠夺是"向内求"，即掠夺本国其他社会成员；再一种掠夺是"向外求"，即掠夺其他国家社会成员。而要实现资源掠夺，福山认为，国家建设是"至关重要"的，它的强制力或征服力是实现这一目的的"主要途径"。国家力量可以带来财富增加，而财富增加又会强化国家力量，二者形成相互促进的良性循环。福山认为，如果把资源掠夺这个因素也纳入马尔萨斯解释框架中，那么这种"修改过"的马尔萨斯框架可以为理解马尔萨斯世界政治提供"良好框架"。①

第二条途径涉及传统社会政治三要素的其他方面，即社会动员和法治建设的作用。这两个因素可以通过影响国家权力分配和限制国家权力执行来发挥它们的作用。但这种作用不是直接意义上的，它们必须借助宗教为其提供合法性，才能反作用于国家建设，实现自己的政治功能。

可见，在传统社会所有影响政治发展的因素中，国家制度建设处于核心和首要地位。而在影响政治发展的两条途径中，国家建设与经济发展之间的互动处于核心和首要地位。这是因为在传统社会中，法治不是真正意义上的法治，它并不能真正限制国家和君主的权力，而是从属于国家与君主的权力；而社会动员则"非常罕见"，存在的话也"大多源于合法性思想"②，而非源于经济发展的推动。所以，传统社会的政治制度，毋宁说是一种"国家制度"。

① ［美］弗朗西斯·福山：《政治秩序的起源：从前人类时代到法国大革命》，毛俊杰译，广西师范大学出版社 2012 年版，第 454 页。

② ［美］弗朗西斯·福山：《政治秩序的起源：从前人类时代到法国大革命》，毛俊杰译，广西师范大学出版社 2012 年版，第 467 页。

　　然而，在工业革命推动下，人类从传统社会进入现代社会，政治发展的逻辑发生了重大变化。首先，社会动员已经成为政治发展主要力量之一，它不再主要基于宗教和思想的推动，而转为主要基于经济发展的推动。工业革命带来的社会分工重新塑造了社会关系，形成新的社会动员，他们为了自己的利益必然参与到政治活动中去。这样，社会动员在政治发展中的地位就大大提升了。"经济发展—社会动员—政治变革"的逻辑，开始代替传统社会那种"一个中心、两条途径"的发展逻辑。其次，工业革命带来的集约式发展和高效率增长，很大程度上化解了马尔萨斯世界人口与资源的矛盾，动摇了以掠夺为主题和以国家建设为中心的政治建设模式。国家建设的地位开始下降，限制国家专制的民主负责制和法治建设的地位开始上升。再次，在工业革命的推动下，经济全球化得到迅速发展，政治制度建设在全球范围内的竞争，以及由竞争带来的制度复制成为一种新现象，这改变了传统社会政治制度发展主要基于本国的自生模式。政治制度发展在"经济发展—社会动员"逻辑的基础上，进一步发展为"经济增长、社会新参与者的动员、跨边界社会的组合、竞争和外国模式的流行"的逻辑。① 在现代世界，马尔萨斯世界的政治逻辑已经淡出，"已经不能只谈'国家的发展'"了②，也不能只谈一国国内的政治发展了，还应把社会动员、民主建设、法治建设、国际竞争和制度复制等因素，都纳入进来"当作一个综合体"认识。过去的已经过去了，而现代世界"并不受困于"自己的过去。因此，福山专门强调，对于传统社会即马尔萨斯世界的政治逻辑，必须"以恰当的眼光看待"③。

　　通过比较马尔萨斯世界与后马尔萨斯世界，福山得出了一个"经济发展—社会动员—政治变革—国际竞争和复制"的政治发展逻辑。这个

---

　　① ［美］弗朗西斯·福山：《政治秩序的起源：从前人类时代到法国大革命》，毛俊杰译，广西师范大学出版社2012年版，第469页。

　　② ［美］弗朗西斯·福山：《政治秩序的起源：从前人类时代到法国大革命》，毛俊杰译，广西师范大学出版社2012年版，第469页。

　　③ ［美］弗朗西斯·福山：《政治秩序的起源：从前人类时代到法国大革命》，毛俊杰译，广西师范大学出版社2012年版，第469页。

逻辑作为近代以来历史经验的概括，福山虽然以韩国等国家的经验为例给予了初步证明，但还没有给予历史哲学的理论论证。只有从哲学上给以专门论证，它才能获得一种理论普遍性，上升为整个理论体系的指导思想。但毫无疑问，如果福山继续坚持原先的黑格尔逻辑，他就达不到这个理论目的。因为黑格尔逻辑是一种唯心主义，它反对从经济逻辑出发解释历史发展。

第三节　历史终结论重构形态的指导思想的内容："马克思—摩尔"框架

在福山眼里，马克思创立了一种类似"经济发展—社会动员—政治变革"的政治发展逻辑。阶级动员在社会形态更替中发挥着直接动力作用。在封建社会，受到动员的阶级是资产阶级，他们与封建地主阶级进行斗争；在资本主义社会，受到动员的阶级是无产阶级，它与资产阶级进行斗争。这种概括基本符合马克思唯物史观的基本逻辑。马克思集中论述唯物史观基本原理主要有两处，一处是《德意志意识形态》中，再一处是《〈政治经济学批判〉序言》中，马克思都论述了生产力与生产关系、经济基础与上层建筑之间的社会基本矛盾，并在此基础上引出了阶级斗争、社会革命和社会形态更替的问题。福山认为，马克思是从社会生产出发，借助劳动分工概念，引出了新社会阶级的产生和政治动员问题。福山看到劳动分工对于新阶级生成的作用是对的，但他并没有看到与这个分工同时发生变革的还有社会生产关系这个更深层的因素。对于新阶级的产生，起决定作用的不是劳动分工而是社会生产关系变革。

福山更为关注的是马克思的阶级观点，这一观点被福山概括为三个阶级，即地主阶级、资产阶级和无产阶级以及他们之间的政治斗争。这三个阶级追求不同的政治目标：地主阶级想保留旧的封建专制制度；资产阶级追求保护自己产权的法治政权，对选举民主"无所谓"；工人阶级追求消灭生产资料私有制，建立基于公有制的无产阶级专政的国家政权。工人阶级可能支持资本主义民主，但更多是策略意义上的，他们中的富裕部分即中产阶级在特定历史条件下会成为资本主义自由民主的社会基础。①

马克思立足于无产阶级立场，从历史发展的角度提出了"两个不可避免"的观点，即资产阶级的灭亡和无产阶级的胜利都是不可避免的。作为资产阶级政治学家，福山理应反对马克思的这一阶级立场和历史观点，为资产阶级立场和资本主义社会辩护。但值得玩味的是，单纯从表述上看，福山既没有表示赞同无产阶级立场，也没有表示赞同资产阶级立场，他把资本主义自由民主的社会基础放在中产阶级立场上。福山认为，资产阶级概念过于宽泛，它既包括大工业主，也包括小店主和城市职业人等小资产阶级群体，而且背负着利己主义的坏名声；而无产阶级虽然一度取得革命成功，但最终已经失败，这主要是因为中产阶级的崛起代替了无产阶级成为政治的社会基础。因此，福山把中产阶级作为推动历史发展和政治建设的"先进阶级"，以中产阶级为历史动力来论证自己理论的实现，即资本主义自由民主的产生和在世界范围的扩展。

为什么是中产阶级而不是无产阶级呢？为了解决这个问题，福山请出了美国政治学家巴林顿·摩尔来进一步"修正"马克思的观点。巴林顿·摩尔虽然并非马克思主义者，但他分析资本主义自由民主形成逻辑的主要方面与马克思多有类似之处。他立足于中产阶级而非无产阶级，并且以资本主义自由民主为理想结局，这一点完全符合福山的政治需要和理论旨趣，因此必然获得福山的肯定和赞美。福山对摩尔思想中对自身有益的内容进行了专门发挥，他说："摩尔修改过的马克思主义分析框架，在理解民主如何传播和为何传播上，仍是非常有用的工具。他的关键洞见是，在社会中最渴望民主的社会群体就是中产阶级。如果要了解民主的可能性，就要在中产阶级与偏爱其他体制的群体中，作出各自的力量对比。"②

那么，什么是中产阶级呢？中产阶级与资产阶级是什么关系？福山

① ［美］弗朗西斯·福山：《政治秩序与政治衰败：从工业革命到民主全球化》，毛俊杰译，广西师范大学出版社2015年版，第367页。
② ［美］弗朗西斯·福山：《政治秩序与政治衰败：从工业革命到民主全球化》，毛俊杰译，广西师范大学出版社2015年版，第369页。

指出，自己对中产阶级的定义"来自职业和教育"，并指出中产阶级在政治上最初仅仅倾向于追求自由民主中的自由方面，即"保护自己权利尤其是财产不受掠夺性政府侵犯的法律规则"①。由此可知，福山所讲的中产阶级概念，一方面坚持了经济逻辑，认为它与"职业"等经济分工因素有关；另一方面因为只坚持分工逻辑，忽视了生产关系因素，从而混淆了资产阶级与无产阶级的边界。实际上，福山所讲的中产阶级，其主要因素仍然是他前面批判过的资产阶级，他不过是把属于工人阶级的富裕部分以及小业主、商人、知识分子等比较富裕阶层也纳入中产阶级概念中，用一个表面上超阶级的阶级概念掩盖自己的阶级立场，从而在数量上掩饰资产阶级的狭隘性，在阶级关系上分化瓦解无产阶级，达到在理论上为历史终结论的合理性进行辩护的目的。

福山并不认为修改过的马克思框架就没有任何问题了，他认为还需要做几点修正：把思想的政治作用和政党的政治作用也纳入这个框架中，并用"以政党为中心"代替"以阶级为中心"。言外之意，福山认为，马克思的框架忽视了思想和政党的作用，这显然是一种曲解和偏见。在马克思唯物史观的框架中，从来没有忽视思想和政党的力量。但福山"以政党为中心"的观点在马克思那里的确不存在，因为马克思认为政党是阶级的先锋队，它来源于阶级并服务于阶级，因此，政党只能以自身服务的阶级为中心，它没有任何与其不同的自身的利益。福山为什么要将政治中心转移到政党上面去，这与他将政党立足于阶级之上的做法是否自相矛盾？这个问题涉及福山逻辑的根本性质，我们留到下面再分析。

第四节　福山如何否定原先的"否定"

一般情况下，要重新肯定一种被自己否定过的旧观点，必须对原先否定它的理由给出新的否定。如果原先否定它的理由不能被一一否定，那么否定的否定是无法达到的。仔细甄别原先否定的理由能否被一一否

---

① ［美］弗朗西斯·福山：《政治秩序与政治衰败：从工业革命到民主全球化》，毛俊杰译，广西师范大学出版社 2015 年版，第 369—370 页。

定，这是奠定新认识的基础，是达到新理论目标所尤其需要注意的环节。这个环节对于福山的"重构"而言，同样应该得到关注。如果这个环节不能说清，那么读者的疑虑就无法真正去除。福山原先为何要否定马克思的经济逻辑？现在重新肯定经济逻辑又因为什么？特别值得强调的是，福山原先否定经济逻辑的那些理由，又是如何被福山一一否定的？这些问题都值得我们一探究竟。这些问题如果没有真正解决，"重构"就不具有逻辑连贯性，原先否定的"理由"就成了现在需要重新面对的"问题"——过去给现在设置的问题，或者"历史"对"当下"的挑战。

在《历史的终结及最后之人》中，福山否定马克思经济逻辑的理由，主要包括三个方面：第一，人不仅是追求物欲的经济动物，而且是追求承认的精神动物，后者比前者更为根本。福山认为，经济历史观把人理解为经济动物，将人的行为理解为基于物质欲望的理性行为，这不符合事实，因为人还有更重要的属性即追求承认，这与经济动机无关。第二，美国、法国等主要资本主义国家的民主形成于经济现代化之前，而非相反。原因是不能出现于结果之后的，福山认为，既然美国、法国等国的自由民主的产生在经济现代化之前就出现了，那么经济现代化就无法构成自由民主产生的原因。第三，中产阶级的社会动员未必会倾向于资本主义自由民主。福山认为，从中产阶级社会动员这一经济逻辑作出的阐释，是经济逻辑中"最有说服力"的一种，但它仍然存在一个致命缺陷：教育的发展虽然可以为经济发展提供高水平劳动力，但不能确保他们在信仰上一定会追求自由民主。

上述被福山否定的经济观点当然并不都符合马克思的看法，我们暂且把这个问题放在一边。福山后来在"重构"中是如何对待上述否定理由的呢？这是必须首先认真对待的。

对于第一个理由：福山后来承认追求物质欲望也是人的本性之一，而且还增加了包容适存性、抽象思维、情感等其他人性内涵，但并没有解释为什么追求承认的欲望不再是人性的主要方面。也就是说，福山做是做了，但并没有对为什么这样做给出解释。相反，他通过增加人性的其他内涵，进一步强化了这个矛盾，让其更加难以回答了。作为一个具有重要影响力的学者，不知道福山是有意回避，还是压根无法给出理由。

对于第二个理由：福山在后来的理论重构中，并没有否定其原先承认的历史事实：法国和美国的政治民主化都先于其经济现代化，它们还在农业经济时代就走上了资本主义自由民主的道路。福山后来还提到了这一事实。这个现象如何解释？不给这一否定性理由给出否定，经济逻辑能立起来吗？和第一个理由一样，福山还是没有给出正面解释。他视这个问题为不存在，不予理睬。

对于第三个理由：福山后来给出了新的理解，但并没有真正回答原先提出的问题。福山后来认为，中产阶级虽然未必支持自由民主，但在两个条件下他可以转向追求自由民主。一个条件是自由与民主"衔接起来"①，获得政治上的一致性。在福山看来，中产阶级天生倾向于追求自由（福山理解为法治），工人阶级天生倾向于追求民主（福山理解为普选），二者在实践上未必一致。当中产阶级和工人阶级都倾向于追求对国家权力进行限制，并且愿意参与国家治理之时，二者就不再对立，变得一致起来。法治和普选就不再对立，成为限制国家权力的"一套纲领"②。此时，中产阶级就不仅追求自由，而是追求自由民主了。第二个条件是中产阶级人数的不断增加，促使"中产阶级社会"形成。在中产阶级社会里，中产阶级不怕其他少数阶级利用民主损害自己的利益，因此敢于追求民主。但是，福山原先提出的教育问题，即教育能否改变中产阶级信仰，使其倾向于资本主义自由民主，他并没有给以直接回答。福山原本以苏联的教育为例，认为社会主义国家的教育和资本主义国家的教育不同，它们带来的对资本主义自由民主的态度也是不同的，因此不能把中产阶级与资本主义自由民主必然联系起来。福山没有说破的问题是，工人阶级所追求的自由民主和资产阶级所追求的自由民主实质上是否等同，工人阶级也可能承认和参与资本主义自由民主，但其真正追求的自由民主是否就是资本主义的自由民主。

总之，在福山的"重构"中，我们既没有找到为什么"追求承认"

---

① ［美］弗朗西斯·福山：《政治秩序与政治衰败：从工业革命到民主全球化》，毛俊杰译，广西师范大学出版社2015年版，第369页。

② ［美］弗朗西斯·福山：《政治秩序与政治衰败：从工业革命到民主全球化》，毛俊杰译，广西师范大学出版社2015年版，第369页。

的人性不再是决定性因素的解释，也没有发现对反面案例——美国、法国等国家自由民主先于工业革命现象的解释，也没有发现对挑战性逻辑缺陷——中产阶级教育与自由民主信仰并无必然联系的解释。这种对否定理由的重新否定，是进行理论重构的必要前提和起码责任，是不可以熟视无睹的。福山对其保持沉默，是因为这些问题不值得福山给出回答，还是他压根就没法回答，只能装作不存在？笔者十分诧异，不得而知。

第五节　历史终结论重构形态的指导思想的"返祖"

福山虽然肯定了"经济发展—社会动员—自由民主"的政治发展逻辑，"升格"了马克思的地位，但这并不意味着他是个一以贯之、逻辑彻底的人。他在坚持经济逻辑的同时，时不时地退回到原先的"黑格尔—科耶夫"那种"追求承认"的人性逻辑，以人性逻辑替代经济逻辑。例如在《政治秩序的起源》第 29 章中，福山就提道："人类政治活动的大部分都以寻求承认为中心""近代民主政体的兴起，如避而不谈其内核的平等承认，也是无法理解的。"① 在该书第 30 章中，福山提到：在自由民主制在世界范围得到广泛复制背景下，"普遍承认已成为自由民主的基础，并指向政治发展的初期……这可能有助于说明，人人平等的概念在现代世界的无情蔓延"②。这种指导思想上时不时地跳跃式回归原初的现象，是一种精神"返祖"。福山最初反对马克思，主张回到黑格尔，用"黑格尔—科耶夫"的唯心主义人性论来阐释阶级的本质。他曾说："黑格尔不像马克思，他相信最重要的阶级差别并不是由于经济原因造成，……而是根据一个人对暴力死亡的态度来决定。"③ 现在没有忘记和抛弃对这种逻辑的依赖，时不时地退回到这种基于抽象人性的阶级逻辑。

---

① ［美］弗朗西斯·福山：《政治秩序的起源：从前人类时代到法国大革命》，毛俊杰译，广西师范大学出版社 2012 年版，第 432 页。

② ［美］弗朗西斯·福山：《政治秩序的起源：从前人类时代到法国大革命》，毛俊杰译，广西师范大学出版社 2012 年版，第 470 页。

③ ［美］弗朗西斯·福山：《历史的终结及最后之人》，黄胜强等译，中国社会科学出版社 2003 年版，第 168 页。

具体讲，福山这种指导思想"返祖"现象表现在对中产阶级内涵的"人性"化阐释，用"政党中心"代替"阶级中心"，以及用"身份政治"代替"阶级政治"三个方面。

关于中产阶级的内涵，人们一般是从经济角度来进行理解，虽然所依据的经济方面（生产关系、资源占有、劳动分工等）有所不同。福山表面反对经济学家单纯以收入为划分标准的做法，主张重视社会学家从收入的"赚取方式"如职业地位、教育水平、收入外财产角度做出划分的做法，但他并没有真正否定经济学家所讲的收入标准。福山至少在两个方面承认中产阶级与经济有关：一个方面是中产阶级社会的生成是工业革命的产物，没有工业革命就没有中产阶级社会；另一个方面是中产阶级的划分标准，除了收入，还有社会学家所强调的职业地位、消费性或主要用于消费的固定资产，都属于经济范畴。中产阶级当然还有别的属性，例如受教育水平高，但这些都是由经济属性派生的产物。在资本主义社会，没有较高的收入、职业地位和固定资产，就不可能有高水平的教育。福山承认"社会学家的依据始于马克思的传统"，并且认为"社会学的方法更为可取"①，这意味着福山不仅坚持收入标准，也试图将收入标准与马克思主义坚持的生产关系标准结合起来。但他所肯定的社会学家讲的职业地位，更多是一种经济分工意义上的生产关系，而不是生产资料所有制意义上的生产关系。这种做法在马克思看来恰恰是错误的，因为它掩饰了阶级生成和对立的真正根源。马克思在《资本论》中明确否定了以分工和收入作为阶级划分标准的做法。关于福山的经济逻辑与马克思经济逻辑之间的差别，此处不多做分析。笔者关注的是，哪怕这种收入和职业分工等意义上的中产阶级内涵，在福山那里也不是始终能够得到坚持的。例如，在《历史的未来》一文中，福山认为："经济意义上的阶级已经无法在发达工业国家中获得政治动员力。"② 他以"第二国际"中欧洲工人阶级放弃阶级利益追求，为民族主义所驱动为例证明这

---

① ［美］弗朗西斯·福山：《政治秩序与政治衰败：从工业革命到民主全球化》，毛俊杰译，广西师范大学出版社 2015 年版，第 401 页。

② ［美］弗朗西斯·福山：《历史的未来》，2012 年 1 月 5 日，https：//www.guancha.cn/Ethics/2012_01_05_63889.shtml，2022 年 4 月 30 日。

一点。在《政治秩序与政治衰败》一书中，他也认为，马克思讲的工人阶级已经丧失了原本的阶级属性，成为中产阶级。在福山看来，中产阶级社会虽然由现代经济发展所创造，但并不由其所承载的生产关系所决定；中产阶级一旦形成，就不再是经济意义上的阶级，而成为可以为某种意识形态所塑造，其行为基于某种人性的阶级。

关于政治的中心是什么，福山认为，马克思"以阶级为中心"的观点是错误的，应该"以政党为中心"。福山的这一见解主要有两个理由：一个理由是以阶级为中心是抽象的，不具有现实操作性和可持续性。他说："马克思的分析框架的缺点之一是他以'阶级'为决定性的变量……马克思有时讲起来，让人觉得社会阶级——资产阶级、无产阶级和封建阶级——是定义明确的政治参与者，可以作出目的性很强的理性决策。在现实中，社会阶级只是智识上的抽象概念，对分析有用，却不能发起政治行动，除非它体现于具体的组织。"① 如果福山的阶级是没有政党组织的自发性阶级，那么这样的阶级的确难以成为一种政治中心。但这不等于说阶级只是一个抽象概念，现实存在的只是某些"具体组织"。福山这样说，很大程度上是在曲解马克思的阶级思想。阶级的确由许多更小的阶层构成，但这不等于阶级只能借助阶层才能发挥作用。马克思既没有只讲抽象的阶级概念，忽视阶级的不同构成，也没有将阶级与政党对立起来，忽视政党的领导作用。从1848年"共产主义同盟"的建立，到1864年第一国际的建立，再到1889年第二国际的建立，马克思、恩格斯从来没有忽视政党的组织和建设工作。被福山称为"组织天才"的列宁领导的布尔什维克，原先也是恩格斯领导的第二国际的成员。

更为重要的问题是，阶级是否永远只能是自发阶级，阶级斗争是否必然发展出代表阶级的政党及其斗争，如果答案是肯定的，那么以政党为中心实际上不就是以阶级为中心的集中化、尖锐化体现？二者之间难道不是统一而非根本对立的关系？当我们这样提问的时候，福山观点所存在的问题就充分暴露了出来。因为在福山看来，"以政党为中心"还有

---

① ［美］弗朗西斯·福山：《政治秩序与政治衰败：从工业革命到民主全球化》，毛俊杰译，广西师范大学出版社2015年版，第371页。

第二个理由，即政党未必代表某一阶级并按照其阶级意志行事。福山的这个理由把政党与阶级完全对立了起来。他说："政党可以尝试代表特定的阶级，经常又是自主的政治参与者。它可以……动员不同阶级的选民来争得权力。实际上，它们无须代表支持自己的社会阶级的真正利益。"①福山举了两个极端案例来证明这个结论，一个是"某些国家"的共产党蜕变为"人类历史上最大的工农压迫者"，再一个是美国共和党依据自己的"文化"而非"经济纲领"获得工人阶级选民的大力支持。当福山这样做的时候，他所讲的政党就不再是基于经济关系的阶级，而变成了基于文化或对承认的追求的政党。政党不再具有经济意义的阶级性，而成为一种为了追求承认而随时可以改变其信念的超阶级的"中性政党"或"全民党""中性国家"或"全民国家"，是马克思曾经批判过的拉萨尔主义的观点，也是为苏联解体埋下祸根的赫鲁晓夫思想的核心内容。

　　重新突出追求承认的人性这一思想"返祖"现象，还体现在福山完成《政治秩序与政治衰败》之后四年出版的《身份政治：对尊严与认同的渴求》一书中。在该书中，福山宣扬人类政治已经由"阶级政治"转化为"身份政治"。福山为解释以特朗普为代表的欧美"民粹主义"现象的泛滥，重新搬出了追求承认的人性逻辑，强调政治产生和追求的身份属性而不是阶级属性。但正如他自己所言，如果不是因为特朗普总统的上台，他甚至不会去写作这本著作。这说明，福山主要是针对欧美民粹主义泛滥这一阶段性、局部性现象而重申追求承认的政治逻辑。《身份政治：对尊严与认同的渴求》一书与此前出版的"姊妹篇"之间是什么关系？很显然，它们之间的核心逻辑再一次出现了极大差异，但笔者更倾向于将其看作是福山"姊妹篇"的一个从属性补充，是一种思想的短暂性、局部性"返祖"现象。因此，搞清楚福山强调的中产阶级是"经济意义"的阶级，还是追求承认意义上的阶级，对于精准把握福山的深层逻辑，具有不可忽视的意义。关于福山《身份政治：对尊严与认同的渴求》这本新作的深入评析，将在笔者的新研究计划中进行。

---

①　[美]弗朗西斯·福山：《政治秩序与政治衰败：从工业革命到民主全球化》，毛俊杰译，广西师范大学出版社2015年版，第372页。

福山指导思想的"返祖"现象时不时地跳跃出来，给人一种时空穿越的戏剧感。当然，这种穿越并没有改变福山整体上坚持修改过的"马克思—摩尔"逻辑。另外，福山的指导思想经常大幅跳跃、反复的原因，与其说是因为他有意强调的那种历史发展机制的复杂性和不可知性，不如说是因为与他的信念相悖的强硬历史事实接二连三地发生，让他在逻辑上已经应接不暇，到了首尾难以相顾的地步。

第 六 章

反思与补救"辉格史观"

在历史终结论重构中，由于方法论自觉的推动，福山多次反思和批评"辉格史观"，甚至体现出要与其划清界限的姿态。福山这样做，不仅是因为"辉格史观"不能完全适应重构工作的需要，而且因为历史终结论原先就是以"辉格史观"为方法论，要对其进行重构要求福山自觉与之拉开距离。在新的现实挑战下，福山改变了原先那种照搬"辉格史观"的做法，但并没有否定它的整体价值，而是在继承其内核前提下对其理论缺陷进行了必要补救。通过总结福山对"辉格史观"方法论态度的前后变化，我们可以更好地理解历史终结论重构形态的方法论特点。

第一节　何为"辉格史观"？

辉格史观是 17 世纪英国反对派政党辉格党为了反对贵族和封建专制、维护资产阶级的政治需要，在阐释和编写历史过程中坚持的一种历史观和方法论。有人考据，最早提出"辉格史观"一语的是英国历史学家赫伯特·巴特菲尔德，而最早将这种特定历史编纂、历史观念与辉格党政治立场结合起来的，是英国历史学家赫伯特·费舍（也译作费雪），这体现在他于 1928 年在牛津大学做的一场演讲中，该演讲以"辉格派历史学家：从麦金托什爵士到屈威廉爵士"为标题。应该说，"辉格史观"虽然不是从事历史学研究的专业历史学家创作的产物，但它在专业历史研究乃至整个政治社会领域，都产生了广泛而深远的影响。

关于"辉格史观"的内涵，国内外学界一直存在较大分歧。其代表性观点主要有两种：一种是狭义的理解，以英国历史学家赫伯特·巴特菲尔德和中国学者裴亚琴教授等为代表，主要把托马斯·麦考莱、乔治·屈威廉等人的著作和观念作为该学派的标志。该种理解集中体现于巴特菲尔德《历史的辉格解释》一书之中。再一种是广义的理解，以中国学者阎照祥教授等为代表，倾向于把所有研究英国政党政治和宪政制度演变，并对英国革命持非暴力态度的历史学家全部包含到这一派别当中。在广义的理解看来，麦考莱仅仅是辉格史观发展史横坐标中的一个"原点"，在这个"原点"之前和之后都有许多其他被忽视的代表人物。例如罗素，就是出现于麦考莱之前而被遗忘的辉格派历史学家。

笔者认为，判断一种观点是否"辉格史观"、一位历史学家是否辉格派历史学家，不仅要看其研究论域是否与"辉格史观"关注的主题如自由主义立场、宪政制度演变以及资产阶级革命道路等有直接关系，而且还要看其对待所涉及主题的基本态度、对相关历史的理解方式和组织方式如何，例如他是把历史看作可以主观描述的"文学"还是不受现代需求影响的独立科学。显然，对"辉格史观"内涵的广义理解，没有考虑到"辉格史观"在学科性质上的特殊性，仅仅强调相关学者对该研究对象关注的共同性，这样做模糊了"辉格史观"与非"辉格史观"、历史学与文学之间的边界。因此，在此问题上，笔者倾向于对"辉格史观"的内涵做狭义的界定。具体而言，"辉格史观"作为一种历史观和方法论，其内涵主要包括以下几个方面：

第一，"辉格史观"具有历史目的论倾向，试图证明历史发展自身存在一个不断接近和实现的既定目标，这一目标与辉格党追求的政治目标君主立宪制度完全一致，而历史编纂工作主要是为了"赞美"和"确认"这一目标的实现。"辉格史观"主要是辉格党或辉格派政治家所持有的历史观和方法论，但它不同程度上也存在于许多专业历史学家头脑中。巴特菲尔德说："我们探讨的是一种许多历史学家都具有的倾向，他们站在新教徒和辉格派一边编写历史，赞美业已成功的革命，强调在过去出现的某些进步原则，编写出能够确认甚至美化现实的故事。"①"辉格史观"
在历史研究目的上坚持了一种"古为今用"的功利主义态度。从某种意
义上说，人的任何研究都是为了当下的需要，那种完全超然于现实、为
研究而研究的纯粹客观态度事实上并不存在。但关键之处不仅在于历史
现实本身如何，而且在于当下现实本身如何。如果当下现实本身的确美
好，而历史本身又能够为"确认"这一现实提供依据，那么"古为今用"
也有道理。但如果事实不是如此，当下现实不仅不美好，反而一团糟，
为了为其辩污而硬生生编造一个历史根据，那么这样的"古为今用"就
不合理了。值得玩味的是，巴特菲尔德虽然赞同辉格党的政治目标即通
过光荣革命实现君主立宪制度，却否认这一目标具有某种历史既定性，
认为马丁·路德改革等历史事件与光荣革命、君主立宪之间没有任何因
果关系。

　　第二，为了实现上述政治目标，"辉格史观"主张以"当下"为参照
坐标编纂历史，把从过去到今天的整个过程解释为一个包含并不断实现
当今目标的过程。巴特菲尔德说：辉格史观"以'当下'为准绳和参照
来研究'过去'。……辉格派的历史学家们会画出一些串联特定历史事件
的线索"，用这些"线索"把有益于既定目标实现的情节串联起来。他举
例说，有的辉格派历史学家就在历史解释中坚持了一条"经由马丁·路
德以及一长串的辉格派，最终达到当代的自由"的线索。他认为，这条
线索看上去好像是真实存在于历史之中的"因果链条"，经由它整个历史
成为一个"必然美好地汇聚到今日的通史图式"，但这不过是历史学家主
观构想的"把戏"而已。② 应当承认，"辉格史观"在解释英国政治发展
的过程中存在一种粗线条的倾向，但历史规律的揭示必然要抽象掉许多
具体细节，陷于细节研究不能自拔的琐碎主义同样不是一种值得肯定的
做法；而马丁·路德改革对于反对宗教专制开启思想解放的确起到了重
要历史作用，至于马丁·路德主观真实意图如何，虽然值得研究，但不

----

① ［英］赫伯特·巴特菲尔德：《历史的辉格解释》，张岳明等译，商务印书馆2012年版，
第1页。
② ［英］赫伯特·巴特菲尔德：《历史的辉格解释》，张岳明等译，商务印书馆2012年版，
第10—11页。

应将其与宗教改革的客观影响混为一谈。

第三，在学科属性认定和历史编写方法上，辉格派历史学家明确反对忠实于事实自身的客观原则，公开宣扬在历史编写中坚持主观主义的"文学论"。"辉格史观"的重要代表人物屈威廉就是如此。在《历史的辉格解释》之中，巴特菲尔德介绍了屈威廉在历史学学科属性认知上坚持的赤裸裸的主观主义观点。屈威廉认为，历史学不属于社会科学，而属于文学门类，是"学术中的艺术"。我们知道，文学来源于生活又高于生活，它的构成素材原型来源于现实，但其本身是经过文学创造者本人重新构造的产物。因此，文学塑造出来的对象不同于其反映的现实中的原型。文学之所以这样做，并不是因为它不知道这样的塑造不同于原型，而是因为它只有这样做才能使得塑造对象变得典型化、尖锐化，产生深刻的文学影响力。屈威廉对于历史学学科性质的认识，也与此完全一致。为了达到这样的学科目的，他主张研究历史应该像文学家那样"运用同情的想象"，深入到历史角色的"内在人格"之中；历史的写作应突出叙述、情节与语言风格方面的重要性。[①] 可见，在屈威廉看来，历史学就是"任人打扮的小姑娘"，你需要她是什么样子就可以把她梳妆成什么样子，至于她本人的相貌如何，或者是不可知的，或者不必去认知。

第二节　福山的"辉格史观"："世界普遍史"

在《历史的终结及最后之人》中，为了论证历史终结论，在批判"历史学"方法具有的不完全归纳局限基础上，福山重提书写"世界普遍史"的老问题，试图构造与自己的政治目的直接对接的"世界普遍史"。这是一个以资本主义自由民主为先验目的，借鉴《圣经》故事、康德和黑格尔的研究成果，从"最初之人"的战斗到"最后之人"和解的宏大叙事。《圣经》故事的最终结局"乐土"、康德的世界普遍史的终点"共和制政府"、黑格尔世界历史的终点"现代立宪制国家"，统统被福山阐

[①] ［英］赫伯特·巴特菲尔德：《历史的辉格解释》，张岳明等译，商务印书馆 2012 年版，译者序第 7 页。

释为自己的政治追求"资本主义自由民主"的另一种表达。以"资本主义自由民主"为既定目标，在吸收日本武士道文化、新黑格尔主义者科耶夫解读的主奴辩证法，以及《圣经》中"上帝面前人人平等"思想的基础上，福山构造了一部不断通往既定目标的人类历史。福山的这一做法，实质上是将"辉格史观"的方法论贯彻到了他的世界普遍史建构当中，或者说以自己的逻辑方式创立了一种新"辉格史观"。具体而言，福山的"辉格史观"主要包括以下几个方面：

第一，福山认为，历史的发展是一种含有既定目标的"世界普遍史"，这一既定目标就是资本主义自由民主制度，它的实现标志着历史的终结。福山说："一部人类世界普遍史……不是我们所知道的所有人类事件'流水账'式的百科全书，而是一种尝试。试图想在人类社会整个发展过程中发现一种有意义的模式（通往资本主义自由民主结局的模式——笔者注）。"① 在福山眼里，第一部真正的世界普遍史是基督教的《圣经》故事，他是一个经由末世救赎而达至"上帝之国"的过程。作为构思世界普遍史的第一位学者，康德的"最严肃工作"为这一工作奠定了基础。与《圣经》故事类似，他也认为，世界普遍史是一个有终点和有内在动力机制的过程，并且他认为，这个终点是共和制政府。后来的哲学家黑格尔，在康德基础上进一步往前推进了这一成果，而福山本人直接借鉴了"黑格尔—科耶夫"的研究结果。福山把这种以资本主义自由民主为方向、终点和动力的"世界普遍史"称为"辉格史观"，他说："在所谓的'辉格史观'中，自由、繁荣和代议政府的同步成长，被视为人类制度无可阻挡的进步。"② 既然这个普遍史内含一个不断进步的目标，那么由它决定的历史发展就是一个不断进步的过程。这样，福山坚持了一种进步主义历史观，但这种进步主义是建立在唯心主义先验论基础上的。

第二，资本主义自由民主目标的实现，有一个基于"跨历史"抽象

―――――――――

① ［美］弗朗西斯·福山：《历史的终结及最后之人》，黄胜强等译，中国社会科学出版社2003年版，第63页。

② ［美］弗朗西斯·福山：《政治秩序的起源：从前人类时代到法国大革命》，毛俊杰译，广西师范大学出版社2012年版，第319—320页。

人性论的逻辑推演或历史描述的过程。关于这一过程的推演或描述，历史终结论原生形态与重构形态并不完全相同。前者坚持的主要是哲学化语言，采用的是"跨历史"人性论逻辑代替"历史学"事实逻辑的做法；后者坚持的是哲学化语言与历史学语言相结合，采用的是"跨历史"人性论逻辑与"历史学"现实逻辑结合的做法。《历史的终结及最后之人》采用"黑格尔—科耶夫"的哲学语言，构造了一个从"最初之人"的血腥战斗到主人统治奴隶，再到主奴和解的过程。除了作为终点的美国独立战争和法国大革命等，很少讲到真实的历史情节。《政治秩序的起源》则一边构造一种多元化人性论，一边又在各历史阶段采用实用主义的态度，将自由民主的发展描述为："始于希腊民主和罗马法律，铭记于大宪章，虽受到斯图亚特王朝的威胁，但在英国内战和光荣革命期间，获得了捍卫和昭雪。这些制度通过英国在北美的殖民地，再输给世界各国。"①福山指出，这种描述方式是当下美国和西方国家官方教科书采用的主要方式，它虽然有一种直线化、简单化倾向，因此需要进行反思和补救，但它的基本结论和基本构成要素仍然是正确的。

第三，在构造通往"资本主义自由民主"的"世界普遍史"过程中，当福山发现历史事实出现背离其既定目标倾向之时，他就通过裁剪事实而"命令"历史按照其预定目标进展。可以说，这种现象在他的《历史的终结及最后之人》中比比皆是。例如，在讲到"最初之人"的血腥战斗时，福山指出这一战斗在理论上存在三种可能结局：双方都战死；一方胜利，一方战死；一方胜利，一方投降。但前两种结局无法保证"主奴辩证法"能够继续进行下去。于是，福山就"命令"第三种结局成为现实。再如，福山首先探讨了历史发展的经济、科技动力机制，他关于这一机制的取舍标准，并不是看这一客观逻辑能否更好地解释历史，而是按照这一标准能否达到资本主义自由民主这一先验目标。因为他认为这一机制不能保证将历史推进到资本主义自由民主阶段，所以仅仅将其作为一种辅助性逻辑，并且最终放弃了它。再如，为了将主奴辩证法推

①　[美]弗朗西斯·福山：《政治秩序的起源：从前人类时代到法国大革命》，毛俊杰译，广西师范大学出版社2012年版，第319—320页。

进到最后的和解阶段，他甚至背离主奴斗争阶段已经设定的人性前提，把追求对个人的承认"篡改"为追求相互承认，完全不顾前后逻辑的一致性。

第四，福山认为，资本主义自由民主在世界范围的扩展，以及苏东剧变等历史事件的发生，证明了通往资本主义自由民主的"世界普遍史"是客观存在的。福山曾经不无怨言地指出，苏东剧变之前的民众对资本主义自由民主充满了悲观主义。但苏联的解体和资本主义自由民主在世界范围的扩展，促使福山主动反思这种悲观主义，并且向世界宣布历史的终结，宣布资本主义完胜的"福音"。福山说："民主力量出现在世界某个从未料想到会出现的地方，极权主义政府的不稳定性以及理论上缺少对自由民主力量的可替代物，这两种现象迫使我们再次提出康德的老问题，是否有一种比康德时代更世界主义式的所谓的人类世界普遍史呢？"① 福山以自己的历史终结论"证明"了通往资本主义自由民主的人类世界普遍史的客观性，并以自己的重构工作进一步"完善"了这种客观性。

第三节　福山对"辉格史观"的重思

随着苏东剧变后社会历史的新发展，一些挑战性国际事件陆续发生，福山构造的"世界普遍史"越来越难以应对这些挑战，出现了新的解释力和生命力危机。在不断应对这些来自现实和理论的挑战过程中，福山认识到，要想更好地坚持这种哲学化的"辉格史观"，必须对它进行新的反思和补救。历史终结论的重构，实质上就是福山对其"辉格史观"进行反思和补救的过程。当然，福山并没有否定"辉格史观"的内核，他在坚持"辉格史观"基本结论和基本构成因素前提下，总结和弥补了其不足之处。这主要包括：

第一，福山认为，"辉格史观"的政治立场和基本结论，即历史发展基于并面向以英国等国为代表的资本主义自由民主并没有错。福山说：

---

① ［美］弗朗西斯·福山：《历史的终结及最后之人》，黄胜强等译，中国社会科学出版社2003年版，第81页。

"辉格史观"虽然存在自身的问题，但"'辉格史观'的问题，不是指它的基本结论是错的"①。也就是说，在福山看来，"辉格史观"的确并非完美无缺，它也存在"问题"，但它的问题不是基本结论的问题。"辉格史观"关于历史发展以资本主义自由民主为目标，以及以希腊为起点、英国为生成标志、美国为衍生地的基本结论并没有问题，应该给予肯定和坚持。"辉格史观"的政治立场和基本结论，与资产阶级哲学家康德、黑格尔的政治立场和基本结论是完全一致的，与福山本人的政治立场和基本结论也是完全一致的。如果福山否定了"辉格史观"的政治立场和基本结论，就等于否定自己原先的政治立场和基本结论。这对于福山而言是一个生死攸关的大问题。无论如何，他是不可能这样做的。

第二，福山认为，"辉格史观"坚持对英国君主权力的限制促进了君主专制向民主负责制转化的观点是正确的。在福山眼里，英国走上自由民主的道路，既是一个神圣的过程，又是一个神秘的过程。在这个过程中，与其他国家不同，英国封建君主与资产阶级辉格党刚好形成了力量上的均势，谁也不能完全战胜另一方并对其采取专制措施。这种带有偶然性的神秘的力量均衡，为英国既保留国家强大的执政能力，又发挥议会对国家权力的民主制约，起到了决定性作用。因此，他特别看重辉格党与国王之间围绕征税权等因素的斗争的历史作用。在由封建君主制向君主立宪制转变过程中，英国的保守派政党托利党维护封建专制制度，而辉格党虽然反对暴力革命，但反对君主专制，主张对君主无上权力进行宪政限制。通过"光荣革命"和"权利法案"，辉格党实现了对君主权力的限制，在人类历史上最早确立了君主立宪制度，达到了国家、法治、民主负责制三者之间的制衡。福山认为，这是人类历史上最完美的制度，是标志人类历史终结的制度。

第三，福山认为，"辉格史观"存在一个重要缺陷，那就是它只看到历史发展的典型性、直接性的原因，没有看到其深层的、特殊的原因，没有看到偶然性的作用。福山认为，"辉格史观"的问题在于，"像所有

---

① ［美］弗朗西斯·福山：《政治秩序的起源：从前人类时代到法国大革命》，毛俊杰译，广西师范大学出版社 2012 年版，第 320 页。

仅从单一国家历史出发所做的论证一样，它不能解释议会制度为何出现于英国，而缺席于情形相近的其他欧洲国家。这种史观经常导致评论家断定，已然发生的事必然发生，因为他们不清楚导致特别结果的复杂背景关联[①]。在福山看来，"辉格史观"把英国当作宪政民主制兴起的唯一模式，忽视了欧洲其他国家道路的历史作用，具有简单化的倾向；"辉格史观"只看到征税权斗争等直接历史原因，没有看到其他资本主义国家走上自由民主道路的特殊历史原因；"辉格史观"夸大了历史发展的必然性，认为资本主义自由民主在每个国家的形成都具有必然性，没有看到其形成的偶然性，这种偶然性不是细节上的偶然性，而是本质上的偶然性。应该说，福山强调历史发展中的必然性与偶然性的统一，相比较原先的"辉格史观"的机械唯物主义和命定论思维，是一个重大历史进步。但他把英国君权与议会的斗争的和解，以及君主立宪制度的建立，完全说成是偶然性的结果，则走向了偶然主义或者神秘主义，体现出为避"辉格史观"之嫌而极尽夸大的倾向。福山现在甚至敢于在核心事实与核心结论之间玩危险的逻辑游戏：他认为，即使否定了英国走向资本主义自由民主的必然性，也不会影响他的"重构"所主张的全人类走向资本主义自由民主的必然性。

第四节 福山对"辉格史观"的补救

实际上，福山反思批评"辉格史观"是一回事，他的"历史终结论"的重构是否需要"辉格史观"又是另一回事。福山的方法论向来是"目标管理"式的实用主义，需要就拿来，不需要就抛弃。当然，如果完全否定"辉格史观"，那么他的整个论证必然会坍塌。因此，对福山而言，理性的态度是一方面坚持"辉格史观"的基本结论和基本逻辑；另一方面考虑如何完善和应用它的问题。福山对"辉格史观"的缺陷的批评，并非基于"辉格史观"自身发展的需要，而是为了将其更好地应用到自

---

① ［美］弗朗西斯·福山：《政治秩序的起源：从前人类时代到法国大革命》，毛俊杰译，广西师范大学出版社 2012 年版，第 320 页。

己的论证中。由此，在继续坚持其基本结论和重要要素前提下，福山对其存在的问题做了必要补救。这主要体现为：

第一，淡化"世界普遍史"脱离历史现实的哲学抽象性，从构造超历史的"世界普遍史"转向重构某种"中间理论"。为了摆脱雅克·德里达指出的"频道干扰"问题，灵活应对现实挑战，福山在历史终结论重构中采取了一种既反对脱离具体史实的单纯理论抽象，又反对事无巨细的"历史学"编纂，但整体上仍然倾向于后者的所谓"中间"路线。福山既反对像西方经济学那样从"经济人"出发的抽象逻辑推演，也反对专业历史学家栖身于琐碎细节而不能自拔的繁琐主义，主张通过历史社会学或比较人类学的阐述方式实现二者的折中或调和。他说："我想在本卷推介一种中间理论，既避免高度抽象（经济学家的恶习），又躲开巨细无遗（历史学家和人类学家的问题）。我希望重新拾起已被遗忘的 19 世纪历史社会学或比较人类学的传统。"① 需要指出的是，福山所说的这种经济学家的过度抽象的逻辑，实际上是他自己在《历史的终结及最后之人》中所采取的"跨历史"逻辑。区别在于福山的逻辑是基于"追求承认"的人性基础，而经济学家的"经济人"逻辑是基于追求物质利益的利己人性基础。虽然这种逻辑推演的人性基础的内涵不同，但它们都是脱离人的社会历史性的抽象人性论，其理论建构都是立足抽象人性的抽象的逻辑推演。需要交代的是，福山的重构虽然采取了一种居于"跨历史"方法与"历史学"方法之间的折中主义态度，但这种折中主义并不是在两种倾向中平分秋色，从其主要笔墨分布来看，他更加接近于"历史学"方法这一端。关于这个方面的具体内容，我们留到下一章具体分析。

第二，福山把政治起源向前推进到比"辉格史观"的古代雅典更加久远的时代之中。福山并不赞同"辉格史观"或欧美历史教科书把资本主义自由民主仅仅追溯到古代雅典，把古代雅典看作资本主义自由民主的逻辑起点的做法。这不仅是因为福山认为古希腊的民主制度不是真正意义上的民主，而且是因为在他认为政治制度应该有更久远、更普遍、

---

① ［美］弗朗西斯·福山：《政治秩序的起源：从前人类时代到法国大革命》，毛俊杰译，广西师范大学出版社 2012 年版，第 24 页。

更深刻的历史根源。福山说："至于英国代议政府的兴起，已有很多论述认为，它是可溯源自古代雅典的西方发展模式的逻辑的、必然的或可避免的结果。但这些论述忽略了不易察觉或更为遥远的因素。而在事实上，那些因素却在扮演重要角色。换言之，它们只看到顶部的龟，而忽视了蛰伏于下的龟。"① 福山认为，从雅典开始讲起，是从历史发展的中间开始讲，并没有从它的根源开始。这就跟"叠龟"游戏一样，"辉格史观"只是从中间或顶部的"龟"开始，没有看到其底部的"龟"及其作用。那么这个底部的"龟"是什么呢？这就是福山在《政治秩序的起源》中，甚至在更早时期写作的《大分裂：人类本性与社会秩序的重建》中就已经形成的"多元人性论"。这是一种超越了"追求承认"一元人性论，并且以所谓"现代生物学"而非哲学为理论依据的人性论。当然，在福山看来"多元人性"也不是终极的稳固的根源。

　　第三，为了实现"中间理论"建构，福山在政治发展研究中坚持比较分析法，将理论探讨建立在不同国家、地域的政治史实比较基础上，试图借此超越"辉格史观"的线性思维，揭示不同国家和地域自由民主制度发展的"组合因素"。福山放弃了构建过于抽象的"世界普遍史"，转而寻求一种既不抽象也不琐碎的"中间理论"，那么依靠什么方法才能建构这样一种理论呢？作为一种折中性的方法论，福山非常聪明地找到了比较政治分析这种方法。比较政治分析有一个好处，那就是可以把具体历史与抽象理论有机结合起来，既不脱离理论分析而只讲历史情节，也不陷于琐碎情节而忽视理论分析，可以在梳理分析不同类型历史情节基础上总结出自己的理论，也可以在自己的某种理论指导下梳理历史情节。这种方法可具体可抽象，可将抽象立足于具体，也可将具体统帅于抽象，化原先纯粹理论分析的被动为理论结合史实的主动，有利于帮助福山从"频道干扰"困境中解脱出来。

　　不仅如此，比较政治分析还有个好处，那就是可以超越历史分析的线性思维，充分体现不同国家、不同历史阶段因果关系的复杂性和差异

---

① ［美］弗朗西斯·福山：《政治秩序的起源：从前人类时代到法国大革命》，毛俊杰译，广西师范大学出版社 2012 年版，第 394 页。

性。福山认为，"仅了解一个国家等于不懂国家"，要在不同地域和不同国家历史的比较中，才能揭示其发展的共同因素和不同因素。福山尤其注意避免对政治制度发展做单一因果解释，主张总结与其有关的"各种原因"，并从中概括出"哪些因素最重要，哪些不重要"。① 例如，在分析欧洲国家民主负责制的形成过程中，福山就将所有国家区分为成功案例和失败案例，又把这两种案例自身区分为不同类型，经过正面与正面、反面与反面、正面与反面等不同方面的比较分析，揭示不同类型国家的不同路径和因素。福山说："我们得以避免这个问题，因为我们已讨论四个负责制政府无法出现的欧洲国家——如果把所讨论的非西方案例也包括在内，那就不止四个。我们观察英国与其他案例的异同，将更好地了解促使负责制发展的组合因素。"② 福山试图通过多元政治制度、多元国家类型与"组合因素"的总结，来去除"辉格史观"的线性思维和简单化倾向。但他仍然以英国历史经验作为正面标准，去框定和裁决其他国家的史实，并没有根本否定"辉格史观"的逻辑。关于比较分析法的一般理论，以及福山在整体论述中如何使用比较分析法，我们将在第八章给出专门分析。

第四，在分析民主负责制的起源过程中，为了避免"辉格史观"的嫌疑，福山把"辉格史观"的首要"范本"国家英国放在四个"失败案例"国家之后来讲。为了更全面地揭示决定民主负责制起源的复杂因素，福山把相关欧洲国家进行了分类，进行比较分析。福山首先将所有案例区分为成功案例和失败案例，然后分别分析成功案例和不同案例的不同类型。在确定分析先后顺序之时，福山有意把分析失败案例放在分析成功案例之前。福山认为这样做可以更好地弥补"辉格史观"的缺陷，他说："我最后审视英国是为了避开辉格史观的缺陷。"③ 然而，笔者并不认

---

① ［美］弗朗西斯·福山：《政治秩序的起源：从前人类时代到法国大革命》，毛俊杰译，广西师范大学出版社2012年版，第321页。

② ［美］弗朗西斯·福山：《政治秩序的起源：从前人类时代到法国大革命》，毛俊杰译，广西师范大学出版社2012年版，第394页。

③ ［美］弗朗西斯·福山：《政治秩序的起源：从前人类时代到法国大革命》，毛俊杰译，广西师范大学出版社2012年版，第394页。

为福山这样做就能达到弥补"辉格史观"缺陷的目的。的确，与分析国家制度起源和法治制度起源的顺序不同，福山把英国放在了最后来论述，而不是放在最前面来论述。按照前两者的做法，福山都是把"范本"国家或地区放在最前面论述的。例如国家制度，福山最先论述的是中国；法治制度起源，福山是首先分析西欧的宗教在法治建设中的作用。那么为何在分析民主负责制起源时，福山偏偏把顺序颠倒过来了呢？很显然，这是为了有意回避"辉格史观"目标先行的主观主义嫌疑。但福山这样做，能否真正达到目的呢？当然不能。且不说福山在其他场合都是把"范本"国家放在前面论述，这里只是一个个案，就是单纯从民主负责制的论述方式来看，也无法成立。因为一方面，福山虽然把英国放在最后来讲，但这并没有影响他仍然先入为主地把它当作"范本"国家的逻辑，贯彻在先行论述的"失败案例"当中；另一方面，与其他"成功案例"国家例如丹麦、荷兰、瑞士比较，福山还是把英国放在最前面来讲。福山一开始就把英国经验作为先验逻辑确定了它的首要地位，只不过没有将其放在前面首先论述罢了。由此，福山这种所谓弥补"辉格史观"缺陷的做法，不过是故作姿态而已，其给人的感觉是"此地无银三百两"。

第五，福山虽然以英国为民主负责制"范本"，但把政治发展最终目标（历史的终点）称为"达到丹麦"，并把丹麦与英国进行比较分析，试图以丹麦弥补"辉格史观"片面强调英国经验的缺陷。福山说："辉格史观的问题之一在于，它将英国的经历当作宪政民主制兴起的范例。然而，欧洲其他国家走上不同路径，最后抵达与英国相同的目的地。我们开始解说冗长的政治发展史时，曾提出丹麦如何变成今日丹麦的问题……我们需要时间来解释这个结果。"福山从两大方面分析了丹麦走上民主负责制道路的特殊条件。虽然丹麦与英国的经验并不完全相同，但他们却殊途同归，最后都达到了类似的政治目的地。福山由此得出结论说："这似乎显示，'达到丹麦'可有多种途径。"[①] 达到"丹麦"有多条途径，这

---

① ［美］弗朗西斯·福山：《政治秩序的起源：从前人类时代到法国大革命》，毛俊杰译，广西师范大学出版社2012年版，第422—425页。

一结论好像与"辉格史观"并不完全相同，但福山强调多条途径的目的是强调一条途径，那就是所有国家最终都只能走上一个相同的道路，即资本主义自由民主的道路。而这一点又从根本上维护和坚持了"辉格史观"的资本主义政治立场和目标先行的主观主义逻辑。

第五节　福山走出"辉格史观"的窠臼了吗？

应该承认，"辉格史观"有其合理之处，例如它强调历史研究的"古为今用"，坚持历史的进步主义原则，主张超越历史的琐碎细节而解释其背后的一般规律。这些合理之处，同样也体现在福山的"辉格史观"——"世界普遍史"和"政治发展史"当中。同理，"辉格史观"的主要缺陷，福山的理论也无法完全摆脱。虽然他在理论重构中多次表现出对"辉格史观"的反思和补救，但既然他坚持了"辉格史观"的基本立场和基本方法，他的补救无论多么有效，都无法帮助他从"辉格史观"的窠臼中解脱出来。

概括地讲，这是因为福山的补救工作仍然是以资本主义自由民主作为历史发展的先验目标，无法真正解决先验目的论和循环论证的逻辑问题；福山用反面案例（法国、西班牙、匈牙利、俄罗斯）来补充正面案例，并不能解决英国等正面案例在逻辑上处于先验地位的问题；把英国放到最后来讲，并没有消解英国在整个体系中的首要地位和以英国为"范本"的阐述逻辑；以丹麦作为民主负责制其他途径方面的代表，特别是把历史目标称为"达到丹麦"，与以英国为历史终点的"范本"国家的做法是相互矛盾的。

值得注意的一点是，福山开始承认社会民主主义国家的合理性，并把社会民主主义作为斯堪的纳维亚国家民主负责制的一种类型予以肯定，另一种类型是自由主义制度。这一点是他的理论上的一个新动向。这表明福山已经在他的理论框架中公开接纳社会民主主义的理念。虽然他讲的社会民主主义本质上仍然是资本主义，而不是社会主义，但北欧的社会民主党至少在党纲上是明确反对资本主义剥削制度的。

福山为什么陷入"辉格史观"而不能自拔呢？原因也许有很多，但最根本的原因就是他顽固坚守的资本主义政治立场和理论目的。如果这个立场和目的不变，他就不得不用这个立场和目的去认识分析问题，并将其贯彻到自己的理论与实践当中。这个立场和目的，只能说比封建社会更加优越，但绝不是福山所理解的人类社会发展的终点。当福山把资本主义政治立场和目的看作决定历史发展的动力和方向之时，这个出发点就是一个主观构造的谬误。用巴特菲尔德的话说："如果我们没有严厉地压制我们最初的谬误，我们的历史就会变得越来越'辉格'。"① 从这样一个谬误出发，必然陷入"辉格史观"的陷阱不能自拔。

---

① ［英］赫伯特·巴特菲尔德：《历史的辉格解释》，张岳明等译，商务印书馆 2012 年版，第 7 页。

第 七 章

从"跨历史"方法退向"历史学"方法

　　历史终结论重构形态的方法论，与其原生形态之间既有相同之处又有不同之处。如果说其原生形态强调"跨历史"方法而贬低"历史学"方法，那么其重构形态则基本相反——突出"历史学"方法而降格"跨历史"方法。其原生形态坚持了从"历史学"方法开始，最终转变为"跨历史"方法（基于"追求承认"人性的主奴斗争辩证法）的思想实验过程，而其重构形态则在方法论重心上退向了被此前否定过的"历史学"方法，强调历史分析"先于"逻辑分析。需要指出，这里讲福山退向"历史学"方法，并不意味着福山放弃了"跨历史"方法。福山只是"降格"了"跨历史"方法在论证中的地位，而把"历史学"方法重新放到显要地位。关于"跨历史"方法，福山以进化论逻辑和"辉格史观"修正了原先基于单一人性的主奴辩证法。关于"历史学"方法，是福山的重构工作突出的方法，这主要体现为生物学方法、比较分析法等。

第一节　"跨历史"方法：基于抽象人性的主奴辩证法

　　在历史终结论原生形态中，福山对自己的理论到底应该采用什么样的方法论进行了反复推敲和尝试。一开始，福山采用"历史学"方法对自己的结论进行推演。根据福山的理解，所谓"历史学"方法，就是在对具体历史事件进行归纳分析基础上得出一般结论的方法。运用这种方法，并借助思想史的研究成果，福山首先找到了梳理历史的一种方法，即"科学—经济"逻辑。这一逻辑从人类自然科学可以不断积累，进而推进经济不断发展的事实出发，证明了历史是一个不断进步的具有不可逆性的过程。但福山最终还是放弃了继续运用这一逻辑，因为福山认为它存在很多重要缺陷：第一个缺陷是这个逻辑有一个不正确的预设，认为资本主义自由民主只能建立在现代自然科学和工业革命推动的经济发展基础上。福山认为，这与事实不符，因为法国和美国等资本主义自由民主典范国家走上自由民主道路，都是在进入工业革命之前的农业社会时期。第二个缺陷是自然科学与经济发展是一个无止境的过程，这个逻辑无法让历史发展在某一阶段停止下来，这与历史终结论主张历史有一个终点，即以资本主义自由民主为"大结局"的观点不相符合。第三个缺陷是"历史学"方法只能立足于过去的和当下的历史事实分析问题，这些历史事实无论多么有说服力，都不能由过去、现在推出未来的情况，也不能担保未来历史不会出现相反的案例。

当然，福山也没有完全抛弃"历史学"方法以及与其相适应的"科学—经济"逻辑。因为在他看来，"历史学"方法以及"科学—经济"机制至少推动了社会历史向前发展，保证了社会历史不能逆向运动，这对于历史终结论是可以利用的因素。然而，"历史学"方法或者"科学—经济"逻辑，毕竟不能满足历史终结论的真正需要——把历史推进到并终结于资本主义自由民主阶段。于是，福山毅然决然地抛开（不是抛弃）了这一方法，重新思考和寻找新的论证方法。对此，福山说："这种'历史学'方法，无论多么专业，仍会受到以下问题的困扰：我们如何才能知道表面上取胜的社会制度（此处指自由民主制度）似乎没有'矛盾'的状态不是一种假象呢？随着时间的推移，我们又如何才能肯定不会出现能推动人类历史进一步发展的新矛盾呢？"[1]

那么应该如何才能解决这个难题呢？福山给出了另一种研究方法，即"跨历史"方法。他说："确定是否达到历史终结阶段的另一种方法称为'跨历史'的方法，或一种基于自然概念出发来判断现行自由民主制

---

[1]　［美］弗朗西斯·福山：《历史的终结及最后之人》，黄胜强等译，中国社会科学出版社2003年版，第157页。

度是否合法。我们不能只看到英国和美国民众对现实社会的不满的实证，而应当寻求理解人的本质，即从作为人始终具有但不是每时每刻都表露出来的人性，并按该标准来确定当代民主国家的合法性。"① 可见，所谓"跨历史"（trans – historical，也译作"超历史"）的方法，就是寻求贯穿于历史始终，在任何历史时期和任何国家都起决定作用的普遍永恒人性，并以这一人性为标准来判断历史终结与否的方法。福山认为，只有确定了某一种普遍永恒人性，并以此作为根本动力和根本评价尺度，我们才能更好地回答什么是历史进步、历史为什么会进步、历史朝着什么方向进步、历史进步最终结局如何等问题。

福山认为，"跨历史"方法解决了"历史学"方法存在的一系列难题，将一度陷入逻辑困境的历史终结论从逻辑和现实困境中拯救了出来，使之获得了更充分的论证。他说："这一方法将把我们从现在的死胡同中引导出来，也就是从我们想判断的社会本身所设定的标准（历史学标准——笔者注）和期望中解脱出来。"② 因为确立的人性是普遍而永恒的，那么满足这样人性的政治制度，也就必然成为普遍而永恒的了，历史发展自然而然就终结了。这种制度与人性之间的完全吻合，一劳永逸地解决了"历史学"方法遗留的不完全归纳和短时性问题。

那么，福山确定的普遍永恒人性是什么呢？他从与马克思相反的方向即"黑格尔—科耶夫"的唯心史观中寻找答案，从他们那里借来了"追求承认"的人性论，以及基于这种人性的主奴辩证法。这一观点主张："最初之人"具有与动物共同的属性，即食物、睡眠等自然欲望，但这个方面无法将"最初之人"与动物区分开来。同时，人身上又存在一种"追求承认"的精神属性，动物因为畏惧死亡而不敢追求承认，因此，这种属性能够把人与动物从根本上区别开来。所谓"追求承认"包括两层含义：一层含义是"最初之人"追求"被其他人所需要"，也就是要求

---

① ［美］弗朗西斯·福山：《历史的终结及最后之人》，黄胜强等译，中国社会科学出版社2003 年版，第 157 页。
② ［美］弗朗西斯·福山：《历史的终结及最后之人》，黄胜强等译，中国社会科学出版社2003 年版，第 158 页。

别人承认"他的"身份和价值。① 这实质上就是福山后来讲的"身份政治"。再一层含义是"最初之人"对自己身份或地位的追求，或者说对他人对这一身份或地位的承认的追求，必须是"作为人"即以人的方式来实现。什么是人的方式呢？福山说："人这一身份是由人拿生命冒险的能力构成的，这是他最根本的、最独特的特征。"② 也就是说，人不仅追求他人对自己的承认，而且以"拿生命冒险"的方式追求他人的承认。拿生命冒险，就是要超越胆怯而不畏惧死亡，但最终又保存自身生命的能力。福山把这种能力看作是人的"最根本""最独特"的特征。可见，此时的人，作为福山理解的真正的人，不仅具有追求承认的欲望，而且具有"武士道"式不怕死并以此为荣的属性。福山虽然认为"最初之人"身上也有"社会性"，如必须借助对方才能实现自己的人性追求，但并没有把这种"社会性"作为政治制度起源的基础，他的兴奋点仍然在追求承认的属性。当"最初之人"以"人的"方式去追求"他人"的承认之时，"最初的血腥战斗"就开始了，主奴辩证法的逻辑从这里开始展开了。

所谓主奴辩证法，简单讲就是两个"最初之人"围绕着追求对方对自己地位或优越性的承认而发生的斗争、依附活动以及最终达成和解的整个过程。最终的和解就是奴隶的解放，就是奴隶主对奴隶的统治压迫的解除，也就是资本主义自由民主制度的到来，或历史的终结。整个过程呈现为"斗争—依附—再斗争—和解"的过程。"最初之人"之间为了追求对方对自己优越性的承认而发生"血腥战斗"。因为一开始所具备的不畏死的人性的"成色"不同，有的"人"因为怕死而首先投降，沦为依附于另一"人"的奴隶，而另一人则成为主人。但在这种依附关系中，奴隶并不是完全消沉的，他们在劳动中不断学习和反思，首先实现一种宗教精神上的超脱，终于有一天奴隶阶级实现了精神上的觉悟，开始向主人提出新的自由平等的要求。这时，"再斗争"就开始了。值得玩味的

---

① ［美］弗朗西斯·福山：《历史的终结及最后之人》，黄胜强等译，中国社会科学出版社2003年版，第167页。

② ［美］弗朗西斯·福山：《历史的终结及最后之人》，黄胜强等译，中国社会科学出版社2003年版，第168页。

是，福山假定，此时的奴隶主也刚好不满足于现有的奴隶对奴隶主的"承认"，因为他认为这种承认是建立在奴隶畏死的基础上的，而畏死的人还不是真正获得人的本质的人。奴隶主不仅追求"他人"的承认，而且追求"他人"作为人的即具备人性的人的承认。所以，最终的斗争就顺理成章地解决了，主奴之间的专制压迫关系就为自由民主关系取代了。人由"最初之人"发展为"最后之人"，政治制度就由"奴隶主专制"发展为"自由民主"了。从追求承认出发，到所有人都获得承认，人性需求得到了根本满足，所以历史的发展没有了"追求承认"这一根本动力，趋于静止和终结了。但主人对优越性的追求，是如何发展为对平等关系的追求的，这是整个故事实现转折的关键，笔者没有看到福山给出具体答案。

第二节 "跨历史"方法的困境

"跨历史"方法即主奴辩证法，貌似解决了"历史学"方法的不完全归纳难题，但由于福山没有辩证处理逻辑与历史之间的关系，从一个极端跳向了另一个极端，用哲学推演代替客观事实，这就导致他陷入了新的理论困境：根据什么说这种主奴辩证法不是一种思辨的乌托邦，而是一种已经或正在兑现的历史事实？既然（福山理解的）黑格尔认为人性不仅是思想构造物，而且是一种客观事实，那么基于这种人性所推演出的结论自然也应当是一种客观事实。可是，能够证明这种逻辑推演正确性、合理性的客观事实在哪里呢？在福山的方法论从"地上"飞到"天上"之后，必须再从"天上"落到"地上"来，将逻辑推演与客观现实统一起来。如果不能实现逻辑与现实的统一和对接，历史的终结就只能是一个没有任何事实依据的单纯逻辑推演，而不是一个客观历史事实。这样，福山的论证就陷入了逻辑是逻辑、现实是现实，逻辑不一定体现为现实、现实也不一定符合逻辑的主客体对立困境。

由于没有很好地处理这一问题，甚至有意无意地恶化这一问题，即混淆逻辑与事实的边界，或者用事实代替逻辑，或者用逻辑代替事实，福山被法国哲学家德里达批评为玩弄"频道干扰"的把戏。德里达说：

"一方面，每当所谓马克思主义国家的失败已成定局这一证明出了问题的时候，它需要的是相信一种经验事件的逻辑；然而另一方面，以超历史的和自然的理想的名义，它义对所谓经验事实的这同一个逻辑表示怀疑，于是，它不得不把它悬置起来，以便避免使这个纯洁的理想和它的概念沾染上与之矛盾的残酷无情的东西。"① 于是，"福山根据什么时候有利于自己和自己的论点，一会儿把自由民主定义为一种实际的现实，一会儿把自由民主制度定义为一种单纯的理想，这个事件一会儿是实现了的，一会儿是实现的前奏。"② 当苏联东欧的社会主义阵营国家出现颠覆性剧变之时，福山把历史的终结说成是一种历史的现实；而当历史的现实出现了挑战历史终结论的结论之时，福山又把历史的终结说成是一种纯粹的意识形态或思想理论。德里达把福山这种在"事实的福音"与"理想的福音"之间实用主义的打马虎眼的做法称为"施诡计，耍花招"。

福山越是向世人宣扬历史终结论，就越把自己套入逻辑与现实二元对立的绞索中。这决定了思考如何化解这一矛盾，让逻辑与历史真正"圆融"起来，成为福山后来重构工作必须首先解决的问题。在此后 30 多年的研究过程中，为了应对这一时刻都在纠缠他的矛盾，福山几乎是绞尽脑汁、疲于奔命。这种逻辑与现实的矛盾之所以产生，具体而言，既有逻辑方面的原因，也有现实方面的原因。

从逻辑方面看，福山上述困境实际上是他方法论的黑格尔唯心主义所必然产生的结果。黑格尔唯心主义把世界的本质看作是一种"无人身的理性"（马克思语），也就是没有肉体这个物质载体的绝对精神，这个绝对精神创造世界并推动世界发展。与唯物主义哲学从"地上"升到"天上"相反，黑格尔唯心主义哲学是从"天上"看"地上"，是"从天上掉下来的"（毛泽东语）。因为立足于物质实践，辩证唯物主义合理地解决了主观与客观、"天上"与"地上"的关系，科学地回答了"精神变物质，物质变精神"的转化问题。黑格尔唯心主义虽然也讲绝对精神

---

① ［法］雅克·德里达：《马克思的幽灵：债务国家、哀悼活动和新国际》，何一译，中国人民大学出版社 1999 年版，第 98 页。

② ［法］雅克·德里达：《马克思的幽灵：债务国家、哀悼活动和新国际》，《新左派评论》1994 年第 205 期。

的"物化"和"外化",试图通过这样一种精神活动将物质与意识统一起来,但因为没有找到物质实践这个中介,最终只能流于抽象思辨。

从现实方面看,历史终结论形成后的历史发展不仅没有按照福山预想的发展,反而不断突破福山的预想,时不时爆发新的具有挑战性的重大事件,这是迫使福山陷入应对逻辑与事实矛盾而不能自拔的决定性因素。福山经常嘴上说终结的只是一种思想,心里想的却是现实的发展如何才能按照自己预想的前进。这些事件对于福山理论和心理的挑战程度之深,可以从福山新提出的两个重要词汇反映出来。一个词汇是"政治焦虑",这个词汇主要用来"指代"2010年以来在世界各地"民主国家"与"转型国家"出现的各种"病状",包括"第三波浪潮"逆转、民主陷入"灰色地带"、国家治理无能以及美国爆发的金融危机等。另一个词汇是"政治衰败",它虽然从表述上看是一个普遍性概念,但福山主要用它来分析美国政治体制出现的尚无破解方案的顽疾。从不同时期福山关注的核心理论问题反推,我们可以总结出这些重大现实问题包括四个方面:

第一,以伊拉克为代表被美国输入"自由民主"的很多国家陷入治理困境,国家陷入长期内乱和灾难。这促使福山重新思考国家与民主的关系问题,强调重视国家建设的先行性。尤其是关于入侵伊拉克的理由,美国政府提供的先是限制大规模杀伤性武器扩散,后来因为查无实据,又改成了反对专制独裁和扩展民主制度,这让福山感觉到其自由民主信仰受到了玷污。自由民主是追求目标还是入侵借口?福山显然意识到了问题的本质和令人尴尬之处。

第二,发达国家的中产阶级严重衰落,从根本上威胁到资本主义自由民主的生命力。这个问题对于福山思想的变化起到了杠杆式的撬动作用。它促使福山开始立足于现实的(经济的)阶级关系认识问题,而非继续立足主奴关系抽象思辨论证自由民主的生命力。在福山的逻辑里,历史终结论问题或资本主义自由民主问题,不再仅仅是哲学问题,而且同时是历史现实问题。

第三,美国等资本主义国家陷入严重金融危机和政治衰败,这直接影响人们对资本主义自由民主合理性的看法。2008年以来的经济金融危机不仅打击了资本主义国家的经济实力，而且挑战了其以自由市场和民主体制为代表的文化软实力的合理性。包括否决政治、金钱民主在内的政治衰败问题，之所以能够成为历史终结论重构形态的主题之一，正是因为这一问题直接关系到人们对资本主义自由民主合理性的认知。历史的终结作为一种逻辑，需要至少一个"灯塔"国为之标榜，否则就是乌托邦。这个"灯塔"，在福山那里最初是美国，后来又是欧盟、英国或者丹麦，再后来大概是德国等。为什么现在这些民主"灯塔"一个个变暗了？这是否意味着福山的理论不灵了？单纯拿出终结的是思想之类的说辞，恐怕已经不够了。

第四，中国等非资本主义国家的成功发展，特别是成功应对国际金融危机，在世界各国抗击新冠病毒疫情中成就卓著，与资本主义国家的表现形成鲜明对照，对资本主义制度的合理性造成了重大挑战。福山既要研究分析这些现实问题本身，又要从自己的立场和逻辑出发给予解释，将这些新挑战也纳入自己的原本框架当中。

这些问题的出现不断告诉福山，继续使用"主人"和"奴隶"这样的词汇和逻辑去代替具体的历史事实分析，是不可能对这些让他"焦虑"的事件给出有力回应的，也不可能真正实现为历史终结论的辩护。具体历史事件的分析，虽然离不开一般理论的指导，但绝不可能摆脱"历史学"方法。于是，退向"历史学"方法，对于福山而言就成为无法避免的事情，他已经没有其他道路可以走了。

第三节　退向"历史学"方法

在理论与现实矛盾的应对中，福山采取了"两手抓"策略：一只手用来保卫完善原有的理论内核，另一只手用来回应现实提出的重大挑战。两个方面的共同努力及相互作用，引起原有理论要素不断重新"洗牌"（福山语），最终促使福山下定决心降格"跨历史"方法，升格"历史学"方法。"升格"历史学方法，并不意味着福山完全放弃了"跨历史"方法，这里所谓的升降进退，仍然是较大程度意义上的变化，不是简单否定。因此，这里使用了"退向"而非"退回"一语，就是要表明一种较大程度的倾向性，而非简单替换。

福山退向"历史学"方法，体现在他把"历史"分析放在"理论"分析的前面，主张"历史"先于"理论"的阐述顺序。对此，福山明确指出："我不想一开始就向普通读者推介庞大的理论构架。在介绍历史的章节中，我会触及各种理论，但对政治发展的抽象讨论，我会保留至最后三章（第28—30章）。这包括政治发展之所以产生的通论，以及政治、经济、社会之间的互动。将理论放在历史之后，我认为是正确的分析方法。应从事实推论出理论，而不是相反。……社会科学往往以高雅的理论出发，再搜索可确认该理论的实例，我希望这不是我的态度。"当然，福山这样讲，并不意味着他赞同存在一种没有任何价值立场的完全超然的历史阐述。虽然他把历史分析放在前面，但这并不意味着他认为这种在先的历史分析就是纯粹客观的。他说："当然，没有预先的理论构思，完全坦白面对事实，这也是没有的事。有人认为这样做是客观实证，那是在自欺欺人。"①

福山退向"历史学"方法，在理论与历史之间采取折中主义态度，是前面指出的"跨历史"方法陷入逻辑与现实困境的必然产物。福山这种方法论修正与单纯的"跨历史"方法或"历史学"方法比较，是一种改进，但这并不意味着这种做法就是真正科学合理的。在逻辑与历史之间采取一种折中，也不意味着真正将逻辑与历史统一起来了。福山强调从具体上升到抽象，这作为一种研究方法是正确的。但是，研究的顺序不等于理论叙述的顺序。与研究的顺序相反，科学的理论阐述顺序应该颠倒过来，从抽象上升到具体，而非从具体上升到抽象。显然，福山混淆了科学的研究方法与叙述方法，他的叙述方法不过是把研究的过程按照前后顺序记录了下来。

笔者讲福山退向历史学方法，是一种变动趋势或整体倾向意义上的变化，并不意味着福山赞同那种拘泥于历史细节的琐碎主义专业考据方法。因为他坚持了辉格史观的基本结论，以资本主义自由民主为梳理历

---

① ［美］弗朗西斯·福山：《政治秩序的起源：从前人类时代到法国大革命》，毛俊杰译，广西师范大学出版社2012年版，第24页。

史的尺度和目标，以英国经验作为最重要的正面经验，所以他所倾向的历史学方法，是以辉格史观为灵魂的历史学方法，与专业历史学家的历史学方法实际上存在较大差异。对此，福山说："被称作'一连串混账事件'的众多历史著作（即专业历史学——笔者注），不愿意尽量提炼普遍规律和适用于其他场合的因果理论。人类学家所写的民族志，也没跳出这个窠臼，虽然细致详尽，但仍然故意避开广泛的概括。这肯定不是我的方法。"① 可见，福山虽然转向了历史学方法，但他明确将自己的历史学方法与专业历史学家的历史学方法，乃至人类学家拘泥细节而缺乏因果分析的琐碎主义，严格区分开来。这样福山就将自己的立足点放到了"历史"与"理论"之间，但更加倾向于"历史"的"中间理论"立场上了。

需要指出，福山虽然在方法论上退向了"历史学"方法，但并没有完全放弃"跨历史"方法。实际上，他把这一方法悄悄地隐藏了起来，放到了历史学方法的背后，或者说"叠龟"底层的某个位置。在对历史终结论进行"重构"的不同文献中，福山仍然坚持运用这一逻辑。区别是根据不同论证问题的需要，有的文献运用得比较鲜明，有的文献运用得则比较隐蔽。

福山主张"历史"先于"理论"，这是他的整体叙述方法。具体而言，这一方法又包括"历史"分析的方法和"理论"分析的方法两个方面。关于"历史"分析的方法，福山主要采用了现代生物学方法（"黑猩猩政治"）、比较分析法等。关于"理论"分析的方法，福山主要采用了进化论方法、"马克思—摩尔"框架等方法。关于"马克思—摩尔"框架和社会达尔文主义的进化论方法，既是福山进行理论分析的方法，也是福山政治发展理论体系的重要构成因素，我们将其放到下一部分政治发展动力一章详细分析。"马克思—摩尔"框架在上一章已有所涉猎。关于比较分析法，因为涉及福山整个理论"重构"的总体框架和很多既具体又复杂的观点，我们单独开辟一章专门分析。这里首先分析福山的"人类生物学"方法。

---

① ［美］弗朗西斯·福山：《政治秩序的起源：从前人类时代到法国大革命》，毛俊杰译，广西师范大学出版社 2012 年版，第 22—23 页。

第四节　福山的"人类生物学"方法

福山从"黑格尔—科耶夫"那里借来的追求承认的人性论，虽然解决了"历史学"方法的缺陷，但也存在严重缺陷。一个缺陷是用哲学思辨代替历史事实，导致理论分析无法与现实问题对接，再一个缺陷是其内涵过于狭窄，没有看到追求承认欲望之外的人性，不能解释除民主制度之外的国家和法治等其他政治制度的人性原因。因此，福山不得不对原先的人性论进行重构。那么如何进行重构呢？福山借鉴了"人类生物学"的研究方法。他说："自有人类起，就有社会和冲突，因为人类是天生群居和竞争的动物。人类的老祖宗灵长目，就在实践一种缩了水的政治。要弄清这一点，我们必须回到自然状态和人类生物学。"① 所谓"人类生物学"方法，就是借鉴"现代生物学"关于黑猩猩等类人猿习性研究的相关成果，以此对人类祖先属性进行一种反推，来达到研究人的普遍本性的方法。用福山的说法，就是通过"黑猩猩政治"研究达到对人的本性研究。

福山为何主张采用人类生物学方法呢？这首先因为福山认为其他可借用的方法，如人类学和考古学的方法存在重要缺陷，无法达到研究目的。福山将政治发展的起点推进到前人类历史阶段。关于这个阶段的研究，因为缺乏文字记载，只能借鉴相关学科成果进行间接研究。实际上，关于原始社会和人类祖先的研究，人们主要借助人类学和考古学的知识来进行。例如马克思就借鉴了美国人类学家摩尔根等人的研究成果，重新建构了关于原始社会发展规律的理论。但是福山认为，这种做法存在无法解决的难题，反对使用这种方法。他说："人类学家的难题是，没人能直接观察，人类社会如何从早期模式发展到较复杂的部落或国家。他们唯一能做的，只是假设现存的狩猎采集或部落社会是早期模式的实例，再通过观察其行为来推测引发变化的力量，如部落何以演变

---

① ［美］弗朗西斯·福山：《政治秩序的起源：从前人类时代到法国大革命》，毛俊杰译，广西师范大学出版社2012年版，第9页。

为国家。"① 可见，福山认为，人类学方法的难题主要包括两方面：一方面是整个研究都建立在今天的部落社会与历史上的部落社会存在必然相关性的基础上，认为前者是后者在当今的遗产；另一方面是对历史上的部落社会如何发展为今天的部落社会的研究，只能通过"反向推测"实现，无法通过直接观察获得。

相对于人类学，考古学方法具有鲜明的直观性，这可以在某种程度上克服人类学方法的主观性，所以，人们对远古历史的研究后来由人类学方法转向了考古学方法。但福山认为，考古学方法"其缺点也是显而易见的，即缺乏民族学研究的丰富细节。太依赖考古学记录，会导致对唯物主义解释的偏爱，因为史前文明的精神和认知世界，其大部已永远丢失。"② 在福山看来，推动历史发展的动力不仅包括物质因素，也包括精神因素。而考古学发现只能反映物质因素的作用，过滤掉了精神因素的作用。例如，福山认为，决定人类社会从家庭族群社会发展到部落社会的决定性因素，就不是经济方面而是宗教方面，即对共同祖先的崇拜的因素。类似这方面因素的研究，依靠考古学是无法做到的。

人类学方法和考古学方法都有重要缺陷，那么应该采用什么方法呢？福山主张采用"人类生物学"的方法。这主要是因为：

第一，福山认为，黑猩猩身上体现了与人类祖先共同的生物本性，因此可以通过对黑猩猩行为的研究，获得人类祖先也即人类的生物本性，并以此作为政治制度起源的根据。福山说："我们知道，人类和现代黑猩猩共享一个类似黑猩猩的祖先。……我们当然不可能研究这一共同祖先的行为，但灵长学家花费很长时间，在动物园和自然栖息地观察黑猩猩和其他灵长目动物的行为，发现它们与人类拥有明显的连贯性。"③ 采用此种类比反思的方法，福山发现，和黑猩猩相似，人类一开始并不是孤

① ［美］弗朗西斯·福山：《政治秩序的起源：从前人类时代到法国大革命》，毛俊杰译，广西师范大学出版社2012年版，第51页。
② ［美］弗朗西斯·福山：《政治秩序的起源：从前人类时代到法国大革命》，毛俊杰译，广西师范大学出版社2012年版，第51页。
③ ［美］弗朗西斯·福山：《政治秩序的起源：从前人类时代到法国大革命》，毛俊杰译，广西师范大学出版社2012年版，第31—32页。

立的存在，而是过着群居生活，以社会的方式存在。社会性是人类一开始就具有的属性，人类和黑猩猩的这种社会性是从他（它）们共同的祖先那里继承来的。具体而言，这种社会性包括亲戚选择和互惠利他两种形式。在具有的社会性基础上，为了更好地处理不同个体之间的关系，人类又发展了理性认知能力、制定规范能力、情感、追求承认等其他方面的属性。这些人性因素为国家、法治、民主负责制等政治制度的形成和发展奠定了生物学基础。

第二，福山发现，基于人类的生物学属性，可以很好地解释政治发展中出现的政治衰败现象。人类社会的发展由家庭社会到部落社会，再到国家社会。这个发展过程并不是一种完全替代的过程，而是一个前进中有倒退、倒退中有前进的波浪式前进过程。家庭社会和部落社会，主要以亲戚选择和互惠利他作为社会组织和管理方式，具有鲜明的人格化特征。但从国家社会开始，人类开始探索一种超越亲戚选择和互惠利他的社会组织方式，例如中国秦朝时期开始用郡县制代替分封制。但这种代替并没有消灭亲缘关系对社会组织管理的影响。相反，在长远的历史发展中，亲戚关系经常以复辟的方式时不时地体现出来，成为社会组织的重要方式。福山认为，这就是人类历史上经常出现的政治衰败的本质。政治衰败产生的自然根源，就在于人类早期已经具备的亲戚选择和互惠利他的生物属性，政治衰败就是这种生物属性的"返祖式"重现。

第三，福山推测，人类最终走向资本主义自由民主共同目标和同质国家，这种"大一统"结局也"提示"了人类在生物学上必然具有相似性。这里涉及福山所揭示的人性，在什么意义和程度上影响或决定人类政治制度。人性不是决定政治制度发展的唯一因素，自然社会环境、思想等因素，也是决定政治制度发展的重要因素。福山认为，人的普遍而永恒的生物本性，虽然不能决定但能"限定"后来的制度本性。通过认识人的生物本性，可以为人的政治制度起源、演化、衰败以及最终的走向提供线索。如果排除决定政治制度发展的其他因素而只考虑人性的因素，那么人类最终走向资本主义自由民主社会，实现人的生活方式和国家管理方式的同质化，就只能是由人类的普遍属性以及这种普遍属性的推动所决定的。福山说："不同社会经不同的路径而走到一起，这一重聚提示了人类群体在生物学上的相似。"[①] 当然，这种推论是有限定条件的。事实上，当今世界政治制度的发展和建设还受到工业革命之后新的经济条件、社会环境以及思想传播因素的影响。福山虽然揭示了人类自然属性的重要作用，但这绝不意味着他认为由此就能完全解决政治制度发展和建设的一切问题了。

　　单纯从结论的论证看，"人类生物学"的方法似乎确实比人类学方法和考古学方法更能达到目的。但这种方法是否解决了人类学方法和考古学方法所固有的困难，从而在逻辑上更加科学和合理，仍然是一个值得怀疑的问题。福山否定人类学和考古学方法的主要原因，在于人类学方法具有双重主观性，而考古学方法则只能看到物质性因素。实际上，在笔者看来，把考古学方法看作仅仅是考据物质因素的方法并不准确，因为考古学仍然可以提供福山所特别强调的祖宗崇拜方面的历史信息。例如，考古学提供了大量早期祭祀活动的文物和遗迹，可以证明宗教活动是部落社会生活方式的核心内容之一。相反，黑猩猩政治却不能提供这方面的知识，因为黑猩猩并没有人类那样强大的认知和逻辑能力来创造共同的宗教信仰。

　　关于人类学方法的双重主观性是否会影响其结论的客观性，我们暂且不谈，问题在于我们无法确保这种双重主观性在"黑猩猩政治"的研究中被真正消除了。正如福山所推崇的美国人类生物学家弗朗斯·德瓦尔在《黑猩猩的政治——猿类社会中的权力与性》中提到的："我的大多数同事都因怕被指责为拟人主义而对动物也有意图和计划之类的说法退避三舍。……因为他们遵守着行为主义的教条，即：既然动物的思想和感受是人所不可知的，那么，也就没什么谈论它的余地了。"[②] 德瓦尔虽然反对这种拟人主义的指责，在文中采取了回避所有将黑猩猩与人类直

---

　　① ［美］弗朗西斯·福山：《政治秩序的起源：从前人类时代到法国大革命》，毛俊杰译，广西师范大学出版社2012年版，第45页。

　　② ［美］弗朗斯·德瓦尔：《黑猩猩的政治——猿类社会中的权力与性》，赵芊里译，上海译文出版社1982年版，前言第4页。

接类比的分析，而聪明地"将它留给我的读者们"①。

　　那么，到底是黑猩猩研究更容易主观化还是人类学研究更容易主观化？笔者认为，答案与福山的理解可能刚好相反，黑猩猩研究很难走出主观主义的"拟人化"倾向，人类学研究相较于黑猩猩研究更容易得出客观结论。因为在黑猩猩和部落原始人之间，后者显然比前者更接近人类的生活方式。无论在自然基因还是文化相似性上，都是如此。关于人类生物学，福山本人并没有太多研究，他更多是根据自己的需要而借用了他人一些有益结果。对此，他直言不讳："我也使用自己专长之外的资料，包括人类学、经济学、生物学的。显然，为了从事如此广泛的研究，我不得不几乎全然依靠二手资料。我尝试让这些资料承受尽可能周全的专家过滤，尽管如此，我仍有可能犯了事实上和解释中的错误。"② 所以福山以双重主观性否定人类学的逻辑，似乎很难成立。福山之所以最终选择"人类生物学"的方法，与其说是基于方法论自身的合理性，不如说是源于自身理论论证的需要。福山批评人类学方法和考古学方法的缺陷，不能说毫无道理，但由此得出生物学方法可以解决这些难题，而比其他方法更加合理的结论则难以成立。

　　福山一改原生形态中的"跨历史"方法，重新利用"历史学"方法。但福山并没有抛弃"跨历史"方法，而是试图在二者之间来一个新的折中，走中间路线。这种做法一方面表明了历史终结论原生形态所坚持的"跨历史"方法已经无法维持历史终结论论证的需要；另一方面也与第二点一样，让自己再次陷入了自我否定、自相矛盾的窘境，因为他并没有给出重新肯定"历史学方法"的因由和依据。以黑猩猩研究为基础的"人类生物学"方法貌似实现了"跨历史"方法与"历史学方法"的结合，但也让这一矛盾和窘境达到了更加尖锐的境地。黑猩猩的"历史"是谁的历史？黑猩猩的"人性"是谁的人性？如果说是人的"历史"与人的"人性"，那么实现这种统一的"黑猩猩"，难道就是历史终结后或处于历史终结状态下的"最后之人"？

------

①　［美］弗朗斯·德瓦尔：《黑猩猩的政治——猿类社会中的权力与性》，赵芊里译，上海译文出版社 1982 年版，前言第 9 页。
②　［美］弗朗西斯·福山：《政治秩序的起源：从前人类时代到法国大革命》，毛俊杰译，广西师范大学出版社 2012 年版，第 6 页。

第 八 章

贯穿整体的比较政治分析法

在反思"辉格史观"缺陷，吸取其合理内核基础上，福山确立了折中"跨历史"与"历史学"两种方法的"中间理论"路线。这一路线把历史终结论"重构"形态的全部内容区分为历史阐述和理论总结两大部分，把历史阐述放在了理论总结前面，并把绝大多数笔墨放在了历史阐述方面。这种内容排序和笔墨分配表明，在"跨历史"方法与"历史学"方法之间，福山并非平分秋色，而是更加倾向于后者。当然，福山的"历史学"方法并非等同于专业历史学家的历史学方法，因为它保持了"跨历史"方法的整体性、逻辑性等特点，并将其贯穿在"历史学"方法中。福山之所以能做到这一点，是因为他在坚持"辉格史观"目的先行前提下，采取了对不同历史时期、不同地域的政治发展史进行大尺度、大范围的宏观比较分析的方法。如果没有这种比较分析，福山的"历史学"方法就会陷入无厘头的琐碎主义，无法形成最后的理论总结。本章分析福山所采用的这种比较政治分析法。

第一节　比较政治分析法的理论

比较政治分析法是一种历史久远、运用普遍的研究方法。所谓普遍，是说它的应用或作为主导方法，或作为非主导方法，几乎存在于与政治研究有关的所有学科之中。所谓古老，是说它产生的年代久远，在古希腊时期就产生了，至少可以追溯到亚里士多德的政治研究活动和著作。据说，亚里士多德曾组织自己的学生，对当时许多城邦的"宪法史"进行调查和系统总结，这一调查和总结所采用的主要方法就是比较政治分析法，其成果集中体现在《政治学》和《雅典政制》当中。

比较政治分析法，通俗地讲，就是通过对不同政体和政制的形成环境、形成过程和构成元素等不同方面进行分类比较，以达到研究目的的一种方法。比较政治分析法的类别，从比较对象的存在方式看，它包括国别比较、专项比较、综合比较三大类。国别比较，是使用最为普遍的一种比较方法，它的具体操作包括两种：一种是隐性操作，即作者只对样本国家进行分类和内容描述，但并不直接说明分类标准和个人评价，这一切都隐含在对样本国家的描述当中，最后得出结论的工作交给读者进行；再一种是显性操作，即作者直接说明分类标准和进行不同类别样本国家描述，而且还在此基础上进行具体比较分析活动，得出比较分析结论或应用对策等。专项比较，和国别比较法基本相同，只是将研究焦点放在不同方面问题上，而不是放在不同类别国家上。综合比较，是将上述两种标准结合起来进行的比较方法，一般先按照专项问题进行分类，然后再在同一专项问题下按照不同国家进行分类，作出具体比较分析。综合比较法涉猎时空范围广，突出价值分析，需要很强的逻辑构架能力，把握起来有较大难度。

除此之外，比较政治分析还可以从其他角度进行分类。例如，从比较对象的时空特点来看，可以区分为纵向比较法和横向比较法，纵向比较法也叫作历史比较法。从比较研究的深度来看，可以区分为叙述性比较法和分析性比较法。叙述性比较法侧重于对对象特征的事实性陈述，分析性比较法则不仅进行事实陈述，还要在陈述基础上进行价值分析和判断，将事实判断与价值判断结合起来。[①]

具体到福山本人，可以说他主要使用的是比较政治分析法中的第三类，即综合比较法。与原生形态的历史终结论不同，福山在重构形态中把单一的民主政治制度重构为国家、法治、民主负责制三位一体的政治制度。为了更好地阐述这种三位一体的政治制度，福山首先把比较对象

---

① 参见曹沛霖、陈明明、唐亚林主编《比较政治制度》，高等教育出版社 2005 年版，导言第 4—8 页。

区分为国家、法治、民主负责制三个大的方面，然后在这三个方面下面再按照地区、国家等进行分类比较，每一个国家或地区代表一种具有自身特色的情况。福山的这种综合比较，既包括纵向比较，也包括横向比较。纵向比较方面，福山把整个政治制度发展史区分为工业革命之前和工业革命之后两大阶段，进而又按照不同项目，将两大阶段划分为政治制度起源、政治制度发展、政治制度衰退三个相对具体的方面，并对其进行具体比较。横向比较方面，福山对同一历史时期、同一政治制度（国家、法治、负责制）下的不同国家和地域进行了较为具体的分类和深入比较，得出了一些相对普遍的历史经验和规律性认识。福山的综合比较分析，因为坚持了"辉格史观"价值先行原则，所以并非单纯的历史事实阐述，他不失时机地对比较内容进行总结、提升、拓展，围绕着他的三元一体政治理想的形成逐步展开，处处包含着价值褒贬和实践指向。

　　政治学家们认识到，比较政治分析要对历史久远、范围宽广的宏大历史进行有效研究，尤其要注意两个问题：一个问题是不能仅仅就政体和政制本身进行比较，还要考虑不同政体、政制产生的自然、社会、经济等生态环境。福山特别注意政治制度产生的自然地理、人口、暴力等方面的因素，以及政治发展过程中经济现代化带来的社会动员，经济全球化带来的思想传播和复制模仿等因素的作用。从这个意义上看，福山的政治观点带有多元论倾向。再一个问题是政治制度是一个复杂的有机结构，有其表层部分，也有其本体部分，其表层部分与其本体部分并非总是一致的，它甚至会遮蔽本体部分的本质。因此，要真正揭示某种政体或政制的本质规律，必须坚持辩证系统思维，将其表层的分析与本体的分析结合起来，透过表层深入本体。某种意义上，福山的政治分析也坚持了这一观点，例如他把政治制度与政治文明区分开来，认为资本主义政治制度虽然出现了政治衰败，但这并不意味着其政治文明丧失了生命力。

第二节　福山对比较政治分析法的态度

　　福山非常重视比较政治分析法的应用，他在历史终结论的"重构"

中把这一方法由"战术"地位上升到"战略"地位，通篇使用了比较政治分析法。但这并不意味着福山原先没有采用过比较政治分析法。在《历史的终结及最后之人》中，福山也采用了这种方法。但因为他当时的主要理论任务是为比较政治分析提供一个哲学标准和推演逻辑，所以整体上看超历史的主奴辩证法成为他的主要方法，而比较政治分析法只是在下结论的时候才简单涉及。福山提出的政治制度比较的尺度，是追求承认的人性需求的满足程度。按照这个尺度，对不同国家如资本主义国家、威权国家、民族主义国家等的政治制度进行比较，他得出资本主义国家的政治制度已经完全满足人性对承认的追求，因此是历史上最完美或者最后的政治制度的结论。福山说："哪种制度能最好地同时满足灵魂的三个部分，它就是最好的社会制度。如果以这一标准与历史上的其他标准相比较，会使我们看出自由民主社会似乎为所有三个部分提供了最广阔的领域。自由民主社会即使理论上称不上为最正义的社会制度，也可以算作实际上的最正义的社会制度。"①

在福山看来，比较政治分析法不仅是一种合理的研究方法，而且是一种学术美德。之所以说它是一种合理方法，是因为它作为"中间理论"的实现方法，"既避免高度抽象（经济学家的恶习），又躲开巨细无遗（历史学家和人类学家的问题）"②。之所以说它是一种学术美德，是因为"如果全神贯注于特定题材，往往会看不清政治发展的大模式"，因此，"以比较方式做跨越时间和空间的考量，本身似乎就是一种美德"③。福山认为，政治研究更应该关注政治发展的"大模式"，而不是鸡毛蒜皮的小细节，所以重视"大模式"研究的方法和能力，应该成为政治学家工作应有的专业素质。

福山把比较政治分析看作是合理方法与学术美德，归根结底是因为

① ［美］弗朗西斯·福山：《历史的终结及最后之人》，黄胜强等译，中国社会科学出版社2003年版，第384页。
② ［美］弗朗西斯·福山：《政治秩序的起源：从前人类时代到法国大革命》，毛俊杰译，广西师范大学出版社2012年版，第24页。
③ ［美］弗朗西斯·福山：《政治秩序的起源：从前人类时代到法国大革命》，毛俊杰译，广西师范大学出版社2012年版，序言第6页。

他认为只有这种方法才能证明资本主义自由民主是历史发展一以贯之的目标。值得玩味的是，对历史发展规律能否被认知，福山采取了一种类似康德可知论与不可知论并存的二元论的态度。

一方面，在福山眼里，那种适用于所有历史时期的"真正普遍规律"要么是不存在的，要么是无法被认识到的。他说："人类社会是非常复杂的，很难由文化的比较研究总结出真正的普遍规律。"① 特别在政治发展的动力机制问题上，福山特别强调今日与过去存在根本差异，否认过去的经验对于今天具有太多意义。他说："为了备战和参战，现代国家得以在中国或欧洲出现，这并不意味着，今日非洲的薄弱国家为达到现代化，必须重复同一经验。今日政治发展的条件，大相径庭于第 1 卷所涵盖的。社会成员的组合，因经济的增长在不断重新洗牌；今天国际因素对个别社会的冲击远远大于旧日。……各种社会……走过的路径，既不能决定它们的未来，也不能成为其他社会的楷模。"②

另一方面，福山又认为，"这并不表示，不同社会中没有进化形式中的规则性和同类性。"③ 福山认为政治制度发展中的那种"进化形式"的规律性仍然存在，并且可以被揭示。那么，什么是"进化形式"的规律性呢？简单讲，就是福山一直崇尚的仅仅具有阶段性和地域性，或者用马克思主义话语表达，就是仅仅适应于特定历史条件的规律性。例如，传统社会很多国家借助暴力生成，现代社会民主制借助经济发展、社会动员或者思想传播实现扩展等，不同历史时期有不同时期的规律。当然，福山强调不同历史时期有不同的规律，不等于说他否定同一历史时期不同国家、社会还具有规律上共同性的一面。例如福山又说："没有比较对照就无法知道，某一特殊的实践或行为，是某社会独具的还是众多社会所共有的，只有通过比较分析，才能厘清因果关系，

① ［美］弗朗西斯·福山：《政治秩序的起源：从前人类时代到法国大革命》，毛俊杰译，广西师范大学出版社 2012 年版，第 49—50 页。
② ［美］弗朗西斯·福山：《政治秩序的起源：从前人类时代到法国大革命》，毛俊杰译，广西师范大学出版社 2012 年版，第 19 页。
③ ［美］弗朗西斯·福山：《政治秩序的起源：从前人类时代到法国大革命》，毛俊杰译，广西师范大学出版社 2012 年版，第 49—50 页。

才能把地理、气候、技术、宗教、冲突与今日世界上呈现的各式结果挂上钩。"①

在强调比较政治分析的重要性的前提下，福山对学界对这一方法的运用状况做出了评述。他首先以他的老师亨廷顿的做法为榜样，肯定了他在比较政治分析方面做出的突出贡献，并承认自己正是受到他的《变化社会中的政治秩序》的研究方法和研究成果的启发，才开始历史终结论的重构工作。同时，福山也对其他学者包括专业历史学家、持"辉格史观"和"多元叙述"观点的学者的研究表达了严重"不满"。关于专业历史学家，福山认为他们否定历史存在内在因果性，从而拒绝对历史进行宏观比较分析，最终陷入了琐碎主义。关于持"辉格史观"的学者，福山认为他们虽然一定程度上运用了比较分析，但因为用来比较的样本时空范围不够广泛，最终影响了对历史经验和因果关系的把握。"辉格史观"的很多文献主要侧重于英国经验，但按照福山的理解，英国经验具有极强的偶然性和特殊性，因为封建君主与议会之间力量的势均力敌和达成妥协，在福山眼里是一种纯粹偶然。真正的比较分析，不能建立在某个国家的偶然经验的基础上，而应对不同时期、不同类型国家进行一种大历史、宽口径的综合性比较分析。至于为弥补"辉格史观"缺陷而产生的"多元叙述"观点，福山认为它虽然在比较规模上比"辉格史观"有所改进，但也没做真正严肃的比较，没能通过比较揭示政治制度发生的深层原因。②

第三节　福山政治制度起源研究中的比较政治分析

福山的理论重构对比较政治分析法的运用，具体体现在政治制度起源、政治制度发展、政治制度衰败三个问题的研究方面。在政治制度起源问题的比较分析中，福山的主要做法是首先为每一个专项制度（国家

---

① ［美］弗朗西斯·福山：《政治秩序的起源：从前人类时代到法国大革命》，毛俊杰译，广西师范大学出版社 2012 年版，第 17—18 页。
② ［美］弗朗西斯·福山：《政治秩序的起源：从前人类时代到法国大革命》，毛俊杰译，广西师范大学出版社 2012 年版，第 17—18 页。

制度、法治制度、民主制度）的起源设置一个范本国家或地区，然后以这个范本国家或地区作为主要参照坐标，与其他样本国家或地区进行比较。下面，我们首先阐述在政治制度起源研究中福山所坚持的比较分析。

一　关于国家制度起源的比较分析

（一）以中国为比较的范本

在国家制度起源问题的比较中，福山把中国秦汉时期特别是汉朝时期的国家制度作为现代国家的范本，以此划分其他国家的类别，并与其他国家进行比较分析。福山这样做，不是因为中国最早形成了国家制度，而是因为中国最早形成了福山所看重的韦伯式现代化国家。正因为这样，福山直接跳过了其他形成时间更早的国家，例如古代雅典、罗马的国家，因为其形成时间虽然更早，但不是现代化国家。

（二）对中国、印度、中东、欧洲等不同国家或地区的比较分析

1. 中国、印度、中东国家的比较分析

第一，这三个国家和地区的国家制度都是从部落社会发展而来的，都是以父系社会的社会关系为基础（福山认为原始社会不存在母系社会阶段），建立国家是为了克服部落社会的局限，让人们从狭隘的人情原则中走出来，忠于国家而非忠于亲族团体。

第二，这三个国家和地区，包括最早建立现代化国家制度的中国在内，在抵制亲戚关系主导国家或者家族制复辟问题上，都没有取得最终成功。这三个国家和地区的家族团体至今仍然强大，远远超过欧洲和北美，例如中国南方的分支世系家族、印度的种姓婚姻制度、中国的部落依附关系。[①]

2. 中国、印度两国的比较分析

第一，中国国家力量整体强大，国家历史以统一为主，间或有分裂；印度国家力量整体弱小或失败，国家历史以分裂为主，间或有国家统一。

第二，中国有国家制度，无法治和民主制度；印度有法治和民主制

[①] ［美］弗朗西斯·福山：《政治秩序的起源：从前人类时代到法国大革命》，毛俊杰译，广西师范大学出版社2012年版，第225页。

度，但国家制度建设非常不够。

第三，印度国家制度落后而民主、法治制度先进的原因主要在于：它整体处于和平状态，没有像中国春秋战国时期发生长期军事战争；印度婆罗门教发展出了四大种姓制度，将种姓制度凌驾于国王之上，这一方面制约了现代化国家的发展，另一方面为法治雏形的形成奠定基础。中国有强大国家制度却没有法治制度的原因主要在于：国家过于强大，没有出现可以制约国家权力的宗教权力，这限制了法治和民主的发展。只有强大国家和强大社会制约力量"同时"出现并相互制约、相互平衡，这样才能形成包含国家、法治、民主等在内的完美政治制度形式。[①]

（三）欧洲与世界其他地区国家（中国、印度、中东）的比较分析

第一，欧洲的亲戚关系不同于其他国家，这决定了它很早就走出了亲戚关系主导政治的时代。西欧的婚姻模式倾向于晚婚不婚，导致出生率低，而出生率低为女子参加工作和继承财产提供了更多机遇；同时，分割遗产和长子继承权的原则影响深远，主导性社会价值原则很早就由家族主义发展为个人主义。[②]

第二，欧洲走出亲戚关系主导政治、走向法治社会的主要动力是天主教力量。在福山看来，宗教是决定社会由人情社会走向法治社会的决定因素。所有宗教国家，包括中东伊斯兰世界和印度，都因为有宗教发挥作用而走向法治，但西欧在这方面的成绩更加突出。罗马帝国统治者皈依基督教，宣扬上帝面前人人平等，不仅更改了婚姻和遗产规则，促动了女子开始拥有继承财产的权利，而且凝聚成了宗教这个"国家之外的中央官僚机构"，这是所有宗教国家中只有西欧出现的现象。[③]

---

① ［美］弗朗西斯·福山：《政治秩序的起源：从前人类时代到法国大革命》，毛俊杰译，广西师范大学出版社2012年版，第145—183页。
② ［美］弗朗西斯·福山：《政治秩序的起源：从前人类时代到法国大革命》，毛俊杰译，广西师范大学出版社2012年版，第226—227页。
③ ［美］弗朗西斯·福山：《政治秩序的起源：从前人类时代到法国大革命》，毛俊杰译，广西师范大学出版社2012年版，第237页。

（四）比较分析得出的主要结论

中国式军事竞争在中国国家形成中起首要决定作用，欧洲基督教等社会力量在欧洲国家形成中起关键作用。军事竞争是自上而下的模式，宗教改革是自下而上的模式。军事竞争是先国家后社会，宗教改革是先社会（走出亲戚关系的个人主义）后国家。军事竞争虽然不是充要的决定因素，却是重要的决定因素。宗教改革是与军事竞争完全不同的另一条道路，是依靠基督教打破家庭关系，而非依靠军事竞争打破家庭关系。

二　关于法治制度起源的比较分析

（一）以西欧（英国）为比较的范本

福山认为，法治的产生直接取决于两个条件：一个是君主必须承认以宗教为代表的第三者具有立法权，愿意在其所立法律管束下行为；再一个是第三者的立法及其法律必须建制化，形成权威文本和独立秩序。因为中东、印度和欧洲在中世纪都存在宗教，所以它们在进入现代化之前都产生了法治制度。但比较而言，因为西欧国家权力的分裂为教会影响政治提供了更多机会，这使得西欧不仅产生了法治，而且产生了比中东和印度更加建制化的法治。这在西欧导致了一种不同于世界其他地区的颇不寻常的情况：法治的萌芽不仅早于民主负责制，而且早于现代国家的建立。在西欧所有国家中，产生这种情形的最为典型国家就是英国。[1]

（二）欧洲与印度、中东、中国的比较分析

第一，印度、中东、西欧都有基于宗教的法治，印度和中东在这个方面更接近于基督教欧洲；中国则没有基于宗教的法治，只有皇帝颁布的"制定法"，这样的法律不能对皇帝构成限制。[2]

第二，印度、中东不同于欧洲的地方，在于其宗教机构都没有实现真正的独立自主，完全脱离政治。婆罗门教根本就没有教皇，中东伊斯

---

① ［美］弗朗西斯·福山：《政治秩序的起源：从前人类时代到法国大革命》，毛俊杰译，广西师范大学出版社2012年版，第283页。

② ［美］弗朗西斯·福山：《政治秩序的起源：从前人类时代到法国大革命》，毛俊杰译，广西师范大学出版社2012年版，第271、279页。

兰教则在倭马亚王朝之后与政治合一，丧失了独立性。[①]

第三，印度、中东在成为他国殖民地之后，其法治都消失了；而西欧因为不存在殖民地化，从而继承了历史上的法治传统。[②] 独立之后的印度重新建立了宪法秩序，而阿拉伯世界如埃及、利比亚、伊拉克的传统君主被军阀所代替，走上军事专制道路。[③]

（三）比较分析得出的主要结论

福山否定哈耶克关于法治起源的自发秩序理论，认为宗教和国家特别是宗教在法治形成过程中起决定作用。福山认为，在所有宗教社会中宗教是法律规则即惯例法的重要来源。不仅如此，宗教还是法律发展的重要动力。例如基督教进入欧洲，给当时的惯例法带来一次中断，促使婚姻和产权规则发生重大变化。也就是说，教会不仅制定批准惯例法，而且还改变惯例法。除了宗教的作用，福山认为早期国家也推动了法治的形成。例如，英国法律由惯例法发展为普通法，就是早期国家凭借其权力实现的。[④] 福山另一个重要结论是，既然宗教是法治起源的首要因素，所以中国没有法治是因为没有宗教。

三　关于负责制起源的比较分析

（一）以英国、丹麦为比较的范本

福山所讲的负责制与民主制并不是直接等同关系。负责制只是民主制的前身，它只有在参与人数成为大多数情况下才算达到了民主制。但福山也并不认为二者之间具有不可跨越的鸿沟，相反，他认为二者之间只存在量的而非质的差别。

福山在其重构形态中所讲的民主制，与其原生形态中的民主制在内

---

① ［美］弗朗西斯·福山：《政治秩序的起源：从前人类时代到法国大革命》，毛俊杰译，广西师范大学出版社 2012 年版，第 279 页。

② ［美］弗朗西斯·福山：《政治秩序的起源：从前人类时代到法国大革命》，毛俊杰译，广西师范大学出版社 2012 年版，第 279 页。

③ ［美］弗朗西斯·福山：《政治秩序的起源：从前人类时代到法国大革命》，毛俊杰译，广西师范大学出版社 2012 年版，第 281 页。

④ ［美］弗朗西斯·福山：《政治秩序的起源：从前人类时代到法国大革命》，毛俊杰译，广西师范大学出版社 2012 年版，第 252 页。

涵与结构上并不相同，它是涵盖了国家、法治等其他政治制度在内，并与之相互制约、相互平衡的三位一体政治制度体系。单独就政治三要素中的单一要素来看，强大国家的范本是中国，法治的范本是西欧特别是英国，完美结合国家、法治的民主负责制的范本是英国和丹麦，特别是英国。英国是第一个形成负责制政府的国家，是第一个政治三大组件完美聚合的国家。丹麦、荷兰等北欧国家通过其他途径实现了三大要素的完美聚合，但其在时间先后和影响力上都远逊于英国。①

（二）四种类型负责制的比较

以英国和丹麦作为范本，按照国家与限制国家力量（贵族、资产阶级）何者更强何者更弱，福山把欧洲国家的负责制区分为国家力量太强（专制主义）、国家力量太弱（寡头制）和国家力量适中（与限制力量形成良性均衡）三大类。而国家力量太强一类又包括强专制主义和弱专制主义两种情况。这样，就形成了强专制主义、弱专制主义、寡头制、均衡的民主负责制四种类型。通过比较负责制的四种类型，福山总结了第四种类型即均衡的民主负责制出现的基本条件，论证了民主负责制的政治合理性。这个部分是历史终结论重构形态的核心内容。

类型一：强专制主义，以俄罗斯为例。福山认为，俄罗斯之所以出现强专制主义，主要包括五方面原因：地理环境特别是草原的广阔，客观上推动了军事动员；封建主义国家建设只有 200 年，短于欧洲 800 年，没有培养强大的贵族力量；东正教没有类似叙任权斗争的经历，一直是政教合一；沙皇支持农奴主对奴隶的严厉处罚措施，与农奴主形成了利益联盟；欧洲宗教改革与启蒙思想没有充分渗透进来。②

类型二：弱专制主义，以法国、西班牙为例。这两国的传统贵族和新生资产阶级，并没有像英国资产阶级那样组织起来与君主斗争，维护自己的利益，而是以政治权力或者经济资源与国家进行交易，交换分享征税权。税收为精英攫取，负担为农民承受，这既减弱了国家力量，又

① ［美］弗朗西斯·福山：《政治秩序的起源：从前人类时代到法国大革命》，毛俊杰译，广西师范大学出版社 2012 年版，第 411—412 页。
② ［美］弗朗西斯·福山：《政治秩序的起源：从前人类时代到法国大革命》，毛俊杰译，广西师范大学出版社 2012 年版，第 417—419 页。

激化了社会阶级矛盾，导致法国大革命的爆发和西班牙陷入长期的衰退。①

类型三：寡头制，以匈牙利为例。寡头制是国家力量的另一个极端。匈牙利寡头过于强大，它不仅限制了国王的权力，而且限制过了度，导致国家无法发挥应有的力量。它没有像英国议会那样学会与国王妥协，最终允许国王通过征税提升国家能力。相反，它们为了自己的狭隘特权，不惜牺牲国防和整个国家治理能力。这最终伤害了国家力量建设和社会发展，丧失了像英国一样借助国家力量成为近代欧洲乃至世界强国的历史机遇。②

类型四：三元聚合的均衡负责制，以英国、丹麦为例。福山以英国和丹麦作为民主负责制的范本，这是整个历史终结论重构工作的重头戏。为了避免给人以"辉格史观"式先入为主的印象，福山把英国、丹麦这个类型放在最后一部分来讲。其实，这种排列方法并没有帮助福山走出"辉格史观"，因为作为一个论证目标，它已经隐含在这种分类标准当中了。福山认为英国是国家、法治、民主负责制均衡聚合的"第一个大国"。但在英国三大组件的产生顺序上，福山陷入了自相矛盾：一会儿说法治先于国家建设，一会儿又说没有强大国家就没有法治。除了英国，福山还比较推崇丹麦，他甚至将三元聚合制度的形成称为"达到丹麦"。在福山看来，丹麦的政治制度的形成虽然不是第一名，但也比较靠前。特别是它走出了一条与英国不同的道路。这条道路不是通过资产阶级与君主的斗争与妥协来实现，而是通过开明君主自上而下的改革，以及外国思想（如法国大革命思想）的影响来实现的。由此，丹麦虽然代表不同道路，但并不完全是原发形态，因此还不能与英国相提并论。③

（三）比较分析得出的主要结论

第一，决定民主负责制形成的是国王、贵族、士绅、第三等级四个

---

① ［美］弗朗西斯·福山：《政治秩序的起源：从前人类时代到法国大革命》，毛俊杰译，广西师范大学出版社 2012 年版，第 417 页。

② ［美］弗朗西斯·福山：《政治秩序的起源：从前人类时代到法国大革命》，毛俊杰译，广西师范大学出版社 2012 年版，第 420 页。

③ ［美］弗朗西斯·福山：《政治秩序的起源：从前人类时代到法国大革命》，毛俊杰译，广西师范大学出版社 2012 年版，第 411—425 页。

社会阶层之间斗争形成的一种"均势"，这种均势的出现具有某种偶然性。①

第二，宪法和社会团体对政府的限制，未必会带来政治负责制。作为均势的一种反面情况，福山以匈牙利为例，认为贵族力量过于强大虽然可以限制国家专制，但同时可能带来寡头暴政。因此，对于国家权力，不能为限制而限制，认为限制力量越大越好。②

第三，"达到丹麦"（其实应该是"达到英国"）即达到民主负责制有多种途径。虽然英国和丹麦达到三位一体政治负责制的过程充满了历史偶然性，但其最终结局确实非常相似。反过来说，条条大路通罗马，罗马是唯一共同的，但条条大路却各不相同。③

第四，虽然英国、丹麦的道路具有偶然性而不可复制，但这并不影响后发国家选择自由民主道路，因为它们完全不需要重蹈英国和丹麦的道路，而可以通过直接借鉴（学习）其思想和制度来达到目的。④

第四节　福山政治制度发展研究中的比较分析

福山关于政治起源的研究在时间上终止于英国光荣革命，用他自己的话说，这是有"逻辑上的原因"的。⑤ 这个原因就是从政治思想和基本政治制度构成的角度看，此时的历史已经终结了。英国的光荣革命，代表国家、法治、负责制三大组件的第一次聚合，这标志着历史已经达到了终点。接下来的问题，则应该是这些制度在世界范围的复制，使得历史的终结不仅是一种局部事实和理想，而且是一种全世界的事实。在历

① ［美］弗朗西斯·福山：《政治秩序的起源：从前人类时代到法国大革命》，毛俊杰译，广西师范大学出版社 2012 年版，第 413 页。

② ［美］弗朗西斯·福山：《政治秩序的起源：从前人类时代到法国大革命》，毛俊杰译，广西师范大学出版社 2012 年版，第 366 页。

③ ［美］弗朗西斯·福山：《政治秩序的起源：从前人类时代到法国大革命》，毛俊杰译，广西师范大学出版社 2012 年版，第 425 页。

④ ［美］弗朗西斯·福山：《政治秩序的起源：从前人类时代到法国大革命》，毛俊杰译，广西师范大学出版社 2012 年版，第 22 页。

⑤ ［美］弗朗西斯·福山：《政治秩序的起源：从前人类时代到法国大革命》，毛俊杰译，广西师范大学出版社 2012 年版，第 411 页。

史终结论原初形态中，借鉴亚历山大·科耶夫的观点，福山将 1806 年的耶拿战役作为历史的终点。与之不同，福山在历史的重构形态中，把历史终结的主体由法国换成了英国，由耶拿战役换成了光荣革命。这意味着从 1688 年到 1806 年，福山将历史的终结时间提前了 120 年。为了让自己的逻辑前后"圆通"，福山一边继续肯定科耶夫的观点"仍值得认真考虑"，一边又指出英国才是三大制度聚合的"第一个国家"，[①] 并把政治制度起源分析终止于此。

如果仅仅是为了证明历史已经终结，那么只要《政治秩序的起源》的工作就够了。但福山的目的不仅在此，与旧形态比较，他认为还存在其他两个值得重视的问题：一个是已经实现三大政治制度聚合的国家需要通过改革强化国家能力，实现更加合理的均衡；再一个是三大政治制度在前殖民地和落后地区的传播问题。福山将此问题称为"政治发展"，并专门在《政治秩序与政治衰败》中进行研究。需要注意的是，福山在《政治秩序与政治衰败》中并没有像《政治秩序的起源》那样严格按照国家、法治和负责制三种政治制度来布局，他首先把世界不同国家区分为发达国家和前殖民地国家，然后主要分析了发达国家的国家建设问题，前殖民地国家三大政治制度的发展或再造问题，以及整个世界的民主扩展问题。

一　发达国家的国家建设问题的比较分析

（一）以普鲁士德国为比较的范本

在发达国家国家建设范本的选择上，福山实际存在双重标准：一种是以国家建设质量为标准，再一种是以国家建设经验普适性为标准。当就国家建设质量而谈国家建设时，福山突出普鲁士德国的范本意义；当考虑其他国家是否可借鉴时，他更肯定美国的建设经验，主张它们先学习美国走民主道路，然后再在民主制度下进行国家建设。这里，因为福山理论分析顺序将普鲁士德国放在最前面，所以我们暂且把普鲁士德国

---

① ［美］弗朗西斯·福山：《政治秩序的起源：从前人类时代到法国大革命》，毛俊杰译，广西师范大学出版社 2012 年版，第 142 页。

作为福山在此问题上的范本。福山称普鲁士德国的国家制度是"现代官僚体系的典范"，但其实现途径非常接近中国的军事竞争，只能代表一部分国家的历史情况，在当代国家建设中不具有可借鉴性。[①]

（二）三种类型国家的比较

根据国家建设的效果，福山整体上将法国大革命后的发达国家区分为三种类型：第一种类型是以德国为代表的典型韦伯式国家，国家建设从一开始就很成功，不存在依附主义或寡头政治等对国家力量的削弱问题；第二种类型是以希腊和意大利为代表的依附主义国家，这种国家没有形成真正的官僚主义体系，它们把公共部门就业作为换取政治支持的手段，导致行政效率低下和预算赤字。第三种类型是以英国和美国为代表的中间类型国家，它们都经过改革获得国家建设成功，但二者又有不同——英国在负责制扩大之前就完成了改革，而美国则正好相反。[②]

1. 德国与中国的比较

福山认为，二者都是借助军事竞争形成的高效现代国家。但西德之所以在1949年后建立了巩固的自由民主国家，是因为两个方面原因：一个原因是国家建设先于民主负责制，没有被民主负责制拖后腿。再一个原因是德国经历两次世界大战的洗礼，持久的战争推动了国家能力建设。后一个原因就像公元前221年的中国，在持久的统一战争中建立了现代韦伯式国家。[③]

2. 德国与美国、希腊、意大利的比较

这是对政治制度发展顺序及其后果的一种比较。福山认为，在这方面，德国的国家发展在发达国家中具有鲜明的优越性。因为国家建设先于负责制，所以德国从来没出现像美国、希腊、意大利那样的政治庇护主义；但因为威权体制的先行，承担了战争代价，破坏和拖延了民主负

① ［美］弗朗西斯·福山：《政治秩序与政治衰败：从工业革命到民主全球化》，毛俊杰译，广西师范大学出版社2015年版，第70—71页。

② ［美］弗朗西斯·福山：《政治秩序与政治衰败：从工业革命到民主全球化》，毛俊杰译，广西师范大学出版社2015年版，第112页。

③ ［美］弗朗西斯·福山：《政治秩序与政治衰败：从工业革命到民主全球化》，毛俊杰译，广西师范大学出版社2015年版，第59页。

责制的发展。与之相反,美国、希腊、意大利因为在强大国家形成之前就发展了民主,造成了严重的依附主义后果,影响了国家能力建设。①

3. 美国与希腊、意大利的比较

这是回答美国为何不属于依附主义类型而属于中间类型的一种比较。在福山看来,美国的依附主义虽然开始时非常严重,但经过改革最终得以消除,而希腊和意大利的依附主义至今依然存在。美国之所以能做到这一点,是因为美国的工业化后于政治负责制的形成,由工业化产生的中产阶级力量形成了革除依附主义联盟,而希腊的工业化带来的新兴社会力量被招揽进了依附主义体系,没有成为改革依附主义的独立力量。这导致希腊"从未建立起真正的非人格化现代公共部门"②。

4. 英、美两国的比较

这是第三种类型内部的一种比较。福山认为,英、美两国都通过改革获得了国家建设的成功;但是英国比美国更快、更成功,这首先是因为英国在扩大民主权之前就已经改革成功,而美国在扩大民主权之后才开始改革,比英国整整晚了一个世纪,严重限制了改革的力量和结果,而且留下了深深的国家与民主之间矛盾的祸根。③ 其次,福山认为导致二者差异的原因还包括政治体制的差别:美国是三权分立、相互制约的制度,而英国是单一的议会制。这导致美国的改革比英国花了更长时间。④

(三) 比较分析得出的主要结论

第一,国家现代化有两条途径,一条是军事竞争,一条是和平改革。德国以军事竞争为动力,英美以改革为动力。英国和美国是和平政治发展的典范,通过零敲碎打的改革建立民族认同和国家官僚体系,避免了

---

① [美] 弗朗西斯·福山:《政治秩序与政治衰败:从工业革命到民主全球化》,毛俊杰译,广西师范大学出版社 2015 年版,第 71—93 页。
② [美] 弗朗西斯·福山:《政治秩序与政治衰败:从工业革命到民主全球化》,毛俊杰译,广西师范大学出版社 2015 年版,第 85—91 页。
③ [美] 弗朗西斯·福山:《政治秩序与政治衰败:从工业革命到民主全球化》,毛俊杰译,广西师范大学出版社 2015 年版,第 113—121 页。
④ [美] 弗朗西斯·福山:《政治秩序与政治衰败:从工业革命到民主全球化》,毛俊杰译,广西师范大学出版社 2015 年版,第 146 页。

大规模暴力动荡。而希腊、意大利基本上没有实现现代官僚国家建设。①

第二，政治落后国家应该选择的道路，不是德国式的战争途径，而是美国式的改革途径。这个问题把福山的理论与实践联系了起来。福山虽然很重视理论重构，但他更重视现实实践。因为如果一种理论不能通过实践得到验证，并且在实践中扩展，只能沦为无用的乌托邦。福山一边努力重构更加有解释力的理论体系，一边又在不同程度上否定这一理论的现实意义，这充分显示出福山理论与实践之间出现的深深的裂痕。福山下面的一段话充分说明了这点，非常能反映福山的真实意图：

"过早引进民主会助长依附主义，今天的强大国家，往往是在引进民主之前就打造完成的。这些事实也许进一步表明了，当代发展中国家应尽量遵循相同的次序。……这种说法似乎与本书案例的逻辑相符，但实际上，却不是今天良好的指导方针。这样说没错，社会应先建立韦伯式的强大自主的官僚体系，或基于独立法院和受过良好训练的法官的自由法治。但问题在于，这两种制度的建设都不是轻而易举的。制度往往是历史遗产预定的，或是外部势力塑造的。……刻意安排政治制度的引进次序大有问题，其最后一个原因与道德或规范有关。基于自由和公正的定期选举的负责制，本身就是一件好事；此外，它还可对政府质量或经济增长产生影响……不管是好是坏，现代发展中国家在先后次序上并无现实可行的选择，必须像美国一样，在民主政治体制的背景下建设强大国家。这就是为何进步时代的美国经验异常重要。今天没有一个国家能切实模仿，经一个半世纪军事斗争建成强大国家的普鲁士。"②

二 前殖民地国家政治发展问题的比较分析

（一）以美国为范本

由上面引述的资料可以证明，对于前殖民地国家，福山是以美国作

---

① ［美］弗朗西斯·福山：《政治秩序与政治衰败：从工业革命到民主全球化》，毛俊杰译，广西师范大学出版社 2015 年版，第 179—182 页。

② ［美］弗朗西斯·福山：《政治秩序与政治衰败：从工业革命到民主全球化》，毛俊杰译，广西师范大学出版社 2015 年版，第 191—193 页。

为政治发展的范本。这主要是因为德国的军事途径不具有可复制性，而福山本人也更加倾向于和平途径。当然，美国的途径也并不是完全和平的，它在独立战争过程中强化了国家建设。但在前殖民地国家跃升为发达国家里，美国算得上是最成功的代表。美国的暴力程度也没有德国那样严重。如果是在不借助独立战争和南北战争条件下实现了政治发展，那对福山的理想而言就更加完美了，但这种政治实验并不存在。因此，福山非常重视美国政治发展的历史经验，虽然在殖民地国家政治发展中没有讲到美国，但作为一个分析坐标，美国经验暗含在其具体分析当中。

（二）亚非拉三个地区的比较

关于前殖民地国家，福山重点分析了拉丁美洲、撒哈拉以南非洲、东亚三个地区。与前面的分析方法类似，福山先比较这三个地区内部和之间存在的重大差异，然后分析导致这些差异的原因。与前面的分析不同的是，福山不仅分析了政治制度的差异，也分析了经济成就的差异。这种变化告诉人们一个非常有意思的信息：分析亚非拉地区不能仅仅分析政治制度问题了，因为按照福山标准确立的政治制度先进地区或国家，在经济上不一定是最好的地区或国家。仅仅分析政治制度这个变量，已经不适应前殖民地国家的情况了。

1. 三个地区内部和之间的差异的比较分析

东亚是三个地区经济增长率最高的，但民主制度不够好；拉美是政治制度特别是民主制度上最好的，但在国家制度上相对东亚只占"很小优势"，政治稳定和法治方面与之相当；南部非洲则乏善可陈，其经济上和政治上都最落后。[①] 就国家制度而言，拉丁美洲坚持的是威权体制，南部非洲没有完善的国家能力，东亚则拥有强大的国家制度。

2. 三个地区政治制度差异原因的比较分析

东亚国家强大和民主缺乏的原因：第一，中国在秦朝统一之时就建立了现代国家，中国又影响了日本、韩国、越南等国家，它们也都很早

---

① ［美］弗朗西斯·福山：《政治秩序与政治衰败：从工业革命到民主全球化》，毛俊杰译，广西师范大学出版社2015年版，第350—352页。

发展出了国家制度；第二，在长期的竞争过程中，东亚国家培养了民族认同感，强化了国家；第三，东亚早期的国家实现了制度化，让它更容易抵抗外来入侵，保证国家统一和经济发展，日本表现得最突出。第四，东亚国家在法治形成之前就有了强大国家，导致法治和民主制先天缺乏。

拉丁美洲坚持威权体制的原因。第一，殖民遗产的原因：复制伊比利亚半岛的重商主义社会政治制度，继承了历史上遗留下来的寡头政府。第二，地理环境的原因：拉丁美洲在地理上被森林、沙漠和山脉等分割开来，不同于西欧和东亚存在较大平原，不利于国家的形成。第三，民族认同的原因：缺乏像法国大革命那样的暴力推翻寡头政治，也缺乏长期竞争的国际环境，民族认同非常淡薄，不利于国家形成。[①]

南部非洲国家低能的原因。第一，殖民遗产的原因：殖民者无暇制度建设，利用本地"代理人"进行间接统治，导致长期国家制度虚空；殖民者留下的国土边界不符合种族和部落认同，带来领土纷争的痛苦。第二，地理环境的原因：以沙漠和热带雨林为主，与拉丁美洲类似，不方便权力延伸和统治。第三，政治人才的原因：不同于拉丁美洲，独立后缺乏进行政治建设的精英人才，国家被家族庇护制度控制。第四，民族认同的原因：缺乏军事活动，只有殖民者为了统治方便而在一定程度上强化的种族制度，根本没有民族认同方面的建设。[②]

（三）比较分析得出的主要结论

福山对前殖民地国家在今天的落后，持一种为殖民主义者辩护的态度。他认为大多数前殖民地国家之所以落后，其原因主要在于国家力量的软弱。而导致国家力量软弱的原因，除了殖民者的破坏之外，还有其本土的地理环境和人口方面的因素。对于经济上比较突出的东亚国家，中心问题则不是国家力量，而是法治和政治负责制对国家权力的限制

---

① ［美］弗朗西斯·福山：《政治秩序与政治衰败：从工业革命到民主全球化》，毛俊杰译，广西师范大学出版社 2015 年版，第 353—355 页。

② ［美］弗朗西斯·福山：《政治秩序与政治衰败：从工业革命到民主全球化》，毛俊杰译，广西师范大学出版社 2015 年版，第 355—357 页。

问题。[①] 对于前殖民地落后国家的政治发展途径，如上所言，福山主要主张学习美国经验，在输入民主制度前提下进行国家和法治建设。对于东亚国家的政治发展，例如中国，福山主要还是寄希望于本国经济现代化带来的新社会力量。

第五节　福山政治制度衰败研究中的比较分析

福山"重构"历史终结论的一个重要原因就是美国政治制度陷入新的政治经济危机，以及福山吹捧的自由民主输出在世界很多国家走向了反面，带来了混乱和灾难。关于美国出现的主要政治问题，福山将其称为政治衰败。但为了为自己的理论辩护，福山强调政治衰败并不是资本主义自由民主的衰败，也不认为只有资本主义国家才具有政治衰败。福山把发达国家美国、发展中国家中国，以及因为输入资本主义自由民主而带来灾难的利比亚等国，一并作为具有政治衰败问题的国家进行分析。这种做法表面上是在回应美国陷入政治衰变的挑战，实则是在掩饰导致政治衰败的原因，拐弯抹角为资本主义自由民主辩护。

（一）以美国为比较的范本

值得玩味的是，美国被福山两次作为比较分析的范本：一次是作为前殖民地国家政治发展的范本，一次是作为发达国家陷入政治衰败的范本。福山一度为美国陷入政治衰败而悲观绝望，认为美国只有"死路一条"；但福山又认为政治衰败不是政治制度和政治文明的衰败，因此不是不可以化解。这反映了福山在美国政治衰败问题上的纠结和无奈。福山把美国作为政治衰败的范本，与他把美国作为前殖民地国家政治发展的范本，二者实际上自相矛盾。

（二）围绕美国政治衰败的比较分析

1. 美国与所有民主国家的比较分析

一方面，福山认为政治衰败是所有民主国家都有的通病，但不是一种

---

① ［美］弗朗西斯·福山：《政治秩序与政治衰败：从工业革命到民主全球化》，毛俊杰译，广西师范大学出版社 2015 年版，第 359 页。

根本缺陷。福山认为政治衰败有两个根源，一个是思想僵化，再一个是利益群体对政权施加影响，这两个根源在所有民主国家普遍存在。但福山认为这种通病可以通过改革"自我修复"，因此不会威胁到政治制度的合理性和生命力，福山认为美国顺利度过大萧条、冷战等历史事实就证明了这一点。但福山也指出，美国之所以现在显得束手无策，可能与其民主决策速度较慢有关。[1] 另一方面，福山认为在所有民主国家中，美国的政治衰败问题更为严重，因为美国存在对国家持久的不信任，以及政党否决制。[2]

2. 美国与民主输入国（利比亚）的比较分析

这一比较有趣的地方是，福山一边把美国与利比亚算作同一类现象，认为他们都存在国家治理能力不足问题，一边又把二者看作是"天平"的两端，认为美国拥有"持久强大"的制度，而利比亚的症结是制度缺乏。一个是没有制度，一个是有"强大"制度，但两者都陷入了政治衰败。[3] 福山并没有直接说利比亚陷入了政治衰败，却说美国陷入了政治衰败。如果本质上不是同一类事件，为何又要放到一起比较呢？福山没有说出的意思是，利比亚的国家匮乏和混乱也是一种政治衰败，不过是一种外来人为侵略导致的政治衰败；这个给利比亚带来政治衰败的国家正是搞民主输出的美国，它所输出的制度在本国产生政治衰败，在输出国也产生政治衰败。它不仅在输出政治制度，而且在输出政治衰败，因为它在本国就在发生政治衰败。

3. 美国与中国的比较分析

福山认为，中国虽然最早形成了现代化国家，但也存在周期性政治衰败问题，这主要体现在历史和当下两个方面。历史上，中国以强大的官僚体系的持续为常态，但也存在权力崩溃的周期性政治衰败。[4] 现实

---

① ［美］弗朗西斯·福山：《政治秩序与政治衰败：从工业革命到民主全球化》，毛俊杰译，广西师范大学出版社2015年版，第497页。

② ［美］弗朗西斯·福山：《政治秩序与政治衰败：从工业革命到民主全球化》，毛俊杰译，广西师范大学出版社2015年版，第443—444页。

③ ［美］弗朗西斯·福山：《政治秩序与政治衰败：从工业革命到民主全球化》，毛俊杰译，广西师范大学出版社2015年版，第4—5页。

④ ［美］弗朗西斯·福山：《政治秩序与政治衰败：从工业革命到民主全球化》，毛俊杰译，广西师范大学出版社2015年版，第336—337页。

中，福山认为中国存在的政治衰败主要体现为改革开放后形成的个人自主性越来越不充分。随着经济发展兴起的新社会群体动员，有可能提出新的经济和政治自由、自主的要求。① 值得思考的是，正如利比亚的政治衰败不过是美国政治衰败输出的结果，在分析中国的所谓"政治衰败"时，福山竟忘记了这一点，对中国政治制度的优越性视而不见，强行用他那在全世界带来政治衰败的政治标准评价中国，给人一种"打肿脸充胖子"的感觉。

（三）比较分析得出的主要结论

第一，现代自由民主国家的政治衰败，一点也不比其他类型国家更少。② 第二，美国比其他民主国家政治衰败更为严重。③ 第三，自由民主国家的政治衰败，也是来自政治衰败的两个一般因素：人类情感的制度僵化、亲戚选择倾向。④ 第四，美国的政治衰败不是资本主义文明的衰败，不是制度意义上的，而是体制意义上的。⑤

福山广泛地运用比较政治分析法，给人一种印象，貌似他已经不再坚持"跨历史"的抽象人性论的分析法，而采用了更加科学的实证分析法。但就如同我们前面指出的，这种比较分析法无法与仍然坚持的"跨历史"的抽象人性论分析法相协调，也无法与"辉格史观"的主观唯心主义方法相协调。被他纳入作为比较样本的国家，仍然是以他所先行确定的英国、丹麦等模范国家为标准而选取的，因此无法掩盖其抽象人性论和主观唯心主义的本质。

① ［美］弗朗西斯·福山：《政治秩序与政治衰败：从工业革命到民主全球化》，毛俊杰译，广西师范大学出版社 2015 年版，第 495—496 页。
② ［美］弗朗西斯·福山：《政治秩序与政治衰败：从工业革命到民主全球化》，毛俊杰译，广西师范大学出版社 2015 年版，第 23—24 页。
③ ［美］弗朗西斯·福山：《政治秩序与政治衰败：从工业革命到民主全球化》，毛俊杰译，广西师范大学出版社 2015 年版，第 443—444 页。
④ ［美］弗朗西斯·福山：《政治秩序与政治衰败：从工业革命到民主全球化》，毛俊杰译，广西师范大学出版社 2015 年版，第 30 页。
⑤ ［美］弗朗西斯·福山：《政治秩序与政治衰败：从工业革命到民主全球化》，毛俊杰译，广西师范大学出版社 2015 年版，第 423—424 页。

第三部分

理 论 篇

第 九 章

政治制度起源：人性论问题

从整体结构上看，福山历史终结论重构形态的整个体系建立在一个多元化人性论基础上。他把政治制度起源的决定因素、政治制度发展、政治制度衰败和终结的重要制约因素，都归结于这种多元化人性论基础。与其原生形态比较，无论内涵、功能还是论证逻辑方面，这个人性论基础都发生了重大变化，这些变化进而带来了重构形态其他内容的相应变化。因此，我们以后必要首先分析福山的人性论基础。

第一节　重构"人性"：从一元到多元

历史终结论重构形态的人性论基础，由其原生形态的人性论发展而来。比较这两个阶段，其明显差异在于，前者的人性构成具有单一性或一元性，而后者则具有多重性或多元性。但后者的多元是包含了前者的一元的，它既坚持了前者的一元，又超越了前者的一元。为了更好地理解后者，就需要从前者的分析开始。

一　福山的一元人性论

在《历史的终结及最后之人》中，为了确立判断历史发展的标准或依据，或者说为了证明资本主义自由民主是人类历史的终点，福山在否定了从历史事实出发的历史学标准后，把目标转向了寻找人类"共享本性"的人性论标准。福山认为，只有找到一个永恒不变的人性，并且证明历史发展已经达到了对这种人性的完全满足，才能够证明历史的发展已经走到了终点。福山说："我们无法仅仅局限于用当代世界向我们展示的实证来讨论自由民主制度的愿景——它对生活在其社会制度中的人所具有的吸引力，以及它对长期生活在自由民主制度中的人的持久影响力，而是必须直接地、明确地提出一个跨历史标准的人性，用以判断每个社会制度或社会体系的好与坏。"①

通过梳理关于人性的已有观点，福山逐步得出自己的认知。他首先否定了把人的物质欲望看作人之本性的做法，认为从这个角度出发认识问题存在严重局限性。这是因为：人不仅是一个"经济动物"，而且是一个精神存在物；人的历史活动不仅有经济动机，还具有精神动机；经济动机只能解释一些"明显的、渐进的"发展趋势，不能解释历史发展的"断层"和"出乎意料"的事件，更不能解释历史发展的最终方向，而精神动机则可以。他说："对民主这一现象，我们如果只从经济学上来理解，显然无法作充分的解释。对历史的所有经济学诠释把我们带到了自由民主乐土的门口，但它却没有一直把我们送进里面去。"②

从反对物质欲望人性论出发，福山把批判矛头对准了马克思。因为福山把人的物质欲望对历史的推动与"经济—科技"的功能混同起来，所以他要求人们不要相信马克思，而要相信黑格尔。他认为黑格尔把追求他人"认可"或"承认"的属性看作人的本质的观点是真理，而马克思基于经济发展的历史观背后包含的物质欲望决定论则是错误的。他说："我们最好不要相信马克思和受其经济历史观影响的社会科学体系，而应相信黑格尔，……对于黑格尔来说，人类历史的基本动力不是现代自然科学，也不是现代自然科学发展促进下的欲望的不断膨胀，而是一种完全非经济的动力，即为获得认可而进行的斗争。"③"最初之人"为了追求他人对自己的"认可"或承认，不得不进行暴力斗争。因此，福山认

---

① ［美］弗朗西斯·福山：《历史的终结及最后之人》，黄胜强等译，中国社会科学出版社2003年版，第159页。

② ［美］弗朗西斯·福山：《历史的终结及最后之人》，黄胜强等译，中国社会科学出版社2003年版，第153页。

③ ［美］弗朗西斯·福山：《历史的终结及最后之人》，黄胜强等译，中国社会科学出版社2003年版，第154页。

为暴力属性也是人的共享本性。他说："黑格尔的'最初之人'有别于动物，这个人不仅想要获得别人的认可，而且想作为人（借助于他人——笔者注）来获得别人认可。人这一身份是由人拿生命冒险的能力构成的，这是他最根本的、最独特的特征。因此，'最初之人'与其他人遭遇后会发生暴力战斗，每一方都冒自己的生命危险寻求获得另一方的认可。"①当然，"最初之人"的这种暴力属性是为了实现他人的承认这个目标，因此归根结底是从属于追求他人承认的属性的。

从追求承认的人性出发，经过"最初之人"的血战，奴隶屈服于主人，以及主奴之间的斗争与和解等一系列推演尝试，福山终于彻底"解决"了让他困惑的历史发展动力与方向问题。他认为借助这样一种逻辑，既可以解释历史发展的一般趋势，又可以解释包括两次世界大战在内的人性"返祖"问题，最终实现对历史走向终结的完美论证。福山说："人类历史的问题，从某种意义上讲，可以被看作是寻求一种满足主人和奴隶双方互相平等地获得认可的欲望的方法。历史正以一种实现这一目标的社会秩序的胜利而终结。"②

福山的这种人性论显然存在不少问题。一方面，福山所设想的"最初之人"的战斗及其结果——一方胜利并奴役另一方，而不是其他情况，只是一种主观假设的思想模型，不是立足事实的科学研究；另一方面，福山的分析方法是典型的目标先行或"目标管理"，即按照是否能达到自己预设的历史终结来确定人性标准，这显然是一种以目标为依据的循环论证。此外，福山把"最初之人"追求他人承认的人性称为人的"社会性"，仍然是一种精神的社会关系，而非物质性社会关系。

二　一元人性论的"困境"

在历史终结论原生形态的创作目的方面，福山表现得非常坦率，几乎对自己那种目的先行的实用主义逻辑从不加掩饰。后来的事实证明，

①　［美］弗朗西斯·福山：《历史的终结及最后之人》，黄胜强等译，中国社会科学出版社2003年版，第168页。

②　［美］弗朗西斯·福山：《历史的终结及最后之人》，黄胜强等译，中国社会科学出版社2003年版，第174页。

这不是因为福山不懂这种逻辑的错误，而是因为他被自己造就的思想乌托邦冲昏了头脑，自信得过了头，顾不上这种逻辑自洽性问题了。然而，发现逻辑方面存在的问题需要很多思考，发觉历史事实方面形成的挑战却是一目了然的。因为如歌德所言，理论是灰色的，生命之树常青。如果一种历史理论没有深入到历史的普遍性，哪怕它能解释一时的"实用"目的，也不能阐明长远的发展趋势。当着大量的历史事实，例如"9·11"事件、伊拉克战争、阿富汗战争、国际金融危机、欧洲债务危机、英国脱欧、阿拉伯之冬、疫情危机等，无一不在证明那种只注重追求如何约束国家权力、完全忽视国家治理能力建设的纯粹"自由民主"制度，不仅没有为人们带来繁荣，反而带来大范围、长时期的灾难。这不仅让福山及其理论非常难堪，也迫使福山自觉不自觉地重新思考：原本那种"为民主而民主"的片面政治结构（或政治秩序、政治制度），是否还能继续作为历史终结论的理论内核和理论目标。最终，福山认识到："历史终结论"的观点如果还要继续拥有解释力和生命力，必须重新构造其原有的理论内核，将国家、法治等元素也"整合"到里面去，重新构造一个新的理论目标和范式。在这种新理论目标需求下，原先那种一元人性论已经不合时宜，无法满足论证这一目标的需要了。

福山认识到国家治理能力问题正在成为世界政治的中心问题，他将国家建设问题称为"政治的必需"。由此，我们也可以说：在理论上把国家能力元素纳入到"自由民主"理论内核中去，并将其人性论基础进行相应更新，则是重构历史终结论的"理论的必需"。从这样一个更新了的目标的各个方面，按照"目标管理"的逻辑进行倒推，福山实现了对原先一元人性论的重构。

三　走向多元人性论

从2004年的《国家构建》到7年后的《政治秩序的起源》，再到10年后的《政治秩序与政治衰败》，经过长时期反复探索，福山实现了对原来人性论哲学的重构，将一元人性论发展为多元人性论。这集中体现在《政治秩序的起源》的第2章"自然状态"和第29章"政治发展和政治衰败"，以及《政治秩序与政治衰败》的"引言"部分中。

整体看，福山的多元人性论把人的"共享的生物本性"区分为六个方面，即社交性（或包容适存性）、制定遵循规则能力、认知能力（智力）、情感、追求他人认可或承认、暴力倾向。其中，追求他人认可或承认和暴力特征，是福山"历史终结论"原有人性论哲学就已经存在的内涵。出于新的模型论证的需要，福山又增加了社交性、认知能力、制定遵循规则能力以及情感四种属性。

追求承认和暴力倾向的人性元素，是福山承续原生形态人性论的结果。关于追求承认，福山在《政治制度的起源》中说："人类天生追求的不只是物质，还有承认。承认是指他人尊严或价值的承认，又可称作地位。追求承认或地位的奋斗，往往不同于为物质的奋斗；地位是相对的，不是绝对的。……像自由贸易的合作游戏是正和，允许大家都赢；然而，追求承认或地位的斗争都是零和，你的增益一定是对方的损失。"[1] 关于暴力倾向，福山说："人类天生具有暴力倾向。从存在的第一瞬间人类就对其同类行使暴力。就像他们的灵长目祖先。"[2] 之所以要重申追求承认或认可的人性，是因为福山历史终结论重构形态的核心目标仍然是追求资本主义自由民主，这个人性论要素对于这个目标依然有效。而且这一人性元素对于诠释当下热门话题"身份政治"貌似具有较好解释力。之所以要重申人性的暴力倾向，除了原先那种理论需要，主要是为了解释部落和国家制度形成的原因。因为在福山看来，导致部落特别是国家制度形成的主要历史动因，是频繁的战争带来的国力竞争。而战争的决定因素，不是马克思主义讲的经济利益，而是人的暴力属性。

社交性或包容适存性，是指"人类从未在无社会状态中生存"，"人

---

① ［美］弗朗西斯·福山：《政治秩序的起源：从前人类时代到法国大革命》，毛俊杰译，广西师范大学出版社2012年版，第432页。

② ［美］弗朗西斯·福山：《政治秩序的起源：从前人类时代到法国大革命》，毛俊杰译，广西师范大学出版社2012年版，第432页。

类及其灵长目祖先，一直生活在基于亲戚关系的大小社会群体中。"① 福山反对霍布斯、洛克等人所主张的将人类的初始生活理解为"离群索居"的个体生存状态，主张人类从一开始就追求群居、相互依赖的集体生活。福山认为，那种脱离集体的独立生活，以及"人与人的敌对状态"，并非人类最早的生活方式，它们都是后来产生的。具体而言，福山把人的这一属性又区分为两种形式，即亲戚选择和互惠利他。所谓亲戚选择，是指人类祖先对自己的亲戚采取一种优先偏好态度，并且偏好程度与共享基因的多寡成正比。所谓互惠利他，是指毫无血缘关系的人类祖先之间通过"交换恩惠或资源"实现一种互帮互助。② 福山之所以增加这一人性内涵，是因为只有具备这样一种属性，才会形成最早的社会组织例如家庭、族团、部落，并在部落的基础上形成早期国家。有了国家，才会有关于国家进而法治、负责制等政治制度。相反，如果没有这种社交性，就没有社会组织乃至各种政治制度的产生。

制定遵循规则的能力，是指"人类天生喜欢制定和遵循规范或规则"③。福山说："根据天性，人类又是创造和遵循规范的生物，他们建立社会互动的规范准则，使集体行动成为可能。"④ 人类遵循规则"都不是学来的，都不是洛克认为的出生后，与外界互动时获得的。它们在小孩身上表现得非常自然，小孩依照这基于遗传但属于文化的规则来组织自己的行为"⑤。人类之所以要制定和遵循规则，是因为从社会组织和政治制度形成的结果看，仅有前面讲的人的社交性还是不够的，集合在一起的"最初之人"之间还必须学会合作与竞争，而要学会合作与竞争，就必须具备制定规则和遵循规则的能力。

---

① ［美］弗朗西斯·福山：《政治秩序的起源：从前人类时代到法国大革命》，毛俊杰译，广西师范大学出版社 2012 年版，第 431 页。

② ［美］弗朗西斯·福山：《政治秩序与政治衰败：从工业革命到民主全球化》，毛俊杰译，广西师范大学出版社 2015 年版，第 6 页。

③ ［美］弗朗西斯·福山：《政治秩序的起源：从前人类时代到法国大革命》，毛俊杰译，广西师范大学出版社 2012 年版，第 431 页。

④ ［美］弗朗西斯·福山：《政治秩序与政治衰败：从工业革命到民主全球化》，毛俊杰译，广西师范大学出版社 2015 年版，第 6 页。

⑤ ［美］弗朗西斯·福山：《政治秩序的起源：从前人类时代到法国大革命》，毛俊杰译，广西师范大学出版社 2012 年版，第 431—432 页。

认知能力或智力，是人类的"语言、宗教、抽象思维"等方面的能力①，是由"将人类与类人猿祖先分开的1%染色体"决定的②。福山认为人类的认知能力或智力，不是来自人类祖先的生产劳动，而是来自人类祖先的合作与竞争。为了实现族团内部的合作与竞争，就需要制定和遵循规则，就需要记忆和沟通能力。与人类祖先的这种认知能力类似，黑猩猩也有低水平的认知能力，福山将其称为黑猩猩的"认知技术"。黑猩猩的"认知技术"和人类祖先一样，也是为了解决族团内部"囚徒困境"之类基本问题。需要注意的是，福山特别强调，人类的认知能力或智力反过来促进甚至决定社会规则和制度的形成。在后来分析部落和法治等制度的形成过程中，福山特别强调宗教的作用。

情感，是天生具有的因为日久生情而对现有规则的偏爱特征，包括"罪过、可耻、骄傲、愤怒、困窘和赞美"等具体体现。福山说："人类遵循规则的本能，往往基于情感，而非理性。……人类倾向于将内在价值注入规则，这有助于说明社会的保守和顽固。……久而久之，规则变得过时，甚至严重失调，但社会仍然拽住不放。……因此，各社会都有竭力保留现存制度的普遍倾向。"③ 福山的鲜明的基于耻感和暴力的人性论，主要来自福山的母国日本的武士道文化。福山之所以强调把情感作为一种人性，主要是出于论证政治制度发展中出现的逆向发展现象，即福山近年来特别强调的"政治衰败"。所谓政治衰败，就是一种因为情感的保守而导致的政治制度发展跟不上现实需求的现象。虽然福山认为政治衰败是一种普遍现象，但他所批判的政治衰败案例，主要与美国的两党分权和三权制衡的政治体制带来的自我否定相关。把情感作为一种天生人性的主要理论意义，就是这样做可以把"政治衰败"解释为人的情感保守的产物。

①　[美] 弗朗西斯·福山：《政治秩序的起源：从前人类时代到法国大革命》，毛俊杰译，广西师范大学出版社2012年版，第31页。

②　[美] 弗朗西斯·福山：《政治秩序的起源：从前人类时代到法国大革命》，毛俊杰译，广西师范大学出版社2012年版，第35页。

③　[美] 弗朗西斯·福山：《政治秩序的起源：从前人类时代到法国大革命》，毛俊杰译，广西师范大学出版社2012年版，第431—432页。

上述关于人性的六个因素，在福山眼里并不是一种等量齐观的并列关系。虽然大多数情况下福山把论述的重点主要放在国家治理及相关人性上，但相对于历史终结论要实现的最终目标，与国家治理有关的人性要素归根结底还是处于从属地位。笔墨的多少不能代表逻辑的地位。为了突出资本主义自由民主仍然是人类历史的终结，为其服务的人性论因素必须在所有构成要素中处于首要地位。福山说："政治力量最终（ultimately）植根于承认——领袖或制度被公认的合法性，得以赢得追随者的尊敬。追随者可能以自利出发，但最强大的政治组织，其合法性以广大受欢迎的观念思想为基础。"① "人类政治活动的大部分都以寻求承认为中心，不管是寻求天命的中国未来君主，打黄巾或赤眉的卑微农民，还是法国红便帽起义军，它们都在追求承认。……近代民主政体的兴起，如避而不谈其内核的平等承认，也是无法理解的。"② 这个问题福山虽然很少涉及，但它却是历史终结论根本逻辑不可或缺的关键构成部分。

第二节　从合乎人性到限制人性

福山把历史终结论建立在重新构造的多元人性基础上，这样做貌似可以化解现实挑战危机，但在逻辑上包含着深刻的自相矛盾，那就是从政治制度合人性走向政治制度反人性、压制人性。福山陷入这一逻辑矛盾的原因在于，他所讲的人的社会性不过是一种抽象的社会性。这种深刻的自相矛盾，决定了福山在构造了庞杂的多元人性论后，又不得不主动"降格"它在整个理论体系中的地位。

一　从合乎人性转向限制人性

福山特别强调政治制度的"合法性"问题，他认为只有具有"合法性"的政治制度才是正义的。福山所谓的合法性，从他的主要逻辑看，

---

① ［美］弗朗西斯·福山：《政治秩序的起源：从前人类时代到法国大革命》，毛俊杰译，广西师范大学出版社 2012 年版，第 45 页。

② ［美］弗朗西斯·福山：《政治秩序的起源：从前人类时代到法国大革命》，毛俊杰译，广西师范大学出版社 2012 年版，第 32 页。

就是合乎人性的需求。一种政治制度，如果合乎人性需求，那么就可以说具有合法性，相反则不具有合法性。福山不仅从这一角度来判断政治制度的合法性，而且以此作为推动历史发展的首要动力，由此来断定历史是否走向了终结。他说："确定是否达到历史终结阶段的另一种方法称为'跨历史'的方法，或一种基于自然概念出发来判断现行自由民主制度是否合法。我们……应当寻求理解人的本质，即从作为人始终具有但不是每时每刻都表露出来的人性，并按该标准来确定当代民主国家的合法性。"① 合人性、政治制度的合法性、历史发展的动力、历史发展终结与否的判断标准，在福山眼里实质上是同一层面的范畴。

在一元人性论逻辑下，福山为政治制度合法性、历史发展动力和终结与否等问题找到的人性标准是是否满足对承认的追求。他认为，对承认的追求不仅是政治历史起源和发展的动力，而且它的实现程度决定着历史的发展程度。资本主义自由民主制度真正实现了对追求承认人性的满足，因此是真正具有合法性的制度，是历史的最高阶段，标志着历史的终结。在福山的逻辑中，能否满足追求承认的人性，即是否合乎真正的人性，就成了至上的善，成了判断政治制度发展的终极标准。历史的发展和结果，都是由这种人性追求并实现这种人性所决定的。但是，如果说在一元论逻辑下的人性标准是福山无条件肯定和遵从的对象，那么在多元人性论逻辑下，这种态度则发生了重大变化——政治发展应该遵从人性还是限制人性不再是毫无疑义的结论，而成为一个需要重新思考的问题。

在多元人性论下，人性的构成元素不再以追求承认为唯一内容。除了暴力、智力、情感等工具理性方面的内涵，人性的社会交往方面所包含的"亲戚选择"和"互惠利他"，也成为一种重要的基本需求。"亲戚选择"和"互惠利他"的人性，在人类最早以血缘关系为主要组织关系的阶段，例如古代家庭、族群、部落阶段，起到了维系和组织社会的作用。但是，在福山看来，当人类社会由传统社会走向现代社会，这种基

---

① ［美］弗朗西斯·福山：《历史的终结及最后之人》，黄胜强等译，中国社会科学出版社2003年版，第157页。

于血缘关系或依附关系的人性，对于政治发展就不再起正面促进作用，而是起负面阻碍作用。这样，在福山眼里，政治现代化的实现过程，就是一个不断压制"亲戚选择"和"互惠利他"人性与行为的过程。如果不对这种人性进行限制，现代政治制度就会不断出现"家族制复辟"。即使建立了成熟制度，也会周期性走向"政治衰败"。福山说："在任何政治体制中，家族化的问题从未得到最终解决……依靠亲友是人类社交的预设模式，如果没有严厉的惩罚，始终会以不同的形式卷土重来。非人格化现代国家迫使我们采取有悖于本性的行为，而它们随时都有遭到侵蚀和扭转的风险。"①

既然标志历史终结的现代政治制度，已经是建立在限制和"有悖"亲戚选择和互惠利他人性的基础上，那么按照政治合法性和判断历史发展的人性标准，根据什么说，这样的政治制度还具有"合法性"？根据什么说，具有这种政治制度的历史是终结了的历史呢？难道亲戚选择和互惠利他与社会公益只能自相矛盾，不能并行不悖吗？如果说政治现代化的过程，就是这样一个不断限制人的社会性的过程，这样的政治现代化不是反人性、反社会的吗？这对福山的新逻辑来说，是一个必须认真对待的重大挑战。

二 抽象的"社会性"

福山为何在人性论问题上陷入了深刻的自相矛盾？归根结底是因为他的人性论是一种脱离社会现实的抽象人性论。他所讲的"社会性"，仍然是抽象的"社会性"。只要我们把"社会性"理解为具体的，即从不同历史时期的客观的社会经济关系，并把人性理解为受具体社会关系塑造而形成的人性，也就是马克思说的作为"社会关系总和"的人性，那么这种自相矛盾就迎刃而解了。族群社会和部落社会下，人的社会性就是血缘关系和原始公有制的产物，与这种社会性相对应的"政治"制度是平等的民主管理制度；"主奴"社会下，人的社会性就是奴隶主对劳动资

---

① ［美］弗朗西斯·福山：《政治秩序与政治衰败：从工业革命到民主全球化》，毛俊杰译，广西师范大学出版社2015年版，第189页。

料和奴隶人身所有制的产物，与这种社会性相对应的政治制度是主人奴役奴隶的制度；资本主义社会，人的社会性就是资本家所有制并雇佣劳动力的产物，与这种社会性相对的政治制度就是资本家阶级主导和决策的制度。

福山虽然也讲人的"社会性"，但他讲的这种"社会性"是抽象的，不是从社会现实出发的具体的人性。他讲的"社会性"，一种内涵是群居，是一种群居动物也存在的属性，这完全不能把人与动物区别开来；一种内涵是作为工具或条件，即"最初之人"对他人承认的追求必须借助另一个"我"，因此不过是"两个人"的"社会"。真正的社会性，既不是动物群居意义上的社会性，也不是"借助他人"实现自己精神需求意义上的社会性。真正的社会性，只能是从社会经济关系出发，并基于社会经济关系的社会性。

一个脱离社会现实的人性，怎么可能成为社会发展的现实动力呢？一个脱离社会现实的人性，怎么能不被现实的发展所"限制"呢？让我们具体看看福山所讲的现实历史是如何"限制"人性的：福山认为追求"互惠利他"是人的社会属性，在族团和部落社会中除了血缘关系，也有无血缘关系者"相互交换恩惠或资源"[1] 的关系。但是实际上，交换关系并不存在于原始社会早期和中期，它只有在生产力发展到出现一定剩余之后才可能出现。如果要用原始社会末期出现的"交换"来解释美国现在的新依附主义——"利益集团通过捐款和游说有效买通政客"[2] 之类现象，那么这是徒劳而可笑的。别的条件不论，我们首先要让"最初之人"手中拥有巨额美元才行。但那时有没有交换都难说，更不用说用美元交换了。如果要将利益集团与政治的权钱交易归咎为族团社会的那种"最初之人"之间的恩惠或资源交换，这不过是在让"最初之人"为资本家负责，让所有共享人性的"人"为资本家的行为背锅。把21世纪的政治衰败归咎为人类祖先身上就存在的社会性，这种辩解多么滑稽！

---

① ［美］弗朗西斯·福山：《政治秩序与政治衰败：从工业革命到民主全球化》，毛俊杰译，广西师范大学出版社2015年版，第6页。

② ［美］弗朗西斯·福山：《政治秩序与政治衰败：从工业革命到民主全球化》，毛俊杰译，广西师范大学出版社2015年版，第189页。

三　人性论的"降格"

与人性论的转变密切相关，福山放弃了《历史的终结及最后之人》中从普遍人性出发，推论出资本主义自由民主的"强的"因果逻辑，转而强调人性与政治制度形成、发展之间的"弱的"因果关系。这种人性论在新理论体系中地位的下降，意味着福山在某种程度上吸收了马克思唯物主义的因素，在不同历史阶段有所选择地承认某些客观历史因素对政治发展的作用。

在人性与历史发展的关系问题上，福山将原先那种一一对应的直接因果关系，变为既有必然性又有或然性的模糊因果关系。他说："即便是生物学，也不是完全固定的起点"①，"人类在社会中组织自己行为时，不是完全自由，因为他们共享一种生物本性。……共享的本性不能决定政治行为，但可限定可能的制度本性。这表示，人类政治取决于人类重复的行为模式，既横跨文化又纵越时间。"②

有人认为，福山的这种做法是受到后现代主义解构思想影响的结果，这种说法有一定道理。但笔者认为，更大程度上福山这种做法是对其"目标管理"思维局限性反思的产物。这是因为如果人的某种人性是永恒不变的，它绝对地决定着某种政治制度的产生和发展，那么这种政治制度的产生和发展也就完全成了必然，根本不需要人的追求和努力。这样做，实际上就完全否定了人的主观能动性的意义，陷入了机械主义的预定论。福山说："唯物主义的预定论……不足以充分解释具体情况中的政治发展过程。这个过程非常复杂，涉及多方面的因素，除了气候和地理之外，还包括领导能力、国际影响和意识形态。这些偏离的案例显示，人类能动性在制度发展中非常重要。"③

---

① 〔美〕弗朗西斯·福山：《政治秩序的起源：从前人类时代到法国大革命》，毛俊杰译，广西师范大学出版社 2012 年版，第 25 页。

② 〔美〕弗朗西斯·福山：《政治秩序的起源：从前人类时代到法国大革命》，毛俊杰译，广西师范大学出版社 2012 年版，第 430 页。

③ 〔美〕弗朗西斯·福山：《政治秩序与政治衰败：从工业革命到民主全球化》，毛俊杰译，广西师范大学出版社 2015 年版，第 258 页。

否定了人的能动性，福山就无法证明不同国家和群体之间的"互动"，对于推动世界"自由民主"发展的价值，他向世界非民主国家推动输出"自由民主"也就没有了可能性和现实意义。否定了人的能动性，否定了精神的作用，当然也就否定了他自己宣扬历史终结论这一理论工作的价值。所以，福山特别强调，要把工业革命前后两个历史阶段的政治制度发展的动力形式区别开来，不能将两个阶段的主要动力混为一谈，以免影响干扰他正在大力宣传推广的自由民主大业。担心读者被论述的顺序和繁杂所误导，不能准确理解他的意思，福山专门交代：阅读第一卷之前，"需要预先掂量第二卷的内容"。这是因为"一旦工业革命发轫，人类社会退出直到那时一直所身历的马尔萨斯处境，新动力加入社会变化的进程，从而造就巨大的政治后果"①。而这些仅靠原先的人性论，无论是一元人性论还是多元人性论，都是完全不能解释的。所以福山要求我们重视地理环境、思想、社会动员等方面因素的历史作用："我们所看到的政治形式上的巨大差异……首先是人类所处环境的产物。……它们在特定进化的过程，发展出与众不同的规范和思想。此外，各群体也在互动，在促进变化方面，其重要性与自然环境不相上下。"②

第三节 "黑猩猩政治"与《黑猩猩的政治 ——猿类社会中的权力与性》

从一元论到多元论，福山的人性论从人性内涵和历史功能，到人性分析的逻辑，各个方面都发生了重要变化。在人性分析的逻辑方面，福山似乎认识到原先那种基于"目标管理"的"倒推"逻辑的局限性，他开始重视实证逻辑和实证资料的重要性。在实证逻辑上，它把生物学研究的成果，特别是黑猩猩的研究成果拿来作为人性论分析的依据。在实证资料方面，它对政治的分析不再完全从抽象人性出发，而是选择和梳

① ［美］弗朗西斯·福山：《政治秩序的起源：从前人类时代到法国大革命》，毛俊杰译，广西师范大学出版社 2012 年版，序言第 5 页。

② ［美］弗朗西斯·福山：《政治秩序的起源：从前人类时代到法国大革命》，毛俊杰译，广西师范大学出版社 2012 年版，第 45 页。

理了大量国别政治史作为支撑。这就使福山的理论重构给人一种从现实出发的科学的假象。福山的大部分笔墨都用在了制造这种假象方面。

一　用"实证资料"重启"思想实验"

福山当然不会将"目标管理"的主观主义错误归咎于历史终结论自身，他是通过批评西方哲学家的"自然状态"思想的局限性和错误来开启这种改写的。福山批评了"霍布斯谬误"，认为它否定了"最初之人"的社会状态，把人与人的关系曲解为一种"各行其是"，在较迟阶段才进入社会状态。福山也批评了洛克在"最初之人"的关系上过于"温和"，缺乏霍布斯所讲的"人与人的敌对状态"的暴力倾向。但福山在方法论上的主要反思，是通过批评卢梭的"思想实验"的假设态度开始的。"卢梭开门见山地告诉读者，他所从事的研究'不可当作历史真相，只算是假设性和有条件的推论。它适合解释事物的本性，并不适合显示其真正起源'。"福山由此推论出："对卢梭和霍布斯而言，自然状态与其说是历史叙述，倒不如说是揭示人性的启发教具。"既然霍布斯、洛克、卢梭等西方哲学家关于人性的理论只能算是个"假设"或"推论"，那么"将之对照于我们因生命科学最新进展所认识的人类起源，不能算作不公平"，"我们可以用更好的实证资料，再次运行卢梭的思考实验"[1]。这里，所谓再次运行卢梭的思考实验，实质上就是再次运行《历史的终结及最后之人》中提出的非"跨历史"研究，用"更好的实证资料"而不是用目标"倒推"出要论证的结论。

二　"黑猩猩政治"

福山认为，现代生物学提供了与上述政治哲学家的人性论"完全相反"的结论，这包括社会交往和操作政治权力的"技巧"、自发的暴力、思想文化等。福山以"黑猩猩政治"为主要案例，借助动物学的研究成果，得出黑猩猩的本性和人类非常相似，具有原始的社交性、制定规则

---

[1]　[美]弗朗西斯·福山：《政治秩序的起源：从前人类时代到法国大革命》，毛俊杰译，广西师范大学出版社2012年版，第28页。

能力、智力、情感、追求认可、暴力的特征，这些特征是存在于人类近亲身上的共享本性。

福山认为黑猩猩和人类一样，都具有社会群居性。这种社会群居性在黑猩猩群体中已经发展为"族团社会"，它是人类"初期政治组织"在黑猩猩群体中的"预设"。他说："包容适存性和互惠利他，不仅属于人类，也见于众多动物，为（主要是）亲戚小群体的合作做出了解释。人类初期的政治组织，很像在灵长目中看到的族团社会，如黑猩猩的。这可被认作社会组织的预设。"①

黑猩猩虽然生活在"族团社会"中，但这个"族团社会"不是夫妻共建的现代家庭，也不是人人平等的民主团体，而是一个基于暴力竞争而形成的"等级组织"。这个等级组织因为不同成员之间基于血缘而形成的社会依赖性而不会解体。这个社会组织的形成和维持的过程，也就是黑猩猩的社交性、追求承认和暴力倾向等本性得以体现的过程。福山认为黑猩猩争夺权力的现象令人想起"人类群体中的政治"，他特别赞同亚里士多德的主张——人天生是政治的动物。

黑猩猩是除人之外智力最高的动物之一。它具备基本的记忆力和评判能力。这种评判能力为决定疏离还是结盟的交往方式提供了智力前提。福山在分析黑猩猩个体之间选择"结盟"还是"疏远"时，提到了智力在此过程中的作用，但并没有提供这种智力对于黑猩猩的规则制定和发展方面的具体案例。

黑猩猩"社会"也有规则，这种规则不是建立在协商前提下的平等规则，而是由通过暴力竞争取得统治权的"老大"制定的等级规则。因为没有文字，这种规则更多是靠习惯和经验来体现，并通过暴力和卑顺的招呼来维持。黑猩猩也具有情感，这种情感与规则的坚持与否联系在一起。如果违反了群体规则或违抗了权威，它们会流露出"犯罪或困窘"的表情。

福山说："以现代生物学来寻求人性，作为政治发展理论的基础，这

---

① ［美］弗朗西斯·福山：《政治秩序的起源：从前人类时代到法国大革命》，毛俊杰译，广西师范大学出版社 2012 年版，第 43 页。

是非常重要的，因为它将提供最基本的部件。我们可借此来理解人类制度后来的进化。"① "不同社会经不同的路径而走到一起，这一重聚提示了人类群体在生物学上的相似。"② 笔者以为，我们当然可以从人类的近亲角度，探索人类祖先的特征，但不应该将人类近亲的特征等同于人类祖先。虽然福山没有直接这样做，但他的潜意识的不经意流露却背叛了他，将其真实想法和盘托出。福山说："本书……并不始于有记载的人类历史，而是人类的灵长目祖先（mankind's primate ancestors）。"③ "将人类与类人猿祖先（chimplike forebears）分开的1%染色体，还含有什么……"④福山的研究分明是从黑猩猩开始的，但他在多处将黑猩猩说成是人类祖先，甚至将黑猩猩的染色体等同于人类祖先的染色体。我们知道，黑猩猩的染色体虽然与人类很接近，但人类的染色体是23对，而黑猩猩是24对。从黑猩猩出发推断人类的本性，中间忽略了黑猩猩与其或人类共同祖先的比较这个环节。这种混淆是否是故意的我们不得而知，但这容易误导读者把黑猩猩与人类祖先混为一谈，把人性等同于黑猩猩本性。

三　反思《黑猩猩的政治——猿类社会中的权力与性》

福山重写人性论所依据的"黑猩猩政治"，来自美国生物学家弗朗斯·德瓦尔的《黑猩猩的政治——猿类社会中的权力与性》。这是一本出版于1982年的著作，作者通过对荷兰阿纳姆动物园中的一群黑猩猩进行连续多年的观察，写下大量的记录，以此作为分析黑猩猩本性与行为逻辑的依据。德瓦尔通过观察和分析黑猩猩得出两个基本结论：一个是"政治的根比人类更古老"⑤；再一个是黑猩猩的许多方面表现出与人类的

---

① ［美］弗朗西斯·福山：《政治秩序的起源：从前人类时代到法国大革命》，毛俊杰译，广西师范大学出版社2012年版，第29页。
② ［美］弗朗西斯·福山：《政治秩序的起源：从前人类时代到法国大革命》，毛俊杰译，广西师范大学出版社2012年版，第45页。
③ ［美］弗朗西斯·福山：《政治秩序的起源：从前人类时代到法国大革命》，毛俊杰译，广西师范大学出版社2012年版，第5页。
④ ［美］弗朗西斯·福山：《政治秩序的起源：从前人类时代到法国大革命》，毛俊杰译，广西师范大学出版社2012年版，第35页。
⑤ ［美］弗朗斯·德瓦尔：《黑猩猩的政治——猿类社会中的权力与性》，赵芊里译，上海译文出版社1982年版，第257页。

相应行为"相似的特征"，"为我们提供了关于人类本性的重要线索"①。

与福山不同，德瓦尔并不是从要得出的某种目标出发来选择研究对象的，他的研究结论的意义是在研究之后得出的。在该书中，德瓦尔并没有专门为读者阐明选择黑猩猩作为研究对象的原因。而在福山那里，主要将其概括为共享一个祖先且这一祖先的"不可研究"、基因比例上的最接近、行为方式上的"连贯性"等几个方面。福山说："人类和黑猩猩共享一个类似黑猩猩的祖先。人类分支出来，约在500万年前。人类和黑猩猩的染色体约有99%的重叠。多于灵长目内任何一对。我们当然不可能研究'人—猿'的共同祖先的行为，但灵长学家花费很长时间，在动物园和自然栖息地观察黑猩猩和其他灵长目动物的行为，发现他们与人类拥有明显的连贯性。"②

从基因相似程度上来确定人类的近亲，是一种科学手段。但必须指出，福山的这个概括存在两个方面的问题：一是完全否定对人类的祖先古猿人进行人类学、考古学研究的可能和意义。二是把科学家主要以黑猩猩为研究对象的原因狭窄化了。

对于人类学家的研究，福山批评说："人类学家的难题是，没人能直接观察，人类社会如何从早期模式发展到较复杂的部落或国家。他们唯一能做的，只是假设现存的狩猎采集或部落社会是早期模式的实例，再通过观察其行为来推测引发变化的力量，如部落何以演变为国家。"③ 我们要指出，福山所推崇的从观察"黑猩猩"推测人类祖先，进而推测人类的本性的做法，不也存在这里所批评的人类学方法的缺陷吗？黑猩猩研究不也是假设"现存"是"早期模式"的实例，而无法对"早期模式"进行"直接观察"吗？

对于考古学家的研究，福山批评说："考古学家可通过不同文明在数

---

① ［美］弗朗斯·德瓦尔：《黑猩猩的政治——猿类社会中的权力与性》，赵芊里译，上海译文出版社1982年版，第1页。

② ［美］弗朗西斯·福山：《政治秩序的起源：从前人类时代到法国大革命》，毛俊杰译，广西师范大学出版社2012年版，第31—32页。

③ ［美］弗朗西斯·福山：《政治秩序的起源：从前人类时代到法国大革命》，毛俊杰译，广西师范大学出版社2012年版，第51页。

十万年间留下的物质记录，追踪其社会活力的伸张。……其缺点也是显而易见的，即缺乏民族学研究的丰富细节。太依赖考古学记录，会导致对唯物主义解释的偏爱，因为史前文明的精神和认知世界，其大部已永远丢失。"① 福山认为考古获得的资料都是物质形式的资料，所以就无法确定精神在历史当时的功能，从而导致对"唯物主义"的偏爱。如果说事实恰如福山所言，我们丢失了关于精神的大部分资料，那么这种资料可以从观察"黑猩猩"中获得弥补吗？黑猩猩的精神认知或者智力，能否作为人类祖先的智力的根据呢？显然不能。实际上，考古学依然可以为我们认识人类祖先的图腾和信仰提供大量的资料；而人类学通过研究原始部落，在这方面的贡献可能会更大。

实际上，科学家之所以选择黑猩猩作为主要研究对象，一个重要原因是它的易操作性。如果选择大猩猩为观察对象，很难获得它的必要配合，但这不等于说以此为主要研究途径不存在严重缺陷。从研究对象上看，德瓦尔所获得的公园里的黑猩猩资料，是在它们"衣食无忧"情况下的表现，并不是真正自然界的结果。作为一种"推己及猿"的直觉、反思研究，德瓦尔的工作仍然遭到了"拟人主义"的批评。他把人类的"权力意志"投射到黑猩猩身上，从而得出一种泛政治主义的结论。对于这种动物身上的"权力意志"的来源，他时而说是"猿"之本性，时而又说是垄断繁衍与性的产物。与福山相似，他也非常认可亚里士多德讲的"人天生是政治的动物"；但与之不同的是，他把黑猩猩的生活主要看成是追求和平而非暴力的，"友爱、和睦才是黑猩猩社区的常态"②，结盟是出于"共同的害怕"③ 而非天生的"不畏死"（福山语），在很大程度上更加倾向于卢梭和洛克的立场。

---

① ［美］弗朗西斯·福山：《政治秩序的起源：从前人类时代到法国大革命》，毛俊杰译，广西师范大学出版社 2012 年版，第 51 页。

② ［美］弗朗斯·德瓦尔：《黑猩猩的政治——猿类社会中的权力与性》，赵芊里译，上海译文出版社 1982 年版，推荐序第 3 页。

③ ［美］弗朗斯·德瓦尔：《黑猩猩的政治——猿类社会中的权力与性》，赵芊里译，上海译文出版社 1982 年版，第 224 页。

第 十 章

政治制度发展：动力论问题

福山政治制度理论的第二个环节，是政治制度发展问题。具体而言，这一问题主要包括政治制度发展的动力、政治制度发展的阶段、政治制度的退化（政治衰败）、政治制度发展的结局等几个方面。这一章我们分析福山关于政治发展的第一个问题，即动力论问题。福山关于政治制度发展的动力，包括两种逻辑机制：一种逻辑是作为直接动力的进化论逻辑，再一种是作为深层动力的基于人性的多元决定逻辑，福山称之为"底下无数龟"。

第一节　直接动力：进化论

从直接意义和整体趋势上看，福山认为政治发展具有一种"普遍机制"，这种机制"类似"于生物进化论讲的变异与选择两个原则。福山说："政治制度的进化，大致可与生物进化媲美。达尔文的进化论以两项简单的原则为基石：变异和选择……以长远的历史观点看，政治发展遵照同一模式：不同人类群体所使用的政治组织发生了变异，较为成功的——能发展较强的军事和经济力量——得以取代较不成功的。"[①] 或者说，"最适合当时自然和社会环境的，得以存活和扩散。"[②] 可见，这种普

---

① ［美］弗朗西斯·福山：《政治秩序的起源：从前人类时代到法国大革命》，毛俊杰译，广西师范大学出版社2012年版，第436—437页。

② ［美］弗朗西斯·福山：《政治秩序与政治衰败：从工业革命到民主全球化》，毛俊杰译，广西师范大学出版社2015年版，第23页。

遍机制实质上是一种运用生物进化规律来分析政治发展的社会达尔文主义机制。

除了变异与选择，政治制度发展还在其他两个方面与生物进化相同，即两者都离不开竞争的压力，两者都会出现"特别进化"和"普遍进化"两种形态。没有竞争，就不会出现不同生物的基因变异，进而按照优胜劣汰原则，发展为自然淘汰和自然选择。福山说："跟生物进化一样，竞争对政治发展至关重要。如没有竞争，就不会有对制度的选择压力，也不会有对制度革新、借鉴、改革的激励。导致制度革新的最重要竞争之一是暴力和战争。"[1] 在进化形态上，生物进化既是一种特别进化，又是一种普遍进化。所谓特别进化，是某一物种内部，借助变异和选择机制，用新物种代替原有物种实现的进化，它体现为优越的个体代替落后的个体；所谓普遍进化，是"不同物种产生形似的进化"。例如眼睛，作为观察环境的器官，在许多生物身上进化出来，成为一种较大范围的普遍现象。"政治发展也是如此。行为意义上的现代人类……他们努力适应遇上的不同环境，开发了不同的语言、文化和制度。同时，某些社会凑巧碰上能提供优势的社会组织。于是，也发生了普遍进化，从族团层次，转到部落层次，再转到国家层次的社会。"[2] "普遍的政治进化，多元文化的人类必须解决类似的问题……设想出并行的对策。"[3] 福山此处所讲的普遍进化，与他讲后马尔萨斯时代更主要借助国际交往等因素的特殊性，存在某种程度上的自相矛盾。他虽然否认他的思想是一种"历史决定论"，但是他所讲的这种政治制度存在的这种"普遍进化"，难道不是一种带有宿命论色彩的历史决定论吗？

按照进化论的发展逻辑，一种政治制度，只有主动或被动作出自我调整，使自身适应自然和社会环境的变化，才能实现自身的"特别进

[1] ［美］弗朗西斯·福山：《政治秩序的起源：从前人类时代到法国大革命》，毛俊杰译，广西师范大学出版社2012年版，第439页。
[2] ［美］弗朗西斯·福山：《政治秩序的起源：从前人类时代到法国大革命》，毛俊杰译，广西师范大学出版社2012年版，第438—439页。
[3] ［美］弗朗西斯·福山：《政治秩序与政治衰败：从工业革命到民主全球化》，毛俊杰译，广西师范大学出版社2015年版，第478页。

化"。同时，因为它的自我调整适应了自然和社会环境的变化，具有更强的生命力，所以它才可能在与其他政治制度的竞争中胜出，取代其他政治制度，实现制度的横向传播或复制。

当然，福山认为，政治制度进化与生物进化的机制仍然存在许多重大差异，这包括：生物进化的选择对象是基因，政治制度进化的选择对象是制度；生物进化的基因变异和选择完全是独立自在的，政治制度进化的变异和选择离不开人的破坏性和创造性；生物进化的过程没有情感因素的影响，而政治制度进化的过程通常包含着主体的情感和价值观的冲突，需要思想进化、情感斗争等主观能动性的参与。福山特别强调，情感因素导致的制度"黏性"或"保守性"是引发"政治衰败"现象的主要原因，它会给制度变革带来严重困难。

福山将自己的政治制度进化论逻辑称为"高层次的抽象"，但即使如此，他还是承认，这一发展逻辑仍然存在很大的局限性，不是政治变化的"精简理论"。这一方面是因为政治制度发展不同于生物基因的变异和选择，是一个由人来完成的过程，经常"依赖于偶然或伴生事件"，其动力"既繁多又复杂"，对其"溯源回归是永无止境"[1]；另一方面是因为政治制度无论是其"历史起源"还是传播，"往往是一长列历史意外事件的产品"，"其他社会可以完全出乎意料的方式加以模仿和采纳"[2]。

进化论逻辑并不能解释复杂多变而又充满主观和偶然的政治制度发展，那么它有什么意义呢？它的意义在于揭示了一种基于变异、竞争和选择的进化趋势，或者说进步主义的发展方向；依据这种趋势，就可以批评悖逆这一方向的政治行为，例如制度僵化和"家族制复辟"等"政治衰败"现象。虽然要找到政治体制发展的绝对"精简理论"是"根本不可能"的，但福山仍然有一套自己的相对的"精简理论"，并用这套逻辑来展开自己的分析，这就是所谓"底下无数龟"的逻辑。

---

①　［美］弗朗西斯·福山：《政治秩序与政治衰败：从工业革命到民主全球化》，毛俊杰译，广西师范大学出版社2015年版，第23页。

②　［美］弗朗西斯·福山：《政治秩序的起源：从前人类时代到法国大革命》，毛俊杰译，广西师范大学出版社2012年版，第440页。

第二节　深层动力："底下无数龟"

福山用"叠罗汉"的乌龟来描述推动政治制度发展的动力机制。他注意到，乌龟喜欢"叠罗汉"，即一只乌龟压在另一只乌龟背上，一直这样摞上去，形成一个层级结构。他的这个比喻来自物理学家史蒂芬·霍金一个未必真实的转述：一个科学家在讲述宇宙时，遭到一个老妇的驳斥，她说宇宙不过是驮在龟背上的圆盘。科学家反问她：龟的下面是什么？老妇回答：底下是无数的龟。显然，在老妇的逻辑中，每一只龟都是宇宙的基础，下面的龟又是上面的龟的基础。与之类似，福山认为政治制度发展虽然充满偶然性，但它仍然存在"多重动力机制"（multiple dynamic mechanisms），这些不同的动力存在一个层级结构，将社会从一个阶段推进到下一个阶段。① 福山认为决定政治制度发展的"龟"有很多，它们按照一定的次序摞在政治发展的下面。

首先，与其他政治发展理论比较，福山的"龟"逻辑总体上具有"独立的多维性"和"足够的原始性"。福山认为，一些分析历史发展动力的理论之所以失败，就在于没有满足"独立的多维性"和"足够的原始性"这两个要求。他说："大多数所谓的发展概论，其失败的原因，在于没有考虑发展史中独立的多维性。他们只是化繁为简，试图从复杂的历史真实提取出单独的诱因。他们没能将故事推至足够原始的历史时期，以解说它的起源和前提。"②

其次，福山认为人性是"底层的龟"。上一章我们分析了人性在政治制度起源过程中的作用。但在福山的逻辑中，人性不仅是政治制度起源的初始原因，也是继续推进政治制度发展的动力因素之一。虽然人性与政治制度的发展之间未必是一一对应的线性关系，但很多重大事件，如政治衰败现象和政治通往终结阶段的普遍趋势，都与人性有关或由人性

---

① ［美］弗朗西斯·福山：《政治秩序的起源：从前人类时代到法国大革命》，毛俊杰译，广西师范大学出版社 2012 年版，第 50 页。

② ［美］弗朗西斯·福山：《政治秩序的起源：从前人类时代到法国大革命》，毛俊杰译，广西师范大学出版社 2012 年版，第 24—25 页。

决定。所以，人性是所有动力之"龟"中底层的"龟"。福山说："我以自然状态和人类生物学为本卷的开头，因为它是明显的起点，可算做底层的龟，可以背驮后续的龟群。"①

再次，除了人性之"龟"，还包括思想、经济、自然环境之"龟"，而思想之"龟"的重要性超过经济和自然因素，处于龟层的下层。他说："在解释社会差异和独特发展路径时，如不把思想当作原因，便无法打造政治发展的理论。在社会科学的术语中，思想是独立的变数；在龟的术语中，思想处在龟群的下层，它的底下绝对没有经济或自然环境的龟。"②福山从两个方面强调思想的作用：一个是具体角度，即在分析社会及其政治发展路径的特殊性时，思想是一个独立的函数变量，它独立地发挥作用，并不依赖于其他因素；再一个是抽象角度，即思想与其他社会动力因素比较，思想的作用要大于经济和自然环境的作用。然而，虽然福山在社会发展动力问题上整体持一种唯心主义态度，并不意味着他在特定历史阶段和场合不会把思想之"龟"放到经济之"龟"的上面，突出经济之"龟"的地位。

从抽象角度看，福山认为思想的政治作用就在于为不同社会"制造"具有意识形态功能的"心智模型"。"心智模型"可以在物质的或精神的因素中为自然、社会、精神现象"寻找因果关系"，从而"使世界更清晰、更可预言、更容易操纵"。在人类早期社会，思想创造的"心智模型"主要包括魔鬼、上帝、自然等；在现代社会，思想创造的"心智模型"则包括地心力、经济自利、社会阶级等。福山认为思想创造"心智模型"的能力，并不是人类在生产实践或者社会交往中形成的，而是一种"天生的"能力，是人性的具体体现。③这就是我们在上一章讲到的作为人性因素的"智力"，它是由人与黑猩猩在基因上的1%的差别决定的。

---

① ［美］弗朗西斯·福山：《政治秩序的起源：从前人类时代到法国大革命》，毛俊杰译，广西师范大学出版社2012年版，第430页。

② ［美］弗朗西斯·福山：《政治秩序的起源：从前人类时代到法国大革命》，毛俊杰译，广西师范大学出版社2012年版，第433页。

③ ［美］弗朗西斯·福山：《政治秩序的起源：从前人类时代到法国大革命》，毛俊杰译，广西师范大学出版社2012年版，第433页。

福山分析了"心智模型"的两种具体形态，一种是自古至今一直存在的宗教，再一种是在近代促进资本主义自由民主实现中发挥重大功能的"平等的承认"。关于宗教的政治功能，福山从增进集体合作和行动，形成社会规则和法治，促进欧洲社会从部落社会走向现代社会等几个方面做了分析。福山认为宗教和人的思想的功能一样，并不像马克思说的那样是"物质条件"的产物，而"可能植根于人的天性"①。关于"平等的承认"，福山认为它的巨大政治功能在于"定义了现代世界"②，并且认为平等观念可以追溯到《圣经》中上帝按照自身形象造人的思想之中。

在上述深层动力的几个要素中，人性是福山首先强调的因素，它的功能除了体现在政治制度起源中，还或明或暗、或强或弱地体现在政治发展过程中；思想因素是福山非常重视的第二个因素，它在政治制度形成和传播过程中发挥着重大作用；自然环境因素是福山强调的第三个因素，它使得世界各大洲不同国家的政治发展体现出自身的特色；经济因素是福山重新肯定的因素，它在工业革命之后的世界政治发展中体现出尤其重要的作用。福山并没有十分清楚地说明这些因素在重要性上的前后次序，他只是在时间上突出人性因素，在思想与社会存在（经济、自然环境）二者之间突出思想因素，因此整体上体现出抽象人性论和唯心史观的倾向。

应该承认，福山在分析政治制度发展的动力机制问题上，有许多可圈可点之处。例如，他把政治制度看作是一个基于竞争和选择不断发展和进步的过程，否定了历史发展的循环论和复古论的观念；他把政治的发展动力看作是一个复杂体系，把经济因素、社会因素、自然因素、思想因素等都考虑进去，反对将政治发展动因仅仅归结为单一原因的"还原论"的线性思维；他把精神因素考虑在内，充分认识到宗教和思想启蒙等因素对推进政治制度革新的重要功能，看到了历史发展中人的思想功能的能动性，等等。

----

①　［美］弗朗西斯·福山：《政治秩序的起源：从前人类时代到法国大革命》，毛俊杰译，广西师范大学出版社2012年版，第434页。

②　［美］弗朗西斯·福山：《政治秩序的起源：从前人类时代到法国大革命》，毛俊杰译，广西师范大学出版社2012年版，第436页。

但是，必须指出的是，关于进化论逻辑，福山没有找到政治制度产生的真正原因，他把新的政治制度的产生看作是一种类似生物基因的"变异"，显然带有偶然论的色彩；他把制度传播的主要原因看作是一种"选择"，这虽然有一定道理，但没有看到这种"选择"是在一种必然性前提下的选择，夸大了主观能动性的作用。关于"底下无数龟"逻辑，无论在思想及其创造功能的产生上，还是在思想创造的所谓"心智模型"上，福山都陷入了唯心主义逻辑的窠臼。从脱离社会现实的先验思想出发解释政治发展是一种历史唯心主义，这种历史唯心主义不仅否定了物质世界和社会规律的客观自在性，而且使得政治发展体现出神秘主义色彩。例如，他把物理学的"地心引力""辐射"等概念，经济学的"经济自利"概念，社会学的"社会阶级"概念，仅仅看作是人的思想的创造物，而不是人的思想对客观现实的认知和"创造"。

第三节　马尔萨斯世界的动力：经济—国家—暴力

上面分析了福山政治制度发展的两个动力——进化论逻辑和"底下无数龟"。与"底下无数龟"相比，进化论逻辑具有直观性，但它仍然过于抽象，只能在原则上指明一种方向的前进性，不能给出具体的理由。当然，这对于论证政治衰败等逆向发展的暂时性，仍然具有重要意义。"底下无数龟"虽然带有多元论和反本质倾向，但毕竟还是给出了一个随着时空条件变化而变化的实用主义的因果逻辑。这种逻辑一定程度上纠正了《历史的终结及最后之人》中那种坚硬的线性因果关系，却又面对着偶然论和不可知论等新难题的考验。为了避免陷入不可知论，导致对历史终结论自身的否定，福山采取了一种新的处理方法，那就是将政治发展区分为两大历史阶段，通过比较两大阶段的差异，把不可知性主要限制于前一阶段，而突出后一阶段的可知性与可践行性。这个道理并不复杂，因为如果整个历史发展都是不可知的，历史终结论的结论就无从得出，资本主义自由民主在世界范围内的扩展就无法实现。由此可见，在很大程度上，福山并没有从他所揭示的历史规律出发，哪怕是充满偶然性和不可知性的规律，而是从他要实现的根本政治目标出发来重构历史终结论的。

　　为了突出当代政治发展经验或规律的特殊性，福山放弃了原先以普遍人性的实现程度为标准的划分历史阶段的方式，转而坚持经济或生产力发展水平的标准。这个方法是以重新认识马尔萨斯《人口论》的逻辑为切入点的。福山认为，马尔萨斯所描述的那个状态，基本符合工业革命之前世界历史的特征，可以采用来描述那个时代。在马尔萨斯世界里，人口增长速度远远超过谷物增长，即生产力发展缓慢和粮食匮乏，基本反映了那个漫长时代的基本特征，适用于描述 1800 年之前的历史阶段。而之所以以 1800 年为历史分期的分水岭，在这个关键问题上福山转向坚持经济或生产力水平标准，认为正是工业革命从根本上改变了 1800 年之后历史的发展趋势。随着科学技术越来越多应用于生产，生产力水平大大提高，粮食增长速度超过人口增长速度，二者之间的矛盾大大缓解，这从根本上改变了政治运行的方式。原先那种解决人口过剩的野蛮方式如饥荒、疾病和战争，不再是主要方式。福山说："约在 1800 年后，随着工业革命的出现，世界发生了巨大变化。在那之前，生产力因技术革新而持续增长、进而促进经济发展的美事是靠不住的。事实上，它几乎不存在。"① 然而，"如果说马尔萨斯的模式不能用于 1800—2000 年这段时间，它却可作为理解此前世界政治经济的基础"②。

　　关于马尔萨斯世界政治行为的具体方式，福山将其概括为"两条途径"。第一条途径与国家政权的行为方式有关，国家为了民众的生存或者自身的运转，千方百计"创造经济资源"，由此推动政治发展。具体而言，这包括两种情况：一种情况是国家成功实现了经济增长目标，经济增长又反过来"创造更为强大的政治权力"；再一种情况是国家发展经济失败，这促使它由"向内求"转向"向外求"，寻求通过"战争逻辑"达到目的。③ 第二条途径与宗教等社会组织有关，宗教等社会组织的发展

---

　　① ［美］弗朗西斯·福山：《政治秩序的起源：从前人类时代到法国大革命》，毛俊杰译，广西师范大学出版社 2012 年版，第 451 页。
　　② ［美］弗朗西斯·福山：《政治秩序的起源：从前人类时代到法国大革命》，毛俊杰译，广西师范大学出版社 2012 年版，第 453 页。
　　③ ［美］弗朗西斯·福山：《政治秩序的起源：从前人类时代到法国大革命》，毛俊杰译，广西师范大学出版社 2012 年版，第 458 页。

限制了君主专制权力，逼迫君主"授权给新兴社会参与者"，推进法治建设和负责制发展，为政治提供新的合法性。

福山把第一条途径理解为一种生存逻辑，这有一定道理。但他把第二条途径理解为一种追求政治合法性的逻辑，则带有人为解读的痕迹。事实上，第二条途径归根结底也是为了生存。历史上宗教或议会在政治上所起的作用，即使在客观上有利于资本主义自由民主的实现，在主观上也主要是为了自身的生存而作为。例如基督教对女性家庭成员拥有财产继承权的主张，虽然在客观上推进了传统社会向现代社会的发展，但在主观上却是为了增进教会自身的利益。英国议会与国王的斗争，虽然打着自由民主的旗号，但并不是为了所有人的自由民主，而是为了维护自身的物质利益。必须把资产阶级意识形态在形式上的超阶级标榜与内容上的阶级性区分开来。

关于马尔萨斯世界政治发展的两条途径，福山认为第一条途径的重要性远远超过第二条途径，因为马尔萨斯世界更多是一个以国家为中心、以暴力为主要特征的世界。他说："马尔萨斯式世界中至关重要的政治制度是国家，它是取得粗放型经济增长的主要途径。强制能力——军队和警察——是开展外部掠夺（战争和征服）的资源，又可用于国内居民以保障统治者的掌权。"① 此处的话语逻辑暴露了福山所谓战争或暴力的历史作用的真正内涵——战争或暴力不是为了追求他人承认的人性所致，而是为了解决生存的物质利益问题。当然，福山会说这只是一种历史的"拱肩"或次要的点缀，并非主要原因。例如他说："我们……很难同意经济动机是国家原生形成的原因。相比之下，无休止的战争，或害怕较强群体前来征服，促使自由骄傲的部落成员走进集权国家，倒是入情入理的解释。"②

然而，在否定了"经济权威"，树起"暴力权威"，取得对唯物主义的"胜利"后，福山完全没有想到，他的理论立马面临着暴力论的嫌疑：

---

① ［美］弗朗西斯·福山：《政治秩序的起源：从前人类时代到法国大革命》，毛俊杰译，广西师范大学出版社 2012 年版，第 457 页。

② ［美］弗朗西斯·福山：《政治秩序的起源：从前人类时代到法国大革命》，毛俊杰译，广西师范大学出版社 2012 年版，第 447 页。

自由民主制度是否也必须借助暴力才能实现？只有借助暴力才能发展？暴力在自由民主国家政治中发挥什么功能？美国的严重政治衰败是否只能依靠暴力才能解决？形式上，福山并不主张对"非自由民主国家"采取暴力措施。他认为当代世界的政治发展已经不同于"旧社会"，暴力的大门已经"紧紧关上"，不再担当政治发展动力的主角，被起始于经济发展的社会、思想、政治良性互动的和平机制所代替。他说："现代世界的规范和制度，在很多方面，已把暴力解决政治僵局的大门紧紧关上。没人期望或希望，非洲撒哈拉以南的国家为建立强大巩固的国家，也经历如中国和欧洲所体验的数世纪坎坷，这意味着，制度革新的责任将落在前述的非暴力机制上。"① 但是，暴力为何退却了？和平改造为何成为政治发展的主角？其中的历史根源是什么？在用"暴力权威"否定了"经济权威"之后，福山又不得不将"经济权威"请回来，用它来解释和平发展得以实现的可能。

第四节　后马尔萨斯世界的动力：
经济—社会动员—合法性思想

随着工业革命的发生，人类历史进入一个全新阶段。在这个阶段，经济资源匮乏与人口增长之间的矛盾的解决，完全超出了马尔萨斯的设想。它不是通过消减人口，而是通过科技革命，提高财富创造效率而得到了缓解。福山敏锐地捕捉到了这点，他说，后马尔萨斯世界的"最重要的变化是持续性集约型经济增长的出现"② 他认为这个重要变化，从根本上转变了政治发展的逻辑：原先那种由资源贫乏衍生出的国家发展和战争逻辑，不再是政治发展的主题和动力；相反，由经济繁荣、社会分工创造新社会力量，激发新的社会动员，进而推动政治发展的逻辑，取代了之前的国家和暴力逻辑。对此，他说："基于城市的资本主义市场

---

① ［美］弗朗西斯·福山：《政治秩序的起源：从前人类时代到法国大革命》，毛俊杰译，广西师范大学出版社 2012 年版，第 448 页。
② ［美］弗朗西斯·福山：《政治秩序的起源：从前人类时代到法国大革命》，毛俊杰译，广西师范大学出版社 2012 年版，第 459 页。

经济一旦出现，我们便离开古老的马尔萨斯式世界，开始进入现代经济制度，生产效率的增长变成家常便饭。此时，日益富有的资产阶级，越来越能颠覆旧式地主秩序的权力，政治发展的条件因此而发生变化……因此而开始了政治发展的现代制度：政治变化取决于经济和社会的变化。"① 值得特别注意的是，福山在这里清晰地指明了后马尔萨斯世界政治发展动力机制的主要内容和特殊性，这是他用来分析当代世界政治发展的核心逻辑，是解决资本主义自由民主在世界扩展的主要经验。

因为经济、社会因素发挥的功能越来越大，因此分析后马尔萨斯世界的政治发展，已经不能仅仅就政治而谈政治，只分析政治制度内部诸要素（国家、法治与民主），还应该把当代政治发展的三大"组件"即经济、社会、思想等也纳入进来，进行一种多要素互动的整合性阐释，这就是我们上面讲的"底下无数龟"。

关于政治制度内部诸要素的关系，福山主要从国家与法治、国家与民主、法治与民主等几个方面做了分析。关于法治与民主，福山强调法治是民主自身应有之义，法治保护民众不受国家权力的侵害，并且限制国家权力的行使范围。这个观点在历史终结论的原生与重构形态中，自始至终得到坚持和贯彻，没有发生实质变化。关于国家与法治、国家与民主，则是在重构形态中突出的重点，因为他越来越清晰地认识到：强调自由民主不能忽视国家建设的重要性，不能为了追求民主和法治就削弱国家能力，那样只能竹篮打水一场空，无论是国家能力还是民主法治最终都无法获得。但是，福山强调国家建设的重要性，并不意味着他不重视或者放弃了对资本主义自由民主的强调。他这样做，用他自己的话说，是因为"过去一代人太重视民主"② 了。实际上，福山长篇累牍地论述国家的起源、发展，其目的不是要用它替代自由民主，而是要将其纳入到自由民主的框架之中。

在此基础上，福山分析了三大"组件"与政治发展之间的关系。经

①　[美] 弗朗西斯·福山：《政治秩序的起源：从前人类时代到法国大革命》，毛俊杰译，广西师范大学出版社2012年版，第404—405页。

②　[美] 弗朗西斯·福山：《政治秩序与政治衰败：从工业革命到民主全球化》，毛俊杰译，广西师范大学出版社2015年版，第28页。

济增长是当代政治发展的第一个"组件"，福山分别分析了经济增长与国家建设、法治、民主三者之间的关系。关于经济增长与国家建设、经济增长与法治，值得注意的是，福山给出的分析都是不具备确定性的模糊的结论。福山认为经济增长与国家建设之间虽然存在某种相关性，但"相互之间因果关系却并不很清楚"①；而经济增长与法治建设之间既存在正相关性，也存在负相关性，"不清楚，对经济增长来说，普遍和平等的产权是否必不可少"②。但是，对于经济增长与民主之间的关系，福山的态度开始由模糊变得明朗起来。他一方面认为，经济增长与民主之间"可能不是线性的——即更多的经济增长并不一定产生更多的民主"③，对于民主国家，经济增长也未必能带来民主的稳定；但是，另一方面又认为，"上述的经济增长有助于自由民主，恐怕要通过社会动员的途径来生效。经济增长促使社会新参与者出现，随之，他们要求在更为公开的政治制度中获得代表权，从而推动向民主的过渡。"④

这样，当代政治发展的第二个重要"组件"——社会动员就出现了。"社会动员是指，社会中不同群体意识到自己成员拥有共同的利益或认同，从而组织起来，采取集体行动。"⑤ 这里所谓的社会群体，主要包括工业化发展创造出的工人、学生、职业人和经理人等新社会群体。经济发展引起社会动员，社会动员进而引起政治变革，这是福山找到的当代推动自由民主发展的主要动力。

当代政治发展的第三个"组件"是"合法性思想"。福山认为合法性思想的发展具有"自己的逻辑"，在政治发展中有时发挥独立的决定性作用。"合法性的思想也会有所演变。这种演变有时是经济或社会变化的副

---

① ［美］弗朗西斯·福山：《政治秩序的起源：从前人类时代到法国大革命》，毛俊杰译，广西师范大学出版社 2012 年版，第 460—461 页。
② ［美］弗朗西斯·福山：《政治秩序的起源：从前人类时代到法国大革命》，毛俊杰译，广西师范大学出版社 2012 年版，第 461 页。
③ ［美］弗朗西斯·福山：《政治秩序的起源：从前人类时代到法国大革命》，毛俊杰译，广西师范大学出版社 2012 年版，第 461—462 页。
④ ［美］弗朗西斯·福山：《政治秩序的起源：从前人类时代到法国大革命》，毛俊杰译，广西师范大学出版社 2012 年版，第 463 页。
⑤ ［美］弗朗西斯·福山：《政治秩序与政治衰败：从工业革命到民主全球化》，毛俊杰译，广西师范大学出版社 2015 年版，第 35 页。

产品，但在很多历史节骨眼上，又变成推进发展其他方面的独立动力。"①
福山举例说，如果没有马克思主义对早期资本主义的系统批判，20 世纪
的历史可能完全是另一个样子；而苏东剧变之所以会发生，"多半"是因
大多数人不再继续信奉马列主义思想所致。但是，福山又认为合法性思
想的作用并不完全是独立的，它"也受经济、政治、社会的发展的影
响。……经济和政治的发展影响了人们对思想合法性的认同"②。合法性
思想对于政治发展的作用，到底是完全独立的，还是相对独立？而实际上
还受到经济、政治发展的制约，福山在这个问题上陷入了很大程度的自相
矛盾。但他后来总结前述分析时，否定了夸大思想作用的观点。他说："民
主为什么会扩展的问题，有一个曾以不同形式出现的答案。那就是民主之
所以站稳脚跟，是因为民主思想本身的力量。……思想确实非常强大，可
用来解释政治制度，但这个解释所引起的疑问，与它所解决的疑问一样
多。"③ "民主制度由多种原因驱动，最重要之一是经济变化。……在这方
面，思想还是非常重要的，但与发展的其他方面的变化有关。"④

在剔除上述那些"不确定"的关系，排除合法性思想起作用的特殊
场合之后，我们来归纳总结福山理论的总体指向性，仍然可以发现，福
山分析当代政治发展动力所涉及的因素虽然复杂而多变，但其基本思想
是清楚的，那就是："必须在经济增长、社会动员、有关正义和合法性的
思想威力中，去理解政治制度的变化。"⑤ 与马尔萨斯世界不同，后马尔
萨斯世界中，经济以及由其引发的因素越来越突出，乃至上升为主导性
因素。这一点，在接下来对马尔萨斯世界与后马尔萨斯世界进行比较过
程中，会更加鲜明地体现出来。

---

① ［美］弗朗西斯·福山：《政治秩序与政治衰败：从工业革命到民主全球化》，毛俊杰
译，广西师范大学出版社 2015 年版，第 36 页。
② ［美］弗朗西斯·福山：《政治秩序的起源：从前人类时代到法国大革命》，毛俊杰译，
广西师范大学出版社 2012 年版，第 464 页。
③ ［美］弗朗西斯·福山：《政治秩序与政治衰败：从工业革命到民主全球化》，毛俊杰
译，广西师范大学出版社 2015 年版，第 364 页。
④ ［美］弗朗西斯·福山：《政治秩序与政治衰败：从工业革命到民主全球化》，毛俊杰
译，广西师范大学出版社 2015 年版，第 373 页。
⑤ ［美］弗朗西斯·福山：《政治秩序与政治衰败：从工业革命到民主全球化》，毛俊杰
译，广西师范大学出版社 2015 年版，第 35 页。

第五节　两个时代的差别及其逻辑的不可通约性

为了突出当代政治的特殊性，更好地掌握当代政治发展规律，为推进资本主义自由民主扩展提供理论支持，福山专门比较了马尔萨斯世界与后马尔萨斯世界政治发展的差别。福山说，将这两个阶段放在一起考察，立马就看到后马尔萨斯世界对于马尔萨斯世界的"大量差异"，而在这些差异中主要的有两个。

福山认为，后马尔萨斯世界对马尔萨斯世界的第一个主要差异，是经济的持续发展不仅会带来更多财富，还会促进社会转型，形成各种新社会力量，而这些力量会以和平的方式提出新的政治要求，变成推动政治变革的政治参与者。马尔萨斯世界的政治发展虽然也存在社会动员推动政治变革的问题，但那个时代的社会动员更多来自宗教等的推动，而非来自经济发展。而且在福山看来，后马尔萨斯世界的社会动员不再以暴力为主，和平方式成为打破传统精英"功能失调的均衡"的首要途径。这就是上面提到的，通过比较前后两个历史阶段，福山精准凸显了经济发展引起社会动员，导致政治制度变革的基本逻辑。这一逻辑显然是以英国历史为主要原型的。

然而，暴力途径的大门在当代已经关闭了，那么英国那种经济发展与社会动员的途径是其他国家走上资本主义民主的唯一或者主要途径吗？如果是这样，那么其他国家只能等待和期盼再一次的工业革命和社会动员为其创造新的历史机遇吗？这显然不符合福山的追求。福山认为，一旦资本主义自由民主制度在英国等国家确立下来，其他国家完全不需要受制于英国道路的约束，也不必受自身历史文化的约束，而可以直接借助于合法性思想的演变来实现对他国政治制度的复制，这不仅在逻辑上是可能的，在现实上也已经成为普遍的历史事实。他说："任何发展中国家可以自由选择自己喜欢的发展模式，无需顾及本土的传统或文化。"[1]

---

[1] ［美］弗朗西斯·福山：《政治秩序的起源：从前人类时代到法国大革命》，毛俊杰译，广西师范大学出版社2012年版，第466页。

"独立发展，几乎没有外界输入的社会，在今天是微乎其微的。"① 而这种政治结果的直接复制之所以能够成为事实，很大程度上是因为"全球化的早期形式，允许思想以史无前例的方式跨越政治边界"②，"思想可从一个社会传至另一社会，以印刷机的速度，后来更以电报、电话、无线电和互联网的速度。"③ 这是一条政治发展的捷径，也是福山经常强调的竞争与淘汰的进化机制的具体体现——落后的制度被淘汰，优良的资本主义自由民主制度得以保留并广泛传播了。在国际竞争因素的影响下，通过复制实现制度扩展，是政治发展在后马尔萨斯世界对马尔萨斯世界的第二个主要差异。

　　然而，在笔者看来，如果说英国那种经济发展与社会动员的政治发展模式是"源"，那么其他国家借助合法性思想的召唤实现的制度"复制"，则是"流"。福山虽然强调后者的相对独立性，但无论如何，"流"是以"源"的产生为前提，对"源"的结果进行"分享"的产物。因此，合法性思想只能起到促进政治认同和模仿外国的作用，真正推动创造新政治制度的，还是经济发展和社会动员。这决定了经济发展与社会动员的逻辑，在世界政治制度发展的战略地位上仍然是首要的；而合法性思想演变带来的制度"分享"，仅仅具有制度推广的战术上的重要意义。

　　福山认为，马尔萨斯世界的政治发展逻辑很大程度上不同于后马尔萨斯世界，马尔萨斯世界的政治发展逻辑也必定不再适用于后马尔萨斯世界。过去有过去的逻辑，现在有现在的逻辑；过去的逻辑不能解释现在的事实，也不能促进现在的发展。反过来说，现在的政治发展并不受制于过去的历史。对此，福山说："社会并不受困于自己的过去。经济增长、社会参与者的动员、跨边界社会的组合、竞争和外国模式的流行，

---

　　① ［美］弗朗西斯·福山：《政治秩序的起源：从前人类时代到法国大革命》，毛俊杰译，广西师范大学出版社2012年版，第468页。

　　② ［美］弗朗西斯·福山：《政治秩序与政治衰败：从工业革命到民主全球化》，毛俊杰译，广西师范大学出版社2015年版，第40页。

　　③ ［美］弗朗西斯·福山：《政治秩序与政治衰败：从工业革命到民主全球化》，毛俊杰译，广西师范大学出版社2015年版，第41页。

都在提供政治变化的契机。在工业革命之前，这些政治变化要么不存在，要么颇受限制。"①

为了突出上述思想，福山专门强调了两点，这两点对于正确理解福山理论重构的宗旨具有关键意义，需要给予充分重视。

第一点，"姊妹篇"的第一篇即《政治秩序的起源》的连篇累牍的探索，很大程度上只是一种过时了的思想史"总结"。作为一种探索，有其存在的价值，但作为一个最终结果，新结论总是要替代原先的结论。福山认为，从历史发展的联系角度看，没有过去就没有现在。但从发展逻辑看，过去是过去，现在是现在。一旦以新的认识否定了原先的认识，我们就必须从原先的认识中走出来，原先的认识就仅仅具有思想史的价值。所以，福山强调："必须以恰当的眼光看待本书关于政治制度起源的历史介绍。不应该期望，当代发展中国家必须重蹈中国和欧洲社会所经历的狂暴步骤，以建立现代国家；或现代法治必须以宗教为基础。"②

第二点，在阅读重构形态的两篇过程中，必须充分认识这两篇之间逻辑的差异。福山在撰写"姊妹篇"的第二卷时，并没有简单延续第一卷的发展逻辑，而是突出了后马尔萨斯世界政治发展逻辑的"普照光"意义。他在《政治秩序的起源》的文末说："工业化发轫后，经济增长和社会动员取得极为迅速的发展，大大改变了政治秩序三个组件的发展前景。这将是我在第二卷解说政治发展时所用的架构。"③ 他又在《政治秩序与政治衰败》的开篇中说："本卷接着讲述第一卷遗留的故事，所涵盖的是：国家、法治和民主在过去两个世纪的发展，三者之间的互动，与经济和社会发展的交叉影响。"④ 历史上的政治制度发展虽然有着

———————

① ［美］弗朗西斯·福山：《政治秩序的起源：从前人类时代到法国大革命》，毛俊杰译，广西师范大学出版社 2012 年版，第 469 页。

② ［美］弗朗西斯·福山：《政治秩序的起源：从前人类时代到法国大革命》，毛俊杰译，广西师范大学出版社 2012 年版，第 469 页。

③ ［美］弗朗西斯·福山：《政治秩序与政治衰败：从工业革命到民主全球化》，毛俊杰译，广西师范大学出版社 2015 年版，第 474 页。

④ ［美］弗朗西斯·福山：《政治秩序与政治衰败：从工业革命到民主全球化》，毛俊杰译，广西师范大学出版社 2015 年版，第 16 页。

诸多经验，但未必是当今资本主义自由民主传播所需要的。后马尔萨斯
世界的政治发展有着完全不同的发展逻辑，因此当代的政治追求应该基
于当代的逻辑采取措施。这是福山整个理论重构所要追求的最终目标和
落脚点。

第十一章

政治制度退却:政治衰败问题

前面我们分析了福山关于政治制度起源和政治发展动力的基本观点。应该说,政治发展的动力因素在很大程度上保证了政治发展具有不断前进的方向性。但关于政治起源的因素,例如亲戚互惠利他的人性因素,则有时候不仅不能促进政治制度发展,反而会导致政治制度的倒退。除了政治制度向早期阶段的倒退,还有制度不能适应环境变化而出现停滞不前的僵化现象,福山将其统称为"政治衰败"(借用自亨廷顿《变化社会中的政治秩序》)。如果说多元人性论、三位一体论、政治周期论是福山政治思想的三大变化,那么政治衰败理论,连同国家建设、民族主义建设两个思想是福山"历史终结论"的三大改进。在政治衰败问题上,福山对美国多说了一些"坏话",因为他认为美国的政治衰败全世界最严重。但本质上,他不认为这是资本主义政治文明的衰败,因此他的批评归根结底还是一种辩护。

第一节　政治发展的一般形态与"补充"形态

在福山眼里,政治衰败的产生虽然存在于不同历史阶段和国家,但并非政治发展史的主要现象。如果说政治制度的不断进步是政治发展史的主流和一般形态,那么政治衰败则是政治发展史的支流和"补充"形态。

一　政治发展的一般形态：社会政治形态

虽然福山认为政治制度(国家、法治、负责制)的形成和发展充满偶然性，但他还是从中概括出了政治制度形成和发展的动力因素。尽管在这些动力因素中，由谁发挥作用具有"掷骰子"的特点，相互搭配具有"搭积木"的特点，福山还是为我们指出了历史发展的共同方向——资本主义自由民主，以及历史发展前后相继的社会政治形态——族团层次的社会、部落层次的社会、家族制国家、负责制国家、资本主义自由民主国家。福山说："我曾经描述过世界不同社会的政治制度的主要变迁：从族团层次的社会到部落层次的社会；从部落层次的社会到国家层次的社会；从家族制国家到现代国家；独立法律体系的发展；正式负责制的出现。这些政治变迁在具有非常不同的文化规范的社会中独立发生。"①

福山关于社会发展阶段的思想，在形式上与马克思的社会发展形态思想有类似之处，但二者存在根本区别。马克思的社会形态理论，虽然也包括从工具等技术角度作出划分，但主要是从生产关系角度做出划分，因此被称为"社会经济形态"或"经济的社会形态"。而福山的社会形态划分，主要是从政治制度发展角度进行，我们可以对应地称为"社会政治形态"或"政治的社会形态"。这种划分标准的不同，体现出了其背后的历史观的差异，即唯心主义历史观与唯物主义历史观的差异。尽管福山将后马尔萨斯世界的政治分析立足于工业革命等经济因素，但这仅仅具有阶段性意义，而且在此过程中思想等因素仍然处于"独立"地位。

二　政治发展的"补充"形态：政治衰败

福山的社会政治形态思想还有一处与马克思唯物史观比较相似，用马克思主义的语言说，那就是它是前进性和曲折性的统一。在马克思主义历史观那里，前进是绝对的，曲折或倒退是相对的，在福山这里也是如此。不同的是对前进中的曲折的称呼，马克思主义一般称为"政治复辟"，而福山称为"政治衰败"（political decay）。政治衰败一语不是福山原创的，它来自他的老师亨廷顿。福山继承了这一术语，并扩充了这一

---

① ［美］弗朗西斯·福山：《政治秩序与政治衰败：从工业革命到民主全球化》，毛俊杰译，广西师范大学出版社2015年版，第478页。

术语的内涵。

关于政治衰败的含义，福山并没有给出一个具体清晰的界定。他只是在原则上将政治衰败与政治发展对应起来，从进化论思想出发，将政治衰败看作是政治制度不能因应环境变化而产生的政治反向运动。福山说："制度之间的竞争促使政治发展，这是一个动态过程。与此对应的，还有一个政治衰败过程，彼时，社会的制度化越来越弱。……制度与外部环境在变化频率上的脱节，就是政治衰败，就是反制度化。"①

关于政治衰败的基本形式，福山认为主要有两种：一种是制度僵化，一种是家族制复辟。所谓制度僵化，是从制度发展与外部环境的关系的角度讲的。制度相对于环境的变化具有一种"黏性"或保守性，其往往不能及时因应环境变化，或者跟不上环境变化的速度。福山说："促使制度成立的原始条件发生变化时，制度却做不到随机应变。制度与外部环境在变化频率上的脱节，就是政治衰败，就是反制度化。"② 所谓家族制复辟，是从社会政治形态发展角度看的，人类社会政治形态一般按照一定的顺序"向前"发展，但这种发展并不是绝对确定的。之前的社会政治形态，特别是基于血缘关系的社会形态，会以新的方式重新出现在之后的社会形态当中。福山说："政治衰败的第二种形式是家族制复辟。眷顾家人或互惠的朋友是自然的社会交往，也是人类互动的预设。"③

就政治衰败的制度僵化形式，福山认为又包括两种具体情况：一种是美国那样的，金钱和权力等保守力量和保守思想阻止制度进步；一种是土耳其和巴西等新兴市场国家的，经济发展带来社会动员，新的进步力量要求制度革新，保守力量阻止制度革新，从而出现暴力和混乱。实际上，这两种情况是一样的。因为新的社会力量要求革新，也就意味着旧势力、保守势力反对革新，只不过是从矛盾的不同方面来强调而已，

---

① ［美］弗朗西斯·福山：《政治秩序的起源：从前人类时代到法国大革命》，毛俊杰译，广西师范大学出版社 2012 年版，第 443 页。

② ［美］弗朗西斯·福山：《政治秩序与政治衰败：从工业革命到民主全球化》，毛俊杰译，广西师范大学出版社 2015 年版，第 443 页。

③ ［美］弗朗西斯·福山：《政治秩序的起源：从前人类时代到法国大革命》，毛俊杰译，广西师范大学出版社 2012 年版，第 444 页。

矛盾还是那个矛盾。

僵化状态下制度虽然没有进步，但也没有倒退；家族制复辟则出现了制度倒退现象。但无论是制度僵化，还是家族制复辟，都没有随着环境的变化而实现一种新的制度化，因此都是作为政治发展的反面而存在的。还有，制度僵化和家族制复辟并不是单独发生的，它们经常"同时发生"。

福山从人的情感和亲友偏爱两个方面分析了政治衰败的根源。前面我们分析政治制度起源的人性基础时，曾经讲过福山认为与政治有关的人性包括六个方面，其中包括情感和亲友偏爱。福山认为这两个方面不仅是政治制度产生的前提，也是导致政治制度衰败的两个根源。在福山看来，人的规范化行为是"植根于情感"的，政治制度也是被高度情感化的。政治制度越是被情感化，它就越稳定。而政治制度越稳定，它就越难以被改变。随着环境的变化，新的社会群体要求制定新的政治制度，或者新出现的政治制度与原有制度产生竞争，但既得利益集团千方百计维护原有制度，这样，原有的政治制度就开始变得衰败了。政治衰败的第二个来源是亲友偏好，亲友偏好必然导致政治制度得不到遵守，例如封建国家分封制周期性的出现，导致郡县制不能很好地运行。

笔者以为，政治衰败作为上层建筑的衰败，是由经济基础的衰败决定的，而经济基础的衰败是由生产力发展决定的。旧的生产关系不能适应于生产力的发展，成为阻碍社会历史进步的因素，这才是政治衰败的真正原因。从抽象人性论出发，不可能科学揭示政治衰败的真正的根源。福山讲的这种抽象"情感"，并不能真正解释历史现实，因为新生阶级的情感不同于保守阶级的情感，历史上的情感不同于当下的情感。同样，人类对亲友的偏爱，也不一定与人类对陌生人的偏爱相矛盾，陌生人不一定是亲友，但可能是具有同样社会地位和社会诉求的"同志"或"战友"，谁又能否定它们之间的"偏爱"程度之强烈呢？

三　一般过程与补充过程

政治衰败虽然是政治发展的逆向运动，在直接意义上阻碍政治发展，但从政治历史发展的最终结果来看，政治衰败又是推进政治发展的必要条件，对政治衰败的解决本身构成政治发展的一部分。福山说："政治衰败在许多方面是政治发展的条件：破旧才能立新。"①

但必须指出，政治衰败与政治发展在地位上并不是并列的关系。福山是一个资本主义的进步主义者，这决定了他关注的政治衰败现象，本质上只能是政治发展中的暂时和偶然现象。"政治发展的过程具有很明确的方向性"②，政治衰败不是历史发展的常态，不能影响历史发展通往资本主义的大方向。政治衰败虽然与政治发展构成"对应"关系，一个是前进运动，一个是"逆转"或"保守"运动，但政治衰败只是政治发展的"补充过程"③。政治发展是政治历史的一般和必然，政治衰败是政治历史的特殊和偶然。

第二节　"政治衰败"是"致命缺陷"吗？

福山虽然认为政治衰败存在的范围具有较大普遍性，包括资本主义自由民主国家，但他并不认为这说明资本主义自由民主国家存在"致命缺陷"。有的学者，例如奥斯瓦尔德·斯宾格勒、阿诺德·汤因比、保罗·肯尼迪和贾雷德·戴蒙德等人，是从整个社会或系统的角度来研究政治衰败问题。这一类学者认为政治衰败不仅可能是具体的或某一方面的政治制度或政治体制的衰败，而且可能是整个政治制度体系的衰败，甚至可能不仅是政治制度体系的衰败，还可能是经济制度体系、思想文化制度体系等整个社会制度系统的衰败。福山将这些学者所讲的系统性衰败称为"文明衰败"，而将自己所讲的衰败称为"政治衰败"。福山认为他的政治衰败不是文明衰败，也不会发展为文明衰败。

首先，对于是否存在文明衰败的历史现象，福山持一种欲言又止、

①　[美] 弗朗西斯·福山：《政治秩序与政治衰败：从工业革命到民主全球化》，毛俊杰译，广西师范大学出版社 2015 年版，第 420 页。
②　[美] 弗朗西斯·福山：《政治秩序与政治衰败：从工业革命到民主全球化》，毛俊杰译，广西师范大学出版社 2015 年版，第 499 页。
③　[美] 弗朗西斯·福山：《政治秩序的起源：从前人类时代到法国大革命》，毛俊杰译，广西师范大学出版社 2012 年版，第 17 页。

语焉不详的怀疑态度。他说："可能是有文明衰败的一般进程，但我严重怀疑，可以从既有的案例中提取社会行为的普遍规律。我在这里感兴趣的衰败，仅涉及具体制度的运作，可能与系统或文明的更广泛进程有关，也可能毫不相干。单个制度可能发生衰败，而周围的其他制度仍然健康。"①

其次，福山否定了资本主义自由民主存在系统性文明衰败。他说："政治衰败存在于现存民主国家是否意味着，在国家、法治和负责制中取得平衡的政权，其整体模型在某种程度上有致命缺陷？这绝对不是我的结论：所有社会，无论威权的还是民主的，都会随着时间的推移而发生衰败。真正的问题在于它们能否适应变化，最终自我修复。我不认为，已确立起来的民主国家遭遇了系统性的'治理危机'。在过去，民主政治体制遇到过这样的危机，特别是20世纪30年代的经济萧条、法西斯主义和共产主义替代型的挑战，还有20世纪60年代和70年代的民众抗议、经济停滞的可持续性。在一个时段显得不可克服的问题，到了下一个阶段却消失了。民主政治体制在回应涌现出的问题时往往比威权体制慢，但当它们开始行动时，常常更加果断，因为相关决策已获得广泛支持。"②

最后，福山指出政治衰败最严重的美国所面临的问题也不是系统性文明衰败。他说："美国政治制度的衰败不同于社会或文明衰落的现象，在有关美国的讨论中，已成为高度政治化的话题。美国最大的优势从来不是政府质量，私营部门从一开始就更重要、更具创新精神。尽管政府质量变得恶化，像页岩气和生物技术那样的新机遇，仍为未来的经济增长奠定基础。这里的政治衰败仅仅意味着，许多具体的美国政治制度遇上故障，而僵化的认知和根深蒂固的政治力量相结合，随着时间的推移而愈益强大，阻止了这些制度的更新。所以，制度改革是非常困难的，很可能给政治秩序带来更大的破坏。"③

---

① ［美］弗朗西斯·福山：《政治秩序与政治衰败：从工业革命到民主全球化》，毛俊杰译，广西师范大学出版社2015年版，第419页。

② ［美］弗朗西斯·福山：《政治秩序与政治衰败：从工业革命到民主全球化》，毛俊杰译，广西师范大学出版社2015年版，第497页。

③ ［美］弗朗西斯·福山：《政治秩序与政治衰败：从工业革命到民主全球化》，毛俊杰译，广西师范大学出版社2015年版，第423—424页。

特别需要注意，福山在这里将基本政治制度的衰败（文明衰败、整个制度衰败）与具体政治制度的衰败区别开来，以后者来代替政治衰败的性质，从而既批评又维护了资本主义基本政治制度。福山对美国政治衰败的批评，也仅仅是"许多具体的美国政治制度遇上故障"。他把资本主义基本政治制度与具体政治制度作了切割，把批评的范围仅仅局限于具体政治制度层面，以达到弃车保帅的目的。福山认为政治衰败出现于民主国家，并不意味着民主国家的整体模式存在致命缺陷，它最终是可以自我修复的。

福山认为资本主义基本政治制度仍然是人类社会的"最优"制度，其产生的衰败并不是一种系统性的文明衰败。然而，如果这种政治制度普遍存在"政治衰败"，并且至今不知如何化解"政治衰败"，我们又有什么理由认为它是"最优"的呢？福山既肯定政治衰败具有历史和空间的普遍性，又否定它是资本主义的普遍现象。既要批评，又要辩护，现实中却没有任何真正化解政治衰败的对策，那么又有什么理由继续肯定和平途径已经代替了暴力途径？笔者认为，既然上层建筑由经济基础决定，而经济基础由生产力发展和生产关系变革决定，那么政治衰败的真正原因只能归结于它所代表的上层建筑不能更好地适应经济基础和生产力发展。而生产力的进一步发展和生产关系的变革，就必然带来上层建筑的革命。这样，旧上层建筑所产生的政治衰败问题，就在暴力革命中被历史地解决了。

第三节　"自由民主"能解决政治衰败吗？

福山认为美国是所有资本主义国家中的自由民主模范国家，同时又是政治衰败最为严重的国家。一旦把这两个方面放在一起思考，人们就会产生这样的问题：美国的政治衰败，是资本主义民主国家的个案，还是资本主义民主国家的普遍现象呢？资本主义民主制度作为一个整体，是否会普遍产生政治衰败现象呢？对此，福山的态度前后并不一致。

福山之所以从亨廷顿那里接过"政治衰败"的话题予以发挥，其直接现实原因有两个：一个是 2011 年发源于中东北非的"阿拉伯之春"变成"阿拉伯之冬"，利比亚等国家复制欧美式自由民主变成了"遥远的梦想"①；再一个是处于政治光谱另一端的美国，出现了所谓"过度制度化"② 问题，利益集团控制国家政权，人们关于分权制衡制度的思想僵化，政党政治变成否决政治。这两个方面，一个从正面，一个从反面，构成了对资本主义自由民主普世性的挑战。福山作为一个有现实感的政治学家，自然不会回避这些重大挑战。但是，福山作为资本主义自由民主的信徒，自然也不会得出否定资本主义自由民主合法性的结论。

福山公开承认，政治衰败是所有"民主国家"的"通病"，民主不仅未必能根治政治衰败弊病，反而可能成为政治衰败的根源。福山说："即使社会变得富裕和民主，这个问题还是无法得到解决。的确，民主本身也可以是衰败的来源。"③ "现代自由民主国家面临的政治衰败，一点也不少于其他类型的政权……有些学者认为，负责制政治体系具有防止衰败的自我纠正机制……这种情况确有发生，但不能保证它必然发生。"④ 而美国作为最发达的"民主国家"，存在最为严重的政治衰败问题。福山说："衰败现象……是所有民主国家的通病……作为世界上最早、最先进的自由民主制的美国，与其他民主政治体系相比，承受着更为严重的政治衰败。"⑤

但是，美国等"民主国家"存在政治衰败现象，即使不能完全否定它作为人类"最优"政治制度的结论，也于它的"美名"有着较大污损。福山是非常关心资本主义自由民主制度在世界上的声誉的，例如伊拉克战争中美国总统在找不到大规模杀伤武器证据时，甩出了反对独裁、输出自由民主的借口，福山认为这是对自由民主的极大玷污。因此，福山

① ［美］弗朗西斯·福山：《政治秩序与政治衰败：从工业革命到民主全球化》，毛俊杰译，广西师范大学出版社2015年版，引言第1页。
② ［美］弗朗西斯·福山：《政治秩序与政治衰败：从工业革命到民主全球化》，毛俊杰译，广西师范大学出版社2015年版，引言第2页。
③ ［美］弗朗西斯·福山：《政治秩序与政治衰败：从工业革命到民主全球化》，毛俊杰译，广西师范大学出版社2015年版，第419页。
④ ［美］弗朗西斯·福山：《政治秩序与政治衰败：从工业革命到民主全球化》，毛俊杰译，广西师范大学出版社2015年版，第23—24页。
⑤ ［美］弗朗西斯·福山：《政治秩序与政治衰败：从工业革命到民主全球化》，毛俊杰译，广西师范大学出版社2015年版，第443—444页。

必然会强调，其他类型的政权，例如当今的社会主义中国也存在政治衰败现象。他说："今天中国面临的核心问题是，邓小平启动的改革三十五年后，中国的政权现在正经受政治衰败，正在丧失作为早期成功源泉的自主性。……中国政权的核心问题在于是否拥有足够自主性，转向更开放体系，鼓励更多的经济竞争……中国经济的快速增长创造了新的既得利益者，它们非常强大，即使没有立法部门和游说团，也能对共产党的决策产生影响。国有企业比以往任何时候都更为庞大富有……"①

进而，福山不仅认为当代的政治类型存在政治衰败，而且认为整个人类政治发展的历史上都存在政治衰败。他说："随着时间的推移，所有的政治制度都容易发生衰败。"②"西汉时期，中国已有中央集权政府……中国早熟的现代体系并非一直持续。中央集权的国家在公元3世纪崩溃，过了300年才得到恢复。当它在隋唐时期重现时，支配它的不是择优的精英，而是成功攫取国家的贵族家庭。当时和现在一样，政府官员的腐败一直是大问题。政治发展与政治衰败的周期，在随后的年代中不断重演，直到20世纪初。"③

然而，令人十分不解的是，在肯定政治衰败的历史和空间普遍性的同时，福山却提出了相反的疑问：虽然美国存在普遍的政治衰败，但整个自由民主国家都是如此吗？他说："美国的整个体制已经腐败，日益丧失合法性……与前景有关的疑问是，整个自由民主制是否都有这一类问题，抑或美国只是一个例外。"④ 福山为什么会提出这样的疑问？从形式上看，这个疑问貌似与上述立场自相矛盾。但稍加思考，我们似乎又可以理解其中的原因——这是福山历史终结论根本逻辑，以及福山的辩护立场决定的必然结果。既然资本主义自由民主是历史的终点，是人类政

① ［美］弗朗西斯·福山：《政治秩序与政治衰败：从工业革命到民主全球化》，毛俊杰译，广西师范大学出版社2015年版，第495—496页。

② ［美］弗朗西斯·福山：《政治秩序与政治衰败：从工业革命到民主全球化》，毛俊杰译，广西师范大学出版社2015年版，第30页。

③ ［美］弗朗西斯·福山：《政治秩序与政治衰败：从工业革命到民主全球化》，毛俊杰译，广西师范大学出版社2015年版，第336—337页。

④ ［美］弗朗西斯·福山：《政治秩序与政治衰败：从工业革命到民主全球化》，毛俊杰译，广西师范大学出版社2015年版，第30页。

治制度的"最优"，是人类理想追求的"天堂"，虽然它存在不少问题，但这些问题可以通过自我改良而解决，那么我们就不能同时认为资本主义自由民主存在普遍的、根深蒂固的、无法根治的政治衰败。否则，如果我们认为资本主义自由民主存在普遍的、根深蒂固的、无法根治的政治衰败，这就否定了历史终结论的"最优"逻辑，就可能得出它具有根本局限性、必然走向灭亡的结论。然而，现实中客观存在的普遍政治衰败现象又决定了福山没有能力在维护资本主义自由民主合理性前提下，提出具有现实性的解决方案。他说："我想一开始就挑明，本卷不会试图寻求上述这些问题（政治衰败）的解决方案，……我只会在政治发展的广泛领域内选择我觉得受到忽视或误解的主题。"① 虽然问题还是问题，但探讨能否解决、如何解决不是我的打算。福山的这种逻辑上的肯定和实践上的否定，实质上把上述的自相矛盾再一次搁置了起来。人们不禁产生疑惑：政治衰败到底是不是资本主义自由民主的普遍现象？人类制度中"最优"的资本主义自由民主能否摆脱政治衰败的纠缠而永恒存在下去？

与上述疑问同时存在的另一个问题是，福山在不能确定资本主义自由民主是否普遍存在政治衰败问题的同时，在确认无法给出根治资本主义政治衰败的"解决方案"的同时，却又明白无误地给出了一个"解决方案"，这个方案就是和平解决资本主义政治衰败。福山认为，资本主义自由民主导致的衰败可以不通过暴力的方式来解决。在传统社会之所以主要依靠暴力机制，是因为保守阶级为了维护自己的权力和利益，会依靠各种手段创造一种新的均衡。这种均衡从其自身权力的暂时稳定来看，的确是均衡的，但从整个社会来看，又是不均衡、功能失调的。因此，福山将这种新旧力量之间不断积蓄新冲突的矛盾结构称为"功能失调的均衡"②。显然，这种功能失调的均衡结构因为集结了更多的冲突，推迟了矛盾的集中爆发，所以就跟资本主义垄断导致更严重的经济危机一样，

---

① ［美］弗朗西斯·福山：《政治秩序与政治衰败：从工业革命到民主全球化》，毛俊杰译，广西师范大学出版社 2015 年版，第 31 页。

② ［美］弗朗西斯·福山：《政治秩序的起源：从前人类时代到法国大革命》，毛俊杰译，广西师范大学出版社 2012 年版，第 447 页。

必然会创造规模更大、程度更剧烈的政治危机。这就必然导致暴力，并依靠暴力来解决。但是，"现代世界的规范和制度，在很多方面，已把暴力解决政治僵局的大门紧紧关上。没人期望或希望，非洲撒哈拉以南的国家为建立强大巩固的国家，也经历如中国和欧洲所体验的数世纪坎坷，这意味着，制度革新的责任将落在前述的非暴力机制上"①。而现代世界之所以可以通过和平方式来解决政治衰败，是因为"如今，政治、经济和社会三大组件在发展中互动，大大不同于1806年之前"②。这就涉及了我们前面提到的政治发展的动力机制，依靠经济发展导致的社会动员来推动政治制度发展的逻辑。

实际上，在笔者看来，福山这种历史时代的"不同"只是形式上的，暴力与和平也不是由人的喜好等主观愿望来决定的，历史规律的作用是一种"铁的必然性"。落后的上层建筑既然不能适应经济基础和生产力发展的要求，那么它被革命消灭的命运是无法避免的。福山在这个问题上的纠结，说明：他一方面不得不继续坚持自己的历史终结论，宣扬资本主义自由民主"福音"论，一方面鲜明地感受到了这种历史规律的不可抗拒，它以一种强硬的方式逼迫福山必须面对和思考如何在资本主义自由民主框架内化解这一矛盾。

第四节　国家还是民主？

福山历史终结论的重构形态，与亨廷顿关于政治秩序的研究有着复杂关系。福山既继承又批评了亨廷顿的研究结果。搞清楚福山继承了亨廷顿哪些思想，批评了他的哪些思想，或者反过来说，亨廷顿同意福山什么思想，不同意福山什么思想，对我们深入理解和判断福山的新观点，具有重要参照意义。

亨廷顿的《变化社会中的政治秩序》，是福山改写历史终结论的主要

①　［美］弗朗西斯·福山：《政治秩序的起源：从前人类时代到法国大革命》，毛俊杰译，广西师范大学出版社2012年版，第447—448页。

②　［美］弗朗西斯·福山：《政治秩序的起源：从前人类时代到法国大革命》，毛俊杰译，广西师范大学出版社2012年版，第448页。

理论参照。这是一部解释第二次世界大战后亚非拉新生独立国家在实现现代化过程中为何出现政治不稳定现象的著作。围绕这个主题，亨廷顿分析了政治现代化、政治衰败的表现和原因，突出了权威合理化、结构功能化、新社会成员参与等因素在实现政治现代化中的首要作用。如果说，在福山那里，世界政治主题是反对专制、实现民主，那么在亨廷顿那里，世界政治的主题不是民主的实现，而是国家权威和部门治理能力的发展。苏东剧变之后，福山把主要关注点放到了民主实现上，主观地认为只要民主实现了，国家治理自然而然就解决了。然而，此后发生的一系列历史事件迫使他修正了这一思想，使他逐步认识到亨廷顿观点的重要性，认识到此前民主问题强调得过了头，忽视了国家治理问题的相对独立性和重要性，他必须回到亨廷顿，从亨廷顿的研究中获取新的理论灵感，重构一个融入国家治理因素的新理论内核。

福山借鉴了亨廷顿的政治制度、政治秩序等基本概念，又将两者混同了起来。他说："我一直使用亨廷顿对制度的定义，即'稳定、有价值、重复的行为模式'。"[1] 虽然亨廷顿关于制度的定义并没有区分经济制度和政治制度，也没有揭示政治制度的起源的深层原因，但就其描述了制度的价值性、稳定性和可重复性特征而言，是具有一定道理的。福山在政治制度的概念本身和概念内涵上，基本照搬了亨廷顿的成果，并且将其与亨廷顿的另一个概念——政治秩序（political order）混同了起来。在亨廷顿那里，政治制度是现实的，政治秩序是理想的，政治秩序是政治制度发展的目标。他说："本书标题中所用的'政治秩序'一词，指的乃是一种目标，而非某种现实。"[2] 亨廷顿关注的核心问题，是如何解决第二次世界大战后亚非拉独立国家现代化过程中出现的政治无序，因此他所谓的政治秩序是一个政治目标，而非政治现实。但在福山那里，"政治秩序"被当作一个与政治制度基本相当的概念，政治制度起源被称为"政治秩序起源"，这显然违背了亨廷顿的本意。

---

① ［美］弗朗西斯·福山：《政治秩序的起源：从前人类时代到法国大革命》，毛俊杰译，广西师范大学出版社 2012 年版，第 440 页。

② ［美］塞缪尔·P. 亨廷顿：《变化社会中的政治秩序》，王冠华等译，上海世纪出版集团 2008 年版，序言第 8 页。

福山否定了亨廷顿以国家权威和治理为核心解决政治无序和实现政治现代化的基本思路。亨廷顿把政治现代化的首要因素放在国家治理上，他一开篇就指出："各国之间最重要的政治分野，不在于它们政府的形式，而在于它们政府的有效程度。有的国家政通人和，具有合法性、组织性、有效性和稳定性，另一些国家在政治上则缺乏这些素质；这两类国家之间的差异比民主国家和独裁国家之间的差异更大。"① 亨廷顿认为苏联和英美等国家，虽然"政府形式"不同，但它们都能"安邦定国"，都能获得人们对其合法性的一致共识。对于亨廷顿的威权主义政治立场，福山认为虽然有一定道理，例如东亚奇迹在某个方面印证了亨廷顿这一见解，但整体上给予了否定，认为苏联的解体最终证伪了亨廷顿的结论。他说："有一个发展变化无法严丝合缝地嵌入《变化社会中的政治秩序》的解释框架，即苏联的解体。"② 福山批评亨廷顿把政治秩序与民主制度对立了起来，认为他开篇那个"惊世骇俗的断言""加强了亨廷顿关于政治秩序和民主并不一定相互依存、甚至可能为相左的目的运作的观点。……尽管民主在短期可能会不稳定，在长期会赋予政体以生命力。"③ 就是说，福山认为，归根结底只有民主才能保证政治秩序的达成，民主是政治秩序的必要因素，没有民主的国家秩序是不能持久的。而亨廷顿认为只有国家治理，包括权威合法化和职能专业化才能保证政治秩序的实现，民主对此未必有用，甚至又可能起反面作用。在政治秩序实现过程中，国家在先还是民主在先，这是福山与亨廷顿的主要分歧。福山在这个问题上是一个民主主义者，他不赞同亨廷顿的国家主义立场，认为民主相对于国家处于首要地位。

福山按照需要改写了亨廷顿政治现代化目标的内容。福山的历史终结论原本是一种类似宗教理想的理论，他明确将自己的理论称为"福

---

① ［美］塞缪尔·P. 亨廷顿：《变化社会中的政治秩序》，王冠华等译，上海世纪出版集团 2008 年版，第 1 页。

② ［美］塞缪尔·P. 亨廷顿：《变化社会中的政治秩序》，王冠华等译，上海世纪出版集团 2008 年版，序言第 6 页。

③ ［美］塞缪尔·P. 亨廷顿：《变化社会中的政治秩序》，王冠华等译，上海世纪出版集团 2008 年版，序言第 6 页。

音"，但受亨廷顿等人的影响，福山后来又将自己的理论称为一种政治现代化理论。那么什么是政治现代化呢？最初，福山将其理解为单一的资本主义自由民主的实现过程。后来的现实逼迫他承认国家在政治现代化中的重要性，原先的自由民主一元论已经无法适应现实需要。于是，他便将亨廷顿的国家、法治因素纳入自己的民主一元论中，形成了一个以国家、法治、负责制为内核的三位一体的理论。实际上，在亨廷顿那里政治现代化有三个基本要素，即权威合理化、结构职能化、社会动员与参政扩大化。福山的三位一体理论显然是受到了亨廷顿这一思想的影响，至于二者之间具体是一种什么关系，我们留到下一章分析。

福山扩充了亨廷顿政治衰败概念的内涵。福山非常推崇亨廷顿的政治衰败思想，认为它是具有"先见之明"的真知灼见。但福山认为亨廷顿的政治衰败的内涵过于狭窄，"与其说需要修正，不如说有待扩展"[1]。必须承认，亨廷顿虽然提出了政治衰败术语，也描述了它的表现，分析了它的根源，但并没有为这一概念下一个精准定义。亨廷顿只为政治衰败的范围作出了时间和空间限定，他说："在 20 世纪，政治上的不发达和经济上的落后一样，却都集中在亚洲、非洲和拉丁美洲的处于现代化之中的国家里。"[2] "第二次世界大战以后，这些国家的政治演变具有以下特征：种族和阶级冲突……骚动和暴力……政变……领导人物主宰……腐化……公民自由遭受侵犯……政府效率下降……到处可以看到政治秩序在下降，政府的权威性和合法性在遭到破坏。……笼罩在这里的景象，不是政治的发展，而是它的衰朽（decay，也译作衰败）。"[3] 亨廷顿认为，导致这种政治衰败的根源是"社会急剧变革、新的社会集团被迅速动员起来卷入政治，而同时政治体制的发展却又步伐缓慢"[4]。可见，亨廷顿

---

① ［美］塞缪尔·P. 亨廷顿：《变化社会中的政治秩序》，王冠华等译，上海世纪出版集团 2008 年版，序言第 6 页。

② ［美］塞缪尔·P. 亨廷顿：《变化社会中的政治秩序》，王冠华等译，上海世纪出版集团 2008 年版，第 2 页。

③ ［美］塞缪尔·P. 亨廷顿：《变化社会中的政治秩序》，王冠华等译，上海世纪出版集团 2008 年版，第 3 页。

④ ［美］塞缪尔·P. 亨廷顿：《变化社会中的政治秩序》，王冠华等译，上海世纪出版集团 2008 年版，第 4 页。

讲的政治衰败，主要限制于第二次世界大战后的亚非拉国家，而福山的理解显然超出了这个时空范围，他不仅认为第二次世界大战后存在政治衰败，而且认为在整个人类历史上都存在政治衰败；不仅亚洲、非洲、拉丁美洲的第三世界国家存在政治衰败，而且资本主义国家也存在政治衰败。福山的政治衰败的内涵，不仅包括因为经济发展导致社会动员引起的制度僵化，而且包括所谓家族制复辟甚至自然环境变化带来的政治衰败。福山这样做，表面上是为了从理论上更好地解释美国和伊拉克、利比亚等国家政治存在的问题，以及美国印第安文化的衰落，实质上是为了将帝国主义侵略带来的国家治理能力衰退和政治秩序混乱，与亨廷顿描述的国家治理能力不足混为一谈，达到为帝国主义侵略遮丑的目的。

对于亨廷顿理论中为福山不能接受的方面，除了了解福山的态度之外，还应该搞清楚亨廷顿持这种态度的原因到底是什么。在福山与亨廷顿之间，亨廷顿强调国家的首要性，福山强调民主的首要性。亨廷顿之所以强调国家因素，因为他是一个政治现实主义者，立足于第二次世界大战后资本主义和社会主义国家建设的现实。而福山是一个政治理想主义者，他把共产主义国家看作资本主义国家的敌对面，从一种意识形态对抗立场出发，认为只要资本主义国家有效率，那么共产主义国家就不可能有效率。苏联解体之后发生的一系列挑战，又逼迫福山不得不重视国家建设问题，承认在他与亨廷顿的分歧中，亨廷顿具有更多值得自己重新审视和借鉴的因素。他说："相对于国家能力，美国有太多的法律和'民主'"[1]，"这并非是我认为民主的重要性比不上政治发展的其他方面，而是反映了一个事实，过去一代人太重视民主、民主转型、民主崩溃和民主质量了。"[2]

站在亨廷顿的角度看，亨廷顿不仅从政治秩序的首要因素问题上挑战了福山，而且从政治现代化特征上批评了福山的机械唯物主义观点——"把属于一个政治体系之假定最高目标的那些特质误认为是该政

① ［美］弗朗西斯·福山：《政治秩序与政治衰败：从工业革命到民主全球化》，毛俊杰译，广西师范大学出版社2015年版，第429页。
② ［美］弗朗西斯·福山：《政治秩序的起源：从前人类时代到法国大革命》，毛俊杰译，广西师范大学出版社2012年版，第28页。

治体系在成长过程中和发挥作用时所表现出来的那些特质。"① 把政治现代化的最终特征与政治现代化实现过程的特征混淆起来，认为政治现代化的实现就是政治现代化最终特征的直接表露，是一种机械化、绝对化的观点。之所以要批评这种错误，是因为亨廷顿把政治现代化不仅看作是一个民主的目标，而且是一个权威合理化和职能分化的过程。民主、权威、职能三个方面的发展，并不是亦步亦趋的共同进展，它们之间有时相互促进，有时又相互阻碍。亨廷顿的这种批判，实际上正是对福山之前唯民主主义观点的批判。应该说，相对于亨廷顿的观点，福山作出了在自己立场范围内能做的最大让步，但亨廷顿对福山观点的批评，福山几乎没有给出真正有说服力的回答。

---

① ［美］塞缪尔·P. 亨廷顿：《变化社会中的政治秩序》，王冠华等译，上海世纪出版集团 2008 年版，第 8 页。

第十二章

政治制度的终结:"达到丹麦"

前面分析了福山关于政治制度起源、动力和政治衰败等问题,福山研究这些问题的最终目的,在于解决政治制度发展的根本方向和最终结局问题,为在世界范围内宣扬和推行资本主义自由民主制度做理论准备。在历史终结论的重构中,福山从多元人性出发,重新论述了政治制度的起源和动力问题。因为认识到国家能力不足导致政治衰败问题,他还以国家建设为重要目标,在资本主义自由民主作为历史终结总框架内,对其作了力所能及的修正。在这个重构的框架中,福山将历史的终结改称为"达到丹麦"(Getting to Denmark)。作为一个更新了的理想目标,"丹麦"既符合资本主义自由民主根本原则,也具有强大的国家治理能力。接下来,我们分析福山"达到丹麦"思想。

第一节 "达到丹麦"的提出

很多人会奇怪,福山的核心目标为什么改成为"达到丹麦"了?资本主义国家那么多,为什么偏偏是丹麦?了解了这一术语的由来和福山的用意,就不会再感到奇怪了。实际上,"达到丹麦"一语,并非福山的原创,它是从美国学者兰特·普利切特和迈克尔·伍考克 2002 年写作的一篇文章中借鉴而来的,这篇文章的标题就是"达到丹麦"。虽然该文后来正式发表之时,这一标题被更换为"方法出问题时的方法:直面发展中的混乱状态",但"达到丹麦"这一表述依然在文中得到了保留。作者在文中提出"达到'丹麦'的最佳途径是什么"的问题,并为丹麦一词加上了引号,以表示它是一个有特定含义的代指。很显然，此文的这一表达引起了学界的普遍关注。一些学者模仿上述做法，把类似问题称为"达到丹麦"，例如丹麦学者彼得·詹森和奥地利学者马库斯等发表了《"达到丹麦"：精英在发展中的作用》一文。当然，福山也是模仿此种做法的代表之一。

　　"达到丹麦"是福山历史终结论的一个新表达。在福山眼里，历史通往终点的过程，就是一个不断"达到丹麦"的过程。我们知道，福山是主张历史发展具有终点的，这个终点不仅具有规律上的必然性，而且具有价值上的合理性。福山曾经在《历史的终结及最后之人》中将这个终点与基督教中的天堂做类比，认为这个终点就是人间的天堂。福山认为作为人类历史终点的政治制度，就是资本主义自由民主政治制度。但福山的这个结论是在苏东剧变过程中得出的，苏东剧变之后的历史却并没有像他想象的那样"好事扎堆"。相反，历史的发展一再呈现出对历史终结论的不断挑战，迫使福山不得不"重构"自己的理论。"达到丹麦"就是福山在不断重构自己理论的过程中，提出的一种新表达方式。在这个意义上说，历史终结论就是"达到丹麦"的理论——什么是"丹麦"？为何会通向"丹麦"？如何达到"丹麦"？是历史终结论的核心内容。当然，"达到丹麦"并不是历史终结论原生形态的名词更换，它在理论内核和实现途径上，都以重构的形态呈现出来。

第二节　何为"达到丹麦"？

　　兰特·普利切特讲的"达到丹麦"与福山讲的是一回事吗？让我们看一下他对"丹麦"一语的描述和界定。普利切特说："大多数人同意，应该确保清洁水、教育、卫生、治安、安全/卫生条例、道路、公共卫生等长期的关键服务的提供，由有效的、基于规则的、精英的和政治上负责任的公共机构，即类似韦伯式官僚机构来执行。我们称这样的世界为'丹麦'"①。由此可以看出，所谓"丹麦"，一方面是指对公共产品（水、

---

① Pritchett, L., Woolcock, M., "2004, Solutions When the Solution is the Problem: Arraying the Disarray in Development", *World Development*, Vol. 32, No. 2, September 2002, pp. 191－212.

教育、卫生、交通等）的有效提供；另一方面是对这种公共产品进行提供的政府组织方式，这种政府组织方式类似于韦伯式官僚机构，是精英的、负责任的公共机构。前者是目标，后者是达到这一目标的组织方式或途径，两者缺一不可。一个世界是否可以被称为"丹麦"，就看它是否具备上述两个方面或要素。

　　这里出现了一个问题：普利切特讲的"丹麦"与现实世界的丹麦是一种什么关系？关于现实世界的丹麦，普利切特说："应该指出，真实丹麦不是由一个冷冰冰的、无所不包的官僚国家来统治的，而是一个包含（虚置的）皇室、干净的民主政府和充满活力的社区投入的有趣的混合体。"① 可见，真实的丹麦与普利切特所分析的"丹麦"之间，既有相同之处，又有不同之处。相同之处是它们都具备组织结构化与有效提供公共产品两个方面特征，不同之处是后者不像前者那样"冷冰冰、无所不包"，它还多了许多具有民族特色的文化因素，例如虚置的皇室、有活力的社区、民主而廉洁，等等。

　　通过比较，我们可以逻辑地推论出，普利切特讲的"丹麦"不同于真实的丹麦王国，而是以丹麦王国为典型或代表性并具有其一般特征的一类国家。普利切特本人也明确指认了这一点，他说："当然，我们所说的'丹麦'并不是指实际上的丹麦。相反，我们指的是'发达国家'（包括像新加坡这样新加入的）的公共部门运作结构中相对同质、共同的核心。""在'丹麦'这一核心理念上，有很多不同之处；事实上，结果的非常相似，是通过文化独特的不同制度形式，例如丹麦、新西兰、德国和日本来体现的。"② 由此，我们可以得出：普利切特所讲的丹麦主要不是实际上的丹麦王国，而是一种关于国家运作结构和运作目标的理念。凡是具备这种运作结构和运作目标的国家，都可以称为"丹麦"。因此，普利切特把包括新加坡、德国、日本等国家在内的很多"发达国家"都称为"丹麦"。

---

　　① Pritchett, L., Woolcock, M., "2004, Solutions When the Solution is the Problem: Arraying the Disarray in Development", *World Development*, Vol. 32, No. 2, September 2002, pp. 191 – 212.

　　② Pritchett, L., Woolcock, M., "2004, Solutions When the Solution is the Problem: Arraying the Disarray in Development", *World Development*, Vol. 32, No. 2, September 2002, pp. 191 – 212.

以上就是"达到丹麦"的最初提出者普利切特对所谓"丹麦"的理解。而我们研究的主要对象福山，则接过了普利切特的新潮表达，把自己的政治目标及其实现也称为"达到丹麦"。他说："建立现代政治制度的问题，常被形容为如何'达到丹麦'……对发达国家居民而言，'丹麦'是个具有良好政治和经济制度的神秘国度。它民主、稳定、热爱和平、繁荣、包容、政治腐败极低。……国际发展团体列出一份假设是丹麦属性（Denmark – like attributes）的长清单，尝试帮助落后国家来'达到丹麦'的水平。"[①]

由上可知，福山对"丹麦"的理解和普利切特相同，并不专指现实的丹麦国家，而是对一种理想社会类型的代指。不同的是，福山的理解主要侧重于从政治方面对国家治理特征的概括，并没有像普利切特一样将政治方面直接与具体的社会公共产品提供对接起来。当然，普利切特对"丹麦"的理解也把侧重点放在政治方面，但他的落脚点却放在社会问题上。不仅如此，福山对"丹麦"的理解，还按照自己的主张为其注入了新的含义，他说：除了上述特征，"这个'丹麦'享有完全平衡的三个政治制度：称职的国家、强有力的法治和民主的负责制。"[②] 什么是"完全平衡的三个政治制度"呢？它是相对于福山原本提出的"单一的民主制度"而言的。在福山的理论重构中，他的政治理想不再是历史终结论初始版本那种单一的自由民主目标，而是一种涵盖了国家治理、法治和民主制度在内的、相互制约和均衡的多元结构。这是福山历史终结论新模型的最核心内容，是福山思想变化的最集中体现。为了体现出自己思想发展的"变"与"不变"的关系，福山精心为自己的这一思想内核选取了新的名称表达——"达到丹麦"。丹麦，既是原先作为历史发展终极目标的"资本主义自由民主"制度，又不单纯是"资本主义自由民主"制度，它还增加了有效的国家治理和法治等新内涵。如果说在普利切特那里，民主负责、国家有效治理和法治的因素已经存在，尚缺乏一种整

---

① ［美］弗朗西斯·福山：《政治秩序的起源：从前人类时代到法国大革命》，毛俊杰译，广西师范大学出版社 2012 年版，第 14 页。

② ［美］弗朗西斯·福山：《政治秩序与政治衰败：从工业革命到民主全球化》，毛俊杰译，广西师范大学出版社 2015 年版，第 21 页。

体的、历史的逻辑凝练，那么在福山这里，则从历史终结论的重构的角度，将这三个方面集中概括出来，并以此作为新的历史目标和理论目标。

在何为"达到丹麦"问题上，福山与普利切特有相同之处，也有重要的不同之处。相同之处，就是他们都把"丹麦"当作自己的理想目标，这个理想目标以现实的丹麦国家为原型，又超越于这个原型。不同之处，主要包括两个方面：一个方面是福山为"丹麦"注入了新的内涵，"丹麦"是国家治理、法治和民主负责制三种制度的均衡结构，这种新的三位一体均衡结构代替了原本的民主单一结构；第二个方面是福山的"丹麦"主要是一个政治的"丹麦"，他主要在政治范围之内分析政治制度发展的理想状态，而普利切特的"丹麦"则是一种"政治—社会"的"丹麦"，他分析问题的出发点和落脚点都是落后国家的福利即公共产品的提供问题，国家结构不过是服务于这一目标的一种工具。

除了普利切特，还有一个人对福山的这一思想产生过重要影响，这个人就是前面多次提到的亨廷顿。亨廷顿再版他的著作《变化社会中的政治秩序》时，邀请福山为其撰写序言。福山在重读该书过程中，感觉这一著作对他本人很有启发，但需要更新。福山吸取了其中很多重要表达和思想，例如政治衰败和威权现代化（强调国家能力对于实现政治现代化的首要性）。福山也模仿亨廷顿的表达，有时又将自己的新政治模型称为"政治现代化"。这是因为福山和普利切特讲的"达到丹麦"问题与亨廷顿讲的"政治现代化"问题，具有实质等同性。

亨廷顿讲的"政治现代化"是一个什么概念？他指出，政治现代化"最关键的方面"包括三个内容：第一，必须实现"权威合理化"，即具备一个"合理化"的"权威"。这个权威的权力主要包括两个方面，一个是不受他国侵犯的对外主权，再一个是不受地方势力左右的对内主权。没有这样一个权威，政治走向现代化的过程就不仅不能达到目标，反而会走向混乱状态。第二，必须对政治职能进行分工，并组织专业化机构例如法律、军事、行政、科学等机构来执行这些职能。必须为了保证上述"威权"具有合理性，保证职能机构对"人民"负责，保证"威权"和职能机构来源于"人"，并受到法律的监督。所谓来源于"人"，就是说威权和政府要"祛魅化"，不是由"自然或上帝"来确定，而是由

"人"来决定。所谓受到法律的监督，就是要保证其"对现存法律服从优先于其他任何责任"。这些职能机构既具有"自主权"，又是"政治的下属机构"。第三，必须增加不同社会集团的参政的程度。一言以蔽之，"权威的合理化、结构的离异化及大众参政化构成了现代政体和传统政体的分水岭"①。

虽然福山坦诚地承认他受到亨廷顿关于政治衰败思想和威权现代化思想的启发，但我们还可以发现，二人在其他方面仍存在许多实质等同之处。作为政治发展的终极目标，无论被称作"达到丹麦"还是"政治现代化"，它们都把资本主义自由民主作为历史发展的最终结果，在这一点上福山和亨廷顿是完全一致的。亨廷顿明确说："区分现代化国家和传统国家，最重要的标志乃是人民通过大规模的政治组合参与政治并受到政治的影响。"② 单纯从理论影响上看，福山将政治理想模型理解为国家能力、法治和民主负责制的三位一体，并把国家能力放在最前面，也是受到亨廷顿思想的启发的结果。

当然，二人的思想也存在很多明显的不同。首先，亨廷顿并没有把法治作为一个政治现代化的独立要素来分析。在亨廷顿那里，法治是与国家权威的合理性、职能部门的合理性内在结合在一起的，而非像福山那样与资本主义民主制度结合在一起。也就是说，在亨廷顿那里，不存在一个可以脱离法制规范的国家权威和职能部门，它们要么同宗教的、封建的社会规范结合在一起，要么同资本主义法律结合在一起。国家是法治下的国家，法治是与国家治理结合在一起的法治。正因为坚持了资本主义的法律或法治，国家权威和职能部门才具备了资本主义的政治性质，成为"合理化"的权威和机构。其次，亨廷顿强调国家能力的程度要大大超过福山。这表现在亨廷顿将国家因素区分为两个方面，即合理化的权威和职能化、专业化的行政机构，并将这两个因素作为政治现代化必须首先实现的因素。最后，亨廷顿并没有像福山所批评的而实际上

---

① ［美］塞缪尔·P. 亨廷顿：《变化社会中的政治秩序》，王冠华等译，上海世纪出版集团2008年版，第26—27页。

② ［美］塞缪尔·P. 亨廷顿：《变化社会中的政治秩序》，王冠华等译，上海世纪出版集团2008年版，第28页。

却没有避免的那样，过多地强调民主，而忽视国家能力的自主性。相反，亨廷顿辩证地分析了国家与民主的关系，他说："广泛的参政可以提高政府对人民的控制，如在集权国家那样；或者可以提高人民对政府的控制，如在许多民主国家那样。"① 亨廷顿既看到了人民参与度提高可以增强对国家和权威的权力的约束，也看到了它可以提高国家的管控能力，他并不认为民主参与只具有对国家权力进行限制的作用。这个思想能够在1968年提出，与福山的思想相比，无论是1992年的福山，还是2011年的福山，都要深刻和有远见得多。可以说，亨廷顿已经先于福山40多年充分认识到国家能力在政治制度现代化中的首要地位。可以设想，亨廷顿之所以邀请福山作序，正是想给福山一个正确认识和纠正其理论缺陷的机会。

第三节 如何"达到丹麦"？

在"达到丹麦"的途径问题上，普利切特反对直接照搬发达国家的"根本性变革"，主张根据具体情况"找出解决当地问题的最适当的解决办法"的"渐进性变革"。这是因为普利切特认为每一个国家都有自己的特殊情况，压根就不存在放之四海而皆准的普遍模式。他说："历史证据表明，虽然发展可能导致体制绩效结果的'趋同'，但这些安排在每个国家的体制实际采取的确切形式与各国本身一样多种多样。"既然不同国家情况不同，那么"直接跳到韦伯"即使取得一时成功，最终也会失败。正因为这样，普利切特并没有给出一种具体的解决方案，只是在具体评述现有八种观点优缺点基础上，提出了自己的原则性看法。

与普利切特的观点比较，福山的观点呈现出明显的不同之处。二人都认为要"达到丹麦"不能生搬硬套固定的单一道路，而要根据不同国家、不同时代条件采取灵活措施。但与普利切特主张"渐进性变革"不同，福山主张"根本性变革"。这是因为普利切特坚持一定程度的"不可

---

① ［美］塞缪尔·P. 亨廷顿：《变化社会中的政治秩序》，王冠华等译，上海世纪出版集团2008年版，第27页。

知论"，他没有奢望发现一条最后的普遍道路。而福山虽然在整体上也主张历史的不可知论，但在特定历史阶段又宣扬一种可以认识和根治问题的可知论。他认为，不同的历史阶段例如工业革命前和后的历史阶段，或马尔萨斯世界和后马尔萨斯世界的规律，是存在并且可知的，人们可以借助这种可知性实现"达到丹麦"的目的。

在分析"达到丹麦"的逻辑上，福山也表现出与普利切特的不同之处。福山追求的是国家能力、法治和民主负责制三者之间的抽象均衡。而对于如何实现这种均衡，一方面，他表现出一种顺序论倾向，即首先发展国家制度，然后再发展法治制度和民主制度。福山说："这三者相互之间高度依靠。没有强大的早期国家，就没有法治，以及对合法产权的广泛认知。没有健全的法制和合法产权，平民绝不可能群起奋争，将负责制强加给英国君主政体。没有负责制的原则，英国绝不可能在法国大革命时成为强大国家。"① 另一方面，他又认为，现实中很多国家的政治建设不能按此顺序进行，虽然这可能导致政治三要素的不平衡，例如民主过度和国家软弱，或者国家过度和民主软弱，但可以通过"调整"它们作用力的"比例结构"实现新的均衡。与之相反，普利切特反对将任何途径作用夸大化，他虽然肯定各个国家的最终目标具有趋同性，但认为达到这一目标的途径却是多样化的。他甚至主张通过制造新的紧张关系来寻找解决问题的方法，因此体现出极端的经验主义色彩。如果说福山的途径是总体性革命，那么普利切特的途径就是点滴改良。

经济发展和社会动员是实现政治现代化的必要动力因素，在这个问题上，福山与亨廷顿和摩尔基本一致。亨廷顿说："和政治关系最密切的现代化层面可以广义地概括为两类。第一，社会动员是一个过程，通过它，'一连串旧的社会、经济和心理信条全部受到侵蚀或放弃，人民转而选择新的社交格局和行为方式'。……第二，经济发展指的是整个社会经济活动和产品的增长……社会动员涉及个人、组织和社会渴求的变化；经济发展涉及个人、组织和社会能力的变化。对现代化来说，这两种变

---

① ［美］弗朗西斯·福山：《政治秩序的起源：从前人类时代到法国大革命》，毛俊杰译，广西师范大学出版社 2012 年版，第 412 页。

化缺一不可。"① 亨廷顿将这两个因素并列了起来，这一点看起来与福山不同。因为在福山那里，二者不是并列关系，而是派生关系，社会动员是经济发展的结果。但这可能只是一种假象，亨廷顿也许没有将二者真正并列起来，他说："人们认为迅速的经济增长会造成以下情况：1. 毁坏传统的社会集团（家庭、阶级、种姓），从而增加'失去社会地位的人数……这些人在某种情况下会助长革命的发生'；2. 产生暴发户，他们难以完全适应并同化于现存秩序，他们要得到与他们新的阶级地位相匹配的政治权力和社会地位……"②

摩尔不仅指出了经济发展对"达到丹麦"的前提作用，而且分析了社会动员即不同阶级的斗争与合作关系对资本主义自由民主形成的正面或负面功能。摩尔以英国为榜样，分析了走向英国式自由民主的具体条件。他说："从 17 世纪开始一直到 19 世纪大部分时间，英国的资产阶级对人类自由有着极大极重要的影响，因为它是有史以来第一个资产阶级，当时其国内国外的对手都还羽翼未丰。尽管如此，基于英国的经验，以一个暂定的假设提出一些推论可能还是有用，该假设所针对的是在什么条件下，城镇和乡村上层阶级中重要部分之间的合作最终能够有利于议会民主的发展。正如我们早就指出的那样，一个重要条件是双方共同反对皇家官僚统治。第二个条件是，商业和工业领导者必须行动起来，成为社会的主导力量。在这些条件下，土地贵族才能够养成资产阶级的经济习惯。"③ 应该说，摩尔的分析很接近于福山，但一个关键不同之处在于，摩尔虽然说过一句被福山特别重视的话——"没有中产阶级，就没有民主"，但他并没有将资本主义民主的决定力量放在中产阶级上面。摩尔的本意是，中产阶级只是一个不可或缺的必要条件，但绝非首要的决定条件。和马克思十分接近，摩尔更看重"商业和工业领导者"，即

---

① ［美］塞缪尔·P. 亨廷顿：《变化社会中的政治秩序》，王冠华等译，上海世纪出版集团 2008 年版，第 26 页。

② ［美］塞缪尔·P. 亨廷顿：《变化社会中的政治秩序》，王冠华等译，上海世纪出版集团 2008 年版，第 38 页。

③ ［美］巴林顿·摩尔：《专制与民主的社会起源》，王茁等译，上海译文出版社 2012 年版，第 439 页。

商业和工业资产阶级的社会动员，认为他们才是改变旧制度的"社会领导力量"。

第四节 旧模型的修正

福山把自己的理论目标称为"达到丹麦"，把包含国家、法治与民主三位一体的政治制度作为"丹麦"的核心，这个目标作为一种新理论模型，是通过对旧模型的修正实现的。2008 年国际金融危机爆发后，福山加快了对旧模型的修正速度。这是因为在福山看来，有两个因素直接决定着他的历史终结论能否成立。一个是美国出现所谓政治衰败，一个是中国在抗击危机中实现了弯道超车。这两个国家的迥异的表现，反映的不仅是它们自身的差异，更多的是两种不同制度的生命力的差异。在回应这种挑战过程中，福山对自己的理论目标、实现途径、标杆国家、分析方法等多方面进行了修正。

一 理论内核的修正

福山的最终目标，在理论上是要否定社会主义基本制度的历史优越性和进步性，为资本主义的自由民主制度的历史合理性辩护，在实践上是要为美国等资本主义国家在世界范围内进行民主"输出"或"扩展"提供理论支持。为了实现这个目标，福山在苏东剧变前后，以苏联等国家出现政治危机为依据，提出了人类历史已经终结、资本主义是人类历史终点的观点。此时，福山对资本主义政治制度的理解整体上是一元论的，也就是说，他认为资本主义政治制度主要就是资本主义民主制度，法治制度与民主制度相结合构成所谓"自由民主"。其他政治制度例如国家制度，虽然也有涉及，但没有被纳入他的理论内核中。这样，资本主义对社会主义等其他制度的胜利，就变成了资本主义自由民主的最后胜利，人类历史变成了不断走向和最终达到资本主义自由民主的历史。然而，越来越多的负面信息态让福山认识到，这种单纯以自由民主为内核，片面强调自由民主而忽视国家建设等其他因素的政治制度设计，不仅不能解决其他非"自由民主国家"的失败问题，也不能解决美国等资本主义国家自身的政治衰败问题。在这两类国家，片面强调自由民主，忽视国家能力建设都造成严重的政治混乱和危机。于是，在继续保留资本主义自由民主这个"硬核"基础上，福山又补充了国家能力建设和法治两个元素，将理论内核一元论发展为三元论。当然，在这个国家、法治和民主三位一体的内核中，民主仍然是首要的内容。这样，福山的政治观就由原先的民主一块"积木"形成的民主与专制二元对立结构，转变为国家、法治和民主三块"积木"组合而成的多元对立制衡结构。只有三块"积木"都具备，并且相互制衡，才能形成最理想的政治。凡是缺少其中一块、两块或三块"积木"，或者虽然具有三块"积木"，却没有形成均衡状态的政治，都不是理想的政治。就这样，国家、法治和民主三块"积木"均衡搭配，被福山称为理想的"丹麦"。

二　理论基础的修正

为了论证历史终结论，福山在否定马克思的历史观之后，转向了他的对立面——黑格尔的唯心史观。在求助黑格尔"追求承认"的人性论的基础上，他重构了一种从主奴斗争到主奴和解的政治历史发展哲学。他把资本主义自由民主作为人类历史终点，认为它在与社会主义等不同制度的竞争中最终胜出，这个结论正是建筑在这个抽象人性论和主奴哲学基础上的。然而，这个人性一元论也像孙悟空的"紧箍咒"一样，严重束缚了它发挥作用的范围。政治（民主）一元论可以建筑在人性一元论上，但政治三元论（国家、法治、民主）就无法继续建筑在人性一元论基础上了。为了为政治三元论提供合适的理论基础，福山借助"黑猩猩政治"的研究，重构了原先的人性论。新建构的人性论，认为人的本性除了原先追求承认的属性外，还具有社会性、认知能力、规则性、情感性、暴力性等其他属性。这样，单一人性论就发展为多元人性论。这些不同的人性因素，就像一箱子可以满足不同需要的工具一样，分别可以拿来论证政治制度不同方面的生成和发展的原因。例如，社会性、暴力性可以用来论证族团、国家等社会组织的生成，认知能力和规则性可以用来论证规范和法治的生成，情感性可以用来论证政治制度坚守和政治衰败现象的生成，追求承认的属性可以用来论证民主负责制的生成。

人性一元论向人性三元论的发展，虽然为政治三元论提供了新的人性论基础，貌似给整个新理论带来了一种实证和具体化的表象，但并没有改变其人性论的抽象本性。人性是社会的产物，社会关系是规定人性的客观条件，脱离了社会关系理解的人性就是抽象的人性。人类的社会性，并不在于那种为群居而群居、为社交而社交的属性。群居和社交，是连某些动物都具备的本能，不是人所特有的社会性。人的社会性，是指人所处的以物质或人口生产关系为轴心的社会关系，塑造着人的社会身份、社会地位、交往方式、交往能力、思想观念等的属性。因此，人的社会性随着社会关系的发展而变化，不存在永恒不变的人的社会性。福山所谓追求承认、情感、暴力等人性，不过是人类对自己的现有社会地位的承认和维护，或对新的社会地位的追求的具体体现。认知能力不是人先天就有的能力，它在很大程度上受到社会环境的影响，并受到处于统治地位的社会群体的垄断。制定规则的能力也不是所有人都有的先验的能力，它除了受到认知能力的限制，还受到掌握了经济、政治乃至话语权的社会群体的垄断。

三 实现途径的修正

关于新的政治目标如何实现，福山原先采取了一种抽象的主奴斗争辩证法的逻辑，认为经济技术逻辑只能把政治历史推进到民主社会的"门口"，而不能最终推动人们"走进去"，最终决定人们进入民主社会的是"主奴斗争"导致的"主奴和解"，主人突然认识到真正的承认不是奴隶对他的承认，而是一个平等的人对他的承认，或者说是社会的统治者主动放弃专制而还权于民。这种逻辑是否符合历史事实，不是这里要分析的问题。这里着重关注的是福山的这种逻辑在理论重构中做了何种修正。经过比较可以发现，福山关于政治理想实现途径的修正，主要包括以下两个方面。

第一个方面，是构成政治制度内核的三种政治元素的形成应该坚持某种"出场"顺序，不是杂乱无章地进行，也不是只有一种政治元素唱独角戏。关于这种"出场"顺序具体应该如何，福山的主张或隐或现，但基本可以辨明的是：关于民主负责制与国家建设的顺序，民主负责制的形成不能先于现代国家而形成，否则就会限制国家建设，导致国家能力先天不足、后天乏力。关丁法治与国家建设的顺序，福山的逻辑出现了令人玩味的摇摆。到底是国家建设在法治形成之前，还是法治形成在国家建设之前，福山的立场让人捉摸不定。在"达到丹麦"涉及的现实丹麦国家，其政治发展顺序依次是国家、法治、民主①。而在他的模板国家英国，其政治发展的顺序则是法治、国家、民主。福山说："在西欧，三大制度中第一个出现的是法治。中国从来没有超越的宗教，也许是由于这一原因，始终没有发展出真正的法治，率先出现的是国家，……这个次序在欧洲是倒过来的：法律的出现早于现代国家的兴起。"② 那么，到底哪一个顺序才是他心目中理想的顺序呢？按照逻辑来看，当然必须首先有国家，然后才有法律对国家元首的限制即法治。没有国家和国家元首，就谈不上法律对国家元首权力的限制，也就只有法律而无法治。能否存在一个没有国家和国家元首的法治状态呢？显然不能，因为这完全自相矛盾。正因为这样，福山除了在比较西欧和中国政治发展顺序的场合，绝大多数情况下都是按照国家、法治、民主的顺序来思考。

那么为何在分析西欧的政治发展时，福山认为法治是它的三大制度中"第一个出现"的呢？这主要是为了突出西欧与中国的差异，突出他所谓中国缺乏法治。但事实上，他并没有否认，西欧政治发展的时间顺序也是国家在法治之前。让我们重申他的原话："法律的出现早于现代国家的兴起。从 16 世纪晚期起，欧洲君主渴望模仿中国皇帝，创建现代的集权专制国家，却不得不面对限制权力的法律秩序。"③ 很清楚，他这里说的先于国家出现的不是"法治"，而是"法律"。因为没有国家及其统治者存在的法治，是不能称为法治的。即使

---

① ［美］弗朗西斯·福山：《政治秩序的起源：从前人类时代到法国大革命》，毛俊杰译，广西师范大学出版社 2012 年版，第 15 页。

② ［美］弗朗西斯·福山：《政治秩序与政治衰败：从工业革命到民主全球化》，毛俊杰译，广西师范大学出版社 2015 年版，第 9 页。

③ ［美］弗朗西斯·福山：《政治秩序与政治衰败：从工业革命到民主全球化》，毛俊杰译，广西师范大学出版社 2015 年版，第 9 页。

法律先于国家出现，也不能说这种法律就是法治。福山混淆了法律与法治的含义，为了污称和批评中国的国家建设缺乏法治，他竟然采取了有意混淆概念的做法。有国家未必有法治，但没有国家一定没有法治，这是政治学的基本逻辑。

第二个方面，是福山从抽象的、想象的、设想的"主奴和解"逻辑重返被他自己否定过的经济—社会动员路径。在《历史的终结及最后之人》中，福山明确否定了经济（实质上是抽掉了生产关系的生产力）发展引起中产阶级社会动员的历史逻辑。他说："经济现代化进程也许带来某些像部落或农业社会向城市、受教育以及中产阶级社会转变这种大范围的社会变革，并以某种方式为民主制度创造所需的物质条件。但是，这一进程不能解释民主制度本身，因为如果研究这一进程的内涵，我们会发现经济学几乎从来不会选择民主制度。"① 福山以英国、法国、美国等第一批民主国家的产生为例，指出那时候并没有进行经济现代化，社会经济主要是农业经济，也没有产生中产阶级的社会动员，但建国之父们仍然选择了人权和民主。但在《政治秩序的起源》和《政治发展与政治衰败》中，福山似乎忘记了自己原先给出的否定性理由，不做解释地把自己否定过的结论拿过来给予肯定和宣传。

关于经济发展、社会动员在资本主义民主生成中的作用，他不提最初一批民主国家的情况，从"19世纪初"的欧洲开始分析，指出从工业革命开始，工业化和经济发展创造了工人、学生、职业人、经理等"新的社会群体"，这些新社会群体"意识到自己成员拥有共同利益"，从而"组织起来，采取集体行动""为政治制度的变化打下基础"②。关于经济发展、社会动员在资本主义民主扩展中的作用，他认为经济发展、社会动员为资本主义民主的扩张或传播发挥了首要作用。他说："我在第二章中提出过一条替代的因果途径，即经济增长可通过社会动员来影响民主制度……合乎逻辑的思维是，这些新群体无法参与旧农业社会的政治制

---

① ［美］弗朗西斯·福山：《历史的终结及最后之人》，黄胜强等译，中国社会科学出版社2003年版，第153页。

② ［美］弗朗西斯·福山：《政治秩序与政治衰败：从工业革命到民主全球化》，毛俊杰译，广西师范大学出版社2015年版，第35—36页。

度，就会要求分享政治权力，从而增加要求民主的压力。"① 福山将这一逻辑命名为"马克思—摩尔框架"，认为这是将马克思的思想与巴林顿·摩尔的思想相结合的新产物。

值得注意的是，在这一新路径中，福山所谓的社会动员主要是指中产阶级的社会动员。也就是说，他认为资本主义自由民主的形成动力和存在基础，不是资产阶级，而是中产阶级。福山认为并不存在一个叫作资产阶级的阶级，社会革命的"主要参与者"是中产阶级、工人阶级、大地主、农民四个阶级。中产阶级在许多情况下并不支持民主，而只支持自由；工人阶级反而更热衷于自由民主中的民主，他会"与中产阶级联合起来"，争取平等的分配权和更多的选举权。随着社会动员的发展，追求自由的目标和追求民主的目标逐步"衔接起来"，追求民主便不仅是工人阶级的目标，也"成了中产阶级的目标"②。中产阶级既追求民主也追求自由，所以它才是资本主义自由民主的主要基础和动力。把资产阶级说成是一个虚无概念，把工人阶级说成支持资本主义民主的重要力量，把中产阶级说成资本主义自由民主的形成和存在的支柱，这是福山对政治理想实现途径进行修正的第二个重要体现。

第五节　关于新乌托邦的两个问题

国家、法治、民主三位一体的新政治目标，看似比片面强调民主更加合理，但实质上不过是福山重构的又一个乌托邦。在历史终结论的原生形态中，福山曾说他终结的不是历史现实，而是一种思想。这种思想如果没有现实作为依托，就只能沦为乌托邦。福山现在重构了历史终结论，这种重构帮助他走出了乌托邦境地吗？他用"达到丹麦"这种现实话语掩饰其乌托邦本质，在现实中会产生什么影响呢？下面分析这两个问题。

---

① ［美］弗朗西斯·福山：《政治秩序与政治衰败：从工业革命到民主全球化》，毛俊杰译，广西师范大学出版社2015年版，第368页。

② ［美］弗朗西斯·福山：《政治秩序与政治衰败：从工业革命到民主全球化》，毛俊杰译，广西师范大学出版社2015年版，第369页。

一 乌托邦还是现实？

上面提到，普利切特和福山所讲的丹麦都是加引号的丹麦，即一种理想社会形态，不是现实的丹麦国家。乍一看，二者好像没有太大差别，但仔细一思考，就会发现二者其实具有实质性差别。如果说普利切特讲的"丹麦"是一个对客观现实的抽象或概括，它并没有脱离现实，那么福山讲的"丹麦"与其说是来自对现实抽象，不如说是来自自己的想象，当然，这种想象是建立在抽象人性论和社会进化论的哲学基础上。普利切特讲的"丹麦"是一种立足于具体的抽象，是个性中的共性，他指出，"丹麦"是"'发达国家'（包括像新加坡这样新加入的）的公共部门运作结构中相对同质、共同的核心"，是"通过文化独特的不同制度形式，例如丹麦、新西兰、德国和日本来体现的"。而福山讲的"丹麦"则与之不同，他说："当代发展中国家以及试图帮助它们的国际社会，都要面对如何'达到丹麦'的问题。我的所指，与其说是事实的（actual）丹麦国家，倒不如说是想象中的社会（imagined society）：它富强、民主、安全、治理良好，只有较低水平的腐败。这个'丹麦'享有完全平衡的三个政治制度：称职的国家、强有力的法治和民主的负责制。"[1] 福山明确告诉我们，"丹麦"是"想象中的社会"，不是对具体社会的抽象，而是立足于政治理念的想象。可见，在福山的逻辑中，"丹麦"并非丹麦国家，也并非丹麦一类国家的抽象，而是对理想政治制度的人为想象，是福山的新"理想国"。

介绍完加引号的丹麦后，福山立即来了一个"频道转换"，跳到作为一个现实国家的丹麦那里去了。他从丹麦人的祖先维京人开始讲起，分析了早期丹麦人（尚无丹麦王国）如何发展为现代丹麦国的历史过程。有趣的是，这个历史过程的追述，说着说着就不见了维京人的影子，变成了一种通往资本主义自由民主的逻辑推演。[2] 福山之所以这样，是因为

---

① ［美］弗朗西斯·福山：《政治秩序与政治衰败：从工业革命到民主全球化》，毛俊杰译，广西师范大学出版社2015年版，第21页。

② ［美］弗朗西斯·福山：《政治秩序的起源：从前人类时代到法国大革命》，毛俊杰译，广西师范大学出版社2012年版，第15—16页。

只有将丹麦的特殊经验抽象化为一般理论，才能摆脱其民族特殊性的障碍，得出带有普适性的结论。然而，一旦立足现实丹麦看待问题，通往资本主义自由民主的道路就变得令人悲观起来，这是因为"丹麦的民主兴起充满了历史的偶然性，不能在别处复制"①。

可见，在福山那里，达到"丹麦"与达到丹麦，两种话语时不时纠缠在一起。他的丹麦时而指代作为理想国的"丹麦"，时而又是指代作为一个现实政体的丹麦。这种不加刻意区分的混淆和干扰，为他面对不同挑战而进行辩护提供了极大便利。这可以解释，为什么"频道干扰"的做法遭到德里达等人的严厉批评，并仍然为福山坚持了下来。这种"频道干扰"的做法，要求历史终结论必须是一个乌托邦，否则就立马会被现实挑战所证伪；但历史终结论又不能完全是乌托邦，否则就变成了完全脱离现实而无法实现的幻想。唯一有利的状态，就是保持一种真实与想象相互纠缠、相互辩解的状态。如果放弃了想象与现实的"频道干扰"，无论是将其归结为想象，还是归结为现实，都无法完全达到为其辩护的目的。因此，福山才推出了"达到丹麦"这个新表达，在丹麦和"丹麦"之间继续大搞"频道干扰"。

二　"达到丹麦"还是"达到美国"？

值得关注的是，福山等人把政治理想称为"达到丹麦"的做法，在美国引起了一场关于政治模式的大辩论。争论的一方以美国特朗普政府为代表，极力维护美国自由民主制度优越性，贬低丹麦、瑞典为代表的社会民主主义制度；另一方以政治家伯尼·桑德斯等人为代表，推崇以丹麦、瑞典等国为代表的北欧福利资本主义模式。2016年美国大选过程中，作为民主党参与竞选的伯尼·桑德斯旗帜鲜明地指出："我们（美国）应该把目光投向丹麦、瑞典和挪威这样的国家，学学他们为劳动人民都做了些什么。"② 而在阐述自己所持政见的专著《我们的革命：西方

---

① ［美］弗朗西斯·福山：《政治秩序的起源：从前人类时代到法国大革命》，毛俊杰译，广西师范大学出版社2012年版，第425页。
② 参见尼玛·萨南达吉《北欧神话是否是社会主义的成功？》，2016年9月6日，http：//www.rmlt.com.cn/2016/0906/439172.shtml，2022年10月2日。

的体制困境和美国的社会危机》中，桑德斯毫不掩饰他对丹麦等北欧国家免费高等教育的赞美："在芬兰、丹麦、爱尔兰、冰岛、挪威、瑞典、墨西哥，公立高校均免费。在丹麦，上大学不仅不用付学费，还有报酬。"① 桑德斯虽然没有直接将自己的政治理想称为"达到丹麦"，但实际上他正是在以"达到丹麦"作为自己的理想和政纲。

　　虽然桑德斯在竞选中两次提前败北，但随着当选者执政问题频出，人们对现有两党执政理念越来越丧失信心，桑德斯的民主社会主义理念获得越来越多美国人特别是大学生的支持。这自然引起了当权的特朗普政府的警惕。2018 年 10 月，特朗普政府以经济顾问委员会的名义发布了"社会主义的机会成本"的主题报告。通过比较北欧各国与美国在医疗保健服务、医疗保健融资、边际劳动所得累进税、产品市场监管、劳动力市场监管与征税等几个方面的表现，报告得出一个引人关注的结论："北欧国家的生活水平至少比美国低 15%"，"尽管这些故事有时被称为更为相关的社会主义成功案例，但北欧国家的经验也支持这样一个结论，即社会主义降低了生活水平。"② 该报告批评丹麦等国家存在严重问题，认为其模式不可持续，无法与美国模式比较。

　　美国政府的做法自然引起了丹麦等北欧国家的强烈回应。在该报告发布不久，丹麦首相拉尔斯·拉斯穆森在脸书上发表文章回应，表示他任何时候都可以参加由美国人组织的"谁拥有最佳社会模式"的竞赛，并自信地认为丹麦"任何时候都会赢"。而丹麦社会民主党发言人甚至学着特朗普的口吻告诉电视台记者"这是假新闻"③。香港《南华早报》以"达到丹麦，而非达到美国"为标题发表评论文章，指出："至少根据福山在《政治秩序的起源》中的说法，社会科学家已经把它（实现和维护

---

　　① ［美］伯尼·桑德斯：《我们的革命：西方的体制困境和美国的社会危机》，钟舒婷等译，江苏凤凰文艺出版社 2018 年版，第 239 页。

　　② 美国白宫经济顾问委员会：《社会主义的机会成本》，2018 年 10 月 23 日，https://www. whitehouse. gov/wp – content/uploads/2018/10/The – Opportunity – Costs – of – Socialism. pdf？2023 年 10 月 7 日。

　　③ KATE GIBSON："Denmark dismisses White House socialism report as'fake news'"，2018 年 10 月 29 日，https://www. cbsnews. com/news/denmark – dismisses – as – fake – news – white – house – report – on – socialism/，2022 年 10 月 7 日。

和平、稳定、自由、繁荣和包容性）称为'达到丹麦'或哥本哈根共识问题，而不再称之为'达到美国'，也不再称之为华盛顿共识。"① 这表明，在《南华早报》学者看来，美国模式不再是受人热捧的理想，人们正试图用丹麦模式代替美国模式，作为政治追求的目标和信念。

民主社会主义是否会成为福山新的政治理想？福山对丹麦打的到底是"擦边球"还是"桌面球"？这对于他的历史终结论又意味着什么？这值得人们继续关注。

---

① "Getting to Denmark, not the United States", *South China Morning Post*，2018 年 10 月 23 日，https：//www. scmp. com/comment/opinion/article/3081799/getting – denmark – not – united – states，2023 年 10 月 7 日。

第四部分

历史篇

第十三章

关于"社会形态"划分与更替问题

福山对历史终结论的重构，是从理论和历史两大方面展开的。福山放弃了历史终结论原生形态中超历史的抽象推演，采取了理论与历史相结合的论证方法。在上一部分中，笔者已经系统阐述、评价了其理论部分。接下来笔者将分析评述其历史部分。福山把社会历史发展区分为三大阶段，即"族团和部落层次的社会""国家层次的社会""现代民主社会"。遵照马克思唯物史观的习惯表达，笔者将这一思想称为社会形态理论。本章首先分析福山关于社会形态的阶段划分与更替动力等一般性问题。

第一节　福山社会形态阶段划分的方法论及其评述

福山的社会形态阶段划分思想，包括社会形态阶段划分的方法论与阶段划分的基本结论两个方面。而社会形态阶段划分的方法论，又包括具体划分方法与划分标准两个方面。下面我们分析评述福山关于社会形态划分的方法论问题。

一　福山社会形态阶段划分方法：三分法与二分法

政治制度起源与发展是福山历史终结论重构的主题。针对这个主题，福山先后采用了两种不同的社会阶段划分方法：一种是三阶段法，即把社会历史区分为族团部落层次社会、国家层次社会、政治负责制社会三大基本形态；一种是两阶段法，即把社会历史区分为前现代化时期和现代化时期两大阶段。这两种分期方法并不冲突，但其突出的研究目的完全不同。三分法更加突出国家、法治、负责制三大制度的形成和顺序问题；两分法则是在三大制度已经形成的基础上，追求实现政治制度新的完善、发展和制衡，即政治制度的现代化问题。两种划分方法论，针对不同的研究任务交织在一起。

福山所谓的政治现代化，是指三大政治制度的继续完善发展，形成相互制约关系，并在世界范围的不断扩展。福山说："耶拿战役之后的政治发展，只涉及这些制度在全世界的复制，而没有看到全新制度的补充。"[1] 从前现代化到现代化的质变，有两个重要变量：一个是原有的政治制度三元素自身的现代化，例如国家自主治理能力的形成，特别是负责制由对少数人负责发展为对多数人负责。再一个是政治三元素之间形成相互制衡的新结构。只有这两个方面的变化都实现了，人类社会才能从国家层次的社会发展为现代政治社会。因此，从三分法与二分法的关系看，福山所谓的前现代化时期，实际上包含了前两个社会形态，即族团部落层次社会和国家层次社会；而现代化时期则是第三大社会形态即民主负责制社会的产生和进一步发展时期。

关于第三社会形态的起始，福山原先照搬了"黑格尔—科耶夫"的观点，以1806年拿破仑在耶拿打败普鲁士君主政体为开端。这个时间点显然已经无法满足理论重构的需要了，因为它并没有把国家制度也纳入到政治制度当中。于是在《政治秩序的起源》中，福山一边声称科耶夫的观点"值得认真考虑"，一边指出三大政治组件"已在18世纪末世界上的某地获得确立"。这个"某地"是哪里呢？福山虽然没有直接指明，但他说"英国是三大组件聚合在一起的第一个大国"，这已经点破了谜底——所谓"某地"就是英国。从1689年光荣革命到1800年前后工业革命，此时的英国不仅三大基础政治组件已经聚合，而且关键的第三组件即负责制已经从对少数人变为"对所有公民"负责。[2] 可见，在福山这

---

① ［美］弗朗西斯·福山：《政治秩序的起源：从前人类时代到法国大革命》，毛俊杰译，广西师范大学出版社2012年版，第412页。

② ［美］弗朗西斯·福山：《政治秩序的起源：从前人类时代到法国大革命》，毛俊杰译，广西师范大学出版社2012年版，第412页。

里，历史的"终结"不过是"某地"政治现代化的实现，同时是世界政治现代化的开始。而世界政治现代化的本质，是其他国家对"某地"政治制度发展经验的复制。

根据自己的不同需要，福山有重点地使用了社会形态划分的三分法和二分法。当需要突出政治发展的顺序时，福山强调第一种划分方法即三分法；当需要强调资本主义自由民主扩展使命时，福山又强调第二种划分方法即二分法。第一种方法给出了完整分析政治制度结构和政治发展的逻辑框架；第二种方法以第一种方法为基础，但又弥补了第一种方法过于突出政治制度起源而忽视现代政治发展规律的缺陷，给第一种方法"划了重点"。

二 福山社会形态阶段划分标准及其实质

马克思的社会形态把社会生产关系作为社会划分标准，因此是一种社会经济形态或经济的社会形态。福山则不同，他是以政治制度特别是国家制度的建设作为社会划分标准，人类历史被看作是一个从无国家到有国家，再到三位一体国家制度（国家与法治、民主制度相互制约均衡）的发展过程，因此是一种社会政治形态或政治的社会形态。虽然福山还坚持了两阶段划分法，把工业革命作为一个区分坐标。但正如前面指出的，两阶段法是"嵌入"三阶段法的，实质上是从经济角度对三阶段法的一种再理解。相对于两阶段法，三阶段法是前提和基础，如果没有三阶段的划分，也就没有两阶段的生成。对于自己社会形态划分标准的政治性，福山毫不讳言："进化人类学家，以社会或政治组织的形式来排列阶段。这是我在此所选用的，也是我的主题。"[1]

福山坚持以政治标准划分社会形态，是由他的社会历史观决定的。福山的社会历史观具有多元主义特点，即把包括抽象人性、经济、社会动员、思想等许多不同因素看作社会历史发展的综合决定力量。福山在历史终结论重构中，以多元主义观点来达到实用主义的目的，给人从历

① ［美］弗朗西斯·福山：《政治秩序的起源：从前人类时代到法国大革命》，毛俊杰译，广西师范大学出版社2012年版，第52页。

史出发的"求真务实"的感觉，与历史终结论原生形态中基于逻辑推演的一元决定论形成了鲜明对照。福山之所以由历史的一元决定论发展为多元决定论，根本上是由其一元决定论在现实挑战面前越来越丧失解释力决定的。福山用历史多元决定论来掩饰一元决定论的尴尬，但多元决定论又为他带来了新的尴尬，那就是历史规律是否可知的问题。思想史的经验告诉我们，多元论哲学的结局往往是最终走向唯心主义，那么福山的多元论的最终会怎样呢？

马克思认为政治归根结底由经济决定。那么在福山那里政治是由什么决定的呢？对此，福山似乎表现出一种在经济与思想（宗教）之间反复斟酌的谨慎态度，他说："教会对社会价值的控制，便成了为己谋利的工具。从这个角度看，经济龟站在宗教龟的上面；但从另一角度看，宗教龟又站在更为底下的经济龟上。"① 那么，到底谁站在谁的上面呢？福山认为宗教及其思想在主观上是为了经济利益，但在客观上却推动了政治历史的发展，分析历史决定因素更应该从客观角度出发。所以，他最终得出了这样的结论："在龟的术语中，思想处在龟群的下层，它的底下绝对没有经济或自然环境的龟。"② 思想龟的下面绝对没有经济龟，因此，在福山看来政治的发展，其最终决定力量不是经济因素而是思想因素。这样绕来绕去之后，福山终于得出了唯心主义的结论。福山这种唯心主义观点与他的抽象人性论并不矛盾，因为"经济龟"的下面是"思想龟"，而"思想龟"的下面是被福山作为人性之一的"抽象和理论的能力"之"龟"。

第二节 福山关于社会形态的阶段划分 及其与马克思的比较

福山认为人类社会的发展，包括"族团和部落层次的社会""国家层

---

① ［美］弗朗西斯·福山：《政治秩序的起源：从前人类时代到法国大革命》，毛俊杰译，广西师范大学出版社 2012 年版，第 237 页。

② ［美］弗朗西斯·福山：《政治秩序的起源：从前人类时代到法国大革命》，毛俊杰译，广西师范大学出版社 2012 年版，第 433 页。

次的社会""现代民主社会"三大基本形态。"族团和部落层次的社会"
是人类社会的最早阶段,它具体包括族团社会和部落社会两个前后相继
的阶段。"国家层次的社会"由部落社会发展而来,是人类社会发展的第
二阶段。"现代民主社会"是由国家、法治、民主负责制三种制度相互制
衡而形成的现代社会形态,是人类社会发展的第三阶段,也是最后阶段。
在福山看来,人类社会的族团和部落阶段是不存在国家、法治、负责制
等基本政治制度的,最多存在部落法律;人类社会的国家阶段开始生成
了国家组织,但未必存在法治和负责制,或者只存在法治而不存在负责
制;只有到了人类社会的第三阶段,包括国家在内的三大基本制度都齐
备了,而且负责制也已经由适应少数人的负责制发展为适应多数人的负
责制,社会才进入相对完美的终结阶段。这就是福山关于社会形态阶段
划分的基本观点。

福山讲的"三形态"与马克思讲的"五形态"之间,虽存在某种对
应关系,但也有根本性差异。福山所谓的族团部落层次社会,大体与马
克思讲的原始社会对应;现代民主社会大体与马克思讲的资本主义社会
对应;而国家层次社会则大致与马克思讲的奴隶社会对应。与马克思明
显不同之处,福山的"三形态"缺少了封建社会一环,这是因为福山并
不承认封建社会客观存在,认为那是只有欧洲才存在的特殊社会类型。
即使在原始社会,福山的理解与马克思也有很多不同之处,例如:福山
认为族团部落层次社会只存在父系社会,不存在真正的母系社会(母权
制社会),而马克思认为原始社会早期存在一个相对固定的母系社会,父
系社会由母系社会发展而来;福山认为族团部落层次社会只存在以家族
为中心的私有产权制度,而马克思认为原始社会不存在私有产权,只存
在原始公社和部落共产制;福山认为氏族社会与部落社会是前后相继的
两个不同阶段,后者是以祖宗崇拜为中心,以竞争为动力发展而来的,
马克思则认为部落社会不是一个独立的阶段,有了氏族同时也有了部落、
部落联盟等社会组织,氏族才是原始社会的基本单元。

在关于原始社会性质的问题上,福山对马克思的态度前后发生了较
大变化。在《历史的终结及最后之人》中,他照搬了黑格尔、科耶夫的
观点,认为在"最初之人"血战之后,人与人就开始组成了主人统治奴

隶的奴隶社会，也就是说福山认为人类的原始社会其实就是奴隶社会。福山为了让自己的这种观点更具有说服力，甚至拿马克思早期对原始社会的一个误解（《共产党宣言》中曾经把原始社会看作是阶级社会）大做文章，把黑格尔和马克思说成与他持相同观点者："对于这两位思想家而言，他们都认为人类社会是从建立在奴隶制和仅能维持生命的农业基础上的简单部落"开始发展的。① 但是后来，在《政治秩序的起源》中，他部分放弃了这种观点，认为人类早期不是奴隶社会，虽然没有马克思所说的公有制，但存在自由平等的关系，个人主义也不是一种主导性价值观。福山说："族团和部落中，社会组织以亲戚关系为基础，成员之间相对平等。相比之下，酋邦和国家等级分明，不以亲戚关系而以领土为基础来行使权力。"② 福山认为，只是在由部落社会向国家层次社会转变过程中，才出现了由于财富和权力占有不同而带来的人与人不平等的主奴关系。"从族团和部落层次的社会迈入国家层次的社会，在某种意义上，代表人类自由的一大挫折……这财富和力量却铸造了悬殊的等级差别，有的变成主人，更多的变成了奴隶。"③ 由此可知，在原始社会的社会性质问题上，福山放弃了此前的部分错误观点，转而接受了马克思的部分正确观点。

　　虽然在族团部落层次社会和国家层次社会的分析中，福山很多地方肯定了马克思的观点，但在第三个阶段即自由民主社会，他再次表现出与马克思观点的重大分歧。福山认为，在更高层次上恢复原始社会的自由平等的，不是马克思说的共产主义社会，而是资本主义自由民主社会。他说："现代民主的兴起为所有人提供自决机会，以承认相互的尊严和权利为基础。因此，它只是在更大更复杂的社会里，恢复当初迈入国家时

---

　　① ［美］弗朗西斯·福山：《历史的终结及最后之人》，黄胜强等译，中国社会科学出版社2003年版，代序2页。
　　② ［美］弗朗西斯·福山：《政治秩序的起源：从前人类时代到法国大革命》，毛俊杰译，广西师范大学出版社2012年版，第52页。
　　③ ［美］弗朗西斯·福山：《政治秩序的起源：从前人类时代到法国大革命》，毛俊杰译，广西师范大学出版社2012年版，第436页。

所失去的。"① 也就是说,在福山看来,真正的"自由王国"不是马克思讲的共产主义,而是他讲的资本主义。如果说在原始社会问题上,福山能够部分接受马克思的观点,是因为他的历史学方法论转向逼迫他不得不这样做,那么,在共产主义社会形态的历史必然性与进步性上,福山无论如何是不可能接受马克思观点的,因为这已超出了单纯的科学原则,涉及政治立场问题。

第三节　福山对马克思社会形态阶段划分观点的曲解及其批评

关于马克思的社会形态阶段划分观点,福山说:"马克思和恩格斯携手推出现代最著名的发展理论:他们设置一系列的进化阶段——原始共产主义、封建主义、资本主义、真正的共产主义——全由社会阶级的基本矛盾所驱动。马克思主义这一错误和从简的发展模型,误导了后来数代学者。"② 福山把马克思、恩格斯创立的社会形态阶段划分观点,说成是原始共产主义、封建主义、资本主义、真正的共产主义四个阶段,这种理解包含着对马克思、恩格斯观点的多重曲解。

福山的第一个曲解,是有意遗漏马克思五形态说中的奴隶社会。我们知道,马克思提出的是五种社会形态说,除了福山讲的四个形态,还包括奴隶社会形态。无论是在《德意志意识形态》《雇佣劳动与资本》《共产党宣言》中,还是在《资本论》《〈政治经济学批判〉序言》中,马克思都提到了奴隶社会阶段。开始用的概念是"古代的所有制",后来在《资本论》中用的概念是"奴隶制""奴隶社会"等,这些概念都是指代奴隶社会这个历史阶段。福山为什么遗漏马克思的奴隶社会阶段呢?是因为他不清楚马克思的真实观点吗?显然不是。马克思关于社会历史发展的五形态说,已经成为世人熟知的观点。无论是从马克思观点的影

① [美] 弗朗西斯·福山:《政治秩序的起源:从前人类时代到法国大革命》,毛俊杰译,广西师范大学出版社 2012 年版,第 436 页。

② [美] 弗朗西斯·福山:《政治秩序的起源:从前人类时代到法国大革命》,毛俊杰译,广西师范大学出版社 2012 年版,第 48—49 页。

响力，还是从福山作为一个学者严谨性看，这都是难以想象的事情。在《历史的终结及最后之人》中，福山曾经把马克思原始社会理解为建立在奴隶制上的社会，但他后来在《政治秩序的起源》中否定了这种理解，认为原始社会是人人平等的、非个人主义的社会。福山说："族团层次的社会高度平等，其主要差别在年龄和性别上。""族团层次的内部，类似现代经济交易和个人主义的东西是绝对不存在的。"[①] 看得出，福山既想纠正自己的错误，又不想给人造成他赞同马克思的原始共产主义的观点，于是，他只好采取这样一种不伦不类、不知所云的叙述方式。

福山的第二个曲解，是把马克思讲的驱动历史发展的社会基本矛盾理解为阶级矛盾。福山说，马克思的五形态之间的更替，"全由社会阶级的基本矛盾所驱动"，这显然并不符合马克思的观点。马克思讲的社会基本矛盾，并非"阶级的"，而是生产方式的。社会基本矛盾包括生产力与生产关系、经济基础与上层建筑两个矛盾。阶级矛盾是社会历史发展的直接矛盾和直接动力，它是由社会基本矛盾决定的，社会基本矛盾才是社会历史发展的根本动力。社会基本矛盾体现为阶级矛盾，阶级矛盾促进社会基本矛盾的解决，但阶级矛盾不是也不能代替社会基本矛盾。实际上，在福山自己那里也存在一种阶级矛盾思想，但福山讲的阶级矛盾不同于马克思讲的阶级矛盾，它是基于抽象人性的奴隶主阶级和奴隶阶级的矛盾，不是基于社会生产方式的阶级矛盾。

福山的第三个曲解，是把马克思的社会形态说成是一种"直线论"，不符合历史发展的多样性和曲折性。他说："马克思和恩格斯的……社会形式，往往是相对直线的，有严谨的等级，前阶段必须早于后阶段，……政治复杂性的进化不是直线的。任何指定的历史阶段，往往包含前阶段的特征。"[②] 福山的这一观点令人疑惑不解：福山否定社会历史发展具有"相对直线"和"严谨等级"属性，那么他所讲的社会历史三阶段论不存在相对直线和严谨等级属性吗？难道他讲的国家层次社会存

①　［美］弗朗西斯·福山：《政治秩序的起源：从前人类时代到法国大革命》，毛俊杰译，广西师范大学出版社 2012 年版，第 52—53 页。

②　［美］弗朗西斯·福山：《政治秩序的起源：从前人类时代到法国大革命》，毛俊杰译，广西师范大学出版社 2012 年版，第 49—50 页。

在向部落层次社会发展现象，自由民主社会存在向国家层次社会发展的现象吗？显然没有。福山以"后阶段"的社会形态包含"前阶段"社会形态的特征为由，批评马克思理论的做法也让人感觉莫名其妙。福山无非是说要坚持一种"辩证否定"和"扬弃"，难道马克思的五形态说不是坚持了辩证否定观？在马克思那里，恰恰是因为坚持了辩证否定观，才证明了历史发展的"相对直线"性和"等级性"。否定了社会历史发展的"相对直线"性和"严谨等级"性，实质上等于否定了社会历史发展的规律性。福山对马克思的批评，不过是"鸡蛋里挑骨头"式的强词夺理。实际上，福山这样做的目的不过是通过否定马克思的规律性，达到宣扬自己的"规律性"。

福山强调历史形态更替的复杂性，貌似给予一种更加客观的印象，实际上他唯一做到的是把达尔文关于"优胜劣汰"的竞争逻辑简单套用到社会历史发展上来，然后就以某种神秘主义和不可知论的态度草草了事。动物竞争逻辑就是福山的"复杂的"发展模型，福山这样做，等于把人类社会发展规律降低到动物水平。表面上更复杂了，实质却是对人类社会发展规律的庸俗化、神秘化，陷入了繁琐主义和不可知论。

福山不仅曲解马克思的社会形态思想，还批评它是"错误和从简"的发展模型。福山所谓马克思的"错误"是指什么？除了他挑战的共产主义社会，还包括他并不赞同的原始共产主义和封建主义观点。他认为"亚细亚生产方式"和"封建主义"两个社会形态，在历史上并不存在，因此是错误的。这两个问题我们将留待后面的章节分析。福山所谓马克思的"从简"是指什么？无非是说马克思的五形态说过于简单了，不能很好地处理社会历史发展阶段的多样性和复杂性。然而令人不解的是，如果说马克思的五形态说过于简单，那么福山的三阶段说更加复杂吗？马克思认为，社会形态更替在呈现出统一性的同时，也呈现出多样性，就如同价值规律不是表现为价格与价值量的直接吻合，而是表现为围绕价值量上下波动一样。马克思在阐述社会形态更替的基本形态时，使用了"大体上"之类修饰词，说明马克思不仅认识到了社会历史发展的普遍规律，也充分注意到了这种规律性与其体现出的多样性之间的辩证关系。

第四节　福山对马克思社会形态更替
动力观点的批评及其错误

　　福山不仅在社会形态阶段问题上批评马克思，而且在社会形态更替动力问题上挑战马克思的观点。福山在这个问题上坚持多元论观点，他说："存在多重动力机制，将社会形态从一个阶段推至另一阶段。"[①] 在前面的章节中，我们已经概述过福山关于政治发展动力的基本观点。他借助"叠龟"的比喻，把推动社会形态更替的动力比喻为许多重叠在一起的乌龟。从多元决定论出发，福山批评马克思的观点："马克思和恩格斯……的社会形式，往往是……某元素（像马克思的'生产方式'）决定整个阶段的特征。随着对尚存原始社会的知识积累，大家愈益清楚……任何指定的历史阶段，往往包含前阶段的特征。"[②] 应当指出，福山此处把马克思主张的决定因素称为"生产方式"，与他在上面指出的"阶级矛盾"显然存在自相矛盾之处，但福山此处的理解是符合马克思唯物史观的基本观点的。

　　福山主张决定社会历史发展的动力是多重的，大体上指出了多重动力的具体不同方面，以及这些不同方面之间存在的类似"叠龟"的等级关系，但他只能在某种原则上指出这些不同方面的等级关系。在福山看来，在经济和自然环境等社会存在因素与思想等社会意识因素之间，不是社会存在因素在底层，而是社会意识因素在底层；不是社会存在决定社会意识，而是社会意识决定社会存在。与经济、自然环境相比较，天生的人性和思想才是社会形态更替的根本决定性因素，而经济和自然环境只是次要因素。这两种思想的对立，在本质上是历史唯心主义、历史唯物主义两种不同性质的历史观的对立。对此，福山说："作为社会变化的源头，经济利益与思想到底谁占鳌头？这是社会理论家最古老的争辩

---

　　① ［美］弗朗西斯·福山：《政治秩序的起源：从前人类时代到法国大革命》，毛俊杰译，广西师范大学出版社2012年版，第50页。
　　② ［美］弗朗西斯·福山：《政治秩序的起源：从前人类时代到法国大革命》，毛俊杰译，广西师范大学出版社2012年版，第50页。

之一。从卡尔·马克思到持现代性选择理论的经济学家都认为,物质利益享有优先权。"①

福山以不同时期和不同地域的宗教,包括部落社会的祖先崇拜、印度社会的婆罗门教以及欧洲的天主教的社会历史功能为例,批评马克思的历史唯物主义观点,认为马克思没有认识到宗教在社会形态更替中所起的决定作用。

关于部落社会形成中宗教的作用,福山说:"实际上,所有的人类社会都曾经组成部落。因此,很多人倾向于相信,这是自然的情形,或有生物学上的原因……但人类社会到处建立部落组织,其原因是宗教信仰,即对死去祖先的崇拜。"② 福山认为是以祖先崇拜为内容的宗教信仰决定了部落社会的产生。但仅仅具有共同的宗教信仰是不够的,它还需要结合战争因素才能更好地发挥作用。因为共同的宗教信仰可以动员更多的人参与战争,取得战争胜利,而这种胜利又会强化部落力量,并引起更多部落的模仿。他说:"第一个以祖先崇拜来动员大量亲戚的社会,很可能享有对待敌人的巨大优势。一经发明,它就会刺激他人的模仿。因此,战争不仅造就了国家,也造就了部落。"③ 以此为依据,福山批评马克思完全忽视宗教在原始社会的历史功能:"部落组织是既存宗教信仰的结果呢?抑或,宗教信仰是后添的,以加强既存的社会组织?很多 19 世纪的思想家,包括马克思和涂尔干,都相信后者。马克思有句名言:宗教是大众的'麻醉剂',它是精英们发明出来以巩固其阶级特权的神话。据我所知,他没有对部落社会的祖先崇拜发表过任何意见。"④

笔者认为福山对马克思的上述批评并不正确。这是因为:第一,以祖先崇拜为主要内容的宗教崇拜,是在人类社会的氏族(先是母系氏族)

① [美] 弗朗西斯·福山:《政治秩序的起源:从前人类时代到法国大革命》,毛俊杰译,广西师范大学出版社 2012 年版,第 158 页。

② [美] 弗朗西斯·福山:《政治秩序的起源:从前人类时代到法国大革命》,毛俊杰译,广西师范大学出版社 2012 年版,第 58 页。

③ [美] 弗朗西斯·福山:《政治秩序的起源:从前人类时代到法国大革命》,毛俊杰译,广西师范大学出版社 2012 年版,第 61 页。

④ [美] 弗朗西斯·福山:《政治秩序的起源:从前人类时代到法国大革命》,毛俊杰译,广西师范大学出版社 2012 年版,第 61 页。

社会之中就已经存在的现象，并不是像福山所言在部落社会才产生并发挥决定作用。第二，与部落社会比较，氏族社会的血缘关系更亲近，其相关的祖先崇拜的力量应该强于部落社会。如果是共同的祖先崇拜有利于增强部落战争的力量，那么在战争结束之后，丧失了外部挑战因素后的部落就会解体为许多氏族，不可能出现一个长时间存在的部落社会。第三，真正决定氏族和部落组织产生的因素不是宗教信仰和战争，而是人口生产和物质生产等方面的原因。按照原始社会发展规律，随着生产力的提高，人口越来越多，原先的母系氏族不断分裂，出现新的氏族、胞族，不同的氏族、胞族之间的联合才出现部落。第四，福山把原始社会前后相继地区分为氏族社会和部落社会两个阶段的理解，不符合历史事实。因为严格讲，原始社会的基本单位是氏族，部落只是氏族之间的联合，有了氏族也就有了部落，部落不是原始社会的基本单位，在时间上也不构成一个独立的社会发展阶段。

关于印度社会发展中宗教的作用，福山从婆罗门教与国家的关系，以及婆罗门教的特殊性两个方面批评马克思的观点。从宗教与国家的关系上，福山认为印度国家长期分裂和软弱的主要原因不是经济原因，而是宗教原因。福山认为印度国家建设不同于中国，从一开始就走上了一个大大的"弯路"——从公元前 600 年到 20 世纪末期，整个国家处于政治分裂和软弱状态，没有几个统一和强大的政权产生，这主要是因为出现了婆罗门教（印度教前身）和种姓制度，它们的作用限制了印度国家制度的发展。[①]

福山的这个观点不能说毫无道理，但它并没有搞懂印度国家能力软弱的真正原因。福山有意回避婆罗门教产生的政治条件——古代雅利安人入侵印度，驱逐了创造四大古文明之一的古印度土著居民，同时为了加强对古印度居民的政治统治和思想同化，新的统治者在印度发展了婆罗门教和种姓文化，把原有居民打入低等种姓进行思想欺骗和政治统治。从文化渊源上看，婆罗门教和种姓文化是古代雅利安人入侵带来的。这

---

① ［美］弗朗西斯·福山：《政治秩序的起源：从前人类时代到法国大革命》，毛俊杰译，广西师范大学出版社 2012 年版，第 434—435 页。

种文化入侵，在一开始的确阻碍了印度土著国家的发展，但又与新统治者的国家政权相互配合，加强了国家的统治力量。马克思说"宗教是人民精神的鸦片"，对于婆罗门教而言是完全正确的。至于此后2000多年印度国家的发展状况，需要结合不同历史时期的外族入侵、内部民族矛盾，包括近代以来印度国大党所代表的民族资产阶级的软弱性等各种因素来给以解释。单纯归因于婆罗门教一个方面的观点，是一种既没有抓住主要矛盾，也没有全面掌握次要矛盾的"简单化"的做法。

福山还从婆罗门教的特殊性，包括创造深刻而复杂的"形而上学系统"、顺利征服刹帝利和吠舍种姓，以及历史上的宗教久不衰等方面出发，否认马克思在宗教上的唯物主义观点，批评以物质条件解说宗教的做法"非常不能令人满意"[1]。福山的这些具体说法，在某种意义上突出了宗教意识的相对独立性，但因此而否定宗教的社会存在基础，则是错误的。世界上很多民族都能创造自己的复杂哲学系统，例如古代中国道家的"道"哲学、近代德国的古典唯心主义哲学等。即使在经济上比较落后的国家，在哲学上仍然可以演奏"第一小提琴"。这是马克思、恩格斯反复阐述过的一个道理。至于婆罗门能够让刹帝利等臣服于自己，这的确是一个值得研究的问题，但有一点应该指出：如果婆罗门的宗教宣传不利于刹帝利的政治统治，刹帝利是不可能接受这种思想上的"臣服"的，就如同婆罗门必须接受对刹帝利的政治"臣服"那样。而且婆罗门教并不是古印度土生土长的宗教，也不是一直处于统治地位。例如在印度第一个和第二个长期统一的国家政权孔雀王朝和笈多王朝中，佛教思想就取代婆罗门教成为主要宗教，但与婆罗门教相反，佛教是主张众生平等，反对种姓差别的。

关于欧洲社会发展中宗教的作用，福山从欧洲走出部落社会和欧洲法治的最初形成两个方面做出分析，强调在这两个过程中宗教所起的决定作用。关于第一个方面，在福山看来，包括欧洲在内的人类社会早期是以父系氏族为基本单位的部落社会，这个社会的财产占有是以父系家

---

[1] ［美］弗朗西斯·福山：《政治秩序的起源：从前人类时代到法国大革命》，毛俊杰译，广西师范大学出版社2012年版，第159—160页。

庭为中心的。因此，女子拥有和遗赠财产能力的发展程度，是部落社会退化或者人类走出部落社会的重要标志。① 那么，女子是如何获得这种能力的呢？福山照搬了社会人类学家杰克·古迪的观点，把这个时间起点放在了6世纪，把原因归结为天主教的阴差阳错。按照古迪的观点，福山认为教会反对结婚或再婚的"四种行为"，包括与近亲结婚、与兄弟遗孀结婚、与领养孩子结婚以及离婚，在客观上使得欧洲女性拥有了家庭财产的继承权，而这最终造成了欧洲父系部落社会的终结。福山关于天主教规定意外导致欧洲人走出部落社会的结论，是一种夸大了的偶然论。福山在历史终结论重构中多处体现出类似的逻辑。在人类历史发展中，偶然因素的确会起到重要作用。马克思在《法兰西内战》中就指出了历史人物的性格等因素会对历史的加速和延缓起决定性作用，但偶然因素并不能决定历史发展的整体趋势。先不论福山和古迪都承认的天主教规定在主观上完全是为自己的经济利益，即使从欧洲历史的现实来看，也不能认为欧洲是从6世纪进入国家层次社会的。福山这样做，完全否定了从公元前27年开始就建立的让很多欧洲人崇拜不已的罗马帝国历史。实质上，包括欧洲在内的人类社会走出部落社会，走向奴隶社会，没有生产力的不断发展和阶级关系的分化是不可能出现的，因为奴隶主阶级要转嫁自己的劳动，离不开奴隶阶级在创造自身的生存资料的同时也为整个奴隶主阶级创造生存条件。

关于欧洲法治的形成，福山也将其归功于天主教的贡献，认为天主教既限制了国家权力，又为国家治理提供了法律文献。实际上，即使没有天主教的工作，也会由其他政治或社会组织来制定法律制度。问题在于没有人与人之间新的经济关系的形成，以及对这种经济关系进行政治确立和保护的需要，怎么可能产生相应的法律呢？福山强调宗教机构和法律对国家政权的约束意义上的法治，他没有看到这种法律约束在形式上是对所有人，但实质上主要是对被统治阶级的约束。一个维护统治阶级政治经济权益的法治，对统治阶级而言，与其说是约束，不如说是保

---

① ［美］弗朗西斯·福山：《政治秩序的起源：从前人类时代到法国大革命》，毛俊杰译，广西师范大学出版社2012年版，第229页。

护和自由。这样的法治，统治阶级自然是欢迎的，因为它本质上是统治阶级的法治，是为了统治被统治阶级的法治。这样的法治，由宗教来制定和帮助推行，自然会获得统治阶级的欢迎，但它不是由宗教自身决定，而是由统治阶级的政治经济需要来决定的。

综上所述，马克思的唯物史观，正是从社会生产方式出发，揭示出社会发展的基本矛盾，进而由社会基本矛盾揭示出人与人之间的经济利益矛盾和阶级矛盾。也就是说，在马克思那里，经济的因素（生产方式、生产关系、经济利益关系等）是归根结底（在根本方向上）起决定作用的因素，思想的、政治的、自然环境的因素甚至人性的因素，并不是说不起决定因素，但这些非经济因素所起的主要是决定历史发展的加快或延缓等方面的作用，而非根本方向的决定作用。福山以宗教等非经济因素在不同历史事件中的重要作用，否定唯物史观的基本逻辑，是不能成立的。

第十四章

关于"母系社会"与"部落社会"问题

关于原始社会的研究，福山没有专门进行，但围绕着历史终结论的论证，特别是围绕着对马克思、恩格斯的相关思想的挑战，他也在不同场合作出了必要分析，提出了自己的看法。福山关于原始社会相关问题的论述包括原始人、原始社会组织、原始社会宗教、原始社会分期等问题。在这些问题中，原始社会历史分期问题，特别是"母系社会"和"部落社会"问题最为紧要，因为它涉及对原始社会基本性质的理解。本章对福山关于原始社会的这些思想作出分析。

第一节　福山关于原始社会分期的观点及其追溯

原始社会思想，一直是学界争论很大的问题。从巴霍芬的《母权论》、摩尔根的《古代社会》一直到恩格斯的《家庭、私有制和国家的起源》等，都遭到了反社会主义者的批评，这种批评从马克思、恩格斯在世时就存在，直到今日也没有终止。在这些批评者中，自然包括当代的典型代表福山先生。

一　福山与马克思、恩格斯的不同观点

对于原始社会的研究，马克思、恩格斯一直持非常谨慎的态度。在19世纪40年代中期写作的《德意志意识形态》中，马克思就涉猎过原始社会问题。但因为缺乏充分的实证资料，马克思虽然得出过"推测性"结论，但更多采取了一种存而不论的态度。从19世纪50年代往后，特别

是 70 年代前后，由于人类学资料集中涌现，马克思才有了研究原始社会的基本素材。1877 年摩尔根发表《古代社会》一书之后，马克思放下手中其他事情，认真阅读研究这些资料，写出了多本阅读评论笔记。令人遗憾的是，马克思晚年身体多病，无法完成系统研究原始社会这一任务，他把这一任务委托给了恩格斯。以马克思的人类学笔记为基础，恩格斯写出了著名的《家庭、私有制和国家的起源》，在很大程度上弥补了原始社会研究这一理论"短板"，为唯物史观的社会形态理论画上了一个比较圆满的句号。

关于原始社会的历史分期，马克思、恩格斯基本上延续了摩尔根的做法。在《古代社会》中，摩尔根将整个人类历史划分为三大阶段，即蒙昧时期、野蛮时期和文明时期。其中，蒙昧时期和野蛮时期构成原始社会前后相继的两个阶段。野蛮时期结束之后，人类走出原始社会，进入文明社会，一直延续到今天。在原始社会的两个时期中，社会的基本单位是氏族。氏族是原始社会最基本的社会单元，但不是孤立细胞，它还与其他血缘接近的氏族合成胞族、部落、部落联盟等更大社会组织。但这些更大社会组织并不是原始社会基本单元，它们与氏族之间虽然在逻辑和时间上存在某种先后顺序，但整体上属于同一时期的社会组织，不是原始社会发展的不同历史时期。而关于氏族社会的发展过程，马克思、恩格斯赞同巴霍芬、摩尔根等人的"两阶段论"，即母系氏族社会和父系氏族社会两个时期，认为早期的氏族是母系氏族，母系氏族后来发展为父系氏族。

针对马克思、恩格斯的上述思想，福山提出了三方面不同观点：

第一，福山否定了氏族社会两阶段论，认为原始社会并不存在母系（母权）社会，从一开始就是父系或父权制社会。在原始父权制社会，开始存在一种男性加入女性族团的婚姻现象，这种现象并不意味着这个社会是以女性为权力中心的。福山说："母系社会不同于女性掌权得以支配男性的女家长社会。似乎没有证据显示，真正的女家长社会真有存在。母系社会仅表示，结婚时是男子离开自己家族，转而加入妻子的家族；权力和资源基本上仍掌握在男子手中；家庭中的权威人士通常是妻子的兄弟，而非孩子的生父。"① 在原始父权制社会，也存在女人加入男方族团的婚姻状况。他说："族团层次的社会围绕核心家庭而建，通常奉行人类学家所称的异族通婚和父系中心。女人嫁出自己的社会群体，搬到丈夫的居所。"② 关于这两种婚姻状况之间的关系，是并列关系还是前后相继的关系，福山并没有给出答案。他强调的是，无论何种婚姻关系下，原始社会早期阶段都是以男权为中心。

第二，在否定了母系社会之后，福山提出了一个从氏族社会到部落社会前后相继的历史分期观点，认为氏族组织与部落组织之间不是基本同时并存、以氏族为基础单元的社会组织，而是前后相继的两个历史时期。他说："要记住，部落社会不是'自然'的，不是其他更高社会崩溃时回归的首选。它出现于家庭和族团层次社会之后，只在特殊环境中繁荣昌盛。它产生于特定的历史时期，靠某种宗教信仰而获得维持。"③ 福山虽然否定母系氏族社会，只承认父系氏族社会，但在名称上他并没有将原始社会早期阶段称为父系社会阶段，而是借鉴了美国学者埃尔曼·塞维斯族团、部落、酋邦、国家四阶段分类法，把原始社会区分为族团社会和部落社会两个基本阶段。

第三，福山否认马克思的"亚细亚生产方式"或者"亚细亚所有制"观点，认为原始社会不存在原始共产制度或原始公有制，只存在私有产权制度。在这种产权制度下，人们之间没有现代意义的个人主义观念。这个方面的研究笔者留待下一章开展。

二 福山观点的思想史追溯

福山对母系社会的否定态度，并非一蹴而就形成的。早在《历史的终结及最后之人》中，福山就表达了类似的观点。因此，我们有必要对

---

① ［美］弗朗西斯·福山：《政治秩序的起源：从前人类时代到法国大革命》，毛俊杰译，广西师范大学出版社 2012 年版，第 56 页。

② ［美］弗朗西斯·福山：《政治秩序的起源：从前人类时代到法国大革命》，毛俊杰译，广西师范大学出版社 2012 年版，第 54 页。

③ ［美］弗朗西斯·福山：《政治秩序的起源：从前人类时代到法国大革命》，毛俊杰译，广西师范大学出版社 2012 年版，第 61—62 页。

其做一简单追溯。在《历史的终结及最后之人》中，因为女权主义者批评现代社会是"父系社会"，宣扬人类将来会由"父系社会"走向"母系社会"，言下之意历史并没有终结。对此，福山批评说："由于母系社会没有现有的实例，所以无法进行实证研究。而且倘若事实证明女权主义者对人类个性解放在妇女方面的可能性的理解是正确的，未来很可能会出现母系社会。要是这样，我们显然还没有达到历史的终结阶段。"[1]母系社会当然不可能成为人类的新历史方向在"未来"出现，因为它在原始社会就被父系社会代替了。但福山对女权主义的否定，并不是从这一历史事实出发的，他的理由只是母系社会"没有现有的实例"，所以无法进行实证。

福山说母系社会没有"现有的实例"，这一点原则上没错，因为母系社会已经成为历史、不复存在，但这不等于说它无法进行实证研究，因为母系社会还存在诸多人类学和考古学遗迹。关于母系社会在人类历史上存在的实证资料，福山也不是毫无所知，他在此文下面的一个脚注中提到："曾有人认为，母系社会曾经在地中海地区出现过，后来在某个历史时期被父系社会推翻。"[2]明明存在可以实证研究的线索，福山为何又要以无法实证研究予以搪塞呢？因为母系社会问题涉及福山逻辑的另一个重大问题：按照福山的历史终结论，人类社会早期阶段的"最初之人"生活在一个充满暴力和血腥战斗的环境中，人与人之间是一种主人压迫奴隶的极不平等的关系，这与母系社会所描述的人人平等状况存在严重冲突。

福山后来修正了原先的理论模型，用国家、法治、民主负责制三位一体的逻辑代替了原先单纯民主的逻辑。而国家是作为社会群体存在的，这需要人有一种先在的"社会性"才能成为事实。关于人的"社会性"，福山在历史终结论原生形态中就提出过，在重构形态中仍然坚持这种观点，但其内涵发生了变化。这体现在两个方面：一方面，福山认为人的

---

① ［美］弗朗西斯·福山：《历史的终结及最后之人》，黄胜强等译，中国社会科学出版社2003年版，第157页。

② ［美］弗朗西斯·福山：《历史的终结及最后之人》，黄胜强等译，中国社会科学出版社2003年版，第157页。

社会性不再是一种意志关系，而是一种寻求帮助和保护的"自然本能"；另一方面，福山认为人的社会性包括亲戚选择行为和互惠利他两种体现。也就是说，人一开始就不是个人主义的，而是利他主义的。从个人主义到利他主义，这是福山关于"最初之人"认知的重大变化。正因为有了这个重大变化，福山在历史终结论重构中，对"母系社会"问题作出了一种表达方式的妥协——承认"母系社会"但否定"母权社会"。表面上他也使用了"母系社会"的表述，但这个母系社会却是"父权制"的，男性始终处于权力中心。福山诡辩道："母系社会仅表示，结婚时是男子离开自己家族，转而加入妻子的家族。"① 这样，福山实质上仍然坚持了原先否定母系社会的观点，只不过表现出一种妥协的姿态而已。

整体上看，福山对母系社会的否定，表现为一个从否定母系社会发展为否定母权社会的过程。那么，在人类历史上，母系社会是否真的存在呢？原始社会是否存在一个从氏族社会到部落社会的历史转变过程呢？福山提出的这些挑战，很大程度上关系到马克思原始社会理论甚至唯物史观的科学性问题，值得认真研究。

第二节　巴霍芬等人主张母系社会的主要依据

马克思、恩格斯为何主张原始社会存在母系社会阶段？他们的依据主要来自约翰·巴霍芬、路易斯·摩尔根等人，而摩尔根也受到了巴霍芬观点的影响，因此，要搞清楚这个问题，首先要搞清楚巴霍芬等人主张母系社会存在的主要依据是什么。

巴霍芬、摩尔根与马克思、恩格斯是同一代人，出生时间比较临近。巴霍芬的代表作《母权论：对古代世界母权制宗教性和法权性的探究（选译本）》（以下简称《母权论》）出版于 1861 年，摩尔根的代表作《古代社会》出版于 1877 年，马克思写作"人类学笔记"的时间是 1879年到 1882 年，恩格斯的代表作《家庭、私有制和国家的起源》出版于

---

① ［美］弗朗西斯·福山：《政治秩序的起源：从前人类时代到法国大革命》，毛俊杰译，广西师范大学出版社 2012 年版，第 56 页。

1884 年。马克思把主要精力用于研究人类学问题,是直接受到了摩尔根《古代社会》的影响。而《母权论》发表后没有立即引起马克思、恩格斯的影响,按照恩格斯的回忆,这是因为它是以德文出版的,而当时的德国是对现代家庭的史前史"最不感兴趣的民族"。但巴霍芬的名字因为恩格斯的名著《家庭、私有制和国家的起源》在中国的出版,而为中国人家喻户晓。

关于母权制社会,巴霍芬在该书导论中指出:这是一个"以女性为中心的家庭的母权制组织"①,它存在五个基本特点:以女性为中心的家庭谱系、"女神们"与"凡身男人"结合并生儿育女、母系财产与母系姓氏的强调、母系血缘孕育"母亲的国度"或"祖国"称谓、对弑母罪行的严惩等。② 而巴霍芬肯定母权社会存在的主要依据,包括下述四个方面:

第一,人类社会早期存在的一个基本事实是,人们之间的结合采取群婚方式,而在群婚这种结合方式中,孩子唯一能确定身份的亲人就是母亲,父亲的身份无法确定。在人口生产中,人们认为起决定作用的是母亲,"父亲"只是一个微不足道的"播种人"。对此,巴霍芬说:"正如历史上出现过德墨忒尔母系原则支配父系原则一样,历史上也曾出现过只有这同一母亲身份的现象:孩子只有母亲,不知道父亲是谁,因此属于'无父之子',或者同理来说属于'许多父亲的孩子';他们属于'播种到地里后生出来的人';或者换个说法,他们是'一方所生的孩子',这时作为让女人怀孕的父亲不过是'微不足道的人'或'播种人'。"③ 巴霍芬认为,只有从人类早期的群婚方式出发,才能更好理解母系社会的存在。他说:"从我下文的讨论涉及的所有民族一起其他许多民族中,我们都找到了人类最初实行群婚形式的明显痕迹。……只有在我

---

① ［瑞士］约翰·巴霍芬:《母权论:对古代世界母权制宗教性和法权性的探究（选译本)》,孜子译,生活·读书·新知三联书店 2018 年版,第 1—2 页。

② ［瑞士］约翰·巴霍芬:《母权论:对古代世界母权制宗教性和法权性的探究（选译本)》,孜子译,生活·读书·新知三联书店 2018 年版,第 5 页。

③ ［瑞士］约翰·巴霍芬:《母权论:对古代世界母权制宗教性和法权性的探究（选译本)》,孜子译,生活·读书·新知三联书店 2018 年版,第 44 页。

们承认德墨忒尔母权制出现之前存在过更野蛮的群婚状态，这一母权制才能为我们所理解。"①

第二，世界不同地区大量民族保留或记录了母权制组织的现象。以吕基亚人、埃及人、坎塔布里人存在的随母姓、身份由母亲决定、以母系记录家庭谱系等现象为依据，巴霍芬得出母权现象是一个普遍现象；以洛克里斯人存在的上百个母权制家庭等作为依据，巴霍芬证明了母系社会是一个存在于父系社会之前的历史阶段，并为父系社会所代替。进而通过列列该斯人、卡利亚人、埃托利亚人、佩拉斯吉人、考寇涅斯人、阿卡迪亚人、埃利斯人等古老民族的历史纪录，巴霍芬进一步印证了上述结论。②巴霍芬的《母权论》一书，除了一个长长的理论性的"导论"之外，其他六章都是关于世界不同地区不同民族习俗和传统神话的具体分析，包括吕基亚、雅典、利姆诺斯、埃及、印度、莱斯博斯六章。

第三，传统神话中的内容对母系社会的印证。在很多历史学家眼里，人类早期神话传说是不足信的，因此不应该将神话传说作为研究人类早期历史的依据。巴霍芬对此不以为然，他认为："神话传说可以看作是对远古时代人类生活的忠实反映。……也是了解历史高度可靠的材料。"巴霍芬以阿芙洛狄忒、德墨忒尔、阿波罗三位神，作为人类历史发展的三个阶段的标志③，分析了原始社会历史的三个阶段：第一个阶段是大地原则阶段，又称原始自然法阶段。这个阶段以阿芙洛狄忒女神为主神，男女结合方式与动物差不多，以狩猎或采集为生，孩子被理解为母亲一方的产物。第二个阶段是"地母神"德墨忒尔原则阶段。在这个阶段，德墨忒尔成为人们崇拜的主神，农业成为主要产业，孩子被看作是男女双方结合、以女方为主的产物，男人从属于女人。这个阶段就是巴霍芬所谓的母权制阶段。第三个阶段是阿波罗原则阶段，即父权制阶段。在这

① ［瑞士］约翰·巴霍芬：《母权论：对古代世界母权制宗教性和法权性的探究（选译本）》，孜子译，生活·读书·新知三联书店2018年版，第37—38页。
② ［瑞士］约翰·巴霍芬：《母权论：对古代世界母权制宗教性和法权性的探究（选译本）》，孜子译，生活·读书·新知三联书店2018年版，第4页。
③ ［瑞士］约翰·巴霍芬：《母权论：对古代世界母权制宗教性和法权性的探究（选译本）》，孜子译，生活·读书·新知三联书店2018年版，第7—8页。

一阶段，太阳神阿波罗成为人们崇拜的主神，父亲取代母亲成为占支配地位的人。巴霍芬认为这三个阶段的前两个阶段都是以女性为中心的。

第四，女人的宗教性（母性崇拜）为女人带来了强大力量，使她们超越了自然法的作用，战胜了男人的强悍，成为母权社会的中心。巴霍芬说："根据自然法，强者为王。但在远古时代，自然法却将权杖从更强壮的男人手中拿走，给了比男人体弱的女人。为什么会这样呢？一定是人性的其他方面发挥了作用，一定是多个更深层的力量造就了女人在这个时期的影响力。"[1]　这个自然法就是母性崇拜。巴霍芬认为，母权制社会以女性为中心，但这并不意味着男性是软弱无力的。在母权制社会中，男性的力量更多体现为狩猎与战斗中的勇敢，但勇敢的男性自觉地接受女性的领导和塑造。

巴霍芬的上述四个方面依据当然存在不合理之处，例如巴霍芬强调传统神话是完全可靠的忠实的资料，强调母性崇拜的决定作用，并不完全可取。但巴霍芬的母权观点之所以能够为摩尔根和恩格斯等后人所赞同，主要是基于对他的前两个依据的肯定。

摩尔根充分肯定了巴霍芬的第一个依据，他说："当氏族出现的时候，还不知有一夫一妻的婚姻，所以无法确定男性世系。联系亲属的纽带以母方为主。在古代的氏族中，只有按女性下传的世系。它包括出自一个假定的共同女性始祖、并由女性世系传下来的所有的子孙，他们具有共同的氏这一点即可为证。……当子女的父方尚无从确定而只有母方才能作为识别世系的标准时，这就是氏族的最古老形式。"[2]

摩尔根也充分肯定了巴霍芬的第二个依据，他根据自己亲身经历的美洲印第安人和世界其他各大洲的类似社会组织的系统研究，进一步论证和发展上述结论。

恩格斯在继承前人研究成果的基础上，系统性总结和肯定了巴霍芬和摩尔根的结论。他说："在一切形式的群婚家庭中，谁是某一个孩子的

---

① ［瑞士］约翰·巴霍芬：《母权论：对古代世界母权制宗教性和法权性的探究（选译本）》，孜子译，生活·读书·新知三联书店2018年版，第25页。

② ［美］路易斯·亨利·摩尔根：《古代社会》上卷，杨东莼等译，商务印书馆1997年版，第77页。

父亲是不确定的，但谁是孩子的母亲则是确定的。即使母亲把共同家庭的一切子女都叫做自己的子女，对于他们都担负母亲的义务，但她仍然能够把她自己亲生的子女同其余一切子女区别开来。由此可知，只要存在着群婚，那么世系就只能从母亲方面来确定，因此，也只承认女系。"①

第三节　福山没有证伪巴霍芬等人的依据

概括一下福山关于母系社会的基本逻辑和基本观点：福山把母系社会与母权社会区分开来，肯定母系社会但否定母权社会；福山把母系社会的含义理解为血缘关系上以女性为中心，以及结婚时男子离开自己家族加入妻子家族；即使在母系社会，普遍和主导性的不是女权而是男权，权力和资源主要掌握在男性手中。笔者认为福山的上述逻辑和观点并不能成立。这是因为：

第一，福山没有证伪巴霍芬、摩尔根、恩格斯共同肯定的群婚制事实。以群婚制作为母权制的首要逻辑与事实依据，这在巴霍芬、摩尔根、恩格斯那里都存在。巴霍芬是最早提出母权制和群婚制依据的人类学家，但他对这个问题的论述仍然是简单和不完全科学的。所谓简单，是说他仅仅局限于将其区分为类似于动物的"自然法"阶段和坚持地母神崇拜的"大地原则"阶段，而对这两个阶段的差别缺乏明晰界定。所谓不完全科学，是说他把人类发展的三个阶段建立在宗教的基础之上，以三种神——阿芙洛狄忒、德墨忒尔、阿波罗作为三个阶段的精神基础，掺杂了唯心主义逻辑在里面。真正地、科学地把这个问题说清楚的是摩尔根。麦克伦南虽然没有发现外婚制集团存在的事实，但他的贡献主要在于指出了他所谓外婚制的到处流行，从而肯定了群婚制的存在。② 而摩尔根对这个问题的论述的科学之处在于，他首先立足现有的人类学资料，详细分析了群婚制的几种发展形式——血婚制、伙婚制、偶婚制，并且以此作为逻辑起点，向前推论出人类早期的"杂交状况"，向后（结合更加丰

---

① 《马克思恩格斯选集》第4卷，人民出版社1995年版，第38页。
② 《马克思恩格斯选集》第4卷，人民出版社1995年版，第10页。

富的历史资料）推论出父权制和专偶婚制。因为血婚制、伙婚制和偶婚制的分析都是建立在亚洲、澳洲和美洲的丰富的人类学资料基础上，所以为整个逻辑展开奠定了坚实基础。即使"杂交"阶段的观点遭到了"达尔文先生这样杰出学者的怀疑"，摩尔根仍然坚定地认为"这种结论似乎是不可避免的"①。恩格斯重申了巴霍芬和摩尔根的观点，并且从逻辑和事实上具体驳斥了群婚制不存在的观点。

第二，不存在没有母权的母系社会，血缘关系本身也是一种人身占有关系。福山否定母系社会的一个重要做法是把母系社会和母权社会区分开来，认为母系社会虽然存在，但它并不是"母权"的。在福山看来，母系社会仅仅意味着男女结合时，男人加入女人家族而不是女人加入男人家族。在母系社会，权力和资源主要不是掌握在女性手中，也不是掌握在"倒插门"的男人手中，而是掌握在作为"兄弟"的男性手中。福山的这种观点存在两个矛盾：一个是既然自己的"兄弟"并没有加入其他家族，而是留在自己家族，作为自己家族的一员，那就意味着这是一个所育子女为母亲拥有的组织，那么又怎么会出现自己丈夫的"倒插门"现象呢？再一个是自己的"兄弟"归自己的母亲所有，那么非常自然的是，他创造的财富必然也为母亲家族所有，这难道不是一种以女性为中心的权力吗？显然，血缘关系也包含着对直系血缘者及其财富的占有关系。

第三，福山认为母系氏族与父系氏族并存，而且比父系氏族罕见，没有有力依据。福山虽然承认了以血缘为中心的母系氏族的存在，但并没有把它看作是一种普遍现象，也不把它看作是一个社会阶段。因为在他看来，与母系氏族并存的还有父系氏族，而且父系氏族在数量上比母系氏族更多。母系氏族的普遍性，无论是从人类早期群婚方式的逻辑推论，还是从巴霍芬、摩尔根、恩格斯所揭示的世界各大洲的人类学案例来看，都具有充分依据。位于中国云南、四川交界的泸沽湖畔的摩梭人，被世人称为人类"最后的女儿国"，已经为世界人类学界普遍承认为母系

---

① ［美］路易斯·亨利·摩尔根：《古代社会》下卷，杨东莼等译，商务印书馆1997年版，第472页。

社会在当代的遗存。在摩梭人中，家庭的主要管理者被称为"达布"，以中年而非老年女性为主。虽然一些宗教活动也会由男性主持，但这并不能改变家庭中主要权威是女性的事实。尤其值得注意的是，摩梭人实行走婚制，如果男女夫妻关系结束，所有孩子和财产仍归女性一方家族所有，孩子也主要由女性家庭成员抚育长大。类似这种现象，难道不是母权制存在的事实依据吗？

第四节　福山的"黑猩猩政治"不能说明问题

福山否定母系社会的主要事实依据是所谓动物界"反例"——"黑猩猩政治"，也不能说明任何问题。福山用所谓现代生物学逻辑，即根据黑猩猩等类人猿动物推论人的行为方式，以达到母系社会的这一做法，并没有什么新意。因为这在巴霍芬提出母权论后不久，就为许多反对者例如达尔文、韦斯特马克所采用过。他们认为，既然在动物世界包括某些类人猿中，并不存在母权制现象，那么所谓人类的群婚制和母系社会也必然是不存在的。这种观点在当时就遭到了摩尔根和恩格斯的系统反驳。恩格斯说："我从这一切事实中只能得出这样一个结论，即它们对于人类及其原始生活条件绝对证明不了任何东西。"[1]

第一，恩格斯驳斥了用动物界"成对同居"现象否定母权社会的做法。恩格斯以鸟类和绦虫为例分析了这个问题：鸟类的雌雄专偶同居的原因，是因为雌鸟在孵卵期间需要帮助，而且鸟类不同于人类，人类并非起源于鸟类。关于绦虫，恩格斯把它看作是雌雄专偶的极端现象，在绦虫的50—200个体节中，每一个体节都是雌雄同体的，进行自行交合，但并不能因此就认为绦虫比人类更具美德。除了鸟类和绦虫，恩格斯指出，即使把讨论的问题局限在哺乳动物中，我们也能发现：除了多夫制之外的其他一切性生活方式，都是存在的，并不仅仅存在专偶婚制。[2]

① 《马克思恩格斯选集》第4卷，人民出版社1995年版，第28页。
② 《马克思恩格斯选集》第4卷，人民出版社1995年版，第28页。

第二，恩格斯否定了由高等脊椎动物的雄性统治和嫉妒否定母权社会的做法。恩格斯指出，在较高等脊椎动物中，只有多妻制和成对配偶制两种家庭形式，这两种家庭形式都受一个雄性的统治，而雄性之间的嫉妒和对抗，限制了它们发展为较高形式的群体，甚至导致较低形式群体的削弱和瓦解。"为了在发展过程中脱离动物状态，实现自然界中的最伟大的进步，还需要一种因素：以群的联合力量和集体行动来弥补个体自卫能力的不足。"① 人类的发展需要用充分合作来弥补自身力量的不足，这要求他们超越离群索居和低水平群居的方式。即使高等脊椎动物群体中存在雄性嫉妒，那么人类为了建成更高级的合作群体，雄性统治者也很少有嫉妒的"余地"。这要求人类的雄性统治者必须相互宽容，因为这是形成较大而持久集团的"首要条件"。事实上，人类也的确做到了这一点："的确，我们发现历史上可以确切证明并且现在某些地方还可以加以研究的最古老、最原始的家庭形式是什么呢？那就是群婚，即整群的男子与整群的女子互为所有，很少有忌妒余地的婚姻形式。其次，在较晚的一个发展阶段上，我们又发现了多夫制这种例外形式，这一形式更是直接同一切忌妒的感情相矛盾，因而是动物所没有的。"② "单是这一点就足以证明，动物的家庭和人类的原始社会是两不相容的东西；正在努力脱离动物状态的原始人类，或者根本没有家庭，或者至多只有动物中所没有的那种家庭。"③

第三，恩格斯专门批评了以类人猿推论早期人类家庭形式的逻辑。韦斯特马克认为类人猿的家庭形式是专偶制的，并以此推论人类早期也是专偶制，因此不存在母权制社会。对此，恩格斯认为：类人猿的性生活并不全都是专偶制，也存在多偶制。由某些类人猿的性生活方式不仅不能推论出人类早期的性生活方式，反而会得出相反的结论。恩格斯承认，像韦斯特马克所讲的大猩猩、黑猩猩存在为数不多的成对配偶，也是可能的。但依赖这种成对配偶，包括低水平群体，早期人类繁衍无法

---

① 《马克思恩格斯选集》第4卷，人民出版社1995年版，第30—31页。
② 《马克思恩格斯选集》第4卷，人民出版社1995年版，第31页。
③ 《马克思恩格斯选集》第4卷，人民出版社1995年版，第30页。

维持下去。因此，"用现今类人猿那样的生活条件根本无法解释向人类的状态过渡；这种类人猿给我们的印象，毋宁说是一种正在逐渐灭绝的、至少也是处于衰落状态的脱离正轨的旁系。只此一点，就足以驳倒由它们的家庭形式类推原始人类的家庭形式的任何论调了。"① 用类人猿那种处于灭绝或者衰落中的结合方式，来证明最终进化成功的人类也采用这样一种结合方式，只能把事情搞颠倒，不能揭示事情的真相。恩格斯对韦斯特马克的批评，对于从"黑猩猩政治"出发的福山，同样是适用的。

第四，恩格斯后来还提出关于群婚制的一个补证，这体现于1892年发表的《新发现的一个群婚实例》一文之中。1884年，恩格斯出版了《家庭、私有制和国家的起源》，这是他关于原始社会研究的第一个重要文献。此后，恩格斯一直关注着关于原始社会问题。1891年，韦斯特马克发表《人类婚姻史》一书后不久，恩格斯出版了《家庭、私有制和国家的起源》第四版，补充了新的相关信息，并加写了一个新版序言。1892年，恩格斯发表了他的另一篇重要文献《新发现的一个群婚实例》，为自己的研究提供了新的例证。摩尔根在《古代社会》中以北美洲的易洛魁人的组织方式为例，证明了母系氏族的客观存在；以夏威夷土著人的组织方式为例，证明了母系氏族的前身——普那路亚家庭的客观存在。普那路亚家庭，是群婚制最发展、最典型的阶段。也就是说，母系氏族是由普那路亚家庭发展而来。随着母系氏族的形成，群婚制逐渐走向衰落。在《新发现的一个群婚实例》中，恩格斯借助俄国人类学家列·雅·施特恩堡发表于《俄罗斯新闻》（1892年10月14日）上关于库页岛的吉里亚克人（尼夫赫人）的一篇报道，再一次论证了群婚制的存在。所谓群婚就是"一群男子"和"一群女子"之间确立性的关系。恩格斯认为吉里亚克人非常接近摩尔根分析的夏威夷土著人那种普那路亚式群婚关系。区别在于，夏威夷土著人的群婚是一群同胞或较远的兄弟，与一群同胞或较远的姊妹之间的婚姻关系；而吉里亚克人的群婚则是丈夫可以与其兄弟的妻子和妻子的姊妹发生性关系，

① 《马克思恩格斯选集》第4卷，人民出版社1995年版，第31页。

而妻子可以与其姊妹的丈夫和丈夫的兄弟发生性关系。同时，恩格斯指出，吉里亚克人已经发展到氏族阶段，其群婚制不过是氏族基础上的群婚制残余。

关于母系社会是否存在，除了福山先生，北京大学的吴飞教授也提出了否定性看法。吴飞认为母系社会的观点虽然在国内学界被普遍接受，但在西方早在 19 世纪末期就被彻底否定了。吴飞特别强调达尔文和韦斯特马克的观点，认为 1891 年韦斯特马克《人类婚姻史》对群婚制的系统批评，标志着母系社会论的颠覆和"终结"，该书发表之后这一问题在西方"不再存在"。必须指出，吴飞的观点看到了否定性观点在当时的发展，但夸大了这种否定性观点的影响，并不符合当时的历史事实。关于这种否定观点的发展状况，恩格斯在《家庭、私有制和国家的起源》与《新发现的一个群婚实例》中都指出，否定群婚制在当时成为某些历史学家或民族学家的"时髦"。但这种"时髦"的观点彻底"颠覆"和"终结"了母系社会的观点吗？当然没有。因为关于达尔文和韦斯特马克的观点，在当时都得到了回应——摩尔根在《古代社会》中谦虚地回应了达尔文的观点，而恩格斯在《家庭、私有制和国家的起源》以及《新发现的一个群婚实例》中强力回应了韦斯特马克的观点。吴飞先生闭口不谈摩尔根和恩格斯的"回应"，也不谈摩尔根和恩格斯关于母系社会观点在世界的传播和影响，而只根据当时几个学者的否定性观点就得出母系社会观点在西方"早就被否定""不再存在"的结论，不能不说是一种偏见和有意误导。

第五节 "族团社会"与"部落社会"
不是前后相继的两个时期

福山把族团社会（相当于氏族社会）与部落社会看作是前后相继的两个历史时期的观点，也是不能成立的。单从概念上看，既然部落是由氏族构成的，那么自然是先有氏族后有部落。但这种概念逻辑的先后关系，并不能成为它们是原始社会两个历史阶段的依据。因为氏族生长出部落，并没有改变氏族仍然是原始社会基本单元的性质，部落是以氏族为组织中心而存在的。氏族与部落是属于同一历史阶段而相互作用的两种社会组织，不是历史发展的两个阶段。原始社会虽然存在部落，但不存在一个部落社会阶段。

关于原始社会的组织形式和发展阶段，包括氏族与部落之间的关系，摩尔根在《古代社会》中有着详细而科学的分析，这得到了马克思、恩格斯的高度肯定，也为我们理解相关问题提供了重要依据。

关于原始社会的社会组织及其成长规律，摩尔根提出了一种类似"细胞分裂"的观点，这一观点具体包括氏族成长为胞族、氏族成长为部落、部落成长为部落联盟三个方面，回答了氏族、胞族、部落、部落联盟四种社会组织之间的关系，否定了把氏族与部落看作前后相继两个历史阶段的观点。

第一，氏族成长为胞族。随着人口的增长，原先的氏族会分裂出许多新的子氏族，子氏族又会继续分裂出更多子氏族。这些不同氏族之间按照共同的血缘关系可能结成胞族，但胞族并不是一个必然存在。

第二，氏族成长为部落，或由部落分裂为新部落。胞族对于原始社会组织并不是必要的，也就是说氏族并不是必然要成长为胞族。但氏族必然要成长为部落。"部落作为一种组织，由操同一种方言的氏族组成。"① "有多少种方言，就有多少个部落，因为当方言尚未出现差异之时，部落也就没有彻底分离。由此可知，印第安人的部落是自然而然发展出来的，同一支民族从他们所占有的地域内分离出去，接着语言发生了歧异，然后分裂、独立而形成了另一个部落。……印第安人的部落由若干氏族组成，这些氏族是由两个或两个以上氏族发展而来的，其所有的成员都因通婚而混合，都说同一种方言。"② 部落可以由氏族发展而来，也可以由母部落分化形成。"由于自然的发展，新部落也像新氏族一样地不断形成；……方法是很简单的。首先，有一个中心地区因生活资料优裕而造成人口过多，于是便出现一个人口逐渐外流的现象。一年一年不

---

① ［美］路易斯·亨利·摩尔根：《古代社会》上卷，杨东莼等译，商务印书馆 1997 年版，第 116 页。
② ［美］路易斯·亨利·摩尔根：《古代社会》上卷，杨东莼等译，商务印书馆 1997 年版，第 116—117 页。

断地外流，这样就在距本部落原地颇远的地方出现一群为数相当多的居民。久而久之，外移者的利害关系与本部落迥不相同，他们在感情上也成了异乡之客，最后在语言上也发生了分歧。即使他们的局域与原地毗邻，也会因此分离独立。一个新部落就这样形成了。"①

第三，部落成长为部落联盟。"凡属有亲属关系和领土毗邻的部落，极其自然地会有一种结成联盟以便于互相保卫的倾向。这种组织起初只是一种同盟，经过实际经验认识到联合起来的优越性以后，就会逐渐凝结成为一个联合的整体。因为他们生活在永无休止的战争中，所以，在那些智力和生活技术的发展水平足以理解到这种联盟组织的利益的部落中，这一自然的倾向就会加速地付诸实现。这只不过是把氏族联合成部落的原则加以扩大，由低一级的组织产生出高一级的组织而已。"②

氏族、胞族、部落、部落联盟等组织形式，总体上属于氏族社会阶段，这是因为胞族、部落、部落联盟的存在是以氏族为基础和核心的。氏族的存在与特征规定着其他社会组织的存在与特征。"一个部落一旦分化为几个部落之后，这几个部落各自独占一块领土而其领土相互邻接，于是它们便以同宗氏族为基础，以方言接近为基础，重新结合成更高一级的组织，这就是联盟。氏族所体现出的亲属感情、各氏族的同宗关系，以及他们的方言仍能相互理解，这三者为联盟提供了重要的因素。因此，联盟是以氏族为基础和核心，以共同语系为范围。"③

在具体分析原始社会组织成长基础上，摩尔根给出了他关于原始社会发展阶段的基本观点。他不仅把胞族、部落、部落社会看作是由氏族决定的"氏族组织"，而且把"氏族组织"与"政治社会"并列起来，

---

① ［美］路易斯·亨利·摩尔根：《古代社会》上卷，杨东莼等译，商务印书馆1997年版，第118—119页。
② ［美］路易斯·亨利·摩尔根：《古代社会》上卷，杨东莼等译，商务印书馆1997年版，第138页。
③ ［美］路易斯·亨利·摩尔根：《古代社会》上卷，杨东莼等译，商务印书馆1997年版，第140页。

把"氏族组织"阶段与"政治社会"阶段看作是人类社会发展的两大历史阶段。而在"氏族组织"阶段，又存在以女性为中心的母系社会和以男性为中心的父系社会两大阶段。父系社会的结束，标志着氏族社会的结束和"政治社会"的到来。摩尔根说："易洛魁人的联盟是处于这种组织形式下的氏族社会的一个绝好例证。这种组织看来已将低级野蛮社会下的氏族制度的一切能力都如实表现出来了；它为进一步的发展留下了一个机会，但是，直到以地域和财产为基础的政治社会诸制度出现以前，不曾有过后继的政治方式，而政治社会一旦建立，氏族组织便被推翻了。"①

---

① ［美］路易斯·亨利·摩尔根：《古代社会》上卷，杨东莼等译，商务印书馆 1997 年版，第 164 页。

第十五章

关于"亚细亚生产方式"与
"封建主义"问题

"亚细亚生产方式"和"封建主义"是马克思用来指代原始社会和封建社会两种社会形态的两个概念。福山不仅否定马克思、恩格斯坚持的母系社会的观点，而且还否定他们的"亚细亚生产方式"问题和"封建主义"观点。福山唯独没有对奴隶社会提出异议，其原因可能在于福山认为原始社会就是奴隶社会，人类社会从最初之人的遭遇与血腥战斗之后，就进入了主人统治奴隶的奴隶社会。前一章，笔者回应了福山对母系社会、部落社会观点的挑战，本章继续回应福山对"亚细亚生产方式"和"封建主义"问题的挑战。

第一节 福山对"亚细亚生产方式"和
"封建主义"的挑战

关于"亚细亚生产方式"与"封建主义生产方式"的观点，马克思是在1859年的《〈政治经济学批判〉序言》中提出来的，他说："大体说来，亚细亚的、古代的、封建的和现代资产阶级的生产方式可以看作是经济的社会形态演进的几个时代。"① 马克思虽然使用了"亚细亚的"的表述，并不是说"亚细亚生产方式"仅仅存在于亚洲，而是说马克思在亚洲的原始公社中发现了它的遗迹，以此作为原始社会的指代。也就是

---

① 《马克思恩格斯选集》第2卷，人民出版社1995年版，第33页。

说，"亚细亚生产方式"是在全世界普遍存在的一种社会组织，各个地区都有各个地区的"亚细亚生产方式"。马克思曾经提出一个颇有意思的概念"欧洲的亚细亚所有制"，就说明了这个问题。

马克思在划分社会形态时坚持的是经济的标准，因此他把社会形态又称为"经济的社会形态"或"社会经济形态"，这与从技术角度、政治角度或文明角度的划分并不相同。按照经济标准，马克思认为原始社会是建立在原始公有制基础上的；封建社会是建立在地主所有制基础上的。马克思有时把原始公有制称为"原始公社所有制""亚细亚所有制"，例如他在《资本论》中讲道："近来流传着一种可笑的偏见，认为原始的公社所有制是斯拉夫族特有的形式，甚至只是俄罗斯的形式。其实这种原始形式我们在罗马人、日耳曼人、赛尔特人那里都可以见到。直到现在我们还能在印度见到这种形式的一整套图样，虽然其中一部分只留下了残迹了。"①

福山对马克思的"亚细亚生产方式"和"封建主义"观点提出了否定性观点。关于"亚细亚生产方式"，福山的否定理由是：一方面，福山认为原始社会是建立在生产资料私有制基础上的。他说："最早的私人财产，不属于个人，而属于宗族或其他亲戚团体。……地产必须是私人的，只有如此，陌生人或国家才无法侵犯祖先的安息地。"② 另一方面，福山认为，马克思关于原始社会公有制的观点是"误解"摩尔根《古代社会》相关描述导致的结果，摩尔根本人并不赞同原始社会存在公有制。他说："基于对摩尔根等人类学家的误解，马克思和恩格斯认为，阶级剥削兴起之前，曾存在'原始共产主义'阶段，是共产主义意图恢复的理想国。摩尔根描述的惯例财产，由密切相处的亲戚团体所拥有。"③

关于"封建主义"，福山的否定理由是：一方面，福山认为"封建主义"的本质不在经济关系，而在于政治分权。他说："根据卡尔·马克思

① 《马克思恩格斯文集》第 5 卷，人民出版社 2009 年版，第 95 页。
② ［美］弗朗西斯·福山：《政治秩序的起源：从前人类时代到法国大革命》，毛俊杰译，广西师范大学出版社 2012 年版，第 65 页。
③ ［美］弗朗西斯·福山：《政治秩序的起源：从前人类时代到法国大革命》，毛俊杰译，广西师范大学出版社 2012 年版，第 64—65 页。

开创的传统观念,'封建主义'往往指欧洲中世纪庄园上领主和农民之间的经济剥削关系。……该制度的核心是分派采邑或封地,属臣可以在其上实施一定程度的政治控制权。……总之,封建制度的独特处恰恰是它分散的政治权力。"① 另一方面,福山认为封建主义是欧洲的独特制度,并不是世界历史发展的"普遍过程"。他说:"根据马克思主义的观点,封建主义是资产阶级上升之前的发展阶段。但在事实上,它主要是欧洲的独特制度,不能把它说成是经济发展的普遍过程,也不能期望非西方社会遵循相似的发展次序。"② 福山以印度和中国为例,认为印度根本不存在封建社会,而中国的封建社会仅存在于周朝,秦朝往后至清朝的社会都是中央集权制度,不是封建社会。

福山甚至认为马克思的"错误"观点给学界带来许多"误解",他说:"马克思主义这一错误和从简的发展模型,误导了后来数代学者,或寻找'亚细亚生产方式'或试图在印度找到'封建主义'。"③ "最混乱和误用最多的,可算是'封建的'和'封建主义'。由于学者和辩论家的混乱使用,这两词基本上变得毫无意义。……马克思主义历史学认为,现代资本主义兴起之前有个避不开的封建阶段。这种按图索骥的僵硬,迫使传统学者到处寻找封建阶级,即使在毫不相干的社会。"④

第二节 "亚细亚生产方式"不存在吗?

笔者以为,福山的观点虽然看到了原始社会与社会主义社会公有制的不同之处,看到了"亚细亚生产方式"的复杂性和多样性,但夸大了这方面的问题,从而最终得出了错误的判断。他的理由,要么是在有意

---

① [美]弗朗西斯·福山:《政治秩序的起源:从前人类时代到法国大革命》,毛俊杰译,广西师范大学出版社 2012 年版,第 104—105 页。

② [美]弗朗西斯·福山:《政治秩序的起源:从前人类时代到法国大革命》,毛俊杰译,广西师范大学出版社 2012 年版,第 451 页。

③ [美]弗朗西斯·福山:《政治秩序的起源:从前人类时代到法国大革命》,毛俊杰译,广西师范大学出版社 2012 年版,第 48—49 页。

④ [美]弗朗西斯·福山:《政治秩序的起源:从前人类时代到法国大革命》,毛俊杰译,广西师范大学出版社 2012 年版,第 104 页。

偷换公有制概念，要么是在制造逻辑矛盾，都不能成立。

首先，福山承认原始社会所有制是族团或部落所有制，同时又以个人拥有使用权为由否定这种所有制的公有制性质，这是在偷换公有制概念。原始社会是一种非常分散的、狭小的、地域性的社会形态，其最大的社会组织是部落联盟，不存在一个类似后来的城邦或国家那样的组织。因此，福山既然承认原始社会财产关系是氏族和部落共同占有，就应该承认这种所有制的公有制性质。但他却说："早期私人财产缺乏现代产权的重要特征，通常只是使用权，不能出售，也不得改造。其主人不是单独的业主，而是现存的和死去亲戚的整个社团。"① 他还以部落社会的土地所有制为例，指出："部落社会中，财产有时由部落集体拥有。……集体拥有不表示集体耕耘，像 20 世纪苏联或中国的集体农庄，个别家庭经常分到自己的耕地……有时或定期的重新分配，证明部落对土地的有效统治。……亲戚团体中的个人不能充分利用其财产，不能将之出售。"② 必须承认，在原始社会中，公有财产私人使用的情况是客观存在的，但这种私人的使用权是否改变了原始社会族团所有的基本性质呢？当然没有。即使在作为原始社会遗迹的"东方公社"中，出现了房屋、生产工具和周边小块土地的私人占有，其主要土地定期在公社范围内进行分配，私人对公社土地拥有了长期的使用权，其使用权是为了私人目的而非为了公社目的，但个人对这些土地也仅仅具有使用权，不拥有所有权。福山也承认个人"不能将之出售"，这就是因为个人不拥有所有权。可见，福山以个人拥有土地的使用权作为原始社会生产资料私有制的依据，无论从现代产权理论还是从历史事实看，都是一个低水平错误。

其次，福山否认原始社会的公有性质，同时又承认原始社会的高度平等，不存在价值观个人主义，这在逻辑上是自相矛盾的。人与人之间的经济关系，不仅决定人与人之间的交往关系，而且决定人与人之间的观念关系，原始社会也是如此。历史的发展规律告诉我们，经济关系上的私有制，

---

① ［美］弗朗西斯·福山：《政治秩序的起源：从前人类时代到法国大革命》，毛俊杰译，广西师范大学出版社 2012 年版，第 65 页。

② ［美］弗朗西斯·福山：《政治秩序的起源：从前人类时代到法国大革命》，毛俊杰译，广西师范大学出版社 2012 年版，第 66 页。

即使一开始是相对平均的小私有制，经过发展也会变成大私有制，最终走向人与人之间的两极分化。经济上的两极分化进而又会造成政治和精神上的两极分化，它怎么可能是平等的社会呢？福山将价值观个人主义和社会关系的高度平等建立在私有制的基础上，这显然是违背历史规律的。福山把"最初之人"设想为一个为追求他人对自己优越性的承认而不惜使用暴力手段的利己主义者，那么，一个以自我为中心、以暴力为手段的人，可能是一个超越个人主义的人吗？一个以暴力为手段、以主人统治奴隶为结局的社会，会是一个高度平等的社会吗？这简直是天方夜谭。

最后，福山认为马克思误解了摩尔根《古代社会》的相关描述，这完全不符合事实。摩尔根《古代社会》对于马克思唯物史观和原始社会观点的重大意义，无论如何强调都不为过。正因为看到这一点，福山才非常重视马克思对《古代社会》的解读问题。福山认为摩尔根在《古代社会》描述的原始社会"惯例财产"只是一种私有制，马克思曲解了摩尔根的本意，将其错误地理解为一种公有制。事实是这样吗？不是的。实际上，摩尔根从没有主张原始社会是一种私有制社会。利用不同地区的人类学资料，摩尔根详细描述了原始社会从公有制到私有制的转变过程，即从蒙昧社会的"氏族成员继承"，到低级野蛮社会的"同宗亲属继承"，再到高级野蛮社会的"子女独占继承"的整个过程。[1] "子女独占继承"制度虽然在原始社会高级野蛮阶段就出现了，但只是到文明社会才得到"充分巩固"。可见，只有到原始社会末期，即高级野蛮阶段，才开始出现个人所有制。在原始社会绝大多数的时期中，公有制是一种常态和普遍现象。虽然摩尔根把前两种财产称为"共有财产"[2]，而不是"公有财产"，但他明确把第三种财产称为"私有财产"，并且指出："社会的下一个更高级阶段"是古代氏族社会的"更高级形式的复活"[3]。可

---

[1] ［美］路易斯·亨利·摩尔根：《古代社会》上卷，杨东莼等译，商务印书馆1997年版，第74、267页。

[2] ［美］路易斯·亨利·摩尔根：《古代社会》上卷，杨东莼等译，商务印书馆1997年版，第258页。

[3] ［美］路易斯·亨利·摩尔根：《古代社会》下卷，杨东莼等译，商务印书馆1997年版，第637页。

见，"共有财产"就是"公有财产"，因为原始共产主义和未来共产主义，都是公有制社会。与其说是马克思误解了摩尔根，不如说是福山在有意"制造"马克思对摩尔根的误解。

第三节 "封建主义"的本质是政治分权吗？

封建主义一词，在中国汉语中原先是指"封土建国"，是东周前一段历史时期的社会组织方式。然而，近代中国学者在学习马克思关于封建主义（德语 Feudalismus 或英语 feudalism）的思想之时，把相关词汇翻译成了"封建主义"，而"封建主义"在马克思那里主要是指以西欧中世纪采邑制为典型代表的一种社会形态，这就导致了原有之"名"与现有之"实"之间的矛盾。我们要分析马克思讲的封建主义的本质，有必要首先搞清楚它与中国的"封土建国"和欧洲采邑制之间的关系。

显然，马克思讲的封建主义与西欧的土地采邑制度有着紧密关系。在《德意志意识形态》中，马克思指出："第三种形式是封建的或等级的所有制。古代的起点是城市及其狭小的领域，中世纪的起点则是乡村。地旷人稀，居住分散，而征服者也没有使人口大量增加，这种情况决定了起点有这样的变化。……封建制度的发展是在一个宽广得多的、由罗马的征服以及起初就同征服联系在一起的农业的普及所准备好了的地域中开始的。"[1] 在《共产党宣言》中，马克思把封建社会的主要阶级关系称为"领主与农奴"，认为"在中世纪，有封建主、臣仆、行会师傅、帮工、农奴，而且在每一个阶级内部又有一些特殊的阶层"[2]。

把封建主义与土地采邑制度联系起来的做法，也得到了福山的肯定。他说："历史学家马克·布洛赫关注存在于中世纪欧洲的采邑和属臣制度，从而给封建主义提供了历史上比较准确的定义。"[3] 但问题在于，西欧中世纪的采邑制度本质上是一种经济制度还是政治制度？它所标志的

---

[1] 《马克思恩格斯选集》第 1 卷，人民出版社 1995 年版，第 70 页。

[2] 《马克思恩格斯选集》第 1 卷，人民出版社 1995 年版，第 272—273 页。

[3] ［美］弗朗西斯·福山：《政治秩序的起源：从前人类时代到法国大革命》，毛俊杰译，广西师范大学出版社 2012 年版，第 104—105 页。

封建主义只是西欧的特殊现象还是世界的普遍现象？福山对马克思的观点进行了否定，认为封建主义本质上是一种政治分权方式，在存在范围上主要以西欧为界限，并不具有世界普遍性。笔者认为，无论是从理论逻辑还是从历史现实角度看，福山的这一观点都不能成立。

从理论角度看，福山从政治分权角度理解封建主义的本质，这种理解隐含着政治决定论的逻辑前提，即政治关系决定经济关系和社会关系。马克思从生产方式角度出发理解封建主义的本质，这种理解隐含着经济决定论的逻辑前提，即经济关系决定社会关系和政治关系。那么，到底是经济关系决定政治关系，还是政治关系决定经济关系？显然是经济关系决定政治关系。福山颠倒了经济与政治的关系，并且进一步把政治归结为人性或思想，这种做法最终必然是陷入历史唯心主义的泥潭。虽然西欧的采邑制度最初体现为政治关系的封君封臣制，但使封君封臣制得以巩固的决定因素不是他们之间的契约关系，而是土地分封制度，土地分封制度是封君封臣制的物质基础。

马克思以领主、农奴的经济关系为封建社会核心的观点，得到了国际学界大多数学者的认可。《不列颠百科全书》在对封建主义词条的界定中，就坚持了马克思的观点："一种以土地占有权和人身关系为基础的关于权利和义务的社会制度。在这种制度中，封臣以领地的形式从领主手中获得土地。封臣要为领主尽一定的义务，并且必须向领主效忠。在更广泛的意义上，封建主义一词指'封建社会'，这是特别盛行于闭锁的农业经济中的一种文明形式。在这样的社会里，那些完成官方任务的人，由于同他们的领主有私人的和自愿的联系，接受以领地形式给予的报酬，这些领地可以世袭。封建主义的另外一个方面是采邑制或庄园制，在这种制度中，地主对农奴享有广泛的警察、司法、财政和其他权利。"①

从历史现实角度看，西欧分封制的根本目的恰恰不是为了政治分权，而是为了更好地实现政治集权，加强国家政治军事力量和应对外族入侵的能力，从而从根本上维护本国统治阶级的经济利益。刚开始，古罗马的封君封臣关系的确带有更多私人契约的性质，人们之间的关系更加宽

---

① 《简明不列颠百科全书》中文第 3 卷，中国大百科全书出版社 1985 年版，第 132 页。

松和自由，也没有与土地占有直接联系起来。例如封君在家中宴请封臣或者赠送礼物，以此换取封臣的忠诚和支持，确定二者的权利义务关系。可能正是这一现象误导了福山，使他认为分封制的实质的政治分权。实际上，这种早期的与土地不相关的分封关系，并没有从根本上改变人与人之间的关系，还不是真正意义上的封建制度。随着罗马国家内部不同诸侯战争和外部蛮族入侵增多，封君发现仅靠原有的契约关系，已经不能更好地维持他与封臣之间的关系。这时候，土地作为一种生产资料，便成为封君赠送给封臣的新"赠品"。土地作为"赠品"赠给封臣，既可以长时间维持封臣的生存和力量，又可以将封臣与封君在政治经济上紧密联合起来，结成一个利益共同体。土地作为封君"采邑"的对象，最早出现在墨洛温王朝时期，但作为一种普遍而稳定的社会制度，则出现于加洛林王朝时期。到查理·马特宫相之时，为了更好地应对阿拉伯蛮族侵略，土地分封采邑制度便被正式确立了起来。

可见，土地分封的确会带来政治分权，但政治分权不是土地分封的本质特征，而且这种分权并不是为分权而分权，也不是为维持某种先验民主平等而分权，而是为了实现集权。而集权的目的，归根结底还是维护本国统治阶级的经济利益。因此，封建领主对土地的私有制，进而由这种私有制所决定的生产组织方式，才是封建制度的本质所在。

既然封建主义的本质不在政治分权，那么为什么西欧的封建制度与中国的封建制度在权力上会体现出不同特征，前者具有更多分权而后者具有更多集权呢？这是因为无论在奴隶社会、封建社会还是资本主义社会，其政治组织形式都具有多样性。有的国家倾向于君主制，有的国家倾向于共和制，有的国家倾向于贵族制，有的国家倾向于民主制，无论哪种形态都是如此。具体而言，中国的封建制度是建立在血缘关系基础上的自上而下形成的分封制，后来血缘关系逐步被超血缘行政关系取代，但其自上而下的运行模式被保留了下来。西欧的封建制度并非自上而下形成的分封制，而是通过自下而上的掠夺、联姻等形成的，只是到了查理·马特改革时才将原有的无条件封土改为有条件分封，而且这种分封只认主人，不认主人的主人。这种分封形成的顺序，必然导致其结果的差异。而且需要指出，中国与西欧这种权力状态的差别并不是绝对的，因为西欧分封制的分权特征只在开始时才存在，国家集权仍然在不断强化之中。马克·布洛赫特别强调了这一点，他说：初始阶段的"权力分割""必然导致混乱状态"，因此这种权力分割并没有完全否定国家权力的意义，而是"存留"了国家权力的因素，这种决定了"在封建社会第二阶段，国家将获得复兴的力量"①。因此，中国的封建制与西欧的封建制在权力状态上的差别，并不违背历史的一般规律。

第四节 封建主义是欧洲的独特制度吗？

福山对马克思封建主义思想的第二个批评，是否定封建主义作为社会形态的普遍性，认为封建主义只是"西欧的独特制度"，中国、俄罗斯、印度等亚洲国家并不存在长期的典型的封建主义社会。福山认为中国的封建主义主要存在周朝时期，俄罗斯的封建主义非常短暂，而印度根本就不存在封建主义。福山的观点是从他的政治分权论出发，以西欧封建主义的特殊性来审视东方国家一般性得出的错误结论。

值得回顾的一个事实是，福山并非一开始就否定封建社会的普遍性的。在1992年的《历史的终结及最后之人》中，他不仅认为存在一种具有普适性的、贯穿始终的"人类世界普遍史"，而且承认在这个普遍史中，就包括"君主专制和封建贵族统治"的封建社会。福山说："历史，指一种在所有人在所有时期的经历基础上被理解为一个唯一的、连续的、不断变化的过程……人类社会是从建立在奴隶制和仅能维持生命的农业基础上的简单部落，先后经历各种神权政体、君主专制和封建贵族统治，上升到现代自由民主制度和技术先导的资本主义。……它不仅具有相当的规律性，而且还可以从理论上来加以论证。"②而在2011年出版的《政治秩序的起源》一书中，福山对"封建主义"的态度则由基本肯定转变为基本否定。福山虽然没有否定"封建主义"在西欧的存在，但他不再

①　［法］马克·布洛赫：《封建社会》上卷，张绪山译，商务印书馆2004年版，第9页。
②　［美］弗朗西斯·福山：《历史的终结及最后之人》，黄胜强等译，中国社会科学出版社2003年，代序第2页。

认为这种制度具有历史普遍性。实际上，福山后来否定了"人类世界普遍史"的存在，走向了多元主义和实用主义。

为了否定封建主义的普遍性，福山或者否认某些国家存在封建主义，或者缩短某些国家封建历史的长度，把它们诠释为微不足道的短暂过程。例如，福山否定印度历史上存在封建社会，否定中国秦朝之后至晚清以及俄罗斯农奴制的封建主义性质，而把中国周朝分封制以及俄罗斯"两个世纪封地时期"的短暂历史看作是封建制度。

福山把中国的周朝看作是和中世纪西欧封建主义类似的社会，他说："在很多方面，1100 年的封建欧洲很像周朝的中国。有名义上的君主或统治朝代，但实际上权力落到高度分散的封建领主手中。"① "中国的封建社会与欧洲的非常相似，都发展了悬殊的阶级分化和贵族，起因是关于荣誉、暴力、冒险的道德信念。"② 然而，中国周朝的分封制在政治分权上虽然与西欧封建主义有某种类似之处，但这并不能成为判断其性质的主要依据。实际上，二者在性质上大为不同，这主要表现在四个方面：

第一，从标志生产力水平的生产工具来看，中国周朝特别是西周时期，仍然以铜器为主。虽然当时人们已经掌握了冶铁技术，但铁器还没有在全社会范围得到广泛应用。与之不同，西欧中世纪已经开始进入铁器时代。特别是 11 世纪末，西欧对铁器的使用越来越多，这包括适用于西欧土壤特点的大型重犁的推广。中国的铁器的应用超过铜器，并最终成为主要生产工具是在汉朝时期，而不是在周朝时期。可见，从标志生产力水平的铁器的应用来看，西方中世纪和中国秦朝后的状况更加接近，而不是与周朝更加接近。

第二，从生产资料所有制来看，中国西周的分封制是土地国有制，并非土地领主或农民所有制。中国《诗经·小雅·北山》说："溥天之下，莫非王土；率土之滨，莫非王臣。"这个诗篇成为人们判断当时土地制度的重要依据，一切土地和劳动所得都归王者所有。在这种土地国有

---

① ［美］弗朗西斯·福山：《政治秩序的起源：从前人类时代到法国大革命》，毛俊杰译，广西师范大学出版社 2012 年版，第 321 页。

② ［美］弗朗西斯·福山：《政治秩序的起源：从前人类时代到法国大革命》，毛俊杰译，广西师范大学出版社 2012 年版，第 107 页。

制下，虽然不同地域的土地被分封给不同诸侯，但诸侯并不具有土地所有权，因此也不能买卖土地。《礼记·王制》中说的"田里不鬻"，就是指土地不允许买卖。与之不同，西欧土地采邑制度虽然开始也强调为封君所有，但经过一段时期之后，便成为封臣家族可以继承的私人财产。这种私人财产虽然也不允许买卖，但因为层层分封，受封者只对直接分封者负责，封君已经无法掌控和收回封地，这实质上保证了土地的私有性质。

第三，从生产组织方式来看，中国周朝分封制的经济基础是井田制，这是典型的奴隶经济制度，并非封建庄园制度。在夏商周三代时期，王和贵族拥有大量奴隶，这些奴隶没有独立人格，可以被赠送、买卖甚至陪葬。井田被区分为三类：第一类是资源最丰富的"公田"，被王、诸侯、大夫等统治者占有。第二类是城郊的土地，为与统治者亲缘关系较近的普通劳动者占有，这些劳动者因为通常住在"国"（城市）里而被称为"国人"。"国人"是奴隶社会的平民。第三类是距离城市较远的资质较差的土地，为住在野外的奴隶占有。这些奴隶因住在野外而被称为野人，他们连同土地一起归奴隶主所有，没有人身自由和任何权利，被迫无偿为奴隶主劳动。可见，井田制的本质是奴隶制经济制度，这与建立在契约基础上的领主与农奴之间的关系存在重大差别。

第四，从政治权力建立和分权程度来看，中国周朝的分封制是建立在亲戚血缘关系基础上的，其诸侯具有更大的地方权力，但欧洲采邑制度的分封制主要是建立在契约关系基础上，其封君对封臣的权力更大，集权程度更高。关于中国周朝分封制的血缘特征，福山也认识到了，他说："考虑到周社会的部落性质，那些将领多是他的亲戚。周天子共设 71 处封地，其中 53 处由他的亲戚治理，剩下的则分给其他文武官员……这些属臣在治理自己封地时享有实质性的自治。"[1] "中国的政治参与者不是独立分散的领主，而是领主和他们的亲戚团体。……中国的封地授予亲戚团体，之后又逐次分封给下一级的宗族或部落分支。"[2] 这里有一个值

---

[1]　［美］弗朗西斯·福山：《政治秩序的起源：从前人类时代到法国大革命》，毛俊杰译，广西师范大学出版社 2012 年版，第 105—106 页。

[2]　［美］弗朗西斯·福山：《政治秩序的起源：从前人类时代到法国大革命》，毛俊杰译，广西师范大学出版社 2012 年版，第 106 页。

得思考的问题：依靠血缘关系建立起来的分封制与依靠契约关系建立起来的分封制，何者的力量更容易集中起来？从二者存在的历史时间来看，中国的分封制显然没有西欧分封制存在的时间长。

从生产力、生产关系和生产组织方式等方面看，中国周朝特别是西周时期，其社会性质主要是奴隶制，并非封建社会。中国的周朝虽然在"分封"这一形式上与采邑制存在类似之处，但它们在生产力和生产关系上存在本质区别，一个是地主制的分封，一个是奴隶制的分封，分属两种经济形态，存在根本差别。其分封虽然都与氏族制度遗留有关，但一个是内生性直接相关，一个是外源性间接相关（日耳曼入侵）。东周时期，是由奴隶社会向封建社会转变的一个具有过渡性质的历史时期。中国的封建社会，其正式存在历史应该从秦朝开始，一直延续到清朝末期。1840 年鸦片战争爆发之后，中国的封建社会遭到西方殖民势力的破坏，开始转入"半殖民地半封建社会"状态，直到新中国成立方告结束。

第五节　俄罗斯封建时期只有"两个世纪"吗？印度没有封建社会吗？

福山不仅曲解中国封建社会，而且裁剪、压缩俄罗斯封建社会，否定印度历史封建社会的客观存在。以这些观点否定封建社会是一个独立的普遍的社会形态。下面我们分析福山关于俄罗斯和印度封建社会问题的观点。

关于俄罗斯的封建社会，福山把它看作是可有可无、微不足道的一段短暂时期，认为它只包括从被蒙古人占领（1240 年）到摆脱蒙古人统治并实现统一（16 世纪中期）的 200 多年历史。他说："不像持续 800 年的欧洲封建主义，俄罗斯的封地仅生存两个多世纪——从 1240 年开始套上鞑靼轭到伊凡三世当政的 16 世纪中期——很快，小封地的领主必须面对日益强盛的中央君主政体。"[①] 又说："封地其间的俄罗斯国家，其……

---

① ［美］弗朗西斯·福山：《政治秩序的起源：从前人类时代到法国大革命》，毛俊杰译，广西师范大学出版社 2012 年版，第 381 页。

基辅贵族家庭的后裔分布于俄罗斯各地，尤其是在蒙古入侵之后。他们组建一系列小公国，相当于俄罗斯版本的封建主义。每位领主控制自己的领地、经济资源和军队，并与自由贵族签订契约以获服务。"① 也就是说，在福山看来，俄罗斯1240年被蒙古人占领之前的历史，以及伊凡三世之后俄罗斯统一为中央集权国家的历史，都不是封建社会；俄罗斯的封建社会仅仅包括这两个历史事件之间的200多年。

笔者认为，福山这样做是在有意缩短俄罗斯封建社会历史的长度。

这样讲的理由包括两点：第一点与"套上鞑靼轭"（被蒙古人占领和统治）之前的历史有关。从882年，维京人在基辅（今乌克兰首都）建立基辅罗斯大公国开始，到1240年成吉思汗的孙子拔都占领该地，并建立金帐汗国（又名钦察汗国）为止，这近400年是俄罗斯"套上鞑靼轭"之前的历史。在这一段历史中，基辅罗斯或后来的弗拉基米尔大公国，所采用的社会制度主要是分封制度，王公、贵族拥有大量世袭领地。这段历史整体可以区分为基辅罗斯大公国和其替代者弗拉基米尔大公国两个时期。弗拉基米尔大公国之所以会替代基辅罗斯大公国，就是因为前者采用了分封制，这种制度在维护国家统一的同时又会制造新生的国家分裂倾向。这种根深蒂固的分化趋势，后来在弗拉基米尔大公国身上再一次重演。而这400年左右的分封历史，是福山所谓的分封时期的近两倍，却被福山有意忽略了。

第二点与俄罗斯独立和统一之后的历史有关。从伊凡三世自称"全俄君主"，到瓦西里三世基本统一俄罗斯，再到伊凡四世加冕沙皇，莫斯科公国逐步转变为后来的沙皇俄国。在这个过程中，在俄国国家自上而下的推动下，俄罗斯的封建制度一步步加强了对农民人身的控制，农民逐步沦为农奴。从《伊凡三世法典》把农民转换主人限制于尤里节短暂时间，到伊凡四世实行禁年制度、剥夺农民尤里节出走权，再到16世纪90年代沙皇政府推行土地、人口登记，并下诏规定地主对逃亡不超5年农民的追捕权，自由农民的身份逐步变成了农奴制农民。但是，农奴制

① ［美］弗朗西斯·福山：《政治秩序的起源：从前人类时代到法国大革命》，毛俊杰译，广西师范大学出版社2012年版，第382页。

农民仍然是农民，农奴主仍然是地主，俄罗斯封建主义的基本经济制度和政治制度并没有发生根本变化。但是，福山基于他对封建主义本质的政治分权理解，却否定俄罗斯农奴制下的社会形态仍然是封建社会的事实。从1462年伊凡三世当政，到1861年改革废除农奴制，这又一个400年历史，加上1240年之前的400年，这两个400年的封建历史都被福山忽视了。

有意思的是，福山否认伊凡三世之后走向农奴制的俄国社会是封建主义，但承认西欧中世纪采邑制之后"早期现代"的农奴制是封建主义。福山说："欧洲历史中重大谜团之一是早期现代之初，即16世纪和17世纪，主子和奴隶的关系在东西欧得到截然不同的发展。易北河以西的地区——西部日耳曼国家、低地国家、法国、英国和意大利——中世纪期间强加于农民的农奴制逐渐取消。……相比之下，易北河以东的地区——匈牙利、普鲁士……俄罗斯——先前自由的农民却在历史同期逐渐沦为农奴。……从12世纪以来，西欧农奴在不同时期和不同程度上赢得自由。……在东欧发生的情形恰恰相反。中世纪时期，与西方相比，那里反而有相当充分的自由。"[①] 福山把东西欧这种在农奴制上的分化和重大差别称为"欧洲历史上的重大谜团"，并且把这一谜团的答案解释为俄罗斯的缺乏地理界限、人口分散，以及由此带来的"君主和上下层贵族的同盟"。

福山这种双重标准，再一次证明了我们前面的判断：福山对封建主义本质的理解，更多拘泥了西欧分封制早期的相对平等民主的历史事实，并没有完整准确把握其整体特点。虽然农奴制在中国封建社会表现得不如俄罗斯和西欧那样突出，西欧也没有俄罗斯那样"粗暴"和"持久"（列宁语），但也不能因此否定农奴制属于封建社会这一社会形态。正因为如此，列宁在分析社会历史发展形态的更替时，将封建社会又称为"农奴制社会"，认为"在绝大多数国家里，奴隶制发展成了农奴制"[②]。

① ［美］弗朗西斯·福山：《政治秩序的起源：从前人类时代到法国大革命》，毛俊杰译，广西师范大学出版社2012年版，第366—367页。
② 《列宁选集》第4卷，人民出版社1972年版，第46页。

关于印度的封建社会问题，福山则持完全否定的态度。福山着重分析了由印度人建立的两个统一政体孔雀王朝和笈多王朝，认为它们没能直接剥夺被占领者的土地和消灭原有政权，因此根本谈不上建设政治分权的封建制度。关于孔雀王朝，福山说："现有统治者吃了败仗后，便接受孔雀帝国在名义上的主权。《政事论》建议，孱弱的国王最好屈服，自愿向强大邻国进贡。没有出现中国或欧洲式的封建主义，即剥夺现有统治者，把领土赐给王室成员或侍从。印度历史学家有时谈到属臣国，但它没有欧洲属臣的契约意义。说孔雀王朝重新分配权力是不准确的，因为它一开始就没有中央集权。"[①] 关于笈多王朝，福山表现出更加否定性的态度，认为它虽然实现了第二次对印度次大陆的统一，但其政治制度建设和领土面积甚至还不如孔雀王朝获得的成就。也就是说，在福山看来，印度从来没产生过封建社会制度，连中国西周和俄罗斯"套上鞑靼轭"后两个世纪那样短暂的历史时期都没有。因此，福山认为马克思关于封建社会的观点，不仅误导了很多学者试图在印度找到"封建主义"，而且还误导了英国殖民者对印度社会性质的理解。他说："欧洲殖民者在印度常犯的错误，就是假设部落领袖相当于封建社会的地方领主。在事实上，两者截然不同。"[②]

应当说，福山否定印度孔雀王朝时期为封建社会的结论本身并不为错，因为孔雀王朝之时的印度还处于奴隶社会阶段，奴隶还没有获得农民那种相对自由的权利，但其作出否定结论的逻辑并不成立。福山得出结论的依据，是孔雀王朝没有"剥夺现有统治者"而直接建立了一种臣服关系，让失败者承认胜利者的"主权"。这个逻辑显然是在拿着枝节问题做文章。且不说西欧的分封制也存在这种"臣服"现象，真正的问题在于是否在事实上出现了封土和封臣关系。对于基于亲戚血缘关系的那种分封制，当然要直接剥夺失败者才能实现；但对超越血缘关系的那种分封制，则可以先剥夺再分封，也可以在原有基础上不剥夺而直接建立

---

① ［美］弗朗西斯·福山：《政治秩序的起源：从前人类时代到法国大革命》，毛俊杰译，广西师范大学出版社2012年版，第175页。

② ［美］弗朗西斯·福山：《政治秩序的起源：从前人类时代到法国大革命》，毛俊杰译，广西师范大学出版社2012年版，第236页。

经济和政治的依附关系。剥夺可以是直接剥夺，也可以是建立在军事控制基础上的间接剥夺。

对于笈多王朝，这个涉及印度封建社会形成的关键时期，福山却用寥寥数语就打发了，且所涉内容均与封建主义不相关，主要限于国家政权的规范化建设问题。作为印度封建制度开始形成的标志，笈多王朝的历史非常值得我们研究。根据什么说笈多王朝的印度处于封建社会形态呢？中国东晋高僧法显的《佛国记》为我们研究这个问题提供了宝贵资料。根据《佛国记》，笈多王朝的社会制度体现出以下特征：

第一，封建土地所有制开始形成。《佛国记》第26篇"摩头罗国"记载："自佛般泥洹后，诸国王、长者、居士为众僧起精舍供养，供给田宅、圃园、民户、牛犊、铁券书录，后王王相传，无敢废者，至今不绝。"① 可见，笈多王朝时期的印度，其大量寺院或贵族已经拥有国家赐予的土地，包括在这些土地上进行劳作的农民和耕牛，而且这种土地私有制关系已经通过"铁券"即契约的方式规定下来，可以世代相传。除了大小国王、寺院和婆罗门贵族，"王之侍卫、左右，皆有供禄"②，即广大武士阶层也可以拥有土地。这说明，从笈多王朝开始，封建土地所有制开始形成。

第二，在封建土地所有制下，依附农民或农奴开始出现。笈多王朝，农民包括自由佃农和农奴制农民两种情况。据《佛国记》记载："人民殷乐，无户籍官法，唯耕王地者乃输地利，欲去便去，欲住便住。"③ 这种在王田上劳动、给国王交租的农民，可以自由迁移。因此，可以断定他们的身份不是自由佃农就是雇工。他们对国王的依附关系更多是经济上的，还没有上升到政治法律强制。但在上面讲到的寺院经济中，"国王、长者、居士为众僧起精舍供养，供给田宅、圃园、民户、牛犊、铁券书录"④，寺院在拥有土地的同时，还拥有"民户"。这些"民户"与耕牛和其他生产资料一样，可以被赠送和世代相传，并且通过"铁券"规定

---

① 法显：《佛国记》，吴玉贵译，东方出版社2018年版，第127页。
② 法显：《佛国记》，吴玉贵译，东方出版社2018年版，第126页。
③ 法显：《佛国记》，吴玉贵译，东方出版社2018年版，第126页。
④ 法显：《佛国记》，吴玉贵译，东方出版社2018年版，第127页。

下来，不能自由迁移，因此可以断定他们是一种新型的带有强制性的封建依附农民。

第三，由于王朝土地永久分封的推行、人身依附关系的发展，国家自身的权力开始遭到较大削弱。国家无法征收田赋，无法依据法律治理国家，甚至连户籍登记的权力都逐步丧失了。《佛国记》中所谓"无户籍官法"，"王治不用刑罔，有罪者但罚其钱，随事轻重，虽复谋为恶逆，不过截右手而已"①，就证明了这点。

笈多王朝灭亡之后，印度封建制度在历史纷争中得到进一步发展，在戒日帝国时期得到最终确立。关于戒日帝国时期的封建制度，中国唐朝高僧玄奘在《大唐西域记》中有翔实记载。《大唐西域记》也是一本专门记录印度地区各国社会文化状况的游记，它比《佛国记》要更加详细和充实。关于戒日帝国时期的封建制度，我们可以得出以下几个方面：②

第一，印度区域封建土地制度最终形成。《大唐西域记》关于印度区域有一个整体情况概说，这就是它的第二卷第一部分"印度总述"。在该部分第十六个问题"赋税"中，玄奘集中分析了当时印度的土地制度和税赋方式。他说："王田之内，大分为四：一充国用，祭祀粢盛；二以封建辅佐宰臣；三赏聪睿硕学高才；四树福田，给诸异道。宰牧、辅臣、庶官、僚佐各有分地，自食封邑。"③ 这里非常清楚地告诉我们：印度的土地原则上属于国王，但已经被大量分封，实际上成为私人财产。除了第一类土地用于国家需要，其他三类土地连同农民作为职田和福田，被分封给了"宰臣""高才"、寺庙，等等。这说明，土地分封带来的地主所有制在戒日帝国已经成为普遍现象，国家官僚的俸禄在很大程度上被采邑制度代替。这就是印度社会进入封建社会的铁证。

第二，封建主对农民人身取得了绝对控制权，农民人身依附关系得到强化。农民人身依附关系的发展可以通过农民与国家之间的关系得到体现。国家对农民的管控权越大，封建主对农民的管控权就越小，反之

---

① 法显：《佛国记》，吴玉贵译，东方出版社 2018 年版，第 126 页。

② 参见尚劝余《从〈佛国记〉和〈大唐西域记〉看印度封建制度的形成及其特点》，《南亚研究季刊》1994 年第 4 期。

③ 玄奘：《大唐西域记》，董志翘译，中华书局 2012 年版，第 126 页。

就越大。关于国家对农民的管控权，《佛国记》中讲到"王治不用刑罔"，那时的国王已经不需要使用刑法了；到《大唐西域记》中，这种状况进一步发展为"政教既宽，机务亦简"①，国家政法机关已经被简化了。《佛国记》中讲到"无户籍官法"，那时国家编制户籍的法制已经开始废弛；到《大唐西域记》中，这种状况进一步在事实上发展为"户不籍书"。当然，任何一个国家的主要制度都不是绝对单一的，我们仍然能够在《大唐西域记》中的个别国家或地域中看到关于编户的记载，例如第四卷讲到的"至那仆底国"和第十二卷讲到的"斫句迦国"，以及摩揭陀国中的个别城邑之中，但这些在当时已经不再是普遍现象。

　　第三，种姓制度在封建社会发生了适用封建关系的变化。种姓制度是雅利安人入侵印度大陆后建立的一种古老制度，至今已有3000多年。如同宗教制度会随着社会制度的演变而改变自身的形式一样，种姓制度也是如此。戒日帝国时期，随着封建制度的发展，种姓制度发生了适应性改变。《大唐西域记》中将种姓称为"族姓"，在"印度总述"第十一个问题中记载："若夫族姓殊者，有四流焉：一曰婆罗门，净行也，守道居贞，洁白其操。二曰刹帝利，王种也，奕世君临，仁恕为志。三曰吠奢，商贾也，贸迁有无，逐利远近。四曰戍陀罗，农人也，肆力畴陇，勤身稼穑。"② 表面上看，此时印度的种姓制度并没有发生变化，至少在形式上保留了原先的状态。但结合全书具体分析就会发现，这里面产生了几个关键不同之处：第一个不同，种姓制度所服务的对象，既不是雅利安人统治者，也不是奴隶主阶级统治者，而是封建主阶级的统治者。婆罗门和刹帝利虽然还是处于社会等级上层的种姓，但他们已经变成了获得封地和占有食邑的封建主了。第二个不同，第三等级吠奢的内容发生了重大变化。原先的吠奢包括自由农民、手工业者和商人，在玄奘的记载中变成了商人一个阶层的种姓。属于吠奢下层的自由农民，与原先第四等级首陀罗农民融合为一个新的首陀罗种族，他们构成封建农民阶级的两个主要来源。第三个不同，除了封建主与农民之间婚姻门户关系

---

① 玄奘：《大唐西域记》，董志翘译，中华书局2012年版，第126页。
② 玄奘：《大唐西域记》，董志翘译，中华书局2012年版，第116页。

的禁绝之外，封建制度对所有女性婚姻关系的禁锢开始出现。《大唐西域记》中记载的"凡兹四姓，清浊殊流，婚娶通亲，飞伏异路""妇人一嫁，终无再醮"[①] 就是明证。

由上可知，印度封建制度于笈多王朝之时开始形成，于戒日帝国之时完全确立，是可以确定的历史事实。此后印度的封建制度在德里苏丹国时期、莫卧儿帝国时期得到进一步发展，最终因为商品经济的发展和殖民者入侵，于 18 世纪中叶瓦解。福山囿于自己对封建主义本质的错误理解，得出的对中国、俄罗斯和印度封建社会的观点并不正确。

---

① 玄奘：《大唐西域记》，董志翘译，中华书局 2012 年版，第 116 页。

第十六章

关于"资产阶级"与资本主义形成问题

福山不仅对马克思原始社会和封建社会理论提出了批评，而且对他的资本主义社会理论提出了挑战。福山的这一挑战具体涉及资产阶级的兴起原因、个人主义价值观的产生、资本主义意识形态的历史作用、资本主义民主形成的决定因素等问题。马克思的资本主义理论，对于唯物史观和科学社会主义理论具有极其重要的意义。回应福山的这一挑战，不仅是应对历史终结论挑战的需要，也是巩固夯实马克思主义理论基础的需要。

第一节　福山的"资产阶级起源"观点及其批评

福山对马克思资本主义社会理论的批评，首先体现在"资产阶级起源"问题上。马克思认为，资本家是资本的人格化，资产阶级的产生是由资本主义生产关系决定的。福山把马克思的这一观点解释为"经济现代化"理论，认为资产阶级是经济现代化的产物。他说："马克思把资产阶级的兴起当作他现代化理论的中心命题，成为社会发展过程中必不可少的阶段。……马克思的巨大影响促使好几代学生继续把资产阶级的兴起看作经济现代化的伴随物，无须作出进一步解释，认定该阶级的政治力量来自其经济力量。"①

---

① ［美］弗朗西斯·福山:《政治秩序的起源:从前人类时代到法国大革命》，毛俊杰译，广西师范大学出版社 2012 年版，第 402—403 页。

　　福山否定马克思的上述观点，认为资本主义政治虽然后来转向了经济驱动，但这不等于它一开始就是由经济驱动的，也不等于资产阶级形成一开始是由经济关系决定的。他说："资产阶级的形成，不只是经济增长和技术变化的结果。刚开始，他们非常软弱，从属于强大的领主，除非获得政治保护。……基于城市的资本主义市场经济一旦出现，我们便离开古老的马尔萨斯世界，开始进入现代经济制度。……因此而开始了政治发展的现代制度（原文为'system'，应译为'机制'）：政治发展取决于经济和社会的变化。但一开始，资产阶级的兴起要有政治前提——市民和国王都憎恨领主。"① 也就是说，在福山看来，资产阶级的兴起主要是由国王与市民（资产阶级的前身）对封建领主的共同"憎恨"这一政治原因决定的，国王利用市民制衡领主，市民从国王那里获得政治保护，二者形成了政治联盟。经济原因虽然是后来的主导性发展规律，但在当时不是决定因素。

　　福山得出上述结论的主要依据来自亚当·斯密。他说："早于马克思几乎75年，亚当·斯密在《国富论》中就资产阶级的起源，提供了更为周详、更具说服力的解释。他认为，在资产阶级的兴起当中，政治既是原因又是结果。……出现于中世纪的城市，其最初居民是'商人和工匠'。他们属于低级阶层，甚至出于奴役地位，但是他们逃离了领主的控制，在城市找到庇护。……这就是资产阶级的起源，虽然亚当·斯密没有使用如此字眼。"② 国王之所以愿意为城市市民提供庇护，是因为国王虽然鄙视市民，但他更加畏惧和痛恨领主，这样做可以利用逃逸农民与领主之间的矛盾实现对领主的更好统治。福山引用斯密的话来描述这一原因，他说："市民自然也既嫉恨又畏惧领主。恰好，国王也嫉恨和畏惧领主。"③

　　① ［美］弗朗西斯·福山：《政治秩序的起源：从前人类时代到法国大革命》，毛俊杰译，广西师范大学出版社2012年版，第404—405页。
　　② ［美］弗朗西斯·福山：《政治秩序的起源：从前人类时代到法国大革命》，毛俊杰译，广西师范大学出版社2012年版，第403页。
　　③ ［美］弗朗西斯·福山：《政治秩序的起源：从前人类时代到法国大革命》，毛俊杰译，广西师范大学出版社2012年版，第404页。

那么，我们应该如何看福山的这一观点呢？

首先，福山曲解了马克思的经济概念。他把马克思的经济观点理解为"经济现代化"的一部分，并不正确。福山受西方经济学误导，把经济概念仅仅理解为生产力或经济增长，而忽视经济的社会生产关系属性，这是他自始至终存在的重要错误，也是他误解马克思唯物史观的一种重要因素。福山这样做，就把生产力与资产阶级之间的关键中介因素即生产关系因素抽掉了。这样做就会导致无法深入理解经济发展内在逻辑，也无法正确理解阶级的生成逻辑的后果。

其次，市民获得国王庇护而得以生存这一现象，并不能证明国王的庇护决定了资产阶级形成的结论。国王对市民的庇护，在客观上有利于市民社会的形成，但不能说这种庇护决定了市民社会的形成。中世纪城市市民并不是转移到城市继续从事农业的农民；它之所以被称为市民，客观上是由它所从事的工作即手工业和商业决定的。如果没有手工业和商业的发展，就不会有城市市民的产生；即使国王愿意保护逃跑农民，也不会出现市民和市民社会。作为市民社会之构成的，还有被资产阶级雇佣和统治的无产阶级。同为市民，为什么有的市民成了资产阶级，有的市民却沦为无产阶级？如果说国王的庇护既产生了资产阶级，也产生了无产阶级，这样的说辞并不能告诉我们清晰的答案。

退一步说，市民和市民社会的形成是由国王的庇护决定的，那么，国王为何要庇护市民呢？福山说，国王虽然鄙视贫穷的市民，但他更"畏惧"强大的领主，他和被领主掠夺的市民都"憎恨"领主。那么国王又为何要"畏惧"和"憎恨"领主呢？常言道，世界上没有无缘无故的爱，也没有无缘无故的恨。按照福山的阶级概念，国王的"恨"是因为国王作为统治者那种不畏死的"人性"在领主面前丧失了吗？如果真是这样，他就不配作为国王，他应该让位给领主，而自己去做奴隶。国王这么做，显然不是因为他具有什么不畏死的人性，而是因为他拥有决定他的政治地位和命运的物质利益。他只有利用市民的力量来制衡领主的挑战，才能更好维护自己的利益。

最后，亚当·斯密的《国富论》并不包含福山所理解的那种含义。既然福山以亚当·斯密的论述作为依据，我们应该回到他的《国富论》

去一探究竟,看看他是否如同福山说的那样。斯密在《国富论》一书的第三部分的确说过"市民当然嫉恨领主,畏惧领主。恰好,国王亦畏惧领主,嫉恨领主",但他的观点是否就如福山所言,是市民与国王对领主的共同"憎恨"决定了国王对市民的支持,进而决定了资产阶级兴起呢?不是的。斯密作为经济学家,他看到了英国和法国资产阶级兴起过程中,国王和领主之间以及市民和领主之间有矛盾,市民和国王都利用了这个矛盾。但他忽视了斯密所强调的两点:

第一,在反对领主过程中,国王和市民之间具有共同的一面,但这并不意味着他们之间没有根本对立的矛盾。国王与领主阶层之间的矛盾,归根结底是地主阶级内部的矛盾。当他们的根本矛盾被激化时,其剧烈程度一点不比市民与领主之间的矛盾低。英国、法国历史上,资产阶级所控制的议会多次将国王送上断头台的历史还不能说明这一点吗?因此,国王对市民的支持,只能说在特定历史阶段和特定历史条件下如此,它既不能决定市民的产生,更不能决定市民中资产阶级的产生。

第二,斯密虽然讲到了市民与国王对领主的共同"嫉恨",但他并不是福山身上所渗透的那种日本武士道式意志决定论者,他在每一处都把这种共同"嫉恨"解释为他们的经济利益关系。斯密的确强调了城市兴起对资本主义形成的重要功能,但他并不认为城市的产生是国王对农奴保护的产物。斯密的《国富论》实际上是把社会大分工和企业内部的小分工看作推动社会发展的基本动力。城市的产生,正是社会不同行业的分工决定的。根据亚当·斯密的观点农业的发展需要"工匠"的帮助,这些"工匠"包括铁匠、木匠、鞋匠、泥水匠、缝匠,等等,他们之间也需要相互帮助,但他们不需要像农民那样定居在土地附近,因此"自然而然地聚居一地,结果就形成了一种小市镇或小村落"。再加上屠户、酿酒师、面包师等其他工匠的加入,他们在与农民的贸易中获得稳定收入,小市镇越来越大,最终成为一个固定的社会组织。可见,在斯密看来,城市与市民的形成,主要是由经济发展和社会分工决定的。至于他们的嫉恨,也并没有脱离他们之间的经济利益关系。国王庇护市民,是以市民为国王提供稳定税源为前提的。斯密说得很清楚:"都市居民的人头税,是国王收入的一部分,这一部分收入,多由国王制定比额,在一定年限内包给该市长官或其他人征收。但市民自己亦往往可以取得这样的信用，来征收他们本市的这种税收，于是就对这全部税额，联合负责。这种包税颁发，对于欧洲各国国王的一般经济，当时是十分适宜的，因为他们本来就惯于把庄园全部的税收，交由庄园全体佃农包办，使对这全部税收负连带责任。……后来，跟着时代的推进，变成永久的……这个城市，因此成为所谓自由市；由于同一理由，市民成为所谓自由市民或自由商人。"①

虽然这种税收后来逐步受到限制，并且最终被剥夺，却实实在在地告诉人们：国王与市民的联盟，不是什么共同"憎恨"的结果，也不是什么不畏死人性的结果，而是他们的共同经济利益决定的。而且这种共同经济利益，只是在特定历史阶段和历史条件下才存在，并不意味着二者没有逐步发展的根本对立的矛盾。关于国王与市民之间的矛盾，斯密也客观地说明了主要事实："英法二国王虽有时甚为式微，但从未完全消灭。都市因此没有完全独立的机会。但因市民势力的日涨，除上述的市税外，国王一切赋税，须得市民同意，才征收得到。"② 可见，城市权力不断增大的原因，主要在于"市民势力日涨"（资产阶级的逐步形成），而非国王的包庇。福山揭示了资产阶级在地主阶级内部矛盾的夹缝中产生与发展，具有真理的一面，但将其最终战胜地主阶级和君主理解为由这种内部矛盾所决定，则没有抓住真正的因果关系，找到决定性因素。这个使得市民地位不断提高，并且最终发展为新生资产阶级的决定性因素，马克思在《资本论》中给出了翔实分析，此处不再赘述。

第二节　福山的"个人主义"和"纯粹金钱关系"观点及其批评

福山不仅把资产阶级的形成混同于中世纪城市市民的形成，而且把资产阶级的个人主义混同为中世纪的个人主义，以此否定马克思社会存

---

① ［英国］亚当·斯密:《国富论》，唐日松等译，华夏出版社2005年版，第363—364页。
② ［英国］亚当·斯密:《国富论》，唐日松等译，华夏出版社2005年版，第367页。

在决定社会意识的逻辑。福山把一切从个人利益出发、一切为了金钱的价值观和行为方式都称为个人主义。在马克思看来,资本主义的个人主义价值观,以及由这种个人主义价值观所推动的人与人之间的"纯粹金钱关系",是由资本主义的经济关系和阶级关系决定的。福山不赞同马克思的观点,他认为资本主义的个人主义价值观,以及人与人之间的纯粹金钱关系,在中世纪的封建社会就已经产生,资本主义就是中世纪个人主义价值观和社会关系历史的"后果"。他说:"早期英国个人主义的有趣标志是'抚养合同'。它最早出现于 13 世纪,由孩子和父母签署。……让马克思暴跳如雷的'纯粹的金钱关系',似乎不是 18 世纪资产阶级的发明,其在英国的出现比资产阶级的兴起早了好多世纪。……这显示,与马克思的主张恰恰相反,资本主义只是社会关系和习俗(个人主义及价值观)的变化的后果,而不是原因。"[①] 福山认为,个人主义首先是从家庭内部开始的,家庭内部个人主义是其他形式个人主义的基础,它带动了整个社会的个人主义。他说:"欧洲社会很早就是个人主义的。在婚姻、财产和其他私人事务上,当家做主的是个人,而不是家庭或亲戚团体。家庭中的个人主义是所有其他个人主义的基础。个人主义无须等待国家的出现,无须等待它来宣告个人法律权利,并行使强制权力来予以保障。"[②]

关于个人主义出现的时间,福山认为虽然英国个人主义最早出现于 13 世纪,但对整个欧洲而言,它出现的时间要更早。他说:"如果说欧洲在 13 世纪离开复杂的亲戚关系,即从身份过渡到契约,这依然太迟。"[③] 实际上,"中世纪时,欧洲社会已经非常个人主义了。它早于欧洲国家建设的开端,比宗教改革、启蒙运动、工业革命更早了数个世纪"[④]。那么

① [美]弗朗西斯·福山:《政治秩序的起源:从前人类时代到法国大革命》,毛俊杰译,广西师范大学出版社 2012 年版,第 229 页。
② [美]弗朗西斯·福山:《政治秩序的起源:从前人类时代到法国大革命》,毛俊杰译,广西师范大学出版社 2012 年版,第 226—227 页。
③ [美]弗朗西斯·福山:《政治秩序的起源:从前人类时代到法国大革命》,毛俊杰译,广西师范大学出版社 2012 年版,第 230 页。
④ [美]弗朗西斯·福山:《政治秩序的起源:从前人类时代到法国大革命》,毛俊杰译,广西师范大学出版社 2012 年版,第 235 页。

这种个人主义价值观产生的时间最早可以追溯到什么时期呢？福山虽然没有直接给予回答，但根据他的基本逻辑——天主教等社会文化力量推动了西欧由亲戚社会向封建社会转变，我们可以推论：天主教推动西欧社会关系发生根本变化之时，也就是个人主义开始代替家庭或群体集体主义价值观之时。关于这一过渡时间，福山曾这样说："社会人类学家杰克·古迪，为过渡日期作出了最令人信服的解释。他把过渡的起点提至6世纪，将责任放在基督教身上——具体地说，放在天主教会的机构利益上。"①

福山认为个人主义并不是人类社会一开始就存在的现象，他在分析原始社会之时就指出，那时的人类没有个人主义价值观。福山说："族团层次的内部，类似现代经济交易和个人主义的东西绝对不存在的。……此类社会中，大多数的道德规则不是针对偷人财产者，而是针对不愿与人分享者。在永久匮乏的阴影下，拒绝分享往往影响到族团的生存。族团层次的社会高度平等，其主要差别仅在年龄和性别上。……族团内，家庭之间仅有极小的差别，没有永久领袖，也没有等级制度。"② 福山因此多次批评霍布斯自然状态下的"自然人"假设，将其称为"霍布斯式谬误"。他说："霍布斯主张，国家或'利维坦'的产生，起源于个人之间理性的社会契约……我曾表明，全部自由社会契约论都有一个基本谬误：因为它假设在史前自然状态时期，人类生活于隔离状态。但那种最早的个人主义从没有存在过。人类天生是社会的，自己组成群体，不需要出于私心。在高层次阶段，社会组织的特别形式往往是理性协议的结果；但在低层次阶段，它由人类生物本能所决定，全是自发的。"③

既然福山认为原始社会不存在个人主义价值观，它就必然是社会发展到一定阶段的产物。那么，它是什么时间的产物，又因为什么而产生？

---

① ［美］弗朗西斯·福山：《政治秩序的起源：从前人类时代到法国大革命》，毛俊杰译，广西师范大学出版社2012年版，第232页。

② ［美］弗朗西斯·福山：《政治秩序的起源：从前人类时代到法国大革命》，毛俊杰译，广西师范大学出版社2012年版，第52—53页。

③ ［美］弗朗西斯·福山：《政治秩序的起源：从前人类时代到法国大革命》，毛俊杰译，广西师范大学出版社2012年版，第89页。

福山对此缺乏基本思考。实际上，只要产生了私有制就有了个人主义的土壤。人类社会第一个私有制社会是奴隶社会，奴隶社会中的奴隶主正是从自己的个人利益出发，秉持个人主义价值观和行为方式的。但福山不认为原始社会之后存在一个奴隶社会，他认为原始社会就是奴隶社会。这样，他实际上陷入了自己设置的悖论：原始社会是以奴隶主利益为本位的，同时原始社会不存在个人主义价值观。

从这个角度看，"个人主义"的确不是资本主义社会特有的现象，不是资产阶级特有的价值观和行为方式。但它既然产生于原始社会之后，即私有制生产关系代替公有制生产关系后，它是否也会随着私有制生产关系的发展变化，即地主所有制和资本家所有制的生产关系的产生，而发展变化呢？答案是肯定的。福山看到了私有制基础上"个人主义"价值观存在的某种共性，但忽视了它们的个性和差别，从而把资产阶级的个人主义等同于奴隶主阶级和地主阶级的个人主义，把后者看作是前者简单延续的产物。

虽然福山现在认为资产阶级的主流价值观是个人主义，但在《历史的终结及最后之人》中，他曾经用大量篇幅反驳和否定这种观点。他从批评霍布斯的自然人出发，认为霍布斯的利己主义不仅不适用于原始社会，而且不适用于整个人类社会，当然也包括资本主义。他说："黑格尔对自由主义的理解比霍布斯和洛克的理解层次更高。实际上，生活在洛克的自由主义时代的人，对由这种自由主义带来的社会及其'原型产品'——资产阶级一直感到不安。这种不安，其根本原因是一个道德问题，即资产阶级只关心它自己的物质利益，既不爱国，也没公德，更不愿为自己周围的社会做贡献。简言之，（认为）资产阶级就是利己主义，而且个人利己主义已经成为马克思左派和贵族共和主义右派攻击自由社会时共同的批判靶子。黑格尔与霍布斯和洛克截然相反，他为我们提供了一种本身就能说明问题的自由社会，这种自由社会建立在人性的非利己主义部分之上并寻求把这部分作为现代政治的核心。"① 福山认为由黑

---

① ［美］弗朗西斯·福山：《历史的终结及最后之人》，黄胜强等译，中国社会科学出版社2003年版，第165页。

格尔所确立起来的作为自由社会基础的人性论就是"追求承认"的欲望。在这种追求承认欲望下，人们并不仅仅为了个人利益而工作，而是为了被他人承认的精神目的而劳动。对于这种严重的前后逻辑矛盾，福山从来没有给出正式说明。

被福山错误理解的个人主义问题，在马克思和恩格斯那里早已给出了非常清晰的分析。关于个人主义的本质和起源，恩格斯在《反杜林论》中有深刻分析。他指出，道德作为上层建筑，是由经济基础决定的。他说："人们自觉地或不自觉地，归根到底总是从他们阶级地位所依据的实际关系中——从他们进行生产和交换的经济关系中，获得自己的伦理观念。"① 不同社会道德观念的异同是由其经济基础上的异同所决定的，不同社会道德观念的变更是由其经济基础的变化所决定的。恩格斯以"切勿偷盗"为例，指出："从动产的私有制发展起来的时候起，在一切存在着这种私有制的社会里，道德戒律一定是共同的：切勿偷盗。这个戒律是否因此而成为永恒的道德戒律呢？绝对不会。"② 恩格斯强调，在阶级社会，道德只能是阶级的道德，不存在超阶级的道德。个人主义作为一种利己主义，它是私有制的产物。凡是存在私有制的社会，就存在这种个人主义。"只有在不仅消灭了阶级对立，而且在实际生活中也忘却了这种对立的社会发展阶段上，超越阶级对立和超越对这种对立的回忆的、真正人的道德才成为可能。"③

关于资产阶级个人主义区分于非资产阶级个人主义的差异，马克思在《资本论》中给出了透彻分析。资本的本质是榨取剩余价值的价值，资本家是资本的人格化，因此资本家的历史功能完全由资本的历史功能决定，资本家的价值观完全由资本的本性决定。那么，资产阶级的个人主义与非资产阶级的个人主义到底存在哪些差别呢？这可以从质与量两个层面来理解：从质的层面看，资产阶级的个人主义是最彻底的个人主义，这种彻底性不仅体现在它的普遍性程度上，而且体现在它的经济基

① 《马克思恩格斯文集》第9卷，人民出版社2009年版，第99页。
② 《马克思恩格斯文集》第9卷，人民出版社2009年版，第99页。
③ 《马克思恩格斯文集》第9卷，人民出版社2009年版，第100页。

础方面。随着商品经济的扩大和自然经济的缩小，市场和货币成为组织生产、交换、消费的核心因素，"经济人"的理性主义和利己主义必然就成为决定性观念和行为方式。特别是当商品、货币关系发展到人本身，发展到人的劳动力成为普遍买卖的商品之时，劳动力的出卖者即无产者对资本家的生产依附和观念依附完全建立起来之后，这种个人主义、拜金主义价值观就真正地巩固起来。马克思所批评的"庸俗经济学"，不过是资本家的个人主义价值观和行为方式的理论性、辩护性表达而已。从量的层面看，个人主义的存在范围是随着商品货币经济发展的程度而扩大的。只要自然经济还处于主导性地位，那么血缘关系以及基于血缘关系的价值观和行为方式，就不可能丧失决定性地位。什么因素导致使商品货币经济的主导地位完全确立起来呢？这个决定因素就是资本在世界范围内的发展。资本是商品货币关系不断发展的产物，但资本又推动了商品货币关系的发展。资本是商品和货币中的"上帝"，它一旦生成，就不仅成为主导性的力量，而且在更大的范围成为主导性力量，从而把资产阶级个人主义在更大范围确立为主导性观念。

第三节　福山的"合法性思想是独立动力"观点及其批评

关于历史发展动力问题，福山目前的观点不同于原初形态，他不再把追求承认的欲望作为唯一动力，也不赞同马克思对经济因素的强调，而是在他原先的观点与马克思的观点之间来了一个"调和"，实质是在一定程度上向马克思"退却"。他说："必须在经济增长、社会动员、有关正义和合法性的思想威力中，去理解政治制度的变化。在法国和美国大革命之后，各个方面的发展的交往影响发生了巨大变化。"[①] 然而，福山表面上承认经济的决定作用，却把它仅仅限定在资产阶级革命（或后马尔萨斯时代）之后。在其他条件下，他更强调共享人性、合法性思想等

---

① ［美］弗朗西斯·福山：《政治秩序与政治衰败：从工业革命到民主全球化》，毛俊杰译，广西师范大学出版社 2015 年版，第 35 页。

非经济因素的决定作用。因此，在由封建社会向资本主义社会过渡的动力问题上，他依然否定马克思的观点，认为资本主义合法性思想是决定资本主义社会产生的"独立动力"。他说："时移世易，关于合法性的思想也会有所演变。这种演变有时是经济或社会变化的副产品，但在很多历史节骨眼上，又变成推进发展其他方面的独立动力。"① 也就是说，在福山看来，资产阶级"合法性思想"可以作为推动资本主义社会形成和发展的"独立动力"。

关于"合法性思想"的独立动力作用，福山讲了两个案例予以证明：一个是法国大革命爆发之前高涨的启蒙运动，再一个是英国光荣革命和美国独立战争之前霍布斯、洛克等人的政治思想。按照福山这个逻辑，英国、法国、美国等资本主义国家的建立，是由它们之前的"合法性思想"决定的。事实果真如此吗？我们具体分析一下。

关于启蒙运动在推动资本主义社会产生中的作用，马克思和恩格斯也曾给予高度肯定。恩格斯在《费尔巴哈论》中把启蒙运动特别是其实现的"哲学革命"称为"整个变革的前导"，认为"正像在 18 世纪的法国一样，在 19 世纪的德国，哲学革命也作了政治变革的前导。但是这两个哲学革命看起来是多么不同啊！法国人同整个官方科学，同教会，常常也同国家进行公开的斗争，他们的著作在国外，在荷兰或英国印刷，而他们本人则随时都可能进巴士底狱"②。关于洛克、霍布斯思想在推动资本主义社会产生中的重要作用，马克思、恩格斯也给予了高度评价。马克思甚至认为，受洛克思想影响而产生的一派——法国唯物主义"直接导向社会主义"③。但是否据此我们就能认为启蒙运动，以及洛克、霍布斯等人的思想是推进英国、法国和美国等资本主义国家产生和发展的"独立动力"呢？答案是否定的。

批判的武器终归不能代替武器的批判，物质力量最终只能用物质力量来摧毁。认识归根结底来源于实践，并且只有通过实践来实现它的目

---

① ［美］弗朗西斯·福山：《政治秩序与政治衰败：从工业革命到民主全球化》，毛俊杰译，广西师范大学出版社 2015 年版，第 36 页。
② 《马克思恩格斯文集》第 4 卷，人民出版社 2009 年版，第 267 页。
③ 《马克思恩格斯文集》第 1 卷，人民出版社 2009 年版，第 328 页。

的。无论是启蒙思想，还是霍布斯、洛克思想，它们对封建社会的批判无论如何深刻，都不可能直接摧毁旧制度、建立新社会。因此，马克思把那种作为纯粹思想运动的启蒙运动称作"耽于幻想的政治启蒙运动"，认为真正实现资本主义变革的不是思想启蒙运动，而是资产阶级革命。马克思说："罗伯斯比尔倒台以后，从前想超越自我的、热情洋溢的政治启蒙，才开始以质朴平淡的方式得到实现。尽管恐怖主义想要为古典古代政治生活而牺牲资产阶级社会，革命本身还是把资产阶级社会从封建的桎梏中解放出来，并正式承认了这个社会。……资产阶级社会由资产阶级作为其正面的代表。于是资产阶级开始了自己的统治。人权已经不再仅仅作为一种理论而存在了。"① 洛克、霍布斯思想对于英国、法国和美国资本主义形成的作用也是如此。没有 1640—1688 年英国的资产阶级革命实践、1774 年攻占巴士底狱到 1789 年法国大革命、1773—1783 年美国人民对英国殖民政府的不断斗争，就没有英国、法国和美国资本主义制度的最终建立。

福山还给出了一个理论依据：启蒙运动和洛克等人的思想是为了人类的普遍利益，不是为了资产阶级一己之私。他说："资产阶级本来可以旧封建秩序的特权为基础，光为自己挣得权利，没必要提倡为人类普遍平等铺路的学说。"② 福山这种说辞是揣着明白装糊涂，如果资产阶级依靠自身力量能够实现目标，他还会以所谓"超阶级"意识形态为理论武器联合其他阶级进行斗争吗？正是因为新生资产阶级力量弱小、地位低，只有联合农民和工人阶级等与君主和贵族进行斗争，才能取得最终胜利。而要实现这种联合，必须有一种超阶级的普世学说作为思想旗帜。也许创立这种思想的资产阶级知识分子的确带有某种程度的超阶级情怀，但决不能因此说他所创立的这种思想是超阶级的。一旦资产阶级的目的达到，它立马就会把斗争的矛头对准自己的昔日"战友"——无产阶级。

社会存在决定社会意识，社会意识对社会存在具有能动的反作用，

---

① 《马克思恩格斯文集》第 1 卷，人民出版社 2009 年版，第 352—353 页。
② ［美］弗朗西斯·福山：《政治秩序与政治衰败：从工业革命到民主全球化》，毛俊杰译，广西师范大学出版社 2015 年版，第 37 页。

这是马克思主义关于社会存在与社会意识的辩证法。马克思主义并不否定社会意识的能动反作用，而且认为在特定条件下，社会意识对社会存在具有"决定性反作用"。马克思在《资本论》和毛泽东在《矛盾论》中都用过"决定性反作用"一词。反作用可以是非决定性的，也可以是决定性的；但"决定性反作用"之所以不同于"决定作用"，并且以"决定作用"为前提，是因为它的产生具有特定历史条件。福山把社会意识看作是历史发展的"独立动力"作用，虽然看到了社会意识的反作用，却夸大了这种反作用，没有看到这种反作用不具有绝对"独立"性，它归根结底只能在经济和社会因素的基础上产生和发挥作用。

第四节　福山的"民主赠予"观点及其批评

马克思主义认为资本主义民主制度代替封建君主专制制度，是资产阶级与地主阶级长期进行阶级斗争的结果。对此，福山说："经典的马克思主义者……把争取民主的斗争简化为富人和穷人的斗争，穷人组织起来，目的就是要把富人的财富和收入再分配给自己。如果威胁足够严重，富人在政治权利和直接再分配上做出让步，民主就会出现。……在这个马克思主义叙事中，富人从不让步到足以实现真正的民主，穷人只有以暴力夺取政权，才能达到这个目的。……所以，民主是争来的，而不是赠予的。"[①] 福山对此不以为然，他认为民主不是阶级斗争"争来"的，而是统治阶级"赠予"的。所谓赠予，既包括封建君主和贵族阶级对资产阶级的民主"赠予"，也包括资产阶级对无产阶级的民主赠予。他说："我们今天理解的民主——无论性别、种族、社会地位，所有成年人都享有选举权——要到 20 世纪的英国或美国，方才得到实施。跟美国独立宣言一样，光荣革命建立了被统治者同意的原则，让后人再去拓宽政治意义中的'人民'的范围。"[②]

---

① ［美］弗朗西斯·福山：《政治秩序与政治衰败：从工业革命到民主全球化》，毛俊杰译，广西师范大学出版社 2015 年版，第 385 页。
② ［美］弗朗西斯·福山：《政治秩序的起源：从前人类时代到法国大革命》，毛俊杰译，广西师范大学出版社 2012 年版，第 409—410 页。

那么，民主到底是"争来"的还是"赠予"的呢？

福山特别重视英国保守党（前身托利党）的例子。在资本主义民主确立过程中，英国保守党原本是代表大地主、大贵族阶级利益的政党，但它顺应历史发展趋势，主动调整自身利益诉求和代表对象，而不是与新生资产阶级及其政党代表自由党（前身辉格党）正面对抗，从而促进了君主立宪等资本主义民主的和平实现。对此，福山说："英国的自由民主制是在 20 世纪 30 年代获得和平的巩固，原因与英国保守党的战术有关。……它没有试图通过暴力或威权统治抵制社会和政治的广泛动员，反而重新诠释自己的私利，既允许选举权的扩展，又得以保住自己的政治权力。"① 随着现实政治发展的需要，"保守党修改自己的社会基础，不再是大地主的政党，而是新兴都市中产阶级的政党"，因此，"英国的民主化的模式是精英政党推动的，不是基层从下鼓动的"②。

福山重视英国保守党的案例，实质是要强调民主实现过程的非暴力特征，以及包括封建社会统治阶级对被统治阶级的民主"恩赐"。那么，英国民主化的实现果真是由英国贵族政党保守党决定，而非"基层"社会力量"推动"的吗？让我们简单回顾一下这段历史：保守党的前身是托利党，它的生成与斯图亚特王朝复辟时期资产阶级与封建势力之间的斗争有着直接关系。围绕着信奉天主教的查理二世的弟弟詹姆士二世能否继承王位问题，议会分化成了支持派和反对派，其分歧表面上是天主教与新教之间的教权之争，实质却是信奉新教的资产阶级与倾向天主教的封建贵族势力之间的阶级斗争。支持派与反对派相互攻击扣帽子，于是产生了英国最早的政党"辉格党"与"托利党"。辉格的意思是"强盗"，托利的意思是"亡命徒"。托利党认为辉格党像强盗一样剥夺了詹姆士二世的继承权，辉格党认为托利党代表像王室一样曾经流亡海外的人。单纯从名称看，两党都充满了火药味。查理二世虽然在蒙克将军的支持下实现了复辟，但他无法改变复辟时期资本主义经济的迅速发展。

---

① ［美］弗朗西斯·福山：《政治秩序与政治衰败：从工业革命到民主全球化》，毛俊杰译，广西师范大学出版社 2015 年版，第 385—386 页。

② ［美］弗朗西斯·福山：《政治秩序与政治衰败：从工业革命到民主全球化》，毛俊杰译，广西师范大学出版社 2015 年版，第 387 页。

相反，复辟时期成了英国资本原始积累的关键时期，资本主义生产方式得到巨大发展，资产阶级势力不断强大。在此背景下，当上台后的詹姆士二世违背宗教宣誓支持天主教徒任公职之时，英国人民便借助他女儿和女婿威廉的力量保护英国的"宗教、自由和财产"。在威廉带来的1万余军队的威慑之下，詹姆士二世仓皇逃至国外，威廉继任国王。1689年2月，威廉通过了《权利法案》，从此开始英国确立了君主立宪和议会高于王权的基本原则，这就是后人所谓的"光荣革命"的主要过程。这个过程中，托利党到底起到了什么作用呢？它的妥协精神促成了议会主权原则的形成吗？没有。结果是议会权力被辉格党垄断了，托利党长期沦为在野党。

福山所谓保守党主动调整政策，转向代表资产阶级利益的事情，的确在历史上发生过，但那是它产生100多年之后，即工业革命发生之后的事情。1832年后，英国围绕着不同选区的议席分配和选民资格进行了多次议会改革。之所以会发生这种改革，主要原因在于工业革命的发生从根本上改变了英国社会结构，新生的工业资产阶级和无产阶级逐步成为社会关系的轴心，资产阶级作为纳税人要求增加自身的政治权利。从国际背景看，1830年法国爆发了七月革命，推翻了波旁王朝。英国掌权者为了避免暴力事件在英国发生，不得不自上而下采取些许改良措施。也正是在这种背景下，为了获得更多选民支持，英国托利党逐步改名为保守党，向资产阶级靠拢。

福山把英国光荣革命看作英国民主发展的分水岭，这是有道理的；但如果把英国资产阶级革命的成功仅仅看作是光荣革命的结果，把光荣革命看作是超越暴力的纯粹和平革命，从而把民主的产生看作是英国地主贵族和其政党代表保守党"赠予"的结果，那就大错特错了。从1640年英国爆发资产阶级革命，到1688年光荣革命的成功，中间经历了第一次内战（1642—1646）、第二次内战（1648—1649）、斯图亚特王朝复辟（1660—1688）等事件，甚至还发生了国王查理一世被送上断头台的悲惨事件。正是因为有了长期的历史斗争，再加上对农民起义和无产阶级力量的忌惮，以及国际革命趋势的影响，才促成了像"光荣革命"这一事件的发生。相对于法国革命的暴力特征，英国革命的妥协性更多一些。

但这不等于说英国资产阶级就天然喜欢与封建势力妥协。英国在 1688 年通过光荣革命确立君主立宪制前，曾于 1648 年彻底废除君主制度，建立了一个"不需要任何国王和贵族院"① 的英吉利共和国；而法国也在 1789 年大革命后，首先通过宪法确立了君主立宪制度，行政权由世袭国王行使，然后才在进一步的革命中建立了共和国。资产阶级与封建势力斗争的最终结果如何，取决于各种具体历史条件的合力。英国光荣革命与法国大革命比较，的确体现出某种程度与其他国家不同的妥协性，但这种妥协性不仅没有超越斗争性，反而恰恰是以斗争性为前提的。

关于资本主义民主在光荣革命之后的进一步拓展，福山特别看重英国统治者采取的改革措施，例如 1832 年改革、1867 年改革和 1884 年改革。上面我们已经提到 1832 年议会改革是在工业革命已经基本完成、工业资产阶级在经济上取得巨大成功，以及法国七月革命背景下发生的。实际上，它所取得的进步是非常有限的，当时英国也大约只有 16% 的成年男子得到选举权，没有财富的广大工人、雇农和妇女仍被排斥于政治之外。在反对国王与贵族的过程中，他们站在了资产阶级一边，却没有因此而获得政治权力。于是，就爆发了为了获得普选权而进行的长期的"宪章运动"（1837—1848），这是为福山所忽视的重要史实。"宪章运动"是近代以来第一次大规模的工人运动，最多一次人数达到 300 多万。这些运动或者为统治者所忽视，或者被镇压。

那么，工人阶级最终为何被纳入普选民主的框架中呢？在《历史的终结及最后之人》中，福山给出的理由是主人的自我觉悟，他们认识到奴隶对奴隶主的承认，仍然不是人对人的承认。也就是说，他们开始有了平等意识。这等于说奴隶阶级的民主权利，实质上是奴隶主阶级"赠予"的。至于奴隶主为何突然良心发现，福山没有给出任何说法。在《政治秩序与政治衰败》中，福山又给出了这样一个令人震惊的说法："随着欧洲大陆卷入两次世界大战，民族问题超越阶级问题而占据优先地位……工人阶级在 1914 年 8 月支持各自政府，从而破坏了第二国际的团结……工人阶级在战壕中的牺牲，使得（资产阶级）在道德上再也无法

---

① 许海山主编：《欧洲历史》，线装书局 2006 年版，第 215 页。

拒绝他们的选举权。"① 我们且不说这种用"战壕中的牺牲"换来的选举权能否称为"赠予"，我们只说一下这种"牺牲"是否真的换来了选举权。1918 年第一次世界大战结束，英国通过了《国民参政法》，使妇女第一次有条件地获得选举权；1928 年通过的《男女选举平等法》，只是取消了妇女年满 30 岁的限制；一直到 1969 年通过《人民代表法》，成年公民的选举权才得到基本确定。这些事实告诉我们，英国普选权的确定与第一次世界大战没有多少关系。说到美国，就更加不符合事实了，因为美国工人阶级压根没有参与过世界大战。

除了上述关于资本主义社会形成方面的问题，福山关于资本主义历史的其他方面的认识，也存在诸多问题，例如他把英国的政治发展顺序看作是法治先于国家，把辉格党或自由党理解为中产阶级政党，把现代宪政民主与英国封建社会的"大宪章"混为一谈，把第二国际解体原因理解为民族矛盾超过阶级矛盾，把法国从资本主义民主的优等生贬为差等生，等等，本书不再一一展开。

---

① ［美］弗朗西斯·福山：《政治秩序与政治衰败：从工业革命到民主全球化》，毛俊杰译，广西师范大学出版社 2015 年版，第 388 页。

第五部分

未　来　篇

第十七章

"历史终结论"面临的挑战
与中美两国未来

从福山提出历史终结论之时，人们对这一理论的质疑就没有停止过。为了回答这些挑战，福山可以说是疲于奔命，成为世界上最忙碌的学者之一。应当指出，这种挑战与其说主要来自理论或逻辑本身，不如说来自历史自身。因此，这种挑战并非固定不变，它随着历史的发展而不断延伸。站在 21 世纪第二个 10 年的方位回看整个过程，对历史终结论构成实质性挑战的问题有哪些呢？历史的未来与历史终结论的命运会怎样呢？本章探讨这一问题。

第一节 "历史终结论"面临的挑战

实践是检验真理的唯一标准，历史终结论是真理还是谬误，也必须到实践的天平上去称量一下。福山有时又说自己的观点是一种思想理念的终结，即自由民主理念是最好的意识形态，它标志着人类意识形态发展的终结。但我们不能因此就认为福山的观点仅限于意识形态的发展问题，历史终结论与客观现实毫无关系。福山历史终结论所讲的终结，并非单纯是指某种思想的终结，它同时也是历史现实的终结。福山在《历史的终结及最后之人》一开篇就讲到了两个基本史实：一个史实是自由民主制度"战胜"了共产主义，成为最终的获胜者；再一个史实是"当今美国、法国或瑞士等国家"已经建成了"稳定的民主体制"，这种体制

"不存在根本性内在矛盾"①。福山有时又把自己的观点说成是一种政治思想的终结，那是因为他试图学习黑格尔的"绝对精神"决定论，把所谓历史终结的决定因素解释为某种思想的终结，但这并不意味着他的结论是没有任何现实依据的精神乌托邦。他说美国、法国、瑞士等自由民主国家虽然还没有"完全实现"自由民主"原理"，但它们的确已经标志着历史的终结。因为所谓没有"完全实现"，就是说已经基本实现了，因为它们已经"不存在根本性内在矛盾"了。这样，历史终结论正确与否的关键，就变成了美国、法国、瑞士等国家是不是"不存在根本性内在矛盾"这样一个现实问题。

能否竖起一个或几个有说服力的标杆国家，是福山历史终结论成立与否的要害所在。然而，历史老人貌似总是在与福山开玩笑，福山一旦确定某一国家作为标杆国家，这个国家就很快会呈现出各种内在的根本矛盾，致使福山陷入重重挑战和被动应付。例如，他起先是树起了美国这个标杆，结果美国先后陷入了经济危机、政治衰败和民族民粹主义危机；后来他又树起了欧盟这个标杆，结果欧盟陷入了债务危机和英国脱欧带来的分裂危机，它的政治衰败问题一点也不比美国少；后来他又树起了英国、丹麦等标杆，结果它们在疫情危机和"群体免疫"中"躺平"，让资本主义名誉大受玷污。诸如此类，越来越让福山感到悲观甚至绝望。

需要注意的是，福山无论对资本主义国家的表现如何悲观绝望，那都是"恨铁不成钢"。在他看来，美国等资本主义国家虽有问题，而且短时间无望解决，但不是根本制度问题。对历史终结论构成挑战的，除了资本主义国家解决自身问题的能力，还包括非资本主义国家的发展。这里讲的非资本主义国家是伊朗、委内瑞拉、朝鲜，还是俄罗斯？都不是。"9·11"事件发生后不久，福山就与美国政治现实主义立场划清了界限。他公开申明，美国的真正竞争对象不是俄罗斯，也不是委内瑞拉、伊朗等国，而是社会主义中国。真正决定美国以及历史终结论命运的，不仅

---

① ［美］弗朗西斯·福山：《历史的终结及最后之人》，黄胜强等译，中国社会科学出版社2003年版，代序第1页。

是资本主义国家应对自身危机的能力，而且是中国这个社会主义国家的发展前景。

对于上述两个方面的挑战，福山深有感触并毫不隐讳。在《政治秩序的起源》一书中，他就坦率承认："就未来的政治发展而言，我们可提出迄今尚无答案的两个问题。第一个与中国有关……中国今天在经济上迅速增长，但三条之中只拥有一条，即强大的国家。这样的情境能否长久？……第二个与自由民主制的未来有关。考虑到政治衰败，在某一历史时刻取得成功的社会不会始终成功。自由民主制今天可能被认为是最合理的政府，但其合法性仰赖自己的表现。……当代民主制太容易成僵局，什么都是硬性规定，无法做出困难的决策，以确保自己经济和政治的长期存在。"[①]

福山把中国的发展状况放在历史终结论两大挑战的首要位置，可见他已经认识到中国道路事实上代表一种崭新的历史发展方向和发展道路。然而，中国对资本主义的挑战并非当下才产生的，她作为世界社会主义运动的一部分，不过是马克思主义对资本主义革命历史在当代的延续。福山把社会主义中国作为资本主义的头号挑战，这等于说他不得不重新承认原先被他彻底否定的马克思主义的顽强生命力。当然，福山也对资本主义国家特别是美国，给予了深入反思和严厉批评。他把美国说成是政治衰败的国家，把发达国家的中产阶级的命运看作是决定资本主义自由民主生命力的关键力量之一。这说明，他已经认识到资本主义自由民主的问题，不仅存在于制度层面，而且存在于它的社会基础层面。

福山原先认为，中产阶级成为资本主义自由民主的社会基础，这让马克思主义的逻辑彻底丧失了社会依据。但他很快发现，这个所谓自由民主的社会基础正在迅速萎缩，资本主义自由民主正在遭受一个关系到生死存亡的关键事实的挑战。自 20 世纪 80 年代之后，随着新自由主义在世界范围的发展，全球化和现代通信技术的进展，美国中产阶级陷入了新的困境。中产阶级虽然也包括不少小资产阶级和资产阶级下层，但它

---

① ［美］弗朗西斯·福山：《政治秩序的起源：从前人类时代到法国大革命》，毛俊杰译，广西师范大学出版社 2012 年版，第 472—473 页。

的主体仍然是较为富裕的工人阶级。在新自由主义和经济危机挑战下，它们的贫困化、再无产化，或者转化为女权主义、环保主义等小众身份政治，自然会为资本主义制度带来生存危机。2008 年国际金融危机之后，福山曾经大声疾呼西方自由民主的社会基础正在丧失；2016 年特朗普当选之后，他则陷入了对美国民族民粹主义的深深忧虑。他认为美国民族民粹主义的崛起，不仅是对美国自由民主存在的主要威胁，也是对整个世界自由秩序存在的重大挑战。但民族民粹主义的兴起，正是中产阶级消失的必然结果。福山说："民主在发达国家的未来，将取决于如何处理中产阶级逐渐消失的问题。"① 因此，笔者认为，中产阶级的萎缩与民族民粹主义的兴起构成了对福山历史终结论的第三个挑战。

2008 年金融危机之后，福山的理论已经不再像他开始时期那样狂热，那样更多对资本主义自由民主的情绪化吹捧，强硬的现实让他一定程度上恢复了理性。但是，上述三个的挑战都还是外在的，分析影响历史终结论形成与发展的因素，我们不应忽视福山及其族裔自身方面的因素。福山作为早期美籍日裔的后代之一，他的思想深受这一群体社会文化心理的影响。福山提出历史终结论，不仅是他对 20 世纪下半期世界政治发展的一种观察，而且是他作为当时美籍日本人对自身群体利益和社会地位的一种追求与维护，是他作为日本族裔对美国文化的一种报复性和取悦性指认。由于缺乏这个角度的分析，人们对历史终结论何以产生、向何处去等问题的认识一直缺乏文化体验。

第二节　福山对美国政治的批评

福山对美国政治的批评，是从 2008 年国际金融危机爆发之后开始的。福山的批评经历了从民主政治的社会基础（中产阶级）问题，到三权分立制衡问题，再到民主政治制度整体重构问题三个阶段。这三个阶段分别涉及美国民主制度的阶级基础、运行机制、宏观构架三个方面。

---

① ［美］弗朗西斯·福山：《政治秩序与政治衰败：从工业革命到民主全球化》，毛俊杰译，广西师范大学出版社 2015 年版，第 410 页。

关于民主政治的社会基础问题，福山在2012年的《历史的未来》一文中做了前所未有的反思。该文的副标题"自由民主制能否在中产阶级的衰落中幸存下来"，已经表明了福山所担忧的一切。在首先论述了资本主义自由民主的历史合法性前提下，福山接着从民主的社会基础角度，分析了由于中产阶级萎缩带来的资本主义自由民主的生存危机问题。福山认为2008年国际金融危机的爆发，实质上是由美国经济两极分化导致的。而经济两极分化，必然减少中产阶级人口规模，削弱中产阶级的政治地位。福山认为资本主义民主的根本生存条件正在丧失。当然，福山不会像马克思主义那样将其归咎于资本主义私有制，提出消灭私有制的口号。他将导致两极分化的根本原因归结为现代技术和全球化的发展，以及美国如何忽视财富再分配，从而小心翼翼地绕过了根本制度问题。

随着经济危机由经济、社会领域向政治领域拓展，美国政治制度失灵的问题逐步暴露出来，于是福山对美国政治的批评由社会基础转向了政治制度。福山认为美国是所有民主国家中政治衰败最严重的国家。在2014年的《衰败的美利坚》一文中，福山用"政治衰败"理论作为武器，系统批判了美国政治制度的严重问题。

所谓政治衰败，福山将其界定为政治发展过程中由于环境的变化而出现的不适应问题。福山认为美国民主制度（麦迪逊式民主）已经不能满足当代现实需要，正在丧失生命力。福山从美国林业局自主权丧失开始讲起，认为这是美国政治走向衰败的重要标志。其实真正引起福山思考的不是林业局自主权这种小问题，而是美国金融危机之后暴露出来的政府停摆问题，而导致政府停摆的原因直接与三权制衡制度有关。因此，福山把批评的矛头对准了三权制衡制度以及利用制衡达到自身目的的政党与利益集团。福山把美国的民主模式称为"麦迪逊式民主"或"麦迪逊式分权制衡"，是因为福山认为这种制衡制度的始作俑者是美国宪法之父麦迪逊。

福山把美国政治衰败概括为"法院和政党治国""法官疯狂"，依次分析了"利益集团和金钱政治""麦迪逊之误""否决政治"和"国会派遣"等原因。福山认为"麦迪逊式民主"限制王权专制的初衷是好的，但在理论模型和实践操作上都存在严重局限。在理论模型上，麦迪逊坚持了一种"私人恶德即公共之善"的逻辑，假设每个人都追求个人权益，整个社会就会自动达成社会公益。在实践中，这种社会达尔文主义逻辑导致政治分化的出现和少数利益集团的产生，而少数利益集团利用政治献金控制政党选举和国家权力。麦迪逊式相互掣肘的三权分立制度，正好为这种权力垄断提供了机遇。

福山认为在美国民主制度陷入衰败背景下，更加严重的问题是美国人对这种制度的认识却已经僵化，丧失了反思和重构功能。因此，福山在批评了导致美国政治衰败的现实因素和历史因素之后，将批评的矛头又指向了美国人民认识的僵化这一主观因素。福山对美国政治衰败的破解充满悲观，认为"僵化的认知和根深蒂固的政治力量相结合，让体制改革的努力统统流产。在政治秩序不受到巨大冲击的情况下，没有人能保证目前这种情况会发生很大的改变"；又认为"国内政治弊病已经顽固不化，很难出现富有建设性的改革，美国政治衰败还将继续下去，直至外部震荡催化出真正的改革集团并付诸实践"。福山把美国政治的希望寄托在"巨大冲击"或"外部震荡"的反作用上，否则只能"死路一条"。

面对资本主义民主的社会基础的萎缩，特别是资本主义政治衰败和民主思想越来越僵化，福山率先垂范，"重构"了历史终结论的理论体系，迈出了从麦迪逊式民主的僵化中解放出来的第一步。在《政治秩序的起源》与《政治秩序与政治衰败》中，福山以国家、法治、民主三位一体为理想模型，重构了自己的理论内核。鉴于前面已有论述，此处不再赘述。

单纯从维护历史终结论的理论需要看，福山的重构工作似乎让自己暂时稳住了阵脚，但在如何破解美国政治衰败等现实问题上，他却始终一筹莫展。直到2016年美国大选，特朗普和桑德斯作为反建制派政治力量意外杀出，让福山一下子看到了改变现实政局的希望。可惜事与愿违，桑德斯早早被民主党淘汰掉了，特朗普不仅没有按照福山设想的进行，反而把美国政治推向了资本主义民主的对立面。2021年特朗普的支持者发起的占领国会大厦运动，更是让福山彻底失望。2021年1月，福山发表《美国政治已经腐败透顶了吗?》一文，对特朗普主义进行了愤慨鞭挞。他说："导致这场危机出现的深层条件并没有发生任何改变。美国政府仍然被强大的精英集团所把持，这使得他们可以扭曲政策为己谋利，并损害整个体制的合法性。这套制度仍然过于僵化，无法自我革新。"此时，在福山眼里，特朗普的"民粹主义"连利用的价值都没有了，"必须彻底否定特朗普主义并取消其合法性，就像麦卡锡主义在 20 世纪 50 年代的下场一样"①。

第三节　福山的某种进步：从吹捧到部分批评

福山曾经在个别场合批评列宁主义而肯定马克思主义，但人们不会由此而奢望福山抛弃资本主义立场和历史终结论核心观点，转而信奉马克思主义。但必须承认，相对于西方民主思想的"僵化"和历史终结论原生形态，福山对美国政治经济制度的批评实现了从整体吹捧到部分批评的转变，这在客观上具有某种进步性。

福山原先认为美国、法国等国的总统制民主是当代世界最优越的，现在认为美国的总统制不如英国的议会制，对议会制充满了艳羡之情。在《历史的终结及最后之人》中，福山以黑格尔的口吻强调了美国与法国共和制的优越性："黑格尔相信，主人和奴隶之间的关系中固有的矛盾最终都是通过法国和美国式的革命得到解决的。……黑格尔根据美国和法国的民主革命，曾断言历史已经走到尽头，原因在于驱动历史车轮的欲望——为获得认可而进行斗争——现在已经在一个实现了普遍和互相认可的社会中得到了满足。"② 而在《政治秩序与政治衰败》中，针对让美国陷入政治困局的政治衰败，福山却说："如果美国改成更为统一的议会制，许多这些问题可以迎刃而解，但对制度结构作出如此激进的改变是不可想象的。"③ "在平衡强大国家行动需要法律与负责制的能力上，美

① ［美］弗朗西斯·福山：《美国政治已经腐败透顶了吗？》，2021 年 1 月 30 日，https：//www.guancha.cn/FuLangXiSi－FuShan/2021_01_30_579725_2.shtml，2022 年 11 月 7 日。

② ［美］弗朗西斯·福山：《历史的终结及最后之人》，黄胜强等译，中国社会科学出版社 2003 年版，代序第 8—9 页。

③ ［美］弗朗西斯·福山：《政治秩序与政治衰败：从工业革命到民主全球化》，毛俊杰译，广西师范大学出版社 2015 年版，第 460 页。

国的制衡体制在很多方面比不上议会体制。"①

福山原先认为西方民主制度成功化解了阶级分化和经济分化问题，现在认为美国的中产阶级正在被两极分化消灭。在《历史的终结及最后之人》中，福山说："美国民主制度能成功地解决美国社会不同利益集团之间的冲突……美国人虽然背景、家乡和种族各不相同，但一旦来到美国就会抛开这些身份融入一个新的没有明显社会阶级或长期的种族歧视的社会中。"② 在《历史的未来》中，福山却说：美国的平均收入从 1970 年至今没有增长，因此 2008 年的金融危机"不过是财富平均分配的一种粗暴途径"。"技术和全球化的发展破坏了中产阶级的基础，使得发达社会中只有少数人能获得中产地位"③。

福山原先认为美国民主制度虽然产生时间不长，却普适于整个人类世界，取得了"最后胜利"；现在认为美国的自由民主制度除非产生巨大冲击，否则只有"死路一条"。在《历史的终结及最后之人》中，福山说："在 1776 年美国独立前，世界上没有出现过任何民主国家（佩主克里斯的雅典算不上是民主国家，因为他没有系统地保护个人权利）……然而，事物发生的次数多少和它所持续时间长短并不重要，重要的是方向。"④ "美国的机制……不仅适用于第三世界，而且也适用于第一世界和第二世界。……这个世界的魅力不断为参加到其中的所有人类社会开创一个非常强大的理想的制度，而这种参与的成功则需要采纳经济自由主义的原则，这就是磁带录像机的最后胜利。"⑤ 在《衰败的美利坚》中，福山却说："归根结底，国内政治弊病已经顽固不化，很难出现富有建设性的改革，美国政治衰败还将继续下去，直至外部震荡催化出真正的改

① ［美］弗朗西斯·福山：《政治秩序与政治衰败：从工业革命到民主全球化》，毛俊杰译，广西师范大学出版社 2015 年版，第 457 页。
② ［美］弗朗西斯·福山：《历史的终结及最后之人》，黄胜强等译，中国社会科学出版社 2003 年版，第 135 页。
③ ［美］弗朗西斯·福山：《历史的未来》，2012 年 1 月 5 日，https：//www.guancha.cn/Ethic/2012_01_05_63889.shtml，2022 年 11 月 19 日。
④ ［美］弗朗西斯·福山：《历史的终结及最后之人》，黄胜强等译，中国社会科学出版社 2003 年版，第 35 页。
⑤ ［美］弗朗西斯·福山：《历史的终结及最后之人》，黄胜强等译，中国社会科学出版社 2003 年版，第 124 页。

革集团并付诸实践。"①

　　福山原先认为对美国民主制度产生最大挑战的是以日本为代表的东亚模式，中国等社会主义国家已经彻底失败；现在认为对美国民主制度的最大挑战是中国模式。在《历史的终结及最后之人》中，福山说："美国和法国的自由主义全球化眼下面临的最大挑战，并不来自人人都目睹的经济失败的共产主义世界，而是来自自由经济与某种家长式极权主义相结合的亚洲社会。例如，在第二次世界大战后，日本和其他亚洲社会多年来曾向美国和欧洲看齐，视其为现代化社会的样板，并相信它们必须全盘照搬从技术到西方的管理经验，甚至西方的政治制度，以此来提高本国的竞争力。"② 而在《历史的未来》中福山却说："现在对自由民主挑战最大的是中国，中国结合了威权政府和局部市场化经济。……尤其是自从金融危机发生后，中国人自己开始宣扬'中国模式'，将其视为自由民主的另一种替代性方案。"③

　　从原先的美国总统制优越论到后来的议会制优越论，从原先的民主化解阶级分化论到后来中产阶级重新分化论，从原先的美国民主"最后胜利"论到后来美国"死路一条"论，从原先的共产主义"彻底失败论"到后来中国"最大挑战论"，福山态度的这些重大变化，表明他对西方民主制度的态度经历了一个由宗教狂热到极度悲观，再到相对冷静的蜕变过程。整体来看，福山对美国政治衰败的批评，涵盖了具体表现、制度设计、理念追溯、根因挖掘、扭转途径等一系列问题的系统剖析，形成了一个完整理论体系。福山把导致美国政治陷入衰败的原因归结为"麦迪逊式民主"的制度缺陷、利益集团与权力精英的勾结、政党否决政治、人们对制衡制度的僵化认识等几个方面因素，这些认识也不乏真知灼见。应该说，在资本主义立场所允许范围之内，福山做了他能够做的所有工作。

---

　　① ［美］弗朗西斯·福山：《衰败的美利坚》，2014 年 10 月 12 日，https：//www.guancha. cn/fu－lang－xi－si－fu－shan/2014_10_12_275200. shtml，2022 年 11 月 30 日。

　　② ［美］弗朗西斯·福山：《历史的终结及最后之人》，黄胜强等译，中国社会科学出版社 2003 年版，第 272 页。

　　③ ［美］弗朗西斯·福山：《历史的未来》，2012 年 1 月 5 日，https：//www.guancha. cn/ Ethic/2012_01_05_63889. shtml，2022 年 11 月 19 日。

第四节　福山的批评最终是为了更好地辩护

了解福山的人都清楚，他虽然有一种语不惊人死不休的特点，喜欢在各种极端观点之间游离和玩弄文字游戏，经常会有一些比较激进的说法，但无论如何他都不会放弃对资本主义自由民主的信仰。福山对美国民主制度做出的批评，仅仅涉及这一制度的表层，他进行批评的目的也不是要彻底否定资本主义自由民主的合理性与生命力。恰恰相反，他这样做是为了更好地为这一制度进行辩护。

在理解福山的观点时，要切记把他的具体批评与根本观点区分开来。为了掩饰根本观点上的错误与尴尬，福山经常用对资本主义民主的长篇累牍的具体批评，遮蔽和掩护自己的错误的基本观点。例如在《政治秩序与政治衰败》中阐述"政治衰败"时，一个问题总共用了六章篇幅，但他关于历史终结论的基本观点与立场仅仅在最后一章的最后一节中隐藏着。如果不仔细甄别，很容易得出像一些人误解的那样福山已经放弃了历史终结论的错误观点。下面我们看看福山如何为资本主义民主进行具体辩护的。

第一，福山将系统性危机与局部性危机区分开来，认为资本主义民主国家陷入的政治衰败只是局部性危机，而非系统性危机，资本主义民主并不存在致命性缺陷。福山说："政治衰败存在于现存民主国家是否意味着，在国家、法治和负责制中取得平衡的政权，其整体模型在某种程度上有致命缺陷？这绝对不是我的结论：所有社会，无论威权的还是民主的，都会随着时间的推移而陷入衰败不能自拔。真正的问题在于它们能否适应变化，最终自我修复。我不认为，已确立起来的民主国家遭遇了系统性的'治理危机'。"[1] 福山以美国曾经成功应对经济大萧条等历史事件为例，论证他的这一观点。他说，在美国历史上也产生过类似危机，但最终都化险为夷了，因此不能用几十年的历史来判断资本主义的

---

① ［美］弗朗西斯·福山：《政治秩序与政治衰败：从工业革命到民主全球化》，毛俊杰译，广西师范大学出版社 2015 年版，第 497 页。

前景。"民主政治体制在回应涌现出的问题时往往比威权体制慢，但当它们开始行动时，常常更加果断，因为相关决策已获得广泛支持。"①

不能说福山的理由毫无道理，但是他在这样讲的时候竟然忘记他在《历史的终结及最后之人》中专门为自己提出的要害问题：苏东剧变这样的个案能够证明历史的终结吗？历史学方法与超历史方法哪个才是他真正应该坚持的方法论？福山主张用超历史方法代替历史学方法。用马克思主义观点看，历史学方法与超历史方法并不矛盾，问题不在于二者的二选一，而在于坚持什么样的历史学方法和超历史方法。按照唯物辩证法，历史的发展是一个特殊与一般、量变与质变的辩证统一的过程。福山的超历史学方法，割裂了特殊与一般、量变与质变的关系，只要一般与质变，不要特殊与量变。然而现在福山又试图从化解大萧条等历史个案中推论资本主义民主的一般，认为这种个别历史现象可以得出资本主义民主具有永久生命力的一般结论，这不是典型的双重标准吗？

第二，福山将西方资本主义国家面临的挑战与第三世界国家面临的挑战区分开来，认为资本主义政治衰败不是最大挑战，更大的挑战是落后国家"渴望"实现资本主义民主而又不能实现。福山说："发展的更大挑战也许并不在于更具吸引力的替代性政治形式，而在于许多国家渴望成为富裕的自由民主国家，却永远无法如愿。"② 福山认为，虽然资本主义国家的政治衰败令人纠结，但第三世界落后国家存在的问题更严重，它们如何摆脱"落后"或不民主才是"更大挑战"。但福山忘记了，落后国家实现资本主义自由民主的"更大挑战"，正是资本主义自由民主所遭受的"更大挑战"。这种区分达到的是一个事与愿违的结论，即对资本主义自由民主现实生命力的否定。

第三，为了救治美国的政治衰败，福山一边为资本主义自由民主合法性辩护，一边又要求限制共和党的执政权，宣扬民主党一党长期执政，这就走向了他所宣扬的自由民主的反面。2016 年特朗普的当选与"民族

① ［美］弗朗西斯·福山：《政治秩序与政治衰败：从工业革命到民主全球化》，毛俊杰译，广西师范大学出版社 2015 年版，第 497 页。

② ［美］弗朗西斯·福山：《政治秩序与政治衰败：从工业革命到民主全球化》，毛俊杰译，广西师范大学出版社 2015 年版，第 496 页。

民粹主义"政治的爆发，没有帮助福山实现他的理想，他不得不重新构思美国走出政治衰败的出路。福山的新思路，在2022年《论美国的去极化之路》中第一次得到具体描述。他说："走出极化的最直接进路，是民主党人明确采取行动，占领美国政治的温和中心，并在此基础上赢得选举。"① 既然美国共和党已经不可能担当政治改革的历史重任，美国政治唯一的希望在于民主党的长期执政与主动革新。福山公然否定美国两党制，宣扬一党制，这不是走向了他所批评的所谓专制制度吗？

福山的这一思路，相对学界的其他观点，具有某种现实精神和妥协思维，但这种思路想法忽视了他此前提出的"阶级政治"与"民粹主义"力量。占领国会大厦与占领华尔街运动虽然体现出不同的政治倾向，但其社会基础却具有极大共同性。虽然特朗普本人未必真正能够代表美国工人阶级，但现有的建制派政党，包括民主党和共和党更加不能代表他们。即使民主党长期执政并主动发起改革，就能够改变这种社会基础对上层建筑的冲击了吗？显然不能，因为美国民主党正在转向和利用的是各种少数族裔和社会团体的"身份政治"，它只能继续恶化美国白人工人阶级与少数族裔之间的矛盾。为了为资本主义民主制度辩护，福山不惜否定两党轮流坐庄的民主制度，他虽然知道这样做未必有用，却想不出其他办法，最终一步步陷入了进退维谷的境地。

第五节　福山是美国认识僵化的典型代表与推动者

福山在批评美国民主制度陷入衰败的同时，如他当年在苏东剧变背景下批评他的前辈们陷入对社会主义的迷信一样，再次批评他们对美国民主制度陷入了僵化认识，认为他们这种思想僵化成为民主革新的重大阻力。笔者认为，这不过是一种马后炮式的自我辩解，因为他就是这方面的典型代表与推动者。尽管他是最早提出批评美国民主思想僵化的人，但他自己就是他所批评的这一对象中的典型代表。

---

① ［美］弗朗西斯·福山：《论美国的去极化之路》，2022年8月18日，https://www.163.com/dy/article/HF2QU7IV0519C6BH.html，2022年12月8日。

福山把美国民主称为"麦迪逊式民主"或"麦迪逊式三权制衡",并把对这种民主制度的迷信称为"麦迪逊之误",因为在他看来,美国民主制度主要是麦迪逊等人建构起来的,因此要对此负主要责任。麦迪逊被称为美国"宪法之父",是美国宪法的主要制定者之一,在宪法制定过程中对美国民主制度的设计起了非常关键的作用。与另一宪法制定者汉密尔顿更加倾向于政府权力的自主性不同,麦迪逊更加倾向于对政府权力的监督。不能否认,麦迪逊和汉密尔顿对美国民主制度的设置都做出了重大贡献。但因为福山倾向于汉密尔顿的观点,主张英国议会制民主,所以他把美国民主制度存在的问题最终归咎于麦迪逊而不是汉密尔顿。

福山批评美国陷入对"麦迪逊式民主"认识的僵化,认为这种认识僵化是现在阻碍美国走出政治衰败的两大关键因素之一。福山认为美国人民对政府有一种先天的不信任感,因而倾向于认为通过增加民主就能更好地解决政治存在的问题,但这种思想已经不符合美国的现实,因为现在美国的问题不是民主太少而是民主太多。福山认为,就如同私人恶德未必自动带来公共利益一样,政治多元主义也未必自动带来政治公共利益。麦迪逊过于崇信政治多元主义,"但说得好不如做得好,麦迪逊式民主往往离初衷相距甚远。……社会团体的认知或信念已经僵化,它们自然不会动员起来争取自身利益。例如,许多美国工薪阶层选民支持那些承诺对富人降低征税的候选人,尽管这样的减税政策将剥夺他们享受重要公共服务的权利"[1]。

福山对美国人民对"麦迪逊式民主"僵化认知的批评,不能不说是在某种程度上看到了问题的本质。但笔者认为,如果对这种僵化认识的反思到此为止,则是完全不够的。这里,笔者要提一个问题:美国人民的思想僵化与福山提出的历史终结论之间有没有直接关系?或者说,福山的历史终结论是否本身就是对"麦迪逊式民主"的一种僵化认识,并且加剧了这种认识的僵化程度?答案显然是肯定的。福山现在把美国人民对民主的僵化认识首先归之于麦迪逊,认为麦迪逊对民主的理解存在

---

① [美]弗朗西斯·福山:《衰败的美利坚》,2014年10月12日,https://www.guancha.cn/fu-lang-xi-si-fu-shan/2014_10_12_275200.shtml,2022年12月10日。

严重错误，那么福山本人在提出历史终结论时又是如何看待麦迪逊的观点的呢？我们以他对"麦迪逊之误"的批评为例来分析一下。

第一，在提出历史终结论之初，福山把麦迪逊与美国其他建国之父一起作为美国民主制度的共同奠基人，杰斐逊、汉密尔顿也都赫然在列，并没有把贡献主要归于麦迪逊一人。他说："写在美国《独立宣言》和《美国宪法》之中的美国民主制度所遵循的原则，就是根据杰斐逊、麦迪逊、汉密尔顿和其他美国建国之父的著作而确立的。"① 那时，福山并不认为美国政治制度的建立主要是麦迪逊一人的功劳，也不认为美国民主制度存在致命缺陷，以及这一缺陷主要是麦迪逊的错误认识造成的。

第二，在提出历史终结论之初，福山对开国元勋们的民主理论提出了一定批评，这种批评主要限于理论的表达形式本身，因为福山认为美国民主在实践上并非按照洛克思想的设置来运行。福山当时从他"不畏死亡""追求承认"的抽象人性论出发，认为"他们（建国之父）的思想有许多是借鉴了霍布斯和洛克等英国式自由主义体系"②，而霍布斯和洛克追求物欲的人性论是错误的。福山的这种批评与后来提出的"麦迪逊之误"不是一回事。

第三，在提出历史终结论之初，福山认为开国元勋们的民主理论实际上已经超越了洛克的逻辑，他们的真正出发点不是洛克追求物欲的人性论，而是黑格尔"追求承认"的人性论。他说："我们已经看到麦迪逊和汉密尔顿这两位在《联邦党人》杂志中是如何对待人性中的精神方面的，麦迪逊又是如何相信他及政府的职能之一是给人的精神和情感提供一个宣泄渠道的。在当代美国，当人们论及自己的社会和政府形式时，所使用的语言多半是黑格尔的，而不是洛克的。"③ 福山认为霍布斯讲的"骄傲和虚荣"、汉密尔顿讲的"对名声的酷爱"、麦迪逊讲的"野心"，

---

① 〔美〕弗朗西斯·福山：《历史的终结及最后之人》，黄胜强等译，中国社会科学出版社2003年版，第175页。

② 〔美〕弗朗西斯·福山：《历史的终结及最后之人》，黄胜强等译，中国社会科学出版社2003年版，第175页。

③ 〔美〕弗朗西斯·福山：《历史的终结及最后之人》，黄胜强等译，中国社会科学出版社2003年版，第234页。

都是黑格尔"追求承认"的精神本性的类似表达。因此，福山认为美国的民主理论和民主实践，是超越了洛克人性论局限的完美理论与实践。福山一边讲"麦迪逊之误"，一边又指出他的理论基础和黑格尔一样都是合理的，这不能不让我们怀疑：福山所谓的麦迪逊的人性论，到底是麦迪逊本人的，还是他对麦迪逊思想的有意阐释？难道福山这里宣扬的片面追求承认的人性理论，不是导致片面强调民主制衡的僵化思想的哲学根源吗？

福山认为，真正为美国民主奠定理论基础的不是洛克，而是黑格尔，因为黑格尔为人们提供了一个用来解释人类历史继续发展还是走到尽头的框架。"黑格尔相信，主人和奴隶之间的关系中固有的矛盾最终都是通过法国和美国式的革命得到解决的"，因此"黑格尔曾断言历史已经走到尽头……不可能再进步了。"① 福山认为美国民主表面上建立在洛克理论的基础上，实际上是建立在黑格尔哲学的基础上。令福山想不到的是，他在反对洛克式认知的僵化的同时，却陷入了对黑格尔观点的僵化认知。

由此，对福山关于美国人民认识僵化的批评，我们不能不把他本人的认识也作为这一僵化认识的一部分，而且是非常关键的一部分，来做出整体思考。福山本人对美国民主制度的僵化认识，虽然不是洛克式的僵化，却是黑格尔式的僵化。他一开始就用黑格尔式的僵化去批评洛克式的僵化，并把美国民主的事实与洛克式的僵化区分开来，认为美国民主实际上已经吸取了黑格尔的理念而超越了洛克式民主，因此是真正合理的制度。然而，当美国政治制度陷入衰败之时，他又否认美国民主的这种合理，把美国民主仍然当作洛克式（三权分立）的僵化体制来批判。这表明，福山貌似一开始摆脱了洛克式认识的僵化，却用理论对洛克的超越来巩固这种僵化，让人们在这种僵化中感觉不到僵化，只感觉到创新和超越。因此，他不仅是在掩盖僵化，而且在制造新的僵化，对资本主义自由民主认知的僵化，直到他自己亲自出来批评这种僵化。

---

① ［美］弗朗西斯·福山：《历史的终结及最后之人》，黄胜强等译，中国社会科学出版社2003年版，代序第9页。

第六节　关于中国模式及其挑战

福山认为 2008 年国际金融危机之后，中国模式成为西方民主制度的"最大挑战""最严重挑战"。尽管如此，福山仍然认为中国模式不可能战胜西方自由民主制度成为在世界范围普遍发展的制度。对此，福山给出了两个理由：一个理由是，福山认为从三位一体的政治制度构成看，中国政治制度只有国家制度，而缺乏法治和民主负责制。在这种制度下，福山认为中国很难避免所谓"坏皇帝"问题。福山认为西方的法治可以限制国家领导人行为，而民主负责制可以保证领导人对人民的要求作出回应。所以，西方政治制度从根本上解决了选出"坏皇帝"的问题。再一个理由是，从政治制度发展制约因素角度看，福山认为中国政治制度存在两大挑战：一个挑战是中国模式面临着中产阶级动员带来的政治诉求问题，这是中国模式的"最大的问题"或"最重要的问题"。再一个挑战是福山认为当下中国政权正在丧失自主性，这是中国模式面临的"核心问题"。福山说："今天中国面临的核心问题是，邓小平启动的改革 35 年后，中国的政权现在正经受政治衰败，正在丧失作为早期成功源泉的自主性。"①

福山的上述理由显然不能成立。关于法治和民主负责制以及"坏皇帝"问题，2011 年福山曾经与中国学者张维为有过一次面对面交锋。当中国学者张维为指出，中国领导人往往是在经历基层实践淘汰基础上再经过选举程序形成，这与美国主要通过演讲和政治献金上台形成鲜明对照，并以小布什总统的低能表现为例指出美国存在"坏皇帝"的可能性时，福山拿中国的"文化大革命"来反驳，认为中国的第一代领导人以及"文化大革命"的"破坏"远超过小布什。这不能不让我们叹愕，福山对中国的了解充满了惊人的偏见和肤浅。他没有看到中国正是在第一代领导人领导下，才取得前 30 年令世人瞩目的巨大成就；也没有将"文

---

① ［美］弗朗西斯·福山：《政治秩序与政治衰败：从工业革命到民主全球化》，毛俊杰译，广西师范大学出版社 2015 年版，第 495—496 页。

化大革命"与"文革时期"区分开来,并充分肯定"文革时期"取得的重大成就。令人印象深刻的是,张维为教授提出的美国"这个体制再这样发展下去,我真的担心美国下一届的选举,选出的可能还不如小布什"①,虽然不能说绝对正确,但也可以说是非常有预见力的。2016年美国大选,特朗普当选总统,让福山对美国共和党彻底失望,认为共和党已经蜕变为"邪教组织",而特朗普不仅对美国本身,而且对整个世界自由民主都是根本威胁的邪教教主。当福山把共和党称为"邪教",把特朗普称为"邪教教主"之时,他对美国说的又岂止是"坏皇帝"问题!

福山关于中产阶级在中国的发展及其给中国政治带来的"挑战",更加体现出他生搬硬套资本主义狭隘经验来分析中国发展的教条主义思维。福山这样思考,丝毫不令人感到意外。因为从经济发展,到中产阶级动员,再到民主制度发展是他对工业革命后世界政治发展规律的基本判断。以这个判断为指导思想分析中国问题,自然首先想到中国中产阶级动员问题。毫无疑问,福山突出后工业革命时代世界政治发展的新规律,主要就是为了推动中国政治按照西方民主发展的问题。福山以韩国作为成功案例批评中国政治发展的"问题",正是为了"引导"中国未来按照他设想的方向发展。他说:"工业化发轫后,经济增长和社会动员取得极为迅速的发展,大大改变了政治秩序三个组件的发展前景"②,"中国迄今为止走的是韩国路径,但忽略了箭头3,箭头4,箭头7。……经济增长帮助国家取得合法性,并促使公民社会萌芽,但没有动摇政治制度,也没有施加民主化的压力。……中国未来最大的问题在于,迅速发展所造成的社会大动员,会否导致对更多政治参与的难以抑制的需求。"③ 福山上面所讲的三个箭头,正是指从社会动员到民主合法性和法治的实现。他的用意很清楚,通过比较中国与韩国,用韩国的做法为中国政治发展指

① 张维为:《谁的终结?——张维为与福山对话"中国模式"》,2017年6月16日,http://www.cifu.fudan.edu.cn/cc/0f/c412a117775/page.htm,2022年12月11日。
② [美]弗朗西斯·福山:《政治秩序的起源:从前人类时代到法国大革命》,毛俊杰译,广西师范大学出版社2012年版,第474页。
③ [美]弗朗西斯·福山:《政治秩序的起源:从前人类时代到法国大革命》,毛俊杰译,广西师范大学出版社2012年版,第466页。

出践行路径，促使中国走向韩国代表的资本主义自由民主道路。

　　然而，福山对中国中产阶级能否担当这一历史任务又犹豫不决，他一边强调中国的中产阶级与西方国家的中产阶级没什么实质差别，一边又强调其历史作用具有两种可能性。他说："就自由民主制的普遍性而言，中国新兴中产阶级在未来若干年的行为将是最重要的考验。假如它在绝对和相对的规模上继续增长，仍然满足于生活在既有统治之下，那就不得不说，鉴于它对威权政府的支持，中国与世界其他国家相比确实存在文化上的差异。假如它也产生参与要求，却得不到现存政治体系的接纳，它的表现就非常相似于世界上其他地区。对中国体制的真正考验，不是在经济增长和就业充分的时候，而是在增长放缓和面临危机的时候，而这些问题似乎在所难免。"[1] "随着经济快速增长，国家与社会之间的平衡开始发生变化；又随着新社会群体动员起来，要求分享政治权力，当代中国的威权体制将面对重大挑战。这会导致正式的民主负责制在中国最终出现吗？我们没法预测这种结果，所能做的只是尽量了解世界其他地方的民主化进程，以及它们对未来的引申意义。"[2] 显然，福山对于自己的后工业革命时代世界民主的发展逻辑仍然缺乏自信。或者说，归根结底，他认为中国的政治问题并不取决于中产阶级动员，或者至少不仅仅取决于中产阶级动员，它还与另一个更为重要的因素有关。这个因素是什么呢？就是他讲的今日中国政权的"自主性"问题。

　　福山曾经高度肯定中国政权所具有的强大的自主性。他说："如果说有一种特性，把中国与其他发展中国家区别开来，那就是自主程度。中国政府不是强大社会利益集团的简单传动带，它能按照自己的旨意来设定独立的政策议程。"[3] 那福山为何现在却认为中国政权正在丧失自主性呢？福山多次指出，这是因为中国政权越来越受到国有企业的影响。他

---

[1]　[美] 弗朗西斯·福山：《政治秩序与政治衰败：从工业革命到民主全球化》，毛俊杰译，广西师范大学出版社 2015 年版，第 496 页。

[2]　[美] 弗朗西斯·福山：《政治秩序与政治衰败：从工业革命到民主全球化》，毛俊杰译，广西师范大学出版社 2015 年版，第 363 页。

[3]　[美] 弗朗西斯·福山：《政治秩序与政治衰败：从工业革命到民主全球化》，毛俊杰译，广西师范大学出版社 2015 年版，第 341 页。

说："有关中国未来的最大问题之一是，在何种程度上，政府最高层能像过去一样继续自主。……政府的服务质量有所下降，很大程度上是因为下属部门变得太自主……这些下属部门包括强劲的国有企业，如名列世界上最大公司的中国电信和中国海洋石油总公司。在21世纪的第一个10年，相对于私营部门和外国投资者，这些国有企业变得更大，利用政治影响力，让自己免受竞争的威胁。"①

福山在分析自由民主在西方国家形成时，几乎从来没有把资本主义私有制看作是一个需要考虑的因素，但他在分析中国的民主建设时，却把对国有企业的限制看得如此关键，其真正目的不是已经昭然若揭了吗？福山把中国政府对国有企业的鼓励发展看作是自主权的丧失，而把私营和外资部门的发展与政治诉求看作是理所当然、应当肯定和加以鼓励的，其真正目的不是已经昭然若揭了吗？他认为如果中国政府主动"接纳"中国新兴中产阶级的政治动员，按照韩国的逻辑走上资本主义自由民主道路，就是具有自主性的标志，反之，如果中国政府拒绝接纳新兴中产阶级的政治动员，拒绝走资本主义自由民主道路，就是丧失自主性、陷入政治衰败的表现，其真正目的不是已经昭然若揭了吗？

福山的"双标"态度让我们不得不追问他：到底什么是政治的自主性？为什么只有接受新兴中产阶级的政治动员，走资本主义民主道路才是自主性的标志？关于政治自主性概念，福山是从亨廷顿那里借用来的。亨廷顿说："自主性涉及以社会各势力为一方和以政治组织为另一方的关系。就自主性而言，政治制度化意味着并非代表某些特定社会团体利益的政治组织和政治程序的发展。凡充当某一特定社会团体——家庭、宗教、阶级——的工具的政治组织便谈不上自主性和制度化。如果国家果真像马克思主义所声称的那样，是'资产阶级的执行委员会'，那么它就不能算是一种名副其实的制度。"② 既然亨廷顿讲的自主性是超越任何社会利益集团对国家政权的主导，包括超越"资产阶级执行委员会"的主

---

① ［美］弗朗西斯·福山：《政治秩序与政治衰败：从工业革命到民主全球化》，毛俊杰译，广西师范大学出版社2015年版，第344页。

② ［美］塞缪尔·P.亨廷顿：《变化社会中的政治秩序》，王冠华等译，上海世纪出版集团2008年版，第16页。

导，为何福山却要反其道而行之，把中产阶级（包括资产阶级）的主导看作是否具有自主性的标准呢？

福山把资产阶级推翻封建专制那一套政治逻辑，套用到已经经历了民主革命和新民主革命且实现了社会主义革命的中国身上，以传布民主"福音"的口吻要求中国政权接受新生中产阶级的政治诉求，建立资本主义自由民主，这就是福山所谓中国政权的自主性问题的实质。如果中国政府按照福山的要求去做，就具有自主性；如果中国政府不"接纳"新生中产阶级的政治动员，就表明中国政权丧失了自主性。这是哪门子自主性？笔者没有看到什么自主性，倒是看清楚了福山毫不掩饰的赤裸裸的资产阶级政治立场。

福山还把其他一些具体问题，例如所谓出口依赖、粗放式增长、创新动力不足等作为中国缺乏自主性的依据混淆进来。凡是对中国发展稍微有些了解的人都清楚，这些问题早已为中国政府所充分认识，并且采取了得力措施，例如"新发展格局"、新发展理念、高质量发展，等等。且不说福山完全是在放马后炮，即使从自主性角度来看，福山的这些观点也很荒谬。中国政府在这些问题上的科学认知和得力措施，恰恰证明它不仅没有丧失自主性，反而具有强大的自主性。福山煞有其事地说："鉴于这些挑战，中国政权的核心问题在于是否拥有足够自主性。"[①] 这不由让笔者想起了中国的两个成语：装腔作势、故作姿态。

---

① ［美］弗朗西斯·福山：《政治秩序与政治衰败：从工业革命到民主全球化》，毛俊杰译，广西师范大学出版社 2015 年版，第 496 页。

第十八章

"中产政治""身份政治"
与历史终结论

福山认为影响历史未来走向与历史终结论命运的因素，在客观上包括三个方面：中国未来的发展状况、美国代表的资本主义自由民主的发展状况，以及中产阶级在资本主义国家的前景。前面一章已经分析了前两个因素，本章继续分析第三个因素——中产阶级政治，包括中产阶级政治的形成、中产阶级破产分化出的民粹主义政治，以及民粹主义与种族主义的结合体"民粹民族主义"或"身份政治"问题。

第一节　所谓"中产阶级""中产阶级社会"及其批评

福山认为，资本主义自由民主是建立在"中产阶级社会"，而不是建立在资产阶级社会基础上。在马克思那里，无产阶级是实现共产主义历史使命的主要社会力量，是无产阶级专政国家政权的阶级基础。福山认为，由于发达资本主义国家的工人阶级蜕变为中产阶级，其数量庞大，且政治和价值观倾向资本主义自由民主，所以马克思立足无产阶级的共产主义政治逻辑被彻底打乱了，共产主义因此变成了乌托邦，而中产阶级及其支持的资本主义自由民主获得了稳定的历史合法性，并成为历史发展的终点。这就是福山"中产政治"的核心观点。

关于这一观点，福山在《历史的终结及最后之人》和《政治发展与政治衰败》中都有不同程度的论述。在《历史的终结及最后之人》中，福山认为，由于长期采取凯恩斯主义举措和福利政策，中产阶级人口取代了无产阶级成为大多数，资本主义国家摆脱了"极不平等"状态，进入了没有阶级和阶级对立的中产阶级社会。而中产阶级社会，就是马克思设想的人人平等的自由王国。对此，福山说："一个世纪的马克思主义使我们已经习惯于把资本主义看成是极不平等的社会，但事实是资本主义社会……取代世袭政权……用法律来规范商业，调节富人和穷人之间的贫富差距，并承担部分社会福利的责任，从美国的社会保障和公共医疗补助制度发展到德国和瑞典那种覆盖更广的社会福利制度……罗斯福新政已经被保守主义者所接受并被事实充分证明是不可能倒退的了。所有这些平等化进程带给人类的都可以称为'中产阶级社会'……在这样的条件下，这种社会应当可以说已经实现了马克思的'自由王国'。"①

在《政治发展与政治衰败》中，福山进一步分析了资本主义国家中产阶级形成的四个原因。这四个原因包括：工人阶级收入的提高、国家公共教育体系的发展、工人阶级选举权的扩大，以及20世纪中期工人阶级数量停止增加等。福山说：这四个因素"出乎马克思的意料"，并导致"工人阶级蜕变成广大中产阶级"②。而处于多数的中产阶级在政治立场和价值观上与资产阶级非常接近，这又促进了"中产阶级社会"的到来。所谓"中产阶级社会"，福山认为，就是不仅存在中产阶级，而且是以中产阶级为社会大多数的社会，因为他们在人口上占多数并且在政治上倾向支持资本主义自由民主，因此成为社会基础。

然而，福山的"中产阶级"概念是一个没有完全说清楚，且前后矛盾的概念。在中产阶级的判断与划分标准上，福山前后不一、自相矛盾。在2012年的《历史的未来》中，福山坚持从经济学的收入标准出发，判断与划分中产阶级。他说："我所说的'中产阶级'指的是处于高收入和低收入之间的社会阶层，至少接受过中等教育，拥有不动产、耐用品或

---

① ［美］弗朗西斯·福山：《历史的终结及最后之人》，黄胜强等译，中国社会科学出版社2003年版，第332页。

② ［美］弗朗西斯·福山：《政治秩序与政治衰败：从工业革命到民主全球化》，毛俊杰译，广西师范大学出版社2015年版，第399页。

自己经商。"① 而在两年后的《政治秩序与政治衰败》中，福山明确否定了经济学的收入标准，转而强调坚持社会学家的标准。他说："以收入来确定中产阶级……使中产阶级的定义依赖于社会的平均收入，无法作跨国比较。社会学家……往往不看收入而看收入的赚取方式——职业地位、教育水平和收入之外的财产。为了弄清不断增长的中产阶级的政治影响，社会学的方法更可取。……所以从政治角度看，中产阶级地位的重要标志是职业、教育水平和可能会被政府没收的财产（房子、公寓和耐用消费品）。"② 福山给出的理由是经济收入标准无法做跨国比较，这让人感觉一头雾水、不知所云。经济收入无法做跨国比较，那么可能被政府没收的财产就可以做跨国比较了吗？

福山的中产阶级概念不仅在判断标准上自相矛盾，而且没有明确边界，难以具体操作。他举出的经济学家采取的收入或消费水平标准，在一国国内也许具有可行性，但在世界范围内就难以操作了。世界不同国家的收入水平千差万别，一个具体的收入数量，在贫困国家可能属于高收入，但在富裕国家可能又属于低收入，从而最终被他否定了。他主张选择社会学家的做法，以职业、教育、财产等为划分标准。所以福山后来主张放弃经济标准，转而主张社会学家的标准，即从职业、教育和不动产等方面进行划分。然而，由于世界不同国家在国际产业链分工中所处的地位不同，其劳动者的职业、教育状况也自然存在不同。至于财产标准，也与经济学家给出的收入标准一样，难以给出具有实质区分度的量化标准。而且这些不同方面之间也可能相互排斥，那些善于炒作各种资产者未必拥有体面职业和高水平教育，这最终导致以一种什么样的组合作为判断标准变得非常复杂，最终往往以一种主观认定代替客观标准。

尤其需要注意的是，福山的中产阶级概念以表象掩盖本质，遮蔽了中产阶级的实质。马克思主义认为，阶级不是像福山讲的追求承认的主观意志，也不是直接意义的社会关系，它首先是一个经济范畴，是围绕

---

① ［美］弗朗西斯·福山：《历史的未来》，2012 年 1 月 5 日，https：//www.guancha.cn/Ethic/2012_01_05_63889.shtml，2022 年 12 月 16 日。

② ［美］弗朗西斯·福山：《政治秩序与政治衰败：从工业革命到民主全球化》，毛俊杰译，广西师范大学出版社 2015 年版，第 400—401 页。

生产资料所有制而产生的利益集团，其中一个集团能够占有另一集团的
劳动。中产阶级作为处于统治阶级与被统治阶级之间的中间阶级（middle
class），也具有特定的经济属性，是其所处生产关系的人格化体现。马
克思在《共产党宣言》中，在两种意义上使用了中产阶级（中间阶级）
概念：一种是指处于贵族统治阶级与平民之间的资产阶级；再一种是指
处于资产阶级与无产阶级之间的小资产阶级。在资产阶级取得统治地位
的历史背景下，马克思的中产阶级（中间阶级）概念主要是指后者。以
小资产阶级为主体力量的中间阶级，虽然没有在资本主义生产方式当中
处于决定性地位，但无法脱离资本主义生产方式而独立存在。西方意识
形态领域对中产阶级的阶级本质的遮蔽，始于第二次世界大战之后。
1951 年，美国学者赖特·米尔斯出版了《白领：美国的"中产阶级"》
一书，把新出现的白领工人群体也加入到小资产阶级行列中，统称为中
产阶级。米尔斯的中产阶级概念，已经不同于以小资产阶级为主体、数
量占少数的老中产阶级概念，标志着以白领为主体的新中产阶级概念的
诞生。米尔斯这种将所有制标准与职业标准混淆起来界定中产阶级的做
法，在观念上分化了工人阶级白领与蓝领，遮蔽了中产阶级的阶级本质，
得到了资本主义国家意识形态和国家领导人的支持与宣传。这种意识形
态宣传作为一种观念上层建筑，反作用于经济基础，又在一定程度上引
起了新的阶级分化趋势。福山继承了西方社会学界关于中产阶级内涵的
这种庸俗化做法，他说："马克思当初的'资产阶级'定义，是指生产资
料所有权。现代世界的特点之一是，这种形式的财产通过股权和养老金
计划，已呈现出极大的民主化。没有大量资金的个人，只是在从事管理
或专业的工作，其社会地位和眼界也往往不同于打工仔或低技术工人。"①
也就是说，他认为马克思基于生产资料所有制的阶级划分标准已经过时
了。事实恰恰相反，他的庸俗化的多元标准让他在中产阶级分析中多端
寡要、不明就里，抓不住真正本质，陷入了以现象代替本质的庸俗化
理解。

---

　　① ［美］弗朗西斯·福山：《政治秩序与政治衰败：从工业革命到民主全球化》，毛俊杰
译，广西师范大学出版社 2015 年版，第 401 页。

福山进而提出的"中产阶级社会"和"中产阶级政治",也并不符合历史事实。福山发现中产阶级未必与资本主义自由民主存在正相关性,只有中产阶级成为社会的大多数时,它才会成为资本主义自由民主的拥护者。于是,福山创造了一个新概念——中产阶级社会。所谓中产阶级社会,就是当一个社会里中产阶级成为大多数,这又促使中产阶级转而支持资产阶级自由民主的社会。在福山眼里,不仅发达资本主义国家已经是中产阶级社会,甚至整个世界都已经成为中产阶级世界。在《反对身份政治:新部落主义与民主的危机》(以下简称《反对身份政治》)一文中,福山说:"随着 20 世纪结束,……马克思主义者被迫面对这样一个事实,大多数实现了工业化的民主国家的工人阶级变得更富有,开始融入中产阶级。革命和废除私有财产已经不在考虑范围内了。"[①]

然而,从中产阶级的概念形成史中,我们得知这并不是一个科学概念。西方学界所谓中产阶级,实际上是一个除了小资产阶级,还包含中下层资产阶级、白领工人阶级、富裕蓝领工人阶级等在内的大杂烩。它把中产阶级看作一个一定收入数量和职业分工的概念,从而把作为工人阶级的白领或部分蓝领与作为中间阶级的小资产阶级,以及作为资产阶级的中下层人员混为一谈,完全遮蔽了它们不同的阶级阶层实质。这样做,虽然在特定历史阶段的人口数量上的确满足了福山所谓大多数的要求,但这并不意味着白领工人阶级已经转化为小资产阶级或资产阶级,也不意味着他们之间的阶级分野已经消失不在了。如果从本来意义上理解中产阶级即中间阶级,我们就会发现,所谓中产阶级占大多数或者中产阶级社会的说法,原本就不是事实,它不过是西方学者为了满足政治需要而人为划分出的部分人口。美国社会学家米歇尔·茨维格在《有关阶级问题的六点看法》中专门分析了这个问题,他说:"我们应清楚界定工人阶级和公司精英(或资本家阶级)的阶级分野,前者占美国人的大多数(占美国劳动力的62%),后者仅占美国劳动力的2%。两大阶级之

---

① [美]弗朗西斯·福山:《反对身份政治:新部落主义与民主的危机》,2018 年 8 月 31 日,https://baijiahao.baidu.com/s? id = 1610294780951072476&wfr = spider&for = pc,2022 年 12 月 22 日。

间是所谓的中间阶级（占美国劳动力的 36%）。"美国的工人阶级占大多数，而所谓中产阶级，相对于资产阶级人口也不少，但相对于工人阶级则又属于少数。而且中产阶级本质上也是工人阶级劳动者的一部分。因此，所谓中产阶级社会不过是一种统计学和文化意识形态的产物，我们应该摒弃这种不科学的做法，坚持科学的中产阶级观。茨维格认为，"我们需要改变对美国社会中阶级的理解，应从'富人与穷人'的划分转向'工人和资本家'的划分。"①

即使这种将白领工人阶级纳入其中的中产阶级，在 2008 年国际金融危机之后也出现了难以为继的情况。随着富裕工人的大量失业和小资产阶级企业的大量破产，福山已经预感到了中产阶级危机的到来，以及这将给资本主义自由民主带来的巨大挑战，这是他写作《历史的未来》，发出"自由民主制能否在中产阶级的衰落中幸存下来"担忧的原因。小资产阶级经济基础的脆弱性，以及资本主义经济危机的周期性决定了所谓中产阶级无论在数量上还是在观念上，最终不可能是一个永恒不变的群体。

第二节　福山关于从"中产政治"向"身份政治"的嬗变

事实证明，福山过于乐观了。从苏东剧变至新千年后第一个 10 年里，他一直对历史终结论充满自信。然而，2008 年金融危机爆发后至今，西方中产阶级开始破产与分化，这导致"中产政治"出现前所未有的危机。中产阶级破产分化出来的不同政治群体在价值观和政治立场上，不再必然支持资本主义自由民主。

在《历史的未来》中，福山大谈中产阶级的衰落及其对资本主义自由民主的威胁，原先的自信不见踪影。他一边为自己打气，细数左翼政党和学者无所作为，强调中产阶级让马克思主义丧失魅力，一边用更多

---

① ［美］米歇尔·茨威格：《有关阶级问题的六点看法》，孙寿涛译，2022 年 9 月 20 日，http：//www.kunlunce.com/e/wap/show2022.php？classid＝16&id＝164065，2022 年 12 月 22 日。

笔墨分析中产阶级衰落的表现和原因。福山说："马克思主义者之所以没有实现共产主义乌托邦，是因为成熟的资本主义会生产出一个中产阶级社会，而非工人阶级社会。但如果技术和全球化的发展破坏了中产阶级的基础，使得发达社会中只有少数人能获得中产地位，那将怎样呢？已经有充分的迹象表明，这一动向已然抬头。"① 福山认为导致美国中产阶级衰落的原因包括收入增长停止和现代科学技术发展，以及贸易投资的全球化等因素。如果不采取措施调整全球化政策，中产阶级的消失就会加速。在《政治秩序与政治衰败》中，福山更加深入地分析了中产阶级危机问题。他进一步认识到危机后的中产阶级出现了两种分化趋势，或者破产后沦为底层穷人（民粹主义的基础），或者转向女权主义、环保组织、同性恋组织等小众身份政治。这两种趋势会促使中产阶级萎缩，削弱资本主义自由民主的社会基础。

那么，如何破解这种"中产政治"的危机呢？在《政治秩序与政治衰败》中，福山批评了英美等国家的"放任"态度，也批评了法国和意大利的"硬性监管"态度，而充分肯定了德国和斯堪的纳维亚国家的"中庸道路"，并且认为即使不能走德国道路，也要构建机会公平的新教育体系。② 然而，如果美国僵化的政治体制不能受到外力冲击，转变现有自由放任的局面，就难以将美好的设想转化为现实。最终，特朗普的当选和西方民粹主义兴起，让福山看到了希望。福山虽然是个精英主义者，并不赞同民粹主义的立场，但他认为民粹主义可以冲击当前的僵化局面，为实现自由民主的新生提供历史机遇。在 2016 年《走向衰败还是重获新生？》一文中，福山指出民粹主义已经获得迅速发展，并且压倒其他政治力量而重回"美国政治中心"了。而民粹主义的迅速发展，福山认为主要与美国金融危机和中产阶级破产返贫有关。他说："上一代工人阶级的收入在下降，其中拥有高中或以下学历的白人损失最为惨重。""今天的白人工人阶级实质上就位于当时黑人

---

① ［美］弗朗西斯·福山：《历史的未来》，2012 年 1 月 5 日，https：//www. guancha. cn/Ethic/2012_01_05_63889. shtml，2022 年 12 月 29 日。

② ［美］弗朗西斯·福山：《政治秩序与政治衰败：从工业革命到民主全球化》，毛俊杰译，广西师范大学出版社 2015 年版，第 410 页。

下层阶级的处境。"①

　　为了充分利用民粹主义政治的作用，福山甚至抛弃精英立场，把民粹主义看作一种中性政治力量，为民粹主义说了不少好话："民粹主义是精英给那些他们不喜欢但民众所支持的政策贴的标签。……民众运动本质上不好也不坏。民众运动能产生伟大的结果，比如在美国的进步时代和罗斯福新政时期。但也能带来灾难，比如在20世纪30年代的欧洲。美国的政治体系事实上已遭受严重的衰败。除非愤怒的群众能选出正确的领导人制定正确的政策，否则这一问题无法解决。改变，仍为时未晚。"②

　　值得注意的是，福山此时还没有认识到特朗普的"经济民族主义"可能将民粹主义引向极端种族主义。他还将民粹主义称为"左派"，认为"桑德斯跟特朗普一样，抓住了左派对这种不公的愤怒。"他甚至把这种现象解释成白人工人阶级"希望见到更具民族主义的经济政策"的结果。然而，民粹主义并没有按照福山设想的方向发展，它在特朗普的煽动下由左向右，与狭隘种族主义相结合，形成了一种被福山称作"民粹民族主义（populist nationalism）"的政治力量，在整个世界范围内对资本主义自由民主产生了毁灭性影响。所谓民粹民族主义，就是中产阶级破产后形成的民粹主义力量，在特朗普的诱导下与种族主义与民族主义结合，形成的在政治上右转的民粹主义力量。

　　"民粹民族主义"的兴起，使福山在由中产阶级政治转向民粹主义政治之后，又转向了身份政治逻辑。当然，福山研究身份政治，是为了解释身份政治先行和反对、重构身份政治，因为他真正追求的还是中产政治。福山正式转向身份政治逻辑是从2018年开始的。在这一年出版的《身份政治：对尊严与认同的渴求》一书中，福山不再讲中产政治，也不再讲左翼民粹主义，开始大讲特讲身份政治。他首先从"黑格尔—科耶夫"追求承认的政治逻辑出发，重新界定了身份政治的含义，把身份政治看作是"追求承认"政治逻辑的同义语。他说："因为人天生渴望被承

---

①　［美］弗朗西斯·福山：《衰败还是涅槃？大选决定美国政治的未来》，2016年7月4日，https：//mp.weixin.qq.com/s/I5vhWNN9R9JUxvhmtrHuYg，2022年12月29日。

②　［美］弗朗西斯·福山：《衰败还是涅槃？大选决定美国政治的未来》，2016年7月4日，https：//mp.weixin.qq.com/s/I5vhWNN9R9JUxvhmtrHuYg，2023年1月6日。

认，现代的身份感迅速演变为身份政治，个体借此要求他们的价值得到公开承认。身份政治由此涵盖了当代世界大部分的政治斗争……"① 福山这样做，是为了为身份政治提供新的哲学基础，以便在更广泛意义上使用它。福山此时讲的身份政治，已经不仅是原先就存在的小众身份政治，而且是包含转向右翼的民粹主义即民粹民族主义的广义身份政治。福山从追求承认的人性出发，重新诠释白人工人阶级"民粹主义"，将其看作是一种"身份政治"，并与原先的作为边缘小众政治的"身份政治"做了融合处理，创造了一个外延更为广泛的身份政治概念，以此代替民粹主义和中产政治逻辑。

实际上，在福山那里，关于身份政治的兴起存在一个较长的发展过程。在 2014 年的《政治发展与政治衰败》中，福山已经认识到"新形式身份政治"正在形成，但这种形式的身份政治在当时主要还是边缘小众的那种身份政治，即狭义的身份政治。他说："到 20 世纪中，发达国家兴起新形式的认同政治（身份政治），包括黑人力量、女权主义、环保、同性恋权利、移民和原住民权利，引发与各阶层都有关联的一系列新事业。这些运动的许多领袖来自经济精英群体，其文化偏好与工人阶级选民相差甚远。"② 决定福山从狭义身份政治转向广义身份政治的关键因素，在于特朗普上台和民粹主义的右转。2018 年，福山在《身份政治：对尊严与认同的渴求》一书中说："在这种情况下，可以想见民粹主义左翼会在最为不平等的国家大举复活。……然而，国际金融危机之后发生的事情恰恰相反，右翼民粹民族主义势力在多个发达国家兴起。……2016 年，选民没有支持最左翼的民粹主义候选人，而是选了民族主义政客。"在同一年发表的《反对身份政治》一文中，他作出了更加清晰的总结："更令人吃惊、也或许更重要的是，2016 年民粹民族主义在世界上最老牌的两个自由民主制国家取得了选举的成功：英国选民投票脱欧，唐纳德·特朗普则在总统竞选中令人不安地意外取胜。……把特朗普送进白宫（也

---

① ［美］弗朗西斯·福山：《身份政治：对尊严与认同的渴求》，刘芳译，中译出版社 2021 年版，第 15 页。

② ［美］弗朗西斯·福山：《政治秩序与政治衰败：从工业革命到民主全球化》，毛俊杰译，广西师范大学出版社 2015 年版，第 399 页。

促使英国投票脱欧）的新民族主义的一个重要驱动力，或许也在于人们感到被忽视了。愤愤不平、害怕失去中产阶级身份的公民指责精英阶层，认为他们忽视了自己，同时也指责那些在他们看来得到了不公正的优待的穷人。经济困难往往被个体视作身份的丧失，而不是资源的丧失。"[1]

此时，福山不再把白人民粹主义看作左派力量，而是将其看作类似法西斯主义的极端右翼力量，认为身份政治的焦点已经从左翼转向右翼，而特朗普在这种焦点转变中起到了"关键作用"。他说："左翼的身份政治往往只合法化某些身份，忽视或贬低其他身份。""特朗普在身份政治的焦点从左翼（它的诞生地）移到右翼（现在的扎根地）的过程中发挥了关键作用。"[2] 在此基础上，福山将左翼民粹主义称为左翼身份政治，将右翼民粹主义称为右翼身份政治，从而在身份政治逻辑基础上重新解释了民粹主义和中产阶级，实现了从中产阶级、民粹主义向身份政治的完全转变。

在《身份政治：对尊严与认同的渴求》中，福山认为"身份政治"已经取代了阶级政治和中产政治，成为解释当前世界政治发展的主流逻辑。在《反对身份政治》一文中，福山也指出："规定当今政治的与其说是经济或意识形态问题，不如说是身份问题。……这一转变颠覆了一种长期以来的传统，即认为政治斗争是经济冲突的反映。……身份政治不再是个次要现象……相反，它已成为解释全球事务进展的主要概念。"[3] 但是，福山并不赞同目前这种身份政治所追求的政治目标，认为按照这种趋势发展下去，资本主义自由民主会被个人主义或本位主义的狭隘利益争夺彻底撕碎。他主张重塑原先那种基于广义民族或国家认同的公民身份，维护基于中产阶级和中产阶级社会的资本主义自由民主制度。一

①　［美］弗朗西斯·福山：《反对身份政治：新部落主义与民主的危机》，2018 年 8 月 31 日，https：//baijiahao. baidu. com/s？ id = 1610294780951072476&wfr = spider&for = pc，2023 年 1 月 10 日。

②　［美］弗朗西斯·福山：《身份政治：对尊严与认同的渴求》，刘芳译，中译出版社 2021 年版，第 117 页。

③　［美］弗朗西斯·福山：《反对身份政治：新部落主义与民主的危机》，2018 年 8 月 31 日，https：//baijiahao. baidu. com/s？ id = 1610294780951072476&wfr = spider&for = pc，2023 年 1 月 10 日。

边肯定身份政治产生的人性和现实必然性，一边又否定身份政治的发展方向和追求目标的合理性，这无异于告诉人们，福山主张的重构以公民为基础的身份政治，是在逆历史潮流而动。这是在转向身份政治逻辑后，福山为人们创造的一个深刻的悖论。

第三节 所谓"民粹主义""民粹民族主义"与"身份政治"的实质

什么是民粹主义？对这个概念的理解，在马克思主义与西方学者之间差异比较大。在马克思主义语境中，马克思、恩格斯以及列宁等人，主要将民粹主义作为俄国近代一种社会政治思潮。这种思潮把俄国传统遗留的农村公社作为俄国优越于西方资产阶级社会的"精粹"，认为可以不必经历资本主义社会阶段而直接向社会主义过渡。这一理解与当代西方学者所讲的民粹主义关系不大。西方学者讲的民粹主义，虽然不存在绝对的共识性认知，但在某些方面内涵上具有很大普遍性：第一，民粹主义是与精英主义对立的平民主义，具有非理性特征；第二，民粹主义与专制、独裁等极权主义现象紧密相连；第三，由于前两个方面原因，民粹主义作为一个政治词汇，又带有贬义色彩。福山对民粹主义的理解除了这三个方面特征，他还把中国等社会主义国家，以及亚非拉反抗美国霸权主义的国家及其领袖称为民粹主义。把第三世界国家看作"民粹"，把美国等发达资本主义国家看作"精英"，因此带有鲜明的美国西方中心论特征。

然而，我们这里要重点关注的不是民粹主义的上述方面含义，而是民粹主义与阶级政治之间的关系问题。我们首先梳理一下福山提出和思考民粹主义问题的过程：福山原本认为工人阶级已经蜕变为中产阶级，从而两极阶级政治铁定转化为中产政治了。金融危机爆发后，在分析如何认识和应对中产阶级危机的语境中，福山最早提出了民粹主义政治问题。他认为民粹主义存在左翼（占领华尔街运动）和右翼（如茶党），他们都将矛头对准了华尔街金融精英阶级，因此未来的意识形态必然要反映和体现他们的要求。此时，福山并不认为民粹主义会成为一种主流政治逻辑，也没有预测到民粹主义左派会转化为右派的问题。2016 年特朗普的上台和英国脱欧等事件，开始引起福山对民粹主义政治影响的重视。此时，福山虽然不赞同特朗普的民粹主义方案，但仍然把民粹主义的兴起看作打破美国制度结构固化、实现重生的重大历史机遇。然而出乎福山意料的是，此后不久，他发现民粹主义向右转向了狭隘种族主义和民族主义，这对资本主义自由民主构成了挑战。所以他放弃了对民粹主义推动政治制度变革的预想，转向全盘否定民粹主义的正面价值，提出"民粹主义动摇民主根基""民粹主义毒害全球自由秩序"等观点。

那么，福山为何从"中产政治"转向了"民粹主义"？"民粹主义"现象的实质是什么？福山这种转变的实质又是什么？毋庸置疑，福山在事实上（并非在理论上）放弃"中产政治"逻辑，转而用"民粹主义"解释"占领华尔街运动""特朗普当选""英国脱欧"等一系列政治事件，这并非他的主观意愿和选择的结果，而是客观现实变化迫使他作出的选择。新的历史事实是，金融危机和欧洲债务危机带来的中产阶级和蓝领工人大量破产，致使原先作为自由民主基础的白领工人阶级重新无产阶级化，进而与底层的蓝领工人重新汇流，发起了反抗危机罪魁祸首大资产阶级精英的斗争。这一斗争被"占领华尔街运动"的核心层称为"起义"，这一表述非常准确地表明，"民粹主义"逻辑的实质就是阶级逻辑的重生。对此，福山一开始也没有刻意掩饰，他说："这次选举透露的真正信息是，几十年过去了，美国民主终于开始回应与大多数人都相关的不平等扩大化和经济停滞问题。社会阶级这个主题重回美国政治的中心，压倒了那些在近几次选举中占据核心的议题（种族、民族、性别、性取向和地域）。"①

作为一个敏锐的政治学家，福山不可能不明白这种基于经济危机的"阶级重回政治中心"现象意味着什么：承认经济和阶级逻辑，等于否定历史终结论提出以来的一切结论，重新肯定马克思主义。但福山的确在文章中承认了这一事实。如何理解福山这种"大胆"的自我否定呢？是

---

① ［美］弗朗西斯·福山：《衰败还是涅槃？大选决定美国政治的未来》，2016 年 7 月 4 日，https：//mp.weixin.qq.com/s/I5vhWNN9R9JUxvhmtrHuYg，2023 年 1 月 10 日。

因为福山真正具有科学精神吗？笔者认为，不能说福山没有丝毫科学精神，但他的这种转变，显然不是因为他的科学精神。福山由原先否定"民粹主义"，转向一定程度上肯定"民粹主义"，甚至给出一种中性化的解释，这样做的原因主要在于他想通过这种做法来证明，美国等西方资本主义政治制度并非已经陷入绝境而毫无希望了，它们还有重生的机遇，可以借助"民粹主义"力量的冲击实现重生。福山自己明确承认他并不赞同"民粹主义"发展纲领。然而，福山这样做，不仅达不到自己的目的，反而给自己带来了自我否定的逻辑问题。

深刻的理论危机逼迫福山寻找新的出路，尽快构造新的理论话语，实现自我挽救。随着民粹主义与民族主义相融合而转化为"民粹民族主义"，这让福山找到了摆脱阶级逻辑纠缠，实现重新辩护的现实机遇。因而在不久后的2018年，福山重提原先讲过的"身份政治"话语，为走出自我否定的尴尬打圆场。福山的做法是重回逻辑之"龟"的底层，从追求承认的人性那里寻找依据，重新作出解释。福山把所有政治活动，无论是阶级主体还是非阶级主体的，无论是中产阶级、民粹主义、种族主义、民族主义，还是各种边缘小众政治，统统打个"包"，一概解释为追求承认的行为。这样，即使是阶级运动和民粹主义，也脱去了经济利益关系的社会属性，被解释成了追求承认的精神现象。从而福山不仅把小众身份政治，而且把阶级政治行为、民粹主义和民粹民族主义，统统归结于身份政治的话语逻辑当中。于是，被他一时"失口"承认的经济和阶级逻辑，很快被新的理论话语包装所掩盖和搪塞过去了。不仔细辨别的话，人们一般不会发现福山曾经陷入这个深刻的理论危机。福山到马克思那里转了一个圈，又回到了自己的人性论逻辑。不得不承认，至少从形式上看，这是一个比较"美妙"的华丽转身。

搞清楚了福山民粹主义概念的实质，我们也就能理解从中产阶级政治到民粹主义政治，本质上是中产阶级的破产和再无产化及其对资本主义政权的冲击，实质上是阶级斗争在美国西方的新发展。那么，从民粹主义向民粹民族主义的转变，又意味着什么呢？这是一个值得深入思考的问题。当整个美国的白领与蓝领工人阶级联合起来呈现出与大资产阶级进行斗争的倾向背景下，大资产阶级应该如何应对这种形势挑战呢？

在资产阶级几百年的统治经验中，对无产阶级最好的统治方案就是思想诱导与分化瓦解。让民主党拉起少数族裔（其总和并不少于本土白人）的大旗，共和党拉起本土白人族裔的大旗，以狭隘种族主义挑拨他们之间的冲突，以狭隘民族主义挑拨与其他国家工人阶级的冲突，让他们陷入在两党竞选中的无休止厮杀更好呢，还是让他们紧密团结起来像"占领华尔街"运动、"黑命贵"运动那样共同"起义"好呢？一个"占领国会山"运动已经让资产阶级精英及其知识分子们又怕又痛恨了，几倍几十倍的力量团结起来会怎样呢？因此，不能否认，以"身份政治"分化美国工人阶级整体力量，制造和挑拨其不停"内卷"的因素，达到诱而导之、分而治之的目的，是对资产阶级专政最为有利的统治策略。当然，任何事情都有一个度，如果"身份政治"走向无休止的个人主义或狭隘本位主义，就会导致社会碎片化，不仅可能撕裂工人阶级，也可能撕裂资产阶级的不同阶层和不同政党，从而危及整个资产阶级政权的稳定性与合法性，反噬自身生命力。因此，福山不得不在原有"补丁"上继续打重构国民身份、维护自由民主的社会基础这一更加麻烦的"补丁"。这正是当下美国政治发展的新动向。

综上所述，从中产逻辑到民粹主义逻辑，再到身份政治逻辑，不过是福山为了掩饰现实发展的阶级政治实质，掩饰统治阶级对工人阶级进行分化瓦解、分而治之的政治阴谋，进而为资本主义自由民主和历史终结论辩护，在原有理论上打上的一个"新补丁"。这个补丁虽然已经影响了整体"美观"，但好歹还能够遮蔽"里子"。

第四节　"身份政治"对历史终结论意味着什么？

福山认为"身份政治"代替了"阶级政治"，成为解释世界政治发展的新逻辑。在《历史的终结及最后之人》中，福山表面上也通篇使用了"阶级"概念，并从"主人阶级"与"奴隶阶级"的关系角度来分析政治发展的逻辑，但他实际上并不赞同马克思的阶级政治逻辑。之所以这样讲，一是因为他仅仅将资本主义自由民主生成前的历史看作是具有阶级的政治，此后阶级与阶级政治不再存在；二是因为他讲的阶级概念，不是一个经济概念，而是一个政治学和心理学概念，阶级的划分标准不是生产关系，而是"不畏死"的意志力和一方对另一方的优越意识。现在，福山把他这种基于追求他人承认意义上的"阶级政治"也统称为"身份政治"。也就是说，福山所谓"身份政治"代替"阶级政治"，并不是当下"身份政治"成为新现象的结果，而是在历史终结论的哲学逻辑当中早已包含着的结论。

然而，按照福山历史终结论的逻辑，"追求承认"或"身份政治"也主要是历史终结之前存在的现象。因为在历史的"终结"阶段，人们追求的他人对自己的承认已经基本实现了，不存在"身份"承认与否的冲突了。针对马克思主义对资本主义存在社会基本矛盾与阶级矛盾的批评，福山辩解道："资本主义社会无产者的长期贫困对于马克思来说不只是一个问题，而且是一个矛盾，因为它会导致革命，从而推翻资本主义社会的全部结构并用一个不同的社会制度来取代它。相反我们会申辩说，如果目前社会及政治组织形式完全满足了人的最基本需要，历史就走到尽头了。"① "哪种制度能最好地同时满足灵魂的三个部分，它就是最好的社会制度。……自由民主社会即使理论上称不上为最正义的社会制度，也可以算作实际上的最正义的社会制度。"② 也就是说，福山所谓历史的终结，不仅是一种理论逻辑的结论，而且是一种客观历史现实，即目前社会政治制度对人的"最基本需要"的基本满足。福山虽然也认为这种满足不可能是百分百完全实现，自由民主仍有尚未解决的"矛盾"——总有某些人在某些时间会感觉人人平等的社会"令人厌烦"，还想"拿生命冒险"。但福山认为这已经不是无法化解的根本矛盾，自由民主已经提供了"发泄优越意识的渠道"，例如企业竞争、政治活动、体育比赛、个人爱好，以及团体生活，等等。

既然这样，"身份政治"作为普遍历史事实的再现，是否意味着福山历史终结论的基本结论是错误的，或者说"身份政治"让历史复活了？

---

① ［美］弗朗西斯·福山：《历史的终结及最后之人》，黄胜强等译，中国社会科学出版社2003年版，第155页。

② ［美］弗朗西斯·福山：《历史的终结及最后之人》，黄胜强等译，中国社会科学出版社2003年版，第384页。

笔者认为，虽然我们还没有发现福山对这一问题的正面回应，但在福山的既有论述中，我们可以发现他回答这一问题的可能的重要线索。回到让福山纠结的"民粹民族主义"或者"身份政治"，我们发现，让福山完全放弃希望的，并不是所有形态的民粹主义，而是对外来移民和他国劳动人民带有极端排斥乃至仇恨的狭隘民族主义，因此，问题的关键在于如何看待民族主义复兴的历史影响。对此，福山在《历史的终结及最后之人》当中给予了专门回应：一方面，他仍然将民族主义冲突看作是追求承认的人性的体现。他说："正像人类历史以为纯粹的名誉而进行的血腥战斗开始，国际冲突也是从国家之间为获得认可而进行战争开始，其最初的根源就是帝国主义。"① 另一方面，福山又把资本主义自由民主制度建立之后发生的世界大战，解释为一种"返祖现象"。他说："历史上毁灭性最大的战争恰恰是自资产阶级革命以后发生的。对此我们如何解释？熊彼特的观点是，帝国主义是一种返祖现象，是人类社会发展初期的遗传。"② 在《身份政治：对尊严与认同的渴求》中，福山继续肯定了民族主义在当今时代的影响，他说："21 世纪第二个 10 年的显著特征之一是，塑造全球政治的新动态力量是民族主义或宗教性的政党和从政者——这是身份政治的两张面孔。"③ 但这些并不是永久而无法化解的。由此，我们可以得出，福山重申"身份政治"，并不意味着他改变了历史终结论的初衷，在他的整体逻辑上，这不过是类似于两次世界大战一样的国际民族主义冲突的"返祖现象"而已，历史整体仍然处于终结状态。

---

① ［美］弗朗西斯·福山：《历史的终结及最后之人》，黄胜强等译，中国社会科学出版社 2003 年版，第 292 页。
② ［美］弗朗西斯·福山：《历史的终结及最后之人》，黄胜强等译，中国社会科学出版社 2003 年版，第 303 页。
③ ［美］弗朗西斯·福山：《身份政治：对尊严与认同的渴求》，刘芳译，中译出版社 2021 年版，第 75 页。

第十九章

美国日裔的历史、
民族心理与历史终结论

除了中国未来的发展状况，西方资本主义国家应对政治衰败、中产阶级衰落与民粹民族主义的成败，影响历史终结论命运的还有一个非常关键但被忽视的因素，就是福山所代表的美国日裔的历史经历、社会地位变迁，以及在此基础上形成的民族文化心理的变化。福山作为美国的第三代日裔移民，显然也是这一文化的继承者和推动者。福山的历史终结论，从某种意义上说是这一民族经历和文化心理的产物，并受这一民族经历和文化心理变化的影响。因此，研究历史终结论的命运，不能缺少对这一民族经历和文化心理的研究。

第一节　美国日裔移民与福山家族的历史

作为美国日裔移民的第三代，福山虽然不会讲日语，但他思想的形成和变化与日本大和民族的传统文化、日裔移民在美国的社会地位和民族追求有着密切联系。因此，我们在分析历史终结论的未来走向之前，有必要了解一下福山家族移民及其历史经历的状态。

近代日本人的海外移民历史，始于1868年明治时代。根据现有研究，近代日本人赴美国移民的历史前后包括四个阶段。第一个阶段从1868年到1898年美国占领夏威夷，这一阶段的主要移民目标是夏威夷，主要移民方式是契约移民。1898年美国直接占领了夏威夷王国，废除了与夏威夷王国之间的移民协议，这最终促使不少移民转移至美国本土。第二个阶段从 1898 年到 1908 年日美签订《君子协定》，这一阶段主要移民目标是美国本土的西海岸加利福尼亚（美籍日裔最大聚居地，福山目前居住于此地）等州，主要移民方式是自由移民。1908 年日美签订《君子协定》，限制了日本移民身份，结束了自由移民阶段。第三个阶段从 1908 年到 1924 年美国颁布《排日移民法》，这一阶段美国对日本移民进行了严格身份限制，最终《排日移民法》完全禁止日本人移民美国。第四个阶段从 1924 年到 1941 年珍珠港事件爆发，这一阶段是美国严格禁止日本移民美国时期。珍珠港事件爆发之后，美国对夏威夷和本土的日本移民加强了监督和管控。

美国政府对日裔移民的监督和管控，采取的主要方式是限制人身自由的集中营封闭方式。美国政府这样做，显然是因为他们并不真正信任美籍日裔在政治上对美国的忠诚。这种不信任对于日裔第一代而言，完全可以理解，因为他们原本就来自日本，主要受到日本文化熏陶，骨子里一直把日本作为自己母国，而且大多数没有美国国籍身份。但是，对于美籍日裔的第二代而言，就完全无法接受了。集中营中的大多数日裔移民已经获得了美国国籍，他们从小出生在美国，生长在美国，受美国文化熏陶，英语比日语讲得好，从来不认为自己是个日本人，从一开始就把美国当作自己的祖国。由此，他们对平等公民地位的追求与美国政府和白人种族的歧视性措施之间的斗争，一直延续至今。

根据公开报道，福山家族移民美国的历史，始于日本近代移民史的第二阶段中的 1905 年。从他祖父到他父亲，再到他本人和新添的孙子，已经经历了五代人，福山是第三代。福山的祖父家境并不富裕，他自行筹集大量交通经费，通过自由移民方式来到美国洛杉矶的日本移民区，靠开五金店等小生意维持家庭生存。福山的父亲作为第二代出生于美国，因而拥有了美国国籍。和大多数日裔二代一样，这不仅保护和改善了福山祖父那一代人的生活，他们因为没有美国国籍，无法购买美国土地和进行投资，只能靠出卖劳动力维持生计，而且也为福山父亲本人借助公民受教育权，通过刻苦努力学习，日后成为一名牧师和大学教授创造了基本条件。福山的父亲作为移民美国的第二代，经历了美国日裔移民史上的一场共同的灾难，就是上面提到的被关进美国各地集中营。但他父亲后来的奋斗，从根本上改变了福山家族的境遇。可以推测，福山的祖母和母亲，都是通过邮寄书信的方式从日本故国介绍到美国的"照片新娘"。福山的母亲出生于日本的大学教授家庭，家境良好，而福山的父亲当时也已依靠自己的努力成为大学教授，他们的结合组成了一个典型的中产阶级知识分子家庭，这为福山日后成为一名学识丰富的学者提供了关键条件。福山的祖父母出生并长期生长于日本母国，深受日本文化熏陶，所以会讲日语，到老也讲不了几句英语。福山的母亲也出生并生长于日本，主要承袭了日本的生活习俗，并且精通日语。因此，在福山的家庭里，他是拥有学习日语和日本文化习俗的条件的。但根据报道，福山并不会讲日语，也不是按照日本人习俗生活，是一个地道的美国人。这说明，福山的家族非常自觉地强化对后代进行美国语言和文化习俗的教育，促使他快速融入美国社会，成为一个除肤色之外完全美国化的美国人。福山本人也把自己看作是一个地道美国人，通过康奈尔大学、耶鲁大学到哈佛大学的长期学习，他最终成长为一名从语言、习俗到政治信念几乎完全美国化的政治学家。

　　毫无疑问，没有上述家族移民的特殊历史经历、家庭和学校教育以及个人奋斗，就没有作为美籍日裔政治学家的福山，也就没有让其成名的历史终结论。通过具体分析这段历史，我们发现它与历史终结论的形成、变化与未来走向之间也存在着较大的相关性。

第二节　美籍日裔民族心理与福山"追求承认"的历史观、政治观

　　总览美籍日裔的历史，我们会发现这样一个突出特点：虽然美国原本就是一个移民国家，移民美国的少数族裔最终都会受到美国文化的熏陶而逐步美国化，但美国早先的白人移民把自己看作是真正的美国本土主人，对后来的少数族裔存在长期的严重种族歧视和排斥。特别是第二次世界大战爆发前后，因为日本偷袭珍珠港激化了美日矛盾，美国白人种族对日本人的不信任越发严重，最终对他们采取了关进各地集中营的

极端措施。这逼迫美国日裔采取各种方式证明自己对美国的忠诚，希望获得美国政府和白人的承认。美国政府与白人对日裔移民的不承认与日裔移民千方百计追求美国政府和白人的承认之间的斗争，成为美国日裔历史延续至今没有完全解决的轴线或底色。

纵览美国日裔移民追求美国承认的历史，可以区分为三大阶段，第一阶段是第二次世界大战之前的历史，第二阶段是第二次世界大战之后至20世纪80年代的历史，第三个阶段是20世纪80年代至今的历史。

第二次世界大战之前美国日裔追求承认的历史，主要与美国白人的狭隘种族主义和日本政府对亚洲国家侵略引起美国人反对有关系。早期移民美国本土的日本人大多具有半官方支持的背景，他们并非单纯劳工输出，而更多是一种资本输出，并且带有鲜明的日本文化特色。例如1869年在加州建立的"若松植民地"，1887年井上角五郎在内华达的"拓殖"活动，1889年荒井达尔在华盛顿的农业经营活动。这些拓殖活动引起美国本土白人基于自我保护的排斥，在当时是非常常见的事情。此后的一系列排日运动，如美国政府与日本政府于1908年签订《君子协定》，限制从夏威夷转入美国本土的激增的移民人数。1924年美国政府颁布《排日移民法》，完全禁止日本赴美移民。这除了美国政府的自我保护需要之外，也有各州的狭隘种族主义因素的影响。

第二次世界大战爆发特别是珍珠港事件之后，在美国政府和白人的"不忠"怀疑和集中营管制等极端措施下，美国日裔追求承认的强烈程度达到了历史性的巅峰。因为此时所追求的承认已经不仅影响到他们的声誉，而且影响到他们民族整体的生存权问题。1942—1945年，共有120313名日本移民被美国政府以"军事需要"为由监禁于美国山地或沙漠地带的10余座集中营之中。不仅两代人奋斗创建的家园和家产丧失殆尽，而且连人身自由和人格都丧失了，被要求作出"忠诚"与"不忠"的表态，凡是不表"忠诚"的则被更加严格地另行关押。实际上，少数拒绝参军或没有正面表示"忠诚"的移民并非对美国不忠，主要是考虑到自己的父母年事已高没有人孝敬。他们的父母因为1924年《移民法》禁止归化，所以永远属于外籍人士。但无论是加入美国国籍的二代还是他们的父母，"他们中的大多数都极爱美国，……事实上，日裔中的外籍人士和美国公民，在战争期间无一被判间谍罪或颠覆罪。这些男女老少大多未到过日本，之所以在战时遭受囚禁，仅仅是因为他们貌似敌人——大日本帝国的皇军"①。战争期间，他们的很多子女通过加入美国军队，战死沙场，甚至与自己的母国日本军队直接厮杀，死亡大半；甚至做出以命相抵，以四条命换取一条命来拯救美国大兵，换取美国白人对他们忠诚的承认的极端行为。他们作为拥有武士道文化的大和民族后人，为了自己的民族和亲人，获得了比美国军队其他士兵更多的荣誉。

战争结束后，虽然有少部分人回到了原先住地，但他们仍然长期得不到美国政府的认可。用其中的日本移民的话说，他们就跟遭受了强奸迫害而不敢公开为自己伸张正义一样，长期对自己的遭遇无所作为。而从20世纪60年代开始，受到美国黑人民权运动的鼓舞，第三代日裔开始向父母了解那一段苦难历史，并正式开始了长期的维权运动。直到1976年福特总统颁布4417号公告，确认废止第二次世界大战期间监禁美籍日裔的罗斯福总统的9066号行政令，并且承认说："我们早该知道，但直到现在才知道，不但集体迁移是错误的，而且美籍日裔以前和现在都忠于美国。"② 1988年，里根总统签署了《民权法案》，对迁移和监禁作出道歉。也正是在这一年，当年遭受监禁的日本人罗伯特·松井，说出了颇能反映美国日裔移民心理的一段话："因为被监禁，不忠的名声伴随了我们42年，这个法案终于为我们洗刷了冤屈。我们终于重新成为完整意义上的美国公民。"松井甚至补充道，"如今，国会和总统都要求重新信任那些被冤枉的人，而我们必须也确保不再失信于人。"③

松井的话，说出了整个美籍日裔共同的心里话，也实际上说出了福山一直以来的心里话。然而，美国总统虽然也替他们洗刷冤屈，但并没有真正赔付他们曾经的家园和巨额财富损失，也很难从社会心理上改变

①　［美］理查德·里夫斯：《丑闻——二战期间美国日裔拘留营中的惊人故事》，魏令查译，商务印书馆2018年版，前言第2页。

②　［美］理查德·里夫斯：《丑闻——二战期间美国日裔拘留营中的惊人故事》，魏令查译，商务印书馆2018年版，第268页。

③　［美］理查德·里夫斯：《丑闻——二战期间美国日裔拘留营中的惊人故事》，魏令查译，商务印书馆2018年版，第269页。

美国狭隘民族主义者的种族偏见和歧视。长期以来，他们不仅丧失家园和财产，而且忍辱负重，从未被白人真正当作自己人而平等对待。因此，追求"承认"的道路任重道远，他们也从未放弃追求"承认"，就像松井所言"必须确保不再失信于人"。有意思的是，如果他们追求承认而不能得到，他们也会抗争，但他们更多将其理解为自己的努力不够所致，于是为追求承认而继续努力。这就是所谓追求承认"悖论"。长期以来，美籍日裔从来没有真正摆脱这种追求承认"悖论"心理，它不仅深深影响了他们的父母一代，也深深影响了他们的子女一代，这自然也包括福山本人在内。福山甚至将"追求承认"看作了人的本质属性和推动政治历史发展的根本动力，形成了"追求承认"的人性论、历史观和政治观。

福山"追求承认"的人性论、历史观和政治观，系统论述于历史终结论的代表作《历史的终结及最后之人》中。按照福山的说法，他"追求承认"的人性论、历史观和政治观并非他个人原创，而是从黑格尔那里学来的。虽然黑格尔本人实际上并没有这样的观点，但福山打出黑格尔的大旗可以奠定一种理论上与马克思旗鼓相当的地位。他说："我们最好不要相信马克思和受其经济历史观影响的社会科学体系，而应相信黑格尔……黑格尔对历史进程中存在的'历史发展机制'的理解深度是马克思主义或所有当代社会科学所无法比拟的。对于黑格尔来说，人类历史的基本动力不是现代自然科学，也不是现代自然科学发展促进的欲望的不断膨胀，而是一种完全非经济的动力，即为获得认可（也译作承认）而进行的斗争。"① 福山用"追求承认"的人性论证了人类社会必然会走向并终结于"资本主义自由民主"。

后来，以美国为代表的自由民主政治出了大问题，政党恶斗与否决政治直接致使三权分立无法正常运转。福山一边对这种现象及其理论基础"麦迪逊主义"进行批判，一边着手批判修复自己的理论。他在继续强调资本主义自由民主的同时，把国家、法治制度也添加到自己的理论内核中去。这样，原有那种用来论证民主的"追求承认"的人性就不够

---

① ［美］弗朗西斯·福山：《历史的终结及最后之人》，黄胜强等译，中国社会科学出版社2003年版，第154页。

了。于是，他在《政治秩序的起源》与《政治秩序与政治衰败》中"重写"了历史终结论及其人性论基础。福山重构的三位一体多元化政治制度需要一个多元化的人性论基础，于是以人类祖先的"社会合作功能"为出发点，他构造了一个包括认知能力、情感、暴力和追求承认在内的综合性人性论。虽然"追求承认"不再放在人性的首要位置，但福山从新的理论需要出发完善了自己"追求承认"的人性论。福山从他的"黑猩猩政治"出发指出：人类追求承认的本性具有生物学根源，即他们的祖先争夺雌性老大或雄性老大地位的欲望。但福山认为人类对承认的追求与黑猩猩不完全一样，黑猩猩只为个人寻求承认，人类不仅为个人寻求承认，还为抽象概念或某种制度寻求承认。[①]

福山的新历史和政治逻辑尚未得到历史验证，美国等资本主义国家便于 2016 年陷入了"民粹民族主义"政治危机。于是福山专门为此拿出"身份政治"话语来解释民粹主义现象，把形形色色的"身份政治"解释为"追求承认"逻辑的结果。在《身份政治：对尊严与认同的渴求》中，福山说："在本卷中，我将回到 1992 年开始关注、从那时起一直著述的主题：激情、承认、尊严、身份、移民、民族主义、宗教、文化。……渴望身份获得承认，这是一个主概念，能一统当代世界政治正在发生的诸多现象。……我将着墨论述，许多被当成经济动机的东西，实际上植根于被承认的渴求，因此不可能仅由经济手段满足。这直接关系到我们如何应对当前的民粹主义。黑格尔认为，驱动人类历史的是寻求承认的斗争。"[②] 福山把"民粹主义"解释为"追求承认"的身份政治，以此来回避和回应"阶级逻辑"的重生及挑战。至此，福山"追求承认"的政治观在继《政治秩序的起源》中的"相对收缩"之后，又重新凸显为逻辑主旋律了。

从最初之人的相遇及其恶斗（为追求作为人的承认），到主人统治奴隶、奴隶反抗主人（追求主人的承认）的社会，再到主奴和解（相互承

---

① ［美］弗朗西斯·福山：《政治秩序的起源：从前人类时代到法国大革命》，毛俊杰译，广西师范大学出版社 2012 年版，第 41—42 页。

② ［美］弗朗西斯·福山：《身份政治：对尊严与认同的渴求》，刘芳译，中译出版社 2021年版，第 6—7 页。

认）和自由民主的到来，在福山眼里，人类历史的发展过程就是一个由"追求承认"驱动的过程。资本主义自由民主之所以是人类历史的终点，就是因为它整体上实现了对人们"追求承认"的满足，资本主义社会已经不再存在马克思讲的社会基本矛盾。人与人之间的冲突，无论是种族主义、民族主义还是世界大战，在福山看来就是"追求承认"的结果，当然它们在历史终结时代的存在，仅仅是一种精神"返祖"现象。这种追求承认的人性、历史观和政治观逻辑，与美籍日裔追求白人种族政权和文化心理承认的漫长历史何其相似？福山追求承认的人性论、历史观和政治观，正是美籍日裔为追求美国主流社会承认而不断进行奋斗的心理在美国政治学理论上的集中反映。

第三节　屈辱、忠诚之战与福山对西方民主政治的坚定信念

珍珠港事件爆发之后，美籍日裔移民被美国政府划为4C类对象即国外敌对势力，严加管控。谈到集中营，人们往往想到的是纳粹德国的集中营，而不知当年美国关押日本移民的集中营。在这些集中营中，关押的有四分之三的日裔是拥有美国国籍的美国公民。这些美籍日裔公民在文化和价值观上已经与他们的父辈不同，他们从小在美国长大，说英语而不是日语，接受西方教育，所以从小把美国当作祖国。当祖国突然把自己当作有敌对嫌疑的人而予以关押时，他们的不能理解和屈辱感是可想而知的。即使如此，他们也没有因此而背叛美国。在他们的夏威夷同胞组成美军第100营投入战斗之后，他们与其活下来的约三分之一又组成了美军第442团。为了测试他们是否忠诚，美国政府设置了问卷要他们填写。问卷中，最引人注目的是第27、28两个问题。第27个问题专门针对符合征召年龄的男性：你是否愿意加入美国军队，参加美军战斗任务，无论美军将你派往何地？第28个问题针对所有日裔：你是否能够发誓无条件地效忠美利坚合众国，并忠诚地守卫联邦不受国内外力量的打击，是否愿意发誓放弃任何形式对日本天皇的以及其他外国政府力量或是组织的忠诚或服从。虽然这两个问题给他们特别是他们的父母带来了很大

困难，因为作为第一代日本移民被美国政府拒绝入籍，如果再放弃日本国籍，将成为国籍黑户，陷入生存困境，但还是有七成以上的被关押日裔填写了"愿意"。也就是说，他们愿意为美国而死，为美国而与日本作战。这种绝对忠诚决定了他们日后即使在美军中受到严重歧视，例如被取笑为"小鬼子"（JAPS）和"土拨鼠"（身材矮小），首先打到罗马却被白人士兵代替进城接受欢迎等，也依然体现出比美国大兵强大得多的战斗力。

美籍日裔面对各种屈辱，并没有选择与美国政府对抗，而是选择了默默无闻的隐忍和通过毫不畏死的战斗表达自己的忠诚。这让我们看到，他们身上并没有丧失母国日本的武士道文化基因。武士道文化虽然中间吸收中国儒家部分理念的改造，但它那种愚忠、隐忍、崇拜死亡美学的特质始终没有消失。这些文化特征与他们面临的突如其来的不公遭遇相结合，决定了他们只能通过隐忍和拼命战斗来赢回自己的尊严。

他们为忠诚而战的故事从令人深感屈辱的"递交请愿书"开始。1942年2月，169名因不被信任而被开除的日裔士兵向夏威夷陆军上将埃蒙斯递交了请愿书，上面写着：夏威夷，我们的家；美国，我们的祖国；我们只懂得一种忠诚，对星条旗的忠诚；我们希望像一个忠诚的美国人一样，无论通过什么方式，无论您觉得我们能做什么。虽然他们受到各种考验和检测，但最终如愿以偿，成为美国士兵，参加了战斗。他们战斗时英勇顽强，一边喊着"万岁"（banzai）一边自杀式地往前冲锋，这被称为著名的"万岁冲锋"。他们的忠诚之战在营救"丢失的营"（美军第36师141团1营的275名士兵）的"万岁冲锋"中达到了令人震惊的地步。1944年10月，"丢失的营"被德军隔离包围。因火力太猛，美军多次营救失败，上级最终选择442团来执行这一任务。442团再次发起自杀式"万岁冲锋"，以伤亡700多人的代价救回了211名白人士兵，几乎是每换回1个白人士兵就要伤亡3人。该团在10月中旬时还有2900多名官兵，到11月初只剩800多人还能战斗。

美籍日裔士兵为忠诚而战更加令人难过的故事，是他们不得不与自己的母国日本为敌。除了被派往欧洲战场的442团，还有一支日裔情报部队和一些日裔空军士兵被派往了太平洋战场和中缅印战场。这支情报部队隶属于美国军事情报局，他们是从日裔士兵中选拔出来熟练掌握日语、受过专门训练的士兵。这些情报兵被用于破译、翻译日军文件，审问被俘日军士兵，以及劝说日本士兵投降。除此之外，直接与日军作战的还包括一些日裔空军士兵。例如来自内布拉斯加州的本·黑木中士，作为一名美国空军机枪手，他曾先后28次驾驶轰炸机到日本上空执行轰炸任务。虽然参军时他的父亲鼓励他为美国而战，他事后还是非常痛苦和内疚。后来，他"越来越烦躁不安，突然开始日思夜想甚至梦见他的轰炸机将燃烧弹投到日本首都那些不堪牢固的纸窗木屋上，无辜的妇孺在火海中被活活烧死"[1]。更加离奇的是，出生于加利福尼亚州，后来生活在洛杉矶的日裔士兵冈亚吉田六兄弟。虽然他们都出生于美国，但他的四弟和五弟因为滞留日本而加入了日军，他与其他三位兄弟则加入了美军，兄弟六人成为互相厮杀的敌人。让吉田最悲惨的经历是他在马里亚纳群岛驻扎时，遭到了日军的轰炸，而其中一架轰炸机就是他的四弟武夫驾驶的。正是在那场战争中，他四弟因飞机被击落而牺牲了。这让他深受打击而陷入长期抑郁。

美籍日裔士兵的忠诚之战，为他们获得了美军中人均最多的勋章。据统计，编制只有3800人、先后有约1.4万日裔参军的442团，共获得了约1.8万次奖励，包括总统嘉奖8次，荣誉勋章21枚，杰出服役十字勋章53枚，银星勋章588枚，铜星勋章5200枚，紫心勋章9486枚。

美籍日裔这种为了追求承认和宣示忠诚而战的精神，不仅体现在他们的军事战线上，也体现在他们的情报和意识形态战线上。从某种意义上说，福山先生也是美籍日裔的一名士兵，他为了证明自己民族的忠诚而舍生忘死的精神和意志力，丝毫不逊色他的父辈们。就像他们的祖辈和父辈为了追求承认浴血疆场一样，福山先生也长期战斗在卫护资本主义自由民主的思想舆论战场上，并发起着一次又一次的"万岁冲锋"。

两次世界大战至苏联解体之前的很长一段时间，美国很多人对资本主义政治制度陷入了悲观失望，这让福山非常焦虑和着急。当着得知东

---

[1]　［美］理查德·里夫斯：《丑闻——二战期间美国日裔拘留营中的惊人故事》，魏令查译，商务印书馆2018年版，第243页。

欧社会主义国家出现新的政治危机之时，福山立刻喜不自胜、不失时机地抛出了"历史终结论"，到美国和世界各地宣讲这一思想。他把资本主义自由民主称作"天堂"，把这一消息称作《圣经》中的"福音"，把自己的宣讲看作宗教徒的"布道"。1989年夏，福山到美国芝加哥大学做演讲，演讲内容后来修改成文章发表在《美国利益》杂志上，就是那篇著名的《历史的终结?》。这篇文章中的问号，在3年后他出版《历史的终结及最后之人》一书中被去掉了。但后来在反复受到世界各地学者与学生的质疑下，他又被迫宣称那个问号还存在。福山自己也认识到，他的那篇文章中的极端观点引起了世界各国学者的批评。他在综合了各方面"批评"基础上，完善了自己的理论，创作了《历史的终结及最后之人》。作为福山最具代表性的著作，该书先后被翻译成了20余种文字在世界各国流传。福山本人也马不停蹄地到世界各地开展他的"布道"使命。令人印象深刻的是，福山多次来到被他不断批评的中国和他的母国日本。中国是苏联解体后世界上最大的社会主义国家，也是对资本主义自由民主最有挑战性的力量，福山对此毫不掩饰。但为了理想使命，为了宣扬资本主义自由民主，他多次只身一人来到中国，与中国的学者、学生乃至国家领导人展开对话或舌战，这种"勇气"和"担当"堪称意识形态领域的"万岁冲锋"。脱开他的政治立场不说，他的这种坚持不懈的精神也是中国学者应该部分肯定和模仿的。他曾揶揄说2008年金融危机之后世界左翼的缺席，马克思主义者仅仅满足于自己的家庭生活。这种说法虽然有"走夜路吹口哨——为自己壮胆"的意思，但也的确让我们看到马克思主义学者需要反思的一些问题。

　　不仅福山的"对手"受到了他的理论的冲击，福山在美国的祖辈和同行也受到了他的严厉批评。福山检讨他的祖辈们丧失对资本主义自由民主的信念，开始信奉社会主义制度。福山批评基辛格用实用主义向社会主义妥协，批评他的老师亨廷顿过于悲观、没有看到历史已经终结。福山的这类批评，显示出他对资本主义信念的超越他人的坚定性，也让我们想到了松井的那句话："我们必须也确保不再失信于人。"

　　福山的"冲锋"必然遭遇的一个问题是，他必须像日裔士兵一样面对"与母国作战"的难题。像他的父辈的坚决和忠诚一样，福山也对母国日本作出了毫不留情的批判。最令人感受深刻的是，福山竟然不顾母国人民情感，为美国用原子弹轰炸日本平民做辩护，将其说成是为了自由民主"不得不采取"的措施。他说："自由民主国家不得不采用像炸德国德累斯顿和日本广岛这样的军事战略来使自己不再遭受这一威胁，而在过去，我们一定会把这两次轰炸叫作集体屠杀。"① 虽然我们和福山一样，反对德国法西斯主义和日本军国主义，但真正有错的不是德国和日本的平民，虽然他们也在某种程度上存在被反动政府欺骗和利用的问题，但归根结底他们也是受害者。我们这里要问一下福山先生：难道美国在广岛和长崎投下的原子弹不是集体屠杀吗？不仅如此，难道今天美国不断发动的战争不再是集体屠杀了吗？伊拉克战争、阿富汗战争、利比亚战争，不再屠杀平民和美国士兵了吗？福山亲自参与和推动的伊拉克战争，平民死亡60多万，美国士兵死亡5000多人，这不是集体屠杀吗？

进而福山全力批评日本的所谓专制制度和保护主义政策，将其看作是资本主义自由民主发展的绊脚石。日本作为亚洲国家，受到中国儒家集体本位文化的深度影响。福山把这种集体本位价值观看作是一种专制主义，认为它阻碍了西方自由民主的发展。福山说："虽然日本的宪法和法律制度像美国一样承认个人的权利，但日本社会倾向于首先认可集团的权力。……这种专制在日本社会不乏其例，在东亚的其他每个文化中也同时存在。在日本，个人最崇拜的集团是他的家庭，而且父亲对孩子的充满父爱的权威是全社会权威关系的最原始的模型……集团意识在日本的第二种表现是对民主政治的低调。"② 不仅如此，福山还认为，在这种文化下的人"当他所寻求获得认可的集团是国家时，其结果就是经济民族主义。事实上，日本比美国更具经济民族主义倾向，这种民族主义不是表现在公开的保护主义上，而是采用一种隐蔽的形式，如日本制造商支持的传统国内供应网络和宁愿付高价也要买日本产品的

---

① ［美］弗朗西斯·福山：《历史的终结及最后之人》，黄胜强等译，中国社会科学出版社2003年版，第7页。

② ［美］弗朗西斯·福山：《历史的终结及最后之人》，黄胜强等译，中国社会科学出版社2003年版，第272—274页。

观念。"① 福山虽然后来对其西方式的自由主义和个人主义思想多有反思，但他从未放弃将日本的集团文化作为专制主义予以批评。非常令人不解，日本人民出于一种朴素的爱国主义，选择消费本国企业生产的产品，这种情感为什么就成为福山眼里的狭隘"经济民族主义"了呢？当整个世界处于先发国家与后发国家、发达国家与落后国家的不平等、不公正竞争过程中时，福山要求所有国家放弃民族自主和保护，让强者与弱者"平等竞争"的做法，是站在谁的立场上说话？令人难以理解的是，当美国的工作岗位被资本家大量转移到国外而引发国内工人大量失业和政治社会混乱之时，福山竟然提出以一定程度限制全球化换取内部发展的主张。难道他的这种主张不是一种狭隘"经济民族主义"吗？

福山的"忠诚之战"是否让他获得了像他的祖先那么多的勋章呢？在福山的眼里，人类追求承认的本质与其说是为了追求经济利益，不如说是为了追求"纯粹的名誉"。这"纯粹的名誉"就是通过勋章或者敌人的旗子等标志物体现出来的。他说："在这场发生在历史开始时期的血腥战斗中，赌注不是食物、住所，也不是安全，而是纯粹的名誉。"② "只有人才能需要一种'从生物学观点看完全没有用的对象'（如奖章或敌人的旗子）；他需要这些对象并不是为了追求对象的本身的价值，而是因为别人也需要这些对象。"③ 就像 1988 年美国总统里根签署法令对集中营的幸存者进行赔偿，每人仅仅有 2 万美元，与他们失去的整个家园的财富比可谓杯水车薪，福山也可以将其解释为非经济动机，一切为了追求承认。只要获得了美国政府和白人的承认，一切都可以不去计较。

福山的"忠诚之战"的确为他换来了美国政府的"勋章"，即他的社会地位和幸福生活——曾经的美国国务院官员（国务院政策企划局副局长）身份，以及后来继续为美国政府出谋划策的大学教授或研究员身份。

---

① ［美］弗朗西斯·福山：《历史的终结及最后之人》，黄胜强等译，中国社会科学出版社 2003 年版，第 265 页。

② ［美］弗朗西斯·福山：《历史的终结及最后之人》，黄胜强等译，中国社会科学出版社 2003 年版，代序第 7 页。

③ ［美］弗朗西斯·福山：《历史的终结及最后之人》，黄胜强等译，中国社会科学出版社 2003 年版，第 167—168 页。

虽然现在年事已高，但福山仍然担任美国斯坦福大学弗里曼·斯鲍格利国际问题研究所高级研究员，兼任约翰斯·霍普金斯大学保罗·尼采高级国际问题研究院研究员。斯坦福大学弗里曼·斯鲍格利国际问题研究所曾邀请乌克兰总统泽连斯基前往演讲。约翰斯·霍普金斯大学保罗·尼采高级国际研究院，在意大利和中国南京（中美文化研究中心）都设有分校区，是与肯尼迪政治学院等齐名的世界公认顶级国际关系研究机构，为美国国务院、发展中国家和各大国际机构培训工作人员。他晚年还钻研木工，在世界各地旅游和摄影。

在包括福山在内的美籍日裔移民的长期努力下，2011年10月2日美国总统奥巴马签署法令，为1.9万名第二次世界大战期间的日裔美军士兵授予美国国会金质奖章。2013年10月，因为美国政府停摆，那些日裔阵亡将士的抚恤金被国防部停止发放，但奥巴马总统专门签署法令要求联邦政府继续为其发放。必须承认，在包括福山在内的日裔移民的共同努力下，美籍日裔获得了更多的勋章和地位，也获得了更多的承认。美国政府应该专门为福山设置一个特殊的意识形态工作奖章，以表彰他在为美籍日裔和整个国家的努力工作中做出的突出贡献。

第四节　美籍日裔民族地位的两面性
与历史终结论的命运

美籍日裔在美国的处境未来会怎样呢？鉴于美国政治发展的不确定性，目前我们还很难得出一个明确结论。但我们可以指出，美国目前的政治力量中既有有利于美籍日裔的因素，也有不利的因素。单纯从对待移民的态度而言，目前美国两党中的民主党对少数族裔和移民更加友好，他们的票仓由原先的主要依靠白人工人阶级逐步转向了依靠各少数族裔和身份政治群体。而共和党逐步转向利用本土白人工人阶级，这一趋势因为特朗普的介入转化为福山所谓的"民粹民族主义"，开始对少数族裔和移民采取不友好的排斥态度。

福山对特朗普和共和党的逆全球化和狭隘种族主义表示了极大的愤怒，其程度甚至超越了他对所谓极权主义的愤怒。在《身份政治：对尊严与认同的渴求》一书中，福山毫不掩饰自己专门针对特朗普的写作目的。他在该书前言中第一句话就指出："如果特朗普 2016 年 11 月没有当选总统，我不会写这本书。"① 而在 2021 年《美国政治已经腐败透顶了吗?》一文中，福山已经完全顾不上学者的斯文，直接对着特朗普和共和党开骂了："共和党已不再是一个建立在理念或政策上的政党，而是一个更像邪教的政党。""部落主义的兴起在共和党最为明显。特朗普轻而易举地让该党及其选民放弃了他们的核心原则，如信仰自由贸易、支持全球民主、敌视独裁国家等。随着特朗普自己的神经疾病和自我迷恋逐渐加深，这个政党变得越来越个人化。"② 福山的此类言论，从一个美籍日裔移民后代以及多年毫无保留的忠诚者的立场来看，是完全可以理解的。特朗普为了拉选票，在美国白人与少数族裔的伤口上撒盐，深深伤害了福山的心。

好在特朗普没有继任，但"占领国会山运动"让福山完全丧失了对特朗普和共和党的信任。他把所有希望都留给了民主党的努力。福山认为美国其他政党难以有所作为，共和党又蜕变为政治部落主义，所以所有希望都寄托在民主党身上。福山希望民主党能够自上而下地自我革新，实现美国政治制度的新生。但无论哪个政党执政，美国社会对少数族裔的根深蒂固的种族歧视从来没有真正消失。

2020 年 5 月 25 日，非洲裔美国人乔治·弗洛伊德在明尼苏达州明尼阿波利斯市遭美国白人警察暴力执法死亡一事，震惊了全世界。弗洛伊德的那句"我无法呼吸"，很大程度上以一种直观的隐喻方式表明了美国少数族裔的生存境况。然而被歧视的不仅仅是美国黑人，据日本广播协会（NHK）报道，该事件发生后不到一个月，洛杉矶一家日本人经营的厨具商店门口被贴上标语，上面赫然写着"你们这些猴子，滚回日本!""这里是美国，不需要日本人卖的东西""不听话就炸了你们!"等带有种族挑衅性的语言。2020 年 9 月，美籍日裔钢琴家海野雅威在地铁站遭人

---

① ［美］弗朗西斯·福山：《身份政治：对尊严与认同的渴求》，刘芳译，中译出版社 2021 年版，第 1 页。

② ［美］弗朗西斯·福山：《美国政治已经腐败透顶了吗?》，2021 年 1 月 30 日，https://www.guancha.cn/FuLangXiSi – FuShan/2021_01_30_579725_2.shtml，2023 年 1 月 21 日。

殴打。2021年2月，日裔教师那须纪子被人用石头砸中脑袋。2021年4月，日裔奥运空手道运动员国米樱在洛杉矶一公园运动被人辱骂，并遭到死亡威胁……尽管据有的机构调查，日本移民在所有亚裔移民中是同化水平和各项能力很强的民族，但他们并没有因此而获得美国社会更多的承认和尊重。根据"停止仇恨亚裔及太平洋岛民"组织的报告，从2020年3月到2021年3月，该组织共收到6603件针对亚裔的仇恨犯罪报告，作为美国第六大亚裔群体的日裔占比为7.8%，排名第五。

美国社会种族主义歧视泛滥，归根结底，并非由福山所谓文化身份的冲突引起，它与2008年美国爆发国际金融危机后美国经济衰退和白人生存状况恶化有着密切联系。福山说："特朗普使白人民族主义从边缘走向了几乎是主流的位置。"① 这仅仅意味着2011年美国民众发起的占领华尔街运动被镇压之后，美国白人工人阶级因为无法走出原本中产阶级生活和白人种族的优越感，逐步被共和党诱向了"民粹民族主义"政治方向，从而把愤怒发泄到包括日裔在内的美国移民与第三世界国家工人阶级身上。这种政治潮流在2016年特朗普当选总统时基本形成，在2021年"占领国会山运动"中达到了高潮。福山对此极端不满的态度，回顾一下美籍日裔遭遇的长期不公平历史，是完全可以理解的。福山一会儿把法国、美国作为资本主义自由民主的标杆，一会儿把英国、丹麦作为资本主义自由民主的标杆，一会儿又把德国、北欧作为资本主义自由民主的标杆，他甚至还把中国模式称为唯一有资格替代美国模式的方案，可见他的内心是十分煎熬的，他对美国政治制度是"恨铁不成钢"。尽管如此，我们仍然认为福山是一个坚定的学者，他不会随意放弃自己对资本主义的理想信念。

至于拜登能否像福山设想的担当历史重任，福山自己实际上也拿不准。他认为美国民主共和两党的极化趋势短时间内无法得到缓解。即使如此，有一点必须指出，美籍日裔在美国的未来命运客观上仍然存在两

---

① ［美］弗朗西斯·福山：《反对身份政治：新部落主义与民主的危机》，2018年8月31日，https://baijiahao.baidu.com/s? id = 1610294780951072476&wfr = spider&for = pc，2023年1月21日。

种可能性，这两种可能性也在很大程度上影响到福山自己对历史的思考和对历史终结论的态度。美国历史何去何从，美籍日裔何去何从，历史终结论何去何从，在很大程度上具有一致性。如果他们在"民粹民族主义"的"恐怖主义"中陷入新的长期种族迫害，甚至在政治经济危机中陷入大面积破产而贫困化，谁能保证他们还会像他们祖先一样用隐忍和忠诚，甚至自杀式的"万岁冲锋"来维护自己的尊严，而不是加入新的"阶级斗争"呢？

第二十章

"第三波浪潮"与社会主义伟大复兴

为了摆脱被追问的窘境，福山曾多次说历史终结论是一种"思想"的终结，不是历史事实的终结。但事实上，无论是历史终结论的提出，还是它的"重构"，从来没有脱离历史现实的观察和支持。历史终结论不仅以历史事实为依据，而且随着历史的发展而变化。在最初提出历史终结论的《历史的终结?》一文中，福山明确将历史的终结看作是"我们正在目击"的历史事实。此后，他特别关注"9·11"事件、美国金融危机、资本主义政治衰败、中国道路、中产阶级衰落、民粹民族主义等历史事件的政治影响，并随之形成自己的思考。关于世界资本主义民主发展的历史和态势，福山的老师亨廷顿在"第三波浪潮"理论中进行了系统研究，这必然引起福山的极大重视和对其结果的充分利用。本章立足亨廷顿"第三波浪潮"所描述的历史态势，分析它与历史终结论及其重构之间的内在联系，并进一步展望世界社会主义发展的新动向。

第一节 亨廷顿提出"第三波浪潮"理论

1991年，福山的老师美国哈佛大学教授萨缪尔·亨廷顿出版了《第三波——20世纪后期民主化浪潮》（以下简称《第三波》）一书，专门研究了资本主义民主发展的历史及态势。该著作采用历史与理论相结合的研究方法（福山后来也学习了这种研究方式），把主要篇幅放在分析民主发展历史的第三阶段即所谓"第三波民主化浪潮"的原因、过程、特征、走向等问题上。据亨廷顿回溯，该书写于1989—1990年间，与福山的论文《历史的终结?》几乎同时。在该书中,亨廷顿虽然对自由民主持有与福山共同的信念,但没有像他那样得出历史已经终结的结论。相反,他认为当前的第三波民主化浪潮与前两波民主化浪潮一样,最终也会出现回潮。并且他还根据前两波民主化回潮的历史经验,预测了第三波浪潮回潮的几种可能的原因。

那么,福山与亨廷顿,谁的观点更符合历史发展的事实呢?有不少学者赞同福山的观点,认为他准确预测了世界历史特别是苏东国家的走向。福山1992年出版的《历史的终结及最后之人》也因此名声大噪,成为世界范围大量再版的热门著作。而亨廷顿的《第三波》,虽然不能说冷冷清清,但比起福山的著作来说差得还是比较远。然而,历史不是热播剧,也不是"任人打扮的小姑娘",历史发展有其自身的规律性和稳定性。放在21世纪的历史方位来看,与亨廷顿这位老师比较,福山仍然是一个浮躁、缺乏历史感,却又善作高论的学生。他在《历史的终结及最后之人》中批评亨廷顿的现实主义,却在20年后的《政治秩序的起源》中重申学习亨廷顿的某些观点和方法,也说明了这一点。虽然亨廷顿和福山一样,都坚定地信奉资本主义自由民主,但他反对把西方民主当作普世价值和历史终点,以教师爷的姿态要求甚至强迫其他国家照样执行。他对第三波民主化浪潮的分析,虽然有不少偏见,但也有许多有见地的内容值得我们肯定和借鉴。

亨廷顿认为,近代世界资本主义民主的发展有进有退、有高潮有低谷,总体呈现为波浪式前进的过程,共有三波,前两波各有一次回潮,第三波尚在前进中,还没有出现回潮,但早晚会出现回潮。他认为虽然强硬划分时间边界比较武断,但这样做非常有用。具体而言,这三波民主化浪潮包括:第一次民主化长波:从1828年到1926年,共有30多个国家走上民主化道路,占当时所有国家的45.3%。第一次回潮:从1922年到1942年,民主国家由30多个降到12个,占当时所有国家的19.7%。第二次民主化短波:从1943年到1962年,民主化国家由12个上升到36个,占当时所有国家的32.4%。第二次回潮:从1958年到1975年,民主国家由36个下降为30个,占当时所有国家的24.6%;第三波民主化:从1974年到1990年(写作之时),民主国家由30个增长为58个,占当时所有国家的 45.0%。①

　　亨廷顿认为导致第三波民主化浪潮的原因包括五个方面：世界上的威权体制无法通过政绩继续获得新的合法性，所以丧失了政治合法性；20世纪60年代全球经济增长提高了收入和教育水平，形成了新兴中产阶级；1963年天主教经过信条改革，由原先主张威权转变为主张民主；1974年美国开始采取措施促进其他国家民主化；葡萄牙等国家的民主化示范所带来的滚雪球效应。亨廷顿认为第三波民主化实现途径包含变革（自上而下改革）、置换（自下而上革命）、转移（通过各方面谈判）三种方式，各种方式具有不同的发展过程。无论采取哪种民主化方式，经历何种过程，第三波民主化浪潮都具有妥协、选举、非暴力等共同特征。

　　值得注意的是，虽然当时第三波民主化浪潮还处于势头正盛的第二阶段，亨廷顿已经预见到它必然会出现回潮，并且指出了回潮的几种"潜在原因"。这些原因包括六个方面：第一，民主政权未能长时有效运作，政治合法性遭到瓦解。第二，出现类似1929—1933年危机那样的经济灾难，一些国家放弃民主。第三，某一民主化或正在民主化的大国转向威权主义，带来反向滚雪球效应。第四，几个新民主国家因为缺少民主条件而回到独裁，带来反向滚雪球效应。第五，一个非民主国家因实力大大增强并开始向境外扩张，引导其他国家产生威权主义。第六，在特定历史条件下，威权主义可能再次获得新的生命力。不得不承认，上述六个方面的预测，无一不为21世纪以来特别是2008年国际金融危机爆发以来世界历史的发展所证实。与福山在当时主张历史已经终结的结论比起来，亨廷顿的历史智慧不知要胜出他多少。

第二节　"第三波浪潮"与历史终结论
的提出与重写

　　1989年，福山在《国家利益》杂志发表了《历史的终结？》一文，

---

　　① ［美］塞缪尔·亨廷顿：《第三波——20世纪后期的民主化浪潮》，刘军宁译，上海三联书店1998年版，第15—26页。

他像一个站在历史转折处指点江山的智者，从"过去10年"的历史体悟中得出了这样一种结论："回望过去约10年的一连串历史事件，人们很难否认有这样一种感觉：世界历史上一些带有根本不同性质的事件发生了。""这个世纪以一种西方自由主义民主将取得最终胜利的自信开始，又循环回来接近原先的这个起点：就像原先预期的，不是某种意识形态（资本主义）的结束，也不是社会主义和资本主义的融合，而是经济自由主义和政治自由主义的彻底胜利。""我们正在目击的可能不仅仅是冷战的结束，也不是战后历史的特殊阶段，而是人类历史的终结。这是人类意识形态进化的终点，是西方自由主义民主作为人类治理制度的最后形式而普世化。"① 福山得出这些极端乐观主义观点之时，正是亨廷顿提出"第三波民主化浪潮"进入高潮观点的时候。站在这一波民主化高潮的潮头上，福山似乎一时有点眩晕，竟然忘记乃至否认潮起潮落是永恒的历史常识，忘乎所以地得出这不是某个特殊历史时期的终结，这是整个人类历史的终结的宏大结论。这种终结不仅是一种"思想"或"意识形态"发展的终结，而且是这种"思想"或"意识形态"的"彻底胜利"，即作为一种为人们"目击"的客观事实的终结。

福山的文章发表两年之后，亨廷顿便出版了他的《第三波》。亨廷顿并不赞同福山的历史终结论的观点，他不仅在该书中提出了第三波浪潮的回潮问题，而且还在该书观点基础上创作了《文明的冲突与世界秩序的重建》，正面论述了对后冷战时代世界历史走势的认识，并直接批评了福山的历史终结论。也就是说，无论是福山的历史终结论还是亨廷顿的文明冲突论，都是建立在"第三波民主化浪潮"基础上的，但福山在提出历史终结论后，虽然受到无数学者的质疑，却没有认真对待和吸取亨廷顿提出的关于民主走势的相对理性客观的判断，反而更加顽固地坚信自己关于历史已经终结的判断，并于1992年出版了《历史的终结及最后之人》一书，系统论证自己原有的观点。

从20世纪90年代至21世纪初的10年，是第三波浪潮的高潮时期，也是福山处于极度盲目乐观的时期。然而从新千年的第一年，特别是美

---

① Francis Fukuyama, "The End of History?", *The National Interest*, Summer 1989, pp. 3 – 8.

国遭受了"9·11"事件重大冲击开始，福山的态度迅速由乐观转向愤怒、观望、反思，并一步步滋生了新的悲观情绪。从"9·11"事件引发的阿富汗战争、伊拉克战争，直到2008年美国爆发国际金融危机，资本主义自由民主无论是在资本主义国家还是被其侵略或改造的国家，都遭到了令福山意想不到的重大失败。这种失败都指向一个共同难题：资本主义民主制度与国家治理能力严重冲突。原先的威权国家虽然不符合西方民主程序，但稳定而富足。输入民主后的国家虽然符合西方民主要求，却出现了长期动荡、混乱和贫困。有的学者将这种现象称为"国家能力陷阱"。福山显然也发现了这个问题，他一方面将国家能力衰退与资本主义自由民主进行切割撇清，一方面开始专门研究包括美国在内的世界范围的国家能力建设。由此开始，第三波民主呈现"回潮"趋势。

关于第三波民主化浪潮的回潮，美国学者拉里·戴蒙德做了系统分析。在2008年出版的《民主的精神》一书中，戴蒙德提出了第三波民主浪潮开始走向衰败或回潮的观点。他认为1999年发生的巴基斯坦军事政变，是当时最为典型的民主回潮事件，它开启了那些"具有战略意义"的国家的民主回潮新趋势。戴蒙德把观察"具有战略意义"的国家如巴基斯坦、俄罗斯、委内瑞拉、尼泊尔、泰国等国的新动向，作为判断全球民主发展趋势的主要方法。在所有这些国家中，戴蒙德认为俄罗斯是最具有战略意义的标志性国家。到2006年，戴蒙德认识到这种民主回潮趋势越来越明显。他引用"自由之家"报告指出，这是"令人忧虑"的趋势，是对新生民主制度的"严重威胁"。[①] 针对有人将"阿拉伯之春"称为民主化浪潮"第四波"，在发表于2009年的《今日之民主第三波》一文中，戴蒙德给出了否定性观点。在该文中，他重申了第三波民主必将回潮的观点，认为2006年之后民主化国家在数量上开始下降，民主衰退从1999年开始，到2006年已经达到了高潮。[②]

戴蒙德关于第三波民主呈现衰退或回潮的观点显然深深影响了福山，

---

① ［美］拉里·戴蒙德：《民主的精神》，张大军译，群言出版社2013年版，第55—63页。
② ［美］拉里·戴蒙德：《今日之民主第三波》，倪春纳等译，《天津行政学院学报》2012年第5期。

并为福山所接受和发展。他在《政治秩序的起源》《政治秩序与政治衰败》等著作中多次引用了戴蒙德关于"民主衰退"的观点。他不仅把导致第三波回潮的"最后一击"认定为2008年国际金融危机和2009年欧元危机，而且在导致民主衰退原因的认知上，体现出了他作为具有哲学智慧的政治学者的优势。与戴蒙德拘泥于直接原因不同，福山在不同国家的不同原因中抽象出了具有普遍性的原因——国家治理能力衰退。对此，他后来回顾道："这反映了一个事实，过去一代人太重视民主、民主转型、民主崩溃和民主质量了。"① "在过去的一代人时间里，许多民主倒退现象发生的关键取决于一个重要的因素，它与制度化的失败有关，这一事实就是许多新兴的和现存的民主国家的国家能力跟不上民众对民主问责的要求。"②

这个新认知促使福山将一部分精力由研究民主发展转向了研究国家建设。2004年，福山出版了《国家构建：21世纪的国家治理与世界秩序》一书，立足于"9·11"事件后对阿富汗、伊拉克的军事行动"背上国家构建这个新的大包袱"，把"国家弱化"带来的"国家构建"问题看作"既是一个国家又是一个国际性的首要问题"③。由此开始，福山不断反思自己自1989年提出的历史终结论的理论模型的缺陷，思考重构一个更为完善和更有解释力的逻辑体系。在2011年和2014年，福山把自己的新思考通过《政治秩序的起源》和《政治秩序与政治衰败》两本著作体现了出来，把自己对国家治理能力失败与构建的新认识，包括第三波中的民主衰退国家和美国等陷入政治衰败的发达国家的新经验纳入原有的逻辑体系中，重写了自己22年前提出的历史终结论。这既是对第三波民主化浪潮衰退重要历史事实的反思回应，也是对他的老师亨廷顿所强调的国家能力问题的新认识，更是对自己20多年来形成的片面认识的自

① ［美］弗朗西斯·福山：《政治秩序与政治衰败：从工业革命到民主全球化》，毛俊杰译，广西师范大学出版社2015年版，第28页。

② ［美］弗朗西斯·福山：《为什么民主的表现如此糟糕？》，周艳辉译，《国外理论动态》2018年第5期。

③ ［美］弗朗西斯·福山：《国家构建：21世纪的国家治理与世界秩序》，黄胜强、许铭原等译，中国社会科学出版社2007年版，序言第2—3页。

省和纠错，当然是在他自己所坚持的立场允许的范围内。

第三节 "第四波浪潮"错觉与所谓"美国之春"

2011年6月27日，在中国上海的"文汇讲堂"上，福山与张维为教授进行了一场公开辩论。辩论的主题是"中国模式与西方自由民主制度的优劣问题。"与该主题直接相关的一个重大现实问题，就是当时方兴未艾的所谓"阿拉伯之春"。张维为认为"阿拉伯之春"不可能长期持续，必然要发展为"阿拉伯之冬"；而福山认为"阿拉伯之春"是新的民主化浪潮，必然要蔓延到中国。后来事实证明，和美国发起的阿富汗和伊拉克战争的结局一样，发生"阿拉伯之春"运动的这些国家，大多陷入了动乱和衰败，没有一个成功变成西方那样的民主繁荣的国家。这场动乱起源于2010年12月17日，一个叫穆罕默德·布瓦吉吉的26岁突尼斯失业青年的不幸遭遇，他因遭到警察粗暴对待而自焚，很快蔓延到埃及、利比亚等其他北非国家，又从北非蔓延到也门、巴林和叙利亚等中东国家。自焚的小贩布瓦吉吉原先被人们看作民族英雄，但随着这一运动致使国家逐步陷入经济滑落、失业人口剧增、社会动荡等灾难性结果，人们开始诅咒他，把他看作民族罪人，他的家人也逃到了加拿大避难。与之发生口角的女警察，也因此陷入长期忏悔。虽然动乱不断、民不聊生，但突尼斯被西方国家和学者看作"阿拉伯之春"中实现从专制转向民主的仅存成果。然而，就是这个所谓仅存成果，最终也在2022年7月的民众的修宪投票中"黄"了，因为该修宪大幅扩展了包括行政控制权、军队最高指挥权等方面的总统权力。动乱使得突尼斯经济由此前世界排名第40位跌至2017年第95位，叙利亚、伊拉克、利比亚和也门等国陷入长期内战，其基础设施破坏损失达9000亿美元，死亡人数超过140万，难民人数超过1500多万。令人惊愕的是，这场所谓反对独裁运动却给民主输出国美国带来了"反噬"性后果：2012年9月11日，在"9·11"事件发生11周年的日子，美国驻利比亚大使史蒂文斯遇袭身亡。此后，埃及、突尼斯、苏丹、摩洛哥等国家民众先后发起了反美抗议浪潮，美国很多驻中东北非大使馆的国旗被撕毁。

　　福山等西方学者曾认为"阿拉伯之春"是第三波浪潮的继续，甚至是第四波浪潮的开始，但后来发生的事实令其改变了过于乐观的看法。福山后来又一改之前的观点，认为"阿拉伯之春"既不是第三波的继续，也不是第四波的开始，而是第三波的回潮。2014年，福山曾指出："在某些评论家眼中，2011年初的阿拉伯之春暗示第四波的开端，但埃及、利比亚和叙利亚的受挫使这种说法丧失了说服力。"① 2019年，福山又指出："所有这些都在2000年代中后期的某个时刻翻转了过来。……在我看来，弄清楚为什么会发生这种事至关重要，因为整个第三波民主化看起来正在被摧毁。"这种批评，其实正是对自己此前错误认知的一种反思。②

　　值得注意的是，"阿拉伯之春"到底是北非中东国家自发的民主化浪潮，还是西方策划的颜色革命？按照福山等西方学者的看法，"阿拉伯之春"是世界第三波或第四波民主化浪潮自发推动的必然结果。但根据法国学者埃里克·德尼西为代表的一批学者的集中研究，事实并非如此。对"阿拉伯之春"的真相，德尼西联合阿尔及利亚、比利时、科特迪瓦、埃及、法国、马里、突尼斯、叙利亚8个国家的20多名学者，进行了共同研究，他们得出的结论是"阿拉伯之春"的发生因素包括四个方面：被利用的社会不满；境外势力对运动的引导；屡试不爽的操纵民众和颠覆政权的现代技术；事与愿违、恶果和后遗症日益显露。③ 在这四个因素中，外部颠覆势力特别是美国政府相关部门起了决定作用。德尼西说："对于这些'革命'的发生、发展和成功，美国、海湾君主国、欧洲都起到了主要作用。美国和海湾君主国有着明确的战略，欧洲只是追随。"④

---

　　① ［美］弗朗西斯·福山：《政治秩序与政治衰败：从工业革命到民主全球化》，毛俊杰译，广西师范大学出版社2015年版，第363—364页。

　　② ［美］弗朗西斯·福山：《很多人指责我将右翼民粹崛起的责任推给左翼 但我并没有》，2019年9月9日，https：//baijiahao. baidu. com/s？ id = 1644154573635711055&wfr = spider&for = pc，2023年2月15日。

　　③ ［法］埃里克·德塞纳：《阿拉伯"革命"隐藏的另一面》，王朔等译，中信出版集团2020年版，代序第2页。

　　④ ［法］埃里克·德塞纳：《阿拉伯"革命"隐藏的另一面》，王朔等译，中信出版集团2020年版，第8页。

"阿拉伯'革命'的战略是由各智库提供的，指挥工作由美国国务院负责，参与者是各基金会和以掩护身份活动的非政府组织。"① 具体而言，这些组织和参与者包括：美国的"伊斯兰与民主研究中心""自由之家""开放社会研究所""青年运动联盟""美国国家民主基金会""美国国际共和研究所""美国国际事物民主协会""布鲁金斯学会"，以及卡塔尔的"半岛电视台战略研究中心"。② 该运动获得了美国组织者的大量资金支持，仅美国民主基金会 2009 年对阿拉伯国家非政府组织的补助就超过 1500 万美元。③

这里有个问题，这场运动既包括内部因素，也包括外部因素，为何说美国等颠覆势力起主要作用呢？我们往往讲内因是主要原因，外因是次要原因，为何把外因当作主要原因呢？德纳塞等人给出的答案是：专制腐败和经济社会发展导致的民众不满的确存在，但"此现象并非始于 2011 年。仅 20 年来，北非、中东国家屡发民众或学生抗议事件，每次都被军队、警察镇压下去。而国际媒体几乎保持缄默。……与以往不同的是，抗议运动表现出令人刮目相看的组织能力，汇集了不同阶层，而他们以前从未统一行动过"④。可见，外因利用内部矛盾，借助培训的内部颠覆势力转化为内因，促成了"阿拉伯之春"的爆发。这个结论不仅是一种逻辑推论，除了各位作者给出的具体事实之外，当时的美国国务卿克林顿·希拉里证实了这个结论。2022 年 2 月 25 日，希拉里在接受美国媒体采访时说："我认为，那些热爱自由的人，那些理解我们的生活方式依赖于支持信仰自由的人，可以参与到网络中，支持那些在街头和在俄罗斯（抗议）的人。我们在'阿拉伯之春'的时候就是这么做的，当时

---

① ［法］埃里克·德塞纳：《阿拉伯"革命"隐藏的另一面》，王朔等译，中信出版集团 2020 年版，第 21 页。
② ［法］埃里克·德塞纳：《阿拉伯"革命"隐藏的另一面》，王朔等译，中信出版集团 2020 年版，第 320 页。
③ ［法］埃里克·德塞纳：《阿拉伯"革命"隐藏的另一面》，王朔等译，中信出版集团 2020 年版，第 342 页。
④ ［法］埃里克·德塞纳：《阿拉伯"革命"隐藏的另一面》，王朔等译，中信出版集团 2020 年版，代序第 3—4 页。

我还是国务卿。"① 希拉里的做法不是一时的个人行为,而是美国政府一贯行为的一部分,这可以由曾经担任美国中情局局长的前国务卿蓬佩奥证实。2019 年 4 月 15 日,蓬佩奥在美国得克萨斯州 A&M 大学演讲时说:"我们撒谎、我们欺骗、我们偷窃。我们还有一门课程专门来教这些。这才是美国不断探索进取的荣耀。"②

非常讽刺的是,颜色革命是美国人发明的,最终却惹火烧身,蔓延到了自己国家。2008 年国际金融危机爆发后美国出现的一些大规模抗议,例如占领华尔街运动、抗议黑人歧视运动、占领国会山运动,就是类似事件。所不同的是,这些事件不是美国政府发起的对他国的颠覆,而是美国民众发起的反抗本国政府和大资本家的运动。在 2020 年美国黑人弗洛伊德之死引发的全国抗议中,就有美国民众惊讶道:"我们正在经历美国之春!"③ 如果说"第三波民主化浪潮"过程中很多国家陷入了"国家治理陷阱",那么经历"阿拉伯之春"的国家则大多陷入了长期动荡和混乱的"无政府"状态,国家、经济、社会、人权等各方面都无法得到保证。对此,福山先生也不得不承认自己最初的判断是错误的。

第四节 "民粹民族主义"的兴起与历史终结论的无力"重释"

在所谓第三波民主化回潮的背景下,由美国初现并带动世界出现了一种新的政治现象,福山将其称为民粹民族主义。这是继"国家治理"问题、美国"否决政治"、中产阶级危机等问题之后,加速"第三波回潮"的又一重要因素。如果说前三个挑战促使福山修改了以单一民主制为内核的旧逻辑,弥补了国家治理和中产阶级培育等内容,"重构"了历

---

① 《希拉里怂恿黑客攻击俄罗斯:"阿拉伯之春"时就这么干的》,2022 年 2 月 27 日,http://v. cctv. cn/2022/02/27/VIDEiweeoUULDis2nIfmajx5220227. shtml,2023 年 2 月 15 日。

② 《蓬佩奥亲口说出自己的"为人之道":我们撒谎 欺骗 偷窃》,2020 年 5 月 4 日,http://m. news. cctv. com/2020/05/04/ARTIlfH18chFakoevtcPl2yE200504. shtml,2023 年 2 月 15 日。

③ 《还记得阿拉伯之春吗? 我们正在经历美国之春》,2020 年 5 月 31 日,https://baijiahao. baidu. com/s? id = 1668171333886930955&wfr = spider&for = pc,2023 年 2 月 15 日。

史终结论的理论内核，那么第四个挑战的出现，则让福山一时手忙脚乱、不知所措，陷入了进退维谷的境地。

关于"民粹民族主义"的产生，福山做了历史回顾。他认为从 19 世纪初开始，人类政治发展"兵分两路"：一路走向追求承认个体权利；一路走向追求集体身份，包括民族主义和政治化宗教两种方式。21 世纪全球金融危机之后，右翼民粹民族主义势力在美国和英国等多个发达国家兴起。2016 年特朗普当选总统，标志着这一趋势进入左右世界政治发展的新高潮。福山写作《身份政治：对尊严与认同的渴求》一书，就是试图解释和回应这一新挑战。在该书中，福山回到历史终结论的初始逻辑，重申追求承认人性的根本动力作用，以及追求承认的激情的两种形式即平等激情与优越激情。他认为平等激情已基本实现，但无法解决边缘群体的平等问题，优越激情不可能完全被克服，只能被缓解。福山认识到这种简单援引，仅仅对那些小众群体政治的解释有效，对民族主义这样的大群体政治缺乏逻辑吻合性。于是，他又从激情负载群体角度对追求承认的主体做了新的界定，提出了个人承认和集体承认两种情况，把民族主义看作是区别于个人尊严追求的集体尊严追求。这样，"民粹民族主义"的产生就有了哲学上的人性之根。

美国工人阶级的最近一代一直过得不好，此前是黑人工人阶级，近来终于恶化蔓延至白人工人阶级。如果说美国工人阶级的破产为"民粹民族主义"提供了社会基础，那么特朗普的政治鼓动和诱导则发挥了"关键作用"，"自他得势后，白人民族主义渐渐从边缘运动变成了美国政治的主流"[1]。从追求承认的逻辑出发，福山认为身份政治本身没有任何问题，它是对不公正现象的自然反应。但当它被"以特定方式诠释或维护"的时候，就成为一个问题了。此处所谓"特定方式"，是指特朗普将"政治正确"从边缘群体转移到白人工人阶级之上；而所谓"问题"，是指福山将"民粹民族主义"的兴起看作是对世界自由民主的根本威胁。

笔者以为，福山对"民粹民族主义"的解释不仅在逻辑上自相矛盾，

---

① ［美］弗朗西斯·福山：《身份政治：对尊严与认同的渴求》，刘芳译，中译出版社 2021 年版，第118 页。

而且在实践上与自己的举措不相符合。从逻辑上看，福山一方面将"民粹民族主义"看作是追求承认的人性的产物，因此是一种必然现象，一方面又将其看作是特朗普等政治家以"特定方式"塑造的结果，因此带有主观偶然性，这就是陷入了自相矛盾。如果说"民粹民族主义"是基于人性的必然产物，那么就不能说它是类似"地址误投"的非正常政治现象；如果说"民粹民族主义"是由特朗普等政治家塑造的结果，那么就不能将其归结为人性，而只能归结为人性之外的某种因素。何去何从，为《身份政治：对尊严与认同的渴求》写作"导读"的刘瑜女士，帮助他做出了选择："政治永远是塑造身份政治的核心力量……强烈的身份认同是人性的处境，更是政治的后果。"① 既然包括"民粹民族主义"在内的身份政治"更"是"政治的后果"，政治是塑造"民粹民族主义"的"核心力量"，那么这里需要探讨的，就不再是人性论问题，而是美国等国家为何会出现"塑造""民粹民族主义"的政治力量，以及如何从这种力量中化解"民粹民族主义"。关于"民粹民族主义"的出现，福山在《身份政治：对尊严与认同的渴求》中的辩解——"当时就已指出，它们（民族主义和宗教）不会很快消失，是因为当代自由民主国家还没有彻底解决激情（追求承认）的问题"②，就成了一笔不知从何说起的糊涂账。"民粹民族主义"为何会对资本主义自由民主构成根本威胁？如果是"追求承认"的人性导致的，那么就意味着这种人性既能带来民主，也能带来对民主的根本威胁，而依靠国家或政治家力量根除"民粹民族主义"岂不成了泡影？

从福山的实践举措来看，他最终和刘瑜女士一样抛弃了人性决定论，走向了国家或政治人物决定论。这在他化解"民粹民族主义"的设想中得到了充分体现。他说："深居于我们内心的身份既不恒定，也不一定得自出生的偶然。身份可用于分裂，也可用于整合。这样才能救治当今的

---

① ［美］弗朗西斯·福山：《身份政治：对尊严与认同的渴求》，刘芳译，中译出版社2021年版，导读第9页。

② ［美］弗朗西斯·福山：《身份政治：对尊严与认同的渴求》，刘芳译，中译出版社2021年版，第4页。

民粹主义政治。"[1] 福山认为，美国虽然是受益于民族多元性的国家，但不能简单"原封不动"地构建民族身份。美国的民族身份"必须和宪政、法治、人人平等之类的实质理念相关"，必须由国家而不是由哪个民族或边缘团体来定义。国家只有定义出这种"信条民族身份"，移民争议问题才会避免，"民粹民族主义"才会化解。如果哪些人不愿意接受这种"信条民族身份"，福山强调了国家的绝对权威地位，主张对其采取强制措施。他说："美国人尊重这些理念，对于拒绝这些理念的人，国家有理由剥夺他们的公民身份。"[2] 可见，对于"民粹民族主义"的解决，追求承认的人性不过是一个逻辑"摆设"，真正起决定作用的，还是美国的政治家、政党和国家政权。在福山眼里，只要国家政权发挥作用，重新塑造国民的公民身份和公民意识，问题就会得到解决。福山一边想为民族主义等身份政治的产生提供人性论辩护，一边又通过否定人性作用的方式为其提供解决措施，这是一个自相矛盾的低级错误。

那么，美国如何才能实现对"信条民族身份"的重新塑造呢？在对特朗普和共和党彻底失望之后，福山把希望放在了民主党的觉悟和自上而下的变革上。遗憾的是，拜登先生在第一任的中期选举中就丧失了众议院的控制权，参议院也岌岌可危。两个政党对当政总统官邸进行的涉密文件搜查一直没有停止。美国政治无休止、无底线的极化和否决态势，并未出现丝毫转好迹象。国际金融危机后，世界经济循环大格局被打破，美国统治阶级亟须一种新的统治策略，以达到对内分化民众反抗，对外制造"假想敌"和转移矛盾。正是顺应这种时代背景，"民粹民族主义"才在美国油然而生。从这个意义上，美国政治家和福山是应该感谢特朗普总统的工作的，这比让民粹主义各方面团结起来对准资产阶级政权要好得多。当然，这种方式虽然可以在短期内维护政权稳定，但从长期看，不仅不能帮助走出经济衰退和政治危机，反而会进一步积累和加深矛盾。

---

① ［美］弗朗西斯·福山：《身份政治：对尊严与认同的渴求》，刘芳译，中译出版社2021年版，第171页。

② ［美］弗朗西斯·福山：《身份政治：对尊严与认同的渴求》，刘芳译，中译出版社2021年版，第161页。

第五节 科学社会主义的伟大复兴

福山对马克思的批评,首先是从唯物史观开始的。他认为历史发展的根本动力不是生产力与生产关系之间的基本矛盾,而是人们追求承认的天性所形成的主人阶级与奴隶阶级之间的斗争。他的这一逻辑,虽然在历史终结论的"重构"中得到了"修正",融合了合作、暴力、认知、情感、经济等因素,但始终没有被放弃,反而在后期应对"民粹民族主义"等身份政治问题时重新得到了强化。他认为,生活在资本主义自由民主制度下的人们,其对承认的需求已经整体得到了满足,因此人类历史已经终结,马克思追求的自由王国在资本主义社会得到实现。

在《历史的终结及最后之人》中,福山明确否定美国存在马克思意义上的社会基本矛盾,认为资本主义民主制度已经满足了人们对承认的追求,社会基本矛盾已经被根本化解。在该书中,他多次以日后当选总统的特朗普为例,认为他通过成功经营公司,实现了对承认的完美追求。然而,令福山意想不到的是,短短 20 年后,美国就爆发了历史影响深远的金融危机;更加令福山意想不到的是,又过了 8 年左右,《历史的终结及最后之人》中多次提到的成功获得对承认的追求的特朗普先生,并不以成为成功商人为满足,于 2016 年通过竞选当选美国总统,并且利用了令福山火冒三丈的"民粹民族主义"力量。历史似乎是在专门与福山作对:看吧,资本主义基本矛盾又通过危机暴露出来了,而特朗普并没有通过经商完全满足自己的优越意识。

除了 2008 年金融危机,以及 2016 年特朗普当选美国总统,近来还有两件令福山头痛的大事:一件是 2020 年世界范围暴发的新冠疫情,再一件是 2022 年 2 月爆发的俄乌战争。特别是前者,世界不同制度国家应对同一种病毒,表现差异极其鲜明,这让福山疲于应对、苦不堪言。

福山对马克思主义和共产主义的所有批评包含着太多曲解和偏见。其中最为突出的有两个:一个是福山认为马克思的共产主义像他一样坚持了历史终结论观点,共产主义是人类历史的终点;另一个是福山认为无产阶级已经转化为中产阶级，马克思讲的无产阶级具有历史进步性，承担着推动历史前进使命的观点已经过时。前者是一个单纯理论问题，福山至今仍然反复重复这一错误，这只能说明福山并没有认真阅读过马克思的文献，他的批评是建立在想当然的基础上。后者主要是一个现实问题，特朗普的当选让福山突然发现破产的工人中产阶级不再是美国资产阶级自由民主的赞同者，他们反对自由主义的全球化，反对移民，攻占了象征美国最高权威的国会大厦，导致众议院正在进行的确认各州选举人投票结果的程序中途终止。其间，众议院议长佩洛西、参议院共和党领袖麦康奈尔、民主党领袖舒默等被紧急疏散到附近的美国陆军基地。据说他们在那里不断给国防部、司法部等致电求助，躲藏了近 5 个小时。而佩洛西的座椅也被一位来自阿肯色州叫做理查德·巴内特的 60 岁男子"占领"。占领国会大厦运动让福山的理论乱了方寸，他之前宣称的阶级政治逻辑重新登上了历史舞台，此后不久又改称这是"民粹民族主义"，是身份政治，连起码的对形式逻辑的坚持都没有做到。

2008 年国际金融危机爆发，叠加后来发生的占领国会山、新冠疫情和俄乌战争等重大历史事件，使得美国资本主义日趋整体衰退，加速了百年未有之大变局的到来，也为世界社会主义走向新的伟大复兴的提供了历史机遇。在庆祝中国共产党成立 95 周年大会上，习近平总书记指出："历史没有终结，也不可能被终结。中国特色社会主义是不是好，要看事实，要看中国人民的判断，而不是看那些戴着有色眼镜的人的主观臆断。中国共产党人和中国人民完全有信心为人类对更好社会制度的探索提供中国方案。"[①] 在中国共产党第二十次代表大会上，习近平总书记又指出："科学社会主义在二十一世纪的中国焕发出新的蓬勃生机，中国式现代化为人类实现现代化提供了新的选择。"[②] 近代历史发展证明，只有社会主义才能救中国；新时代历史发展证明，只有中国才能

---

① 习近平：《在庆祝中国共产党成立 95 周年大会上的讲话》，人民出版社 2016 年版，第13—14 页。

② 习近平：《高举中国特色社会主义伟大旗帜　为全面建设社会主义现代化国家而团结奋斗——在中国共产党第二十次全国代表大会上的报告》，人民出版社 2022 年版，第 16 页。

救社会主义。中国已经打赢脱贫攻坚战，整体实现全面小康，并正在以中国式现代化推进中华民族伟大复兴。中华民族的伟大复兴，必然推动中国特色社会主义的伟大复兴，也必然推动世界社会主义事业的伟大复兴。

主要参考文献

一 著作类

《马克思恩格斯选集》第1—4卷，人民出版社1995年版。

《马克思恩格斯文集》第1—10卷，人民出版社2009年版。

《马克思古代社会史笔记》，人民出版社1996年版。

恩格斯：《家庭、私有制和国家的起源》，人民出版社2018年版。

《列宁选集》第1—4卷，人民出版社2012年版。

列宁：《国家与革命》，人民出版社2001年版。

习近平：《高举中国特色社会主义伟大旗帜 为全面建设社会主义现代化国家而团结奋斗——在中国共产党第二十次全国代表大会上的报告》，人民出版社2022年版。

习近平：《决胜全面建成小康社会 夺取新时代中国特色社会主义伟大胜利——在中国共产党第十九次全国代表大会上的报告》，人民出版社2017年版。

［法］埃里克·德塞纳：《阿拉伯"革命"隐藏的另一面》，王朔等译，中信出版集团2020年版。

［美］伯尼·桑德斯：《我们的革命：西方的体制困境和美国的社会危机》，钟舒婷等译，江苏凤凰文艺出版社2018年版。

［美］丹尼尔·贝尔：《意识形态的终结——五十年代政治观念衰微之考察》，张国清译，江苏人民出版社2001年版。

［美］弗朗斯·德瓦尔：《黑猩猩的政治——猿类社会中的权力与性》，赵芊里译，上海译文出版社1982年版。

［美］弗朗西斯·福山：《美国处在十字路口：民主、权力与新保守主义的遗产》，周琪译，中国社会科学出版社 2008 年版。

［美］弗朗西斯·福山：《国家构建：21 世纪的国家治理与世界秩序》，黄胜强、许铭原等译，中国社会科学出版社 2007 年版。

［美］弗朗西斯·福山：《历史的终结及最后之人》，翻译组译，远方出版社 1998 年版。

［美］弗朗西斯·福山：《历史的终结及最后之人》，黄胜强等译，中国社会科学出版社 2003 年版。

［美］弗朗西斯·福山：《身份政治：对尊严与认同的渴求》，刘芳译，中译出版社 2021 年版。

［美］弗朗西斯·福山：《政治秩序的起源：从前人类时代到法国大革命》，毛俊杰译，广西师范大学出版社 2012 年版。

［美］弗朗西斯·福山：《政治秩序与政治衰败：从工业革命到民主全球化》，毛俊杰译，广西师范大学出版社 2015 年版。

［英］赫伯特·巴特菲尔德：《历史的辉格解释》，张岳明等译，商务印书馆 2012 年版。

［德］黑格尔：《历史哲学》，王造时译，上海世纪出版集团、上海书店出版社 2001 年版。

［美］拉里·戴蒙德：《民主的精神》，张大军译，群言出版社 2013 年版。

［美］理查德·里夫斯：《丑闻——二战期间美国日裔拘留营中的惊人故事》，魏令查译，商务印书馆 2018 年版。

［美］路易斯·亨利·摩尔根：《古代社会》上、下卷，杨东莼等译，商务印书馆 1997 年版。

［法］马克·布洛赫：《封建社会》上卷，张绪山译，商务印书馆 2004 年版。

［美］塞缪尔·P. 亨廷顿：《变化社会中的政治秩序》，王冠华等译，上海世纪出版集团 2008 年版。

［美］塞缪尔·亨廷顿：《第三波——20 世纪后期民主化浪潮》，刘军宁译，上海三联书店 1998 年版。

［法］雅克·德里达：《马克思的幽灵：债务国家、哀悼活动和新国际》，

何一译，中国人民大学出版社 1999 年版。

［英］亚当·斯密：《国富论》，唐日松等译，华夏出版社 2005 年版。

［法］亚历山大·科耶夫：《黑格尔导读》，姜志辉译，译林出版社 2005
年版。

［瑞士］约翰·巴霍芬：《母权论：对古代世界母权制宗教性和法权性的
探究（选译本）》，孜子译，生活·读书·新知三联书店 2018 年版。

法显：《佛国记》，吴玉贵译，东方出版社 2018 年版。

玄奘：《大唐西域记》，董志翘译，中华书局 2012 年版。

刘仁营：《“历史终结论”批评：金融危机背景下的思考》，人民出版社
2020 年版。

二　论文类

［日］渡边雅男：《“历史的未来”与中间阶级：与弗兰西斯·福山的讨
论》，谭晓军译，选自［日］渡边雅男《马克思的阶级概念》，李晓魁
译，社会科学文献出版社 2015 年版。

［美］弗朗西斯·福山：《反对身份政治：新部落主义与民主的危机》，澎
湃网，2018 年 8 月 31 日，https：//baijiahao. baidu. com/s？id = 161029
4780951072476&wfr = spider&for = pc，2022 年 12 月 22 日。

［美］弗朗西斯·福山：《美国政治已经腐败透顶了吗?》，观察者网，
2021 年 1 月 30 日，https：//www. guancha. cn/FuLangXiSi – FuShan/
2021_01_30_579725_2. shtml，2022 年 11 月 7 日。

［美］弗朗西斯·福山：《美国政治已经腐败透顶了吗?》，观察者网，
2021 年 1 月 30 日，https：//www. guancha. cn/FuLangXiSi – FuShan/
2021_01_30_579725_2. shtml，2023 年 1 月 21 日。

［美］弗朗西斯·福山：《很多人指责我将右翼民粹崛起的责任推给左翼
但我并没有》，观察者网公众号，2019 年 9 月 9 日，https：//baijiahao.
baidu. com/s？id = 1644154573635711055&wfr = spider&for = pc，2023 年
2 月 15 日。

［美］弗朗西斯·福山：《历史的未来》，新浪网，2013 年 5 月 20 日，ht-
tp：//history. sina. com. cn/his/hs/2013 – 05 – 20/101342332_2. shtml，

2022 年 3 月 13 日。

［美］弗朗西斯·福山：《论美国的去极化之路》，网易网，2022 年 8 月
18 日，https：//www. 163. com/dy/article/HF2QU7IV0519C6BH. html，2022
年12 月 8 日。

［美］弗朗西斯·福山：《衰败还是涅槃？大选决定美国政治的未来》，译
读公众号，2016 年 7 月 4 日，https：//mp. weixin. qq. com/s/I5vhWNN9
R9JUxvhmtrHuYg，2022 年 12 月 29 日。

［美］弗朗西斯·福山：《为什么民主的表现如此糟糕？》，周艳辉译，
《国外理论动态》2018 年第 5 期。

［美］拉里·戴蒙德：《今日之民主第三波》，倪春纳等译，《天津行政学
院学报》2012 年第 5 期。

［美］米歇尔·茨威格：《有关阶级问题的六点看法》，昆仑策网，2022
年 9 月 20 日，http：//www. kunlunce. com/e/wap/show2022. php？ clas-
sid＝16&id＝164065，2022 年 12 月 22 日。

《蓬佩奥亲口说出自己的"为人之道"：我们撒谎 欺骗 偷窃》，央视网，
2020 年 5 月 4 日，http：//m. news. cctv. com/2020/05/04/ARTIlfH18chF
akoevtcPl2yE200504. shtml，2023 年 2 月 15 日。

《希拉里怂恿黑客攻击俄罗斯："阿拉伯之春"时就这么干的》，央视网，
2022 年 2 月 27 日，http：//v. cctv. cn/2022/02/27/VIDEiweeoUULDis2
nIfmajx5220227. shtml，2023 年 2 月 15 日。

陈学明：《评福山对中国发展模式的说三道四》，《当代国外马克思主义评
论》2013 年第 11 期。

刘小枫：《历史终结了？——从约阿希姆到柯耶夫》，《浙江学刊》2002
年第 3 期。

徐崇温：《"中国模式"证伪"历史终结论"》，《求是》2010 年第 19 期。

张维为：《谁的终结？——张维为与福山对话"中国模式"》，复旦大学官网，
2017 年 6 月 16 日，http：//www. cifu. fudan. edu. cn/cc/0f/c412a117775/
page. htm，2022 年 12 月 11 日。

Catherine Sutton – Brady, "Fukuyama's End Of History Thesis：Are Western
Marketing Theories The End Point Of Marketing Theory Evolution?" *Journal*

of Business & Economics Research, Vol. 8, No. 7, July 2010.

Francis Fukuyama, "Buiding Democracy After Conflict: "Stateness" First, *Journal of Democracy*, Vol. 16, No. 1, January 2005.

Francis Fukuyama, "The Future of History", *Foreign Affairs*, January/February 2012.

Gregory Melleuish, "Francis Fukuyama and the Origins of Political Order and the State: A Historical Critique", *Australian Journal of Politics & History*, Vol. 58, No. 1, March 2012.

Jordan Holt, "Fukuyama Is Right about Measuring State Quality", *Governance*, Vol. 27, No. 4, August 2014.